TOBIAS HAREN

Der Volksstaat Hessen 1918 / 1919

Zeitgeschichtliche Forschungen

Band 19

Der Volksstaat Hessen 1918/1919

Hessens Weg zur Demokratie

Von

Tobias Haren

Duncker & Humblot · Berlin

Der Fachbereich Rechtswissenschaft
der Johann Wolfgang Goethe-Universität Frankfurt am Main
hat diese Arbeit im Jahre 2000/2001
als Dissertation angenommen.

Bibliografische Information Der Deutschen Bibliothek

Die Deutsche Bibliothek verzeichnet diese Publikation in
der Deutschen Nationalbibliografie; detaillierte bibliografische
Daten sind im Internet über <http://dnb.ddb.de> abrufbar.

Umschlagbild: Titelblatt des „Hessischen Volksfreundes" Nr. 264, 12. Jg.
mit Aufruf und Programm des Soldatenrates
(Quelle: Archiv der Hessischen Historischen Kommission, Darmstadt)

Fremddatenübernahme: Klaus-Dieter Voigt, Berlin
Druck: Berliner Buchdruckerei Union GmbH, Berlin
Printed in Germany

ISSN 1438-2326
ISBN 3-428-10646-6

Gedruckt auf alterungsbeständigem (säurefreiem) Papier
entsprechend ISO 9706 ♾

Meinen Eltern

Vorwort

Die vorliegende Arbeit wurde im Wintersemester 2000/2001 vom Fachbereich Rechtswissenschaft der Johann Wolfgang Goethe-Universität Frankfurt am Main als Dissertation angenommen.

Ganz besonderer Dank gebührt meinem Doktorvater, Herrn Prof. Dr. Hans-Peter Benöhr, für die engagierte Betreuung der Arbeit und seine zahlreichen Anregungen. Er hat mit kritischem und anspornendem Interesse den Fortgang des Arbeitsprojekts begleitet und begutachtet. Herzlich danken möchte ich auch Herrn Prof. Dr. Dr. h.c. Bernhard Diestelkamp für die Erstattung des Zweitgutachtens mit seinen wertvollen Hinweisen.

Meine Eltern haben mein Interesse an geschichtlichen und politischen Fragen geweckt und im Rahmen meiner Ausbildung in jeder Weise sehr gefördert. Meine Lebensgefährtin Dr. Evelyn Ruppmann hat in vielen Gesprächen und mit ermutigender Kritik entscheidend zum Entstehen dieser Studie beigetragen.

Allen denjenigen, die mir durch manches kritische Gespräch und konstruktive Vorschläge weiterhalfen, und insbesondere den Mitarbeiterinnen und Mitarbeitern von Bibliotheken und Archiven, auf deren Hilfe ich angewiesen war, sei nochmals herzlich gedankt.

Frankfurt am Main, im Mai 2001 *Tobias Haren*

Inhaltsverzeichnis

A. Einleitung 15
I. Aufgabenstellung 15
II. Forschungslage 19
III. Definitionsversuche 20
1. Revolution 20
2. Räte 23
IV. Historischer Kontext 25

B. Von der hessischen Revolution bis zur Verfassung des Volksstaats Hessen 48
I. Die Tage des Novembers 1918 48
1. Die Entwicklung im Deutschen Reich 48
a) Revolten im Norden, ihre Ausbreitung und das Entstehen von Arbeiter- und Soldatenräten 48
b) Zielsetzung und Charakter der Arbeiter- und Soldatenräte 51
c) Der Weg zur Konterrevolution 54
2. Die Revolution im preußischen Bereich des XVIII. Armeekorps 56
a) Frankfurt am Main 57
b) Wiesbaden 70
c) Hanau 74
3. Die Revolution im Großherzogtum Hessen als Teil des XVIII. Armeekorps 78
a) Die Situation vor dem Ausbruch der Revolution – Ruhe vor dem Sturm? 78
aa) Bevölkerungsstruktur 78
bb) Parteipolitische Organisationsstruktur 81
cc) Medialer Einfluß der Parteien 82
dd) Anträge zur Wahlrechtsänderung 84
b) Das Geschehen in der ersten Revolutionsphase – Ruhe ohne Sturm? 89
aa) Darmstadt 89
bb) Offenbach 102
cc) Gießen 106
dd) Alsfeld 107
ee) Friedberg 109
ff) Mainz 110
gg) Worms 114

c) Die Beteiligten – Revolutionäre, Konterrevolutinäre oder Nonrevolutionäre? ... 115
aa) Die Arbeiter- und Soldatenräte ... 115
(1) Entstehung, Aufgaben und programmatische Ziele ... 115
(2) Faktische Funktionen ... 118
(a) Darmstadt ... 118
(b) Offenbach ... 125
(c) Gießen ... 127
(d) Friedberg ... 128
(e) Mainz ... 128
(f) Groß-Gerau und Umgebung ... 131
(3) Rechtliche Funktion ... 133
bb) Weitere Rätegruppierungen ... 137
(1) Die Bauernräte ... 137
(a) Entstehung ... 137
(aa) Gießen ... 137
(bb) Alsfeld ... 138
(cc) Worms ... 140
(dd) Ginsheim ... 141
(b) Aufgaben und Ziele ... 141
(2) Die Bürgerräte ... 142
(a) Entstehung ... 142
(b) Aufgaben und Ziele ... 142
cc) Die provisorische Regierung ... 143
II. Der Weg ins Provisorium und die Entstehung der Hessischen Verfassung ... 148
1. Die Verordnung über die Wahlen zur verfassungsgebenden Volkskammer ... 148
2. Die Wahl der Hessischen Volkskammer ... 150
3. Die Entwicklung der Rätebewegung ... 153
a) Die verschiedenen Abspaltungen ... 153
b) Die Reaktion der alten Mächte ... 154
c) Die Entwicklung der Räte während der französischen Besetzung ... 154
aa) Der Landesvolksrat der Republik Hessen ... 155
bb) Der Volksrat der Stadt Darmstadt ... 162
cc) Die Volksräte im Bereich des XVIII. Armeekorps ... 163
d) Der Offenbacher Karfreitagsputsch ... 164
e) Der schrittweise Abbau der Befugnisse ... 165
4. Die provisorische Verfassung ... 167
5. Die erste Regierung des Volksstaats Hessen ... 175
6. Die Entwicklung bis zur Verabschiedung der endgültigen Verfassung des Volksstaats Hessen vom 12. Dezember 1919 ... 176

7. Die Gesetzgebung seit dem Zusammentritt der Volkskammer 187
a) Die Gemeinde- und Provinzverwaltung 188
b) Das Recht der Minister, Richter und Notare 189
c) Die Siedlungsgesetzgebung 189
d) Das Finanzwesen 190

C. Neue Machtverteilung oder Stabilisierung alter Machtstrukturen 192
I. Differierende Interpretationen des Revolutionsgeschehens 194
1. Revolutionsinterpretationen während der Weimarer Republik 194
2. Interpretationen während des Nationalsozialismus 200
3. Interpretationen seit dem Ende des Zweiten Weltkriegs 202
II. Die politische Entwicklung im Volksstaat Hessen 213

Zeittafel 220

Anhang I: Dokumente 223

Anhang II: Biographische Daten 257

Abbildungsnachweis 265

Literaturverzeichnis 268

Sachverzeichnis 282

Abkürzungsverzeichnis

a.a.O.	am angegebenen Ort
Abg.	Abgeordneter
Abt.	Abteilung
AHVN	Annalen des Historischen Vereins für den Niederrhein
Art.	Artikel
A.-S./A. und S.	Arbeiter- und Soldatenrat
Aufl.	Auflage
Bd.	Band
Bearb.	Bearbeiter/bearbeitet
Bl.	Blatt
ca.	cirka
d.	der/des
DDP	Deutsche Demokratische Partei
Dem.	Demokrat
Diss.	Dissertation
DNVP	Deutschnationale Volkspartei
Dok.	Dokument
Drs./Drucks.	Drucksache
desgl.	desgleichen
DVG	Deutsche Verfassungsgeschichte
DVerwG	Deutsche Verwaltungsgeschichte
DVP	Deutsche Volkspartei
ebd.	ebenda
etc.	et cetera
f./ff.	folgende
Fasz.	Faszikel
FN	Fußnote
FS	Festschrift
GA	Gießener Anzeiger
geb.	geboren
Hess.	Hessisch(e, er)
HRegBl.	Hessisches Regierungsblatt
HRG	Handwörterbuch zur Deutschen Rechtsgeschichte
Hrsg.	Herausgeber
HStAW	Hessisches Hauptstaatsarchiv Wiesbaden
HVP	Hessische Volkspartei

HZ	Historische Zeitschrift
i. H. v.	in Höhe von
Jb.	Jahrbuch
Jg.	Jahrgang
Konv.	Konvolut
KPD	Kommunistische Partei Deutschlands
KZ	Konzentrationslager
MdLGH	Mitglied des Landtags/Großherzogtum Hessen
MdLVH	Mitglied des Landtags/Volksstaat Hessen
MdR	Mitglied des Reichstags
Mk.	Reichsmark
MSPD	Merheitssozialdemokratische Partei Deutschlands
m. w. N.	mit weiteren Nachweisen
NDB	Neue Deutsche Biographie
N.F.	Neue Folge
N.N.	nomen nescio
Nr.	Nummer
NSDAP	Nationalsozialistische Deutsche Arbeiterpartei
OHL	Oberste Heeresleitung
o. J.	ohne Jahr
o. O.	ohne Ort
Prot.	Protokoll
Red.	Redaktion
S.	Seite
SAG	Sozialdemokratische Arbeitsgemeinschaft
sog.	sogenannt/e
Sp.	Spalte
SPD	Sozialdemokratische Partei Deutschlands
Soz.	Sozialdemokrat
StAD	Hessisches Staatsarchiv Darmstadt
StatHBVHessen	Statistisches Handbuch des Volksstaates Hessen
TH	Technische Hochschule
u. a.	und andere
USPD	Unabhängige Sozialdemokratische Partei Deutschlands
vgl.	vergleiche
VLGH	Verhandlungen des Landtags des Großherzogtums Hessen
VLVH	Verhandlungen des Landtags des Volksstaats Hessen
z. B.	zum Beispiel
Zentr.	Zentrum
ZNR	Zeitschrift für Neuere Rechtsgeschichte
zugl.	zugleich

A. Einleitung

I. Aufgabenstellung

Der Erste Weltkrieg brachte für das Deutsche Reich neben dem Verlust an Menschen, Material, wirtschaftlicher Kraft und Territorien auch das Ende des monarchischen Herrschaftssystems. Mit dem 09. November 1918, als das politische Zentrum des Kaiserreichs von revolutionären Unruhen erreicht wurde, begann ein neues Kapitel deutscher Geschichte. Die Abdankung des Kaisers wurde bekannt, überall entstanden Arbeiter- und Soldatenräte, und in Berlin wurde eine Revolutionsregierung gebildet, in der die unterschiedlichen Fraktionen der gespaltenen Arbeiterbewegung gemeinsam um die Verwirklichung einer politischen Neuordnung Deutschlands rangen.

Diese Entwicklung beschränkte sich aber nicht auf Berlin. In den einzelnen Ländern vollzogen sich zeitgleich revolutionäre Prozesse, und es verwundert, daß diese in der Literatur bislang nur marginal gewürdigt worden sind. So schildert Stolleis in seiner geschichtlichen Entwicklung Hessens das Revolutionsgeschehen von 1918 in nur wenigen Sätzen[1]. Um zu einem möglichst vollständigen Bild über die Ereignisse, Hintergründe und Konflikte der Revolution 1918/1919 zu gelangen, muß auch auf örtlicher, Kreis- und Landesebene geforscht werden, ohne dabei den Gesamtzusammenhang aus den Augen zu verlieren. Anhand von Quellen- und Literaturmaterial einer begrenzten Region können Erscheinungsformen der Räte, konkurrierende Wertvorstellungen sowie politische Erwartungen und formale Handhabungen der Konkurrenzen im revolutionären Prozeß analysiert werden, um Rückschlüsse auf den Gesamtzusammenhang zu ziehen. Mit diesem Deutungsraster ist die regionalgeschichtliche Forschung auch ein wichtiges Teilgebiet der juristischen Zeitgeschichte.

Die Revolutionsgeschichte Hessens in den Jahren 1918/1919 bildet den Gegenstand der vorliegenden Studie. Im Mittelpunkt steht die Gründung des Volksstaats Hessen und dessen demokratische Neugestaltung. Die Untersuchung folgt somit einer auf die Region bezogenen Forschungslogik, ohne die Prozesse im Reich davon loszulösen. Regionalgeschichte wird da-

---

[1] Stolleis; Die Entstehung des Landes Hessen und seiner Verfassung, in: Meyer/Stolleis; Hessisches Staats- und Verwaltungsrecht, S. 1 (10); Ders.; Geschichte des öffentlichen Rechts, Bd. 3: Staats- und Verwaltungsrechtswissenschaft in Republik und Diktatur 1914–1945, S. 141.

bei nicht als variationsreiche ‚miniaturisierte' Nationalgeschichte verstanden, sondern ihr Eigenrhythmus in den Mittelpunkt gestellt. Die verbindende Betrachtung der nationalen und der regionalen Ebene soll eine Aufsplitterung von Geschichte in Tausende ‚Geschichtchen' vermeiden und Forschungsmöglichkeiten zu anderen Regionen schaffen[2]. Es wird hierbei der Versuch unternommen, die von Eckhart G. Franz und Manfred Köhler aufgeworfenen Fragen, ob die Ereignisse in Hessen eine wirkliche Revolution dargestellt haben, welches die Ziele dieser Revolution gewesen sind, ob die Revolution ihre Ziele erreicht hat, ob sie gescheitert oder steckengeblieben ist[3], zu beantworten. Eine Antwort kann jedoch nicht durch eine lineare Betrachtungsweise des Geschehens erfolgen. Vielmehr ist eine mehrdimensionale Untersuchung erforderlich, die sowohl die Koordinaten der horizontalen (räumlichen) als auch der vertikalen (zeitlichen) Ebene berücksichtigt.

Auf der horizontalen Ebene wird zunächst in einem ersten Schritt das Revolutionsgeschehen im Deutschen Reich dargestellt und hierbei die Wirkungsweise und Effizienz der Arbeiter- und Soldatenräte im Reich kritisch betrachtet und charakterisiert. Die hierbei gewonnenen Ergebnisse dienen als strukturpolitischer Vergleichsmaßstab für die Arbeitsweise und das Durchsetzungsvermögen der Arbeiter- und Soldatenräte im Rhein-Main-Gebiet, die den zweiten und zum Teil den dritten Untersuchungsschritt der vorgenannten Aufgabenstellung bilden. Das Rhein-Main-Gebiet besaß zwar durch das XVIII. Armeekorps eine einheitliche militärische Kommandostruktur, war aber politisch in einen preußischen und hessischen Teil aufgespalten. Deshalb wird das Geschehen im preußischen Bereich zunächst im zweiten Untersuchungsschritt anhand der Städte Frankfurt am Main, Wiesbaden und Hanau dargestellt. Die Städte sind jeweils stellvertretend für drei unterschiedliche Revolutionsszenarien ausgewählt. Sie beweisen einerseits, daß trotz der übereinstimmenden politischen, geographischen und militärischen Faktoren die regionalen Ausformungen von zusätzlichen Bedingun-

---

[2] Zur methodischen Diskussion vgl. u. a.: Grebing; Zur Aktualität von regionaler Forschungen zur Geschichte der demokratischen Bewegung in Ostdeutschland, in: Grebing/Mommsen/Rudolph (Hrsg.); Demokratie und Emanzipation zwischen Saale und Elbe, Beiträge zur Geschichte der sozialdemokratischen Arbeiterbewegung bis 1933, Essen 1993, S. 341 ff.; Best; Mandat ohne Macht. Strukturprobleme des deutschen Parlamentarismus 1867–1933, in: Politik und Milieu. Wahl- und Elitenforschung im historischen und interkulturellen Vergleich, St. Katharinen 1989, S. 175 ff.; Schulz; Region und Regionalismus, Essen 1994; Schulze; Industrieregion im Umbruch. Historische Voraussetzungen und Verlaufsmuster des regionalen Strukturwandels im europäischen Vergleich, Essen 1993, Vorwort.

[3] Vgl. Franz/Köhler; Parlament im Kampf um die Demokratie. Der Landtag des Volksstaats Hessen 1919–1933, Arbeiten der Hessischen Kommission, Neue Folge, Vorgeschichte und Geschichte des Parlamentarismus in Hessen, Bd. 6, Darmstadt 1991, S. 11.

gen abhängig sind, und andererseits, daß die Vielfältigkeit der deutschen Revolution 1918/1919 erst durch eine Analyse kleinerer Ordnungseinheiten zutage tritt. Die heftigen Revolutionsereignisse in Frankfurt am Main wurden zunächst maßgeblich durch Abgesandte der ‚Kieler Matrosen' beeinflußt, die sich als Ordnungsfaktoren gegen den Arbeiterrat behaupten mußten, während sich in Wiesbaden die Revolution ruhig und geordnet im Einverständnis aller Kräfte vollzog und in Hanau schließlich die Revolution ohne externe Hilfe von Aktionen der USPD dominiert wurde.

Diese Szenarien werden im dritten Untersuchungsschritt dem revolutionären Ablauf im Großherzogtum Hessen gegenübergestellt. Der Kernbereich der Untersuchung hinterfragt hierfür zunächst die soziologischen Voraussetzungen der hessischen Revolution. Es wird analysiert, ob überhaupt eine Gruppe existierte, die als Träger der Revolution dazu willens und in der Lage war. Weiterhin ist in diesem Zusammenhang das Verhältnis der Bevölkerung zum Landesherrn, Großherzog Ernst Ludwig, von Bedeutung. Im Anschluß an die soziologischen Prämissen werden die revolutionären Vorgänge in ausgewählten Städten aller drei hessischen Provinzen im einzelnen untersucht. Die vorgelegte Arbeit behandelt neben der Hauptstadt Darmstadt die Städte Offenbach, Gießen, Alsfeld, Friedberg, Mainz und Worms. Sie versucht aufgrund der geo- und demographischen Vielfalt der Städte ein repräsentatives Bild für das gesamte Großherzogtum Hessen aufzuzeigen. Zusätzlich zur regionalen Perspektive wird die hessische Revolution auch aus einem funktionalen Blickwinkel durchleuchtet. Gegenstand dieses Untersuchungsabschnitts sind die Hauptakteure der Revolution, die Räte und die provisorische Regierung. Besonders die Entstehung, Zielsetzung und die tatsächliche Machtposition der verschiedenen Rätegruppierungen, zum Beispiel der Bauern- und Bürgerräte, im Verhältnis zur provisorischen Regierung und zu den alten Machteliten steht im Vordergrund der Betrachtung; das Verständnis für die hessische Rätebewegung ist der Schlüssel für das Verständnis der hessischen Revolution.

Im Anschluß an die Untersuchung des unmittelbaren Revolutionsgeschehens wird auf einer vertikalen Ebene die Frage nach der demokratischen Neugestaltung Hessens gestellt. Diese soll am Beispiel der Entstehung der Verfassung des Volksstaats beantwortet werden. Die vorliegende Studie zeigt die Entwicklung von der Verordnung über die Wahlen zur verfassungsgebenden Volkskammer, über ihre Wahl, die provisorische Verfassung, die endgültige Regierung des Volksstaats bis zur Verabschiedung der endgültigen Verfassung am 12. Dezember 1919 auf. Sie arbeitet dabei den zutage tretenden Konflikt der konkurrierenden Wertvorstellungen und konkreten politischen Erwartungen sowie die formale Handhabung der Konkurrenz im demokratischen Neuordnungsprozeß des Volksstaats Hessen heraus, in den die drei großen Träger der gesellschaftlichen Macht – Bürokratie, Militär und Wirtschaft – gleichermaßen involviert waren. Gleichzeitig werden die internen und externen Faktoren dargestellt, die zum Ende der hessischen Rätebewegung führten. Die am Ende dieses Neuordnungsprozesses verabschiedete Verfassung des Volksstaats Hessen vom 12. Dezember 1919, die als verfaßte Gesamtheit der Regeln über die Staatsform, die Leitung des Staats, über die Bildung und den Aufgabenkreis der obersten Staatsorgane und über Verfahren zur Bewältigung von Konflikten das Ergebnis der revolutionären Bewegung symbolisiert, wird schließlich hinsichtlich ihrer fundamentalen Inhalte untersucht. Hier werden neben den bezweckten Regelungszielen auch ihr konkreter Regelungsinhalt und die Auswirkungen auf die Gesetzgebung anhand des Kommunal- und Beamtenrechts, der Siedlungsgesetzgebung sowie des Finanzwesens geschildert. Gerade die konkreten Gesetzesvorhaben des neuen, demokratischen Landtags offenbaren die Unvollständigkeit der Revolution.

In Teil III wird versucht, auf einer weiteren vertikalen Zeitebene, die über den eigentlichen Untersuchungszeitraum von 1918/1919 hinausreicht, die Funktionalisierung des Revolutionsgeschehens als Reservoir und Fundgrube für Argumente im späteren politischen Tageskampf, die das Bemühen um historische Erkenntnismöglichkeiten deutlich überlagert bzw. beeinflußt hat, aufzuzeigen. Es scheint auch notwendig, die unterschiedlichen Interpretationen jeweils in ihren engeren zeitgeschichtlichen Bezugsrahmen zu stellen. Ausgehend von Köhlers aktuellem Forschungsansatz[4], der das höchst beliebige Bild der Revolution von 1918/1919 in der deutschen Geschichtswissenschaft nach dem Ende des Zweiten Weltkriegs untersucht und dieses in bezug zur hessischen Revolution gesetzt hat, erstellt die vorliegende Studie eine Historiographie der Revolution 1918/1919, die auch die Revolutionsinterpretationen der Weimarer Republik und des Nationalsozialismus miteinbezieht und somit die Wurzeln der Funktionalisierung des Revolutionsgeschehens aufzeigt. Die Studie verdeutlicht, daß eine Antwort auf die eingangs geschilderten Fragen von der standortgebundenen Sichtweise des jeweiligen Betrachters abhängt. Gleichzeitig versucht sie aufgrund ihrer eigenen regionalen Forschungslogik, diese Verknüpfung zu lösen und die Berechtigung politischer Aussagen gemäß dem bereits genannten Strukturierungsschema zu belegen oder zu überprüfen. Die Konzentration auf die machtpolitische Entwicklung innerhalb des regionalen Revolutionsgeschehens von Hessen demonstriert, daß eine differenzierte historische Analyse mit Hilfe eines fächerübergreifenden Forschungsansatzes zu einer weiterführenden Beurteilung der gesamten Revolution 1918/19 führt.

---

[4] Vgl. Köhler; Im Sinne der allgemeinen Gerechtigkeit. Die Verfassung des Volksstaates Hessen von 1919, in: Heidenreich/Böhme (Hrsg.); Hessen. Verfassung und Politik, Schriften zur politischen Landeskunde Hessens, Bd. 4, S. 223 ff.

II. Forschungslage

Die Quellen- und Literaturlage für das Revolutionsgeschehen im Deutschen Reich ist mittlerweile nahezu unüberschaubar. Für das Großherzogtum und den Volksstaat Hessen ist die Lage nicht ungünstig[5]. Zwar sind die Mitglieder der Arbeiter- und Soldatenräte, des Landtags und der Regierung schon verstorben, jedoch bieten zahlreiche Archive Aufschluß über die Ereignisse. Im Hessischen Staatsarchiv Darmstadt befinden sich noch Akten des Hessischen Justizministeriums, die u.a. Einladungen zu Sitzungen des Volksrats sowie einzelne Berichte über die Tätigkeit der Arbeiter- und Soldaten- bzw. Volksräte enthalten. Ebenfalls ist dort der Nachlaß Hesse, Korell, Ulrich und Leuschner archiviert. Das Stadtarchiv Darmstadt besitzt Ausschnitte regionaler und überregionaler Zeitungen, aber auch Aufrufe des Arbeiter- und Soldatenrats sowie Aufzeichnungen des damaligen Bürgermeisters Mueller. Von wesentlicher Bedeutung sind vor allem die kommunalen Archive anderer Städte und Kreise wie zum Beispiel Offenbach, Worms, Friedberg und Alsfeld, die zum Teil auch Ortschroniken und wichtiges Material über die Arbeit der Bauern- und Bürgerräte archivieren.

Die Drucksachen und Protokolle der Zweiten Kammer der Landstände in Hessen (VLGH), die Verhandlungen des Landtags des Volksstaats Hessen (VLVH), das Hessische Regierungsblatt (HRegBl), die Verwaltungsberichte des Oberbürgermeisters der Stadt Darmstadt sowie die Geschäftsberichte der MSPD, die Darmstädter Haushaltspläne und die Protokolle der Stadtverordneten- bzw. der Gemeinderatssitzungen sind ebenfalls ergiebige Quellen für die zu behandelnde Aufgabenstellung. Allerdings sind die Zeitungen und Zeitschriften jener Zeit die wichtigste, umfangreichste und vollständigste Arbeitsgrundlage der vorliegenden Studie. Zu nennen sind das Darmstädter Tagblatt, der Darmstädter Tägliche Anzeiger, die Darmstädter Zeitung, der Hessische Volksfreund, die Frankfurter Zeitung, die Offenbacher Zeitung, der Gießener und der Oberhessische Anzeiger. Die Literaturlage ist ebenfalls als positiv zu bewerten. Stellvertretend sei nur das umfangreiche Werk von Franz sowie die Bearbeitungen von Köhler und Struck zu nennen.

Die Studie möchte abschließend nicht nur einen Beitrag zur Erforschung der Revolutionsgeschichte in der Weimarer Republik und zur Hessischen Regionalgeschichte leisten. Sie will gleichzeitig anhand quellennaher Untersuchungen unbekannte demokratische Traditionen und Potentiale aufdecken und zu einer differenzierten Sicht der Geschichte der Demokratie- und sozialen Bewegungen beitragen.

---

[5] Vgl. Huber; DVG 5, S. 1048; Klein; DVerwG 4, S. 606 ff. m.w.N.

III. Definitionsversuche

Die Frage nach revolutionärem Geschehen setzt die Antwort auf die Bedingungen einer Revolution voraus. Die Darstellung der Handlungsweise von Räten benötigt die Bestimmung ihrer Organqualitäten. Die Eingrenzung und Definition der beiden Komplexe ist vielfach erfolgt, doch ihre zahlreichen Beschreibungen dienen nicht unbedingt der Transparenz ihrer Charaktereigenschaften. Demnach wäre der Versuch einer erneuten Definition untauglich. Geeigneter erscheint vielmehr der Ansatz der Erläuterung und Interpretation bisheriger Begrifflichkeiten, um ihre Bedeutung, ihre Wertung zu klären und um somit die Aussagen der Arbeit in einen gewissen Rahmen stellen können.

1. Revolution

Die Bedeutung des Begriffs ‚Revolution' hat sich im Laufe der Zeit aus der historischen Erfahrung gewandelt. Das die bisherigen Vorstellungen von Himmel und Erde umstürzende Werk von Nikolaus Kopernikus ‚*De revolutionibus orbium coelestium libri VI*' von 1543 hat den neuzeitlichen Sprachgebrauch des Wortes ‚Revolution' in Gang gesetzt. Von der Bewegung der Himmelskörper erweitert auf alle, die theoretischen, ökonomischen oder politischen Grundlagen erfassenden Veränderungen, ist der Begriff mittlerweile ein Allerweltswort[6]. In der Renaissance wurde dieser zunächst nur im Sinne gesetzmäßiger Umwandlungen verwendet. In den italienischen Stadtstaaten des ausgehenden Mittelalters wurde er dann für Aufruhr und Bürgerkrieg benutzt[7], während er in der englischen Revolutionszeit unter Cromwell die Wiederherstellung der alten Ordnung bezeichnete. Die erste Revolution, die offiziell so genannt wurde, war die ‚*Glorious Revolution*' von 1688.

Der moderne Wortgebrauch von ‚Revolution' wurde erst durch die Französische Revolution von 1789 geprägt, welche sich auch selbst als ‚Revolution' verstand und sowohl die beiden englischen Revolutionen als auch den nordamerikanischen Unabhängigkeitskampf in diesem Sinn interpretierte. Die Französische Revolution wurde das Modell der Idee einer sozialen Revolution, das durch die Oktoberrevolution zu weltgeschichtlicher Wirksamkeit gelangte.

Wenn man von den gegenwärtigen Definitionen ausgeht, muß zwischen einem empirischen und einem normativen Revolutionsbegriff unterschieden

---

[6] Stolleis in: HRG, Bd. 4, Sp. 961.

[7] Es wurde hierbei an die mittelalterliche Vorstellung eines notwendigen Kreislaufs der Erneuerung angeknüpft, der zugleich mit einem Fortschrittsglauben verbunden war.

werden. Im empirischen Sinn ist eine ‚Revolution‘ ... *der gewaltsame Umsturz, ‚von unten‘ ... durch eine neue Führungsgruppe, mit dem Ziel, eine neue Ordnung zu schaffen und diese dann gegen jeden weiteren Umsturz auch mit Gewalt zu verteidigen*[8]. Im normativen Sinn wird ‚Revolution‘ als ... *Emanzipation der Individuen aus überholten und partikularen Bindungen ... durch Selbstbestimmung der einzelnen und ... Verdrängung des religiösen oder abergläubischen Weltbilds durch ein positives und aufgeklärtes* verstanden[9].

Im einzelnen sind diejenigen Begriffselemente umstritten, die zu den notwendigen Kriterien einer ‚Revolution‘ zählen. Je nach Entscheidung, welche Elemente verwendet werden, ist die ‚Revolution‘ von der einem Naturvorgang ähnlichen Evolution und den eher geistesgeschichtlich verstandenen Renaissancen, von der zweckrational eingesetzten Reform, der Palastrevolte, dem Staatsstreich oder Putsch sowie von Regierungswechsel, Rebellion, von Aufständen und Bürgerkriegen abzugrenzen[10].

Zu einer Revolution gehört ... *die Verneinung der bestehenden Zustände, Gewinnung und Formierung kämpferischer Kräfte, Lähmung des Gegners, Machtergreifung, Beseitigung der alten Herrschaftsträger und Entmachtung ihrer Gewalten, Ausbau und Rechtfertigung neuer Macht, Neugestaltung der gesellschaftlichen Verfassung durch Einsetzung oder Umsetzung der Personen, Gruppen, Schichten und Setzung neuer Ordnungen gemäß dem Leitbild*[11]. Die Voraussetzungen einer Revolution sind dann gegeben, ... *wenn die Gewalt der herrschenden Mächte zwar noch über einen vollständigen und ausreichenden Machtapparat verfügt, aber wenn diese Gewalt – eben weil sie nur mehr bloße Gewalt ist – innerlich nicht mehr anerkannt wird, wenn sie lediglich als gegebener Apparat weiterwirkt*[12].

Weiterhin ist für den Ausbruch und besonders für den Erfolg einer Revolution erheblich, daß eine Idee als grundlegend von der Gesellschaft anerkannt, ergriffen und durch Gewalt realisiert und daß eine neue Gesellschaft geformt wird.

---

[8] Vgl. Der große Brockhaus, S. 703; Grand Larousse, Encyclopédie, S. 234: „... changement considérable dans le gouvernement d'un Etat, transformation des ses institutions ...“; Großes Duden Lexikon, S. 706; siehe demgegenüber Meyers Lexikon, Sp. 253: Revolution = „... besonders gewaltsame Umgestaltung einer Staatsverfassung durch Regierende oder Regierte (Umsturz)“; wiederum anders Politisches Handwörterbuch, L–Z, S. 481: „... widerrechtliche Umgestaltung einer bestehenden Staatsverfassung ...“.

[9] Nolte; Revolution im zwanzigsten Jahrhundert. Die nationalsozialistische Machtergreifung im historischen Vergleich, Frankfurter Allgemeine Zeitung, Nr. 24 vom 29. Januar 1983.

[10] Stolleis in: HRG Bd. 4, Sp. 962.

[11] Der große Brockhaus, S. 703.

[12] Lederer; Der Revolutionär, S. 11.

Somit besteht jede echte Revolution zunächst aus einer Idee, die es vermag, eine soziale Kraft zu mobilisieren. Um ihr den Durchbruch zur Realität zu verschaffen, sind zudem die Art und Natur der Intellektuellen-Schichten eines Landes sowie die nationalen Eigenarten eines Volkes wesentlich[13]. Die Revolution muß allerdings vom Volk getragen werden, ansonsten würde es ihr an der erforderlichen Anerkennung fehlen, und ihre positiven Errungenschaften wären nicht von Dauer. Schließlich ist ein Zusammenhang zwischen Revolution und Krieg nicht zwingend notwendig, sondern wirkt sogar eher verzögernd auf die Revolution[14].

Diese Voraussetzungen einer Revolution waren im Deutschen Reich gegeben. Durch den Kriegsverlauf bedingt, herrschte nicht mehr der Monarch; praktisch hatte er schon abgedankt; dominierend waren der bürokratische Apparat und die Kriegsmaschinerie[15]. Die Unzufriedenheit der Bevölkerung machte sich schon in den Streiks vom April 1917 und im Generalstreik in Berlin am 28. Januar 1918 bemerkbar, ... *der eine Welle des Widerstands gegen Krieg und Militarismus in Bewegung setzte, die am 09. November 1918 zur Revolution in Deutschland führte*[16]. Eine revolutionäre Grundstimmung war also im Laufe des Jahres 1917/18 vorhanden; es fehlte nur der Funke und die große Idee, um die Massen zu mobilisieren. Die politisch aktive Intellektuellenschicht war zu klein und oft zu abstrakt in der Artikulation ihrer Forderungen, um großen Einfluß auf die Bevölkerung gewinnen zu können. Zudem machten sich schon kurz nach dem Ausbruch der Revolution die restaurativen Kräfte bemerkbar, die durch das Bündnis der MSPD-Regierung mit der OHL in ihrem Wirken noch unterstützt wurden.

So wurde die Revolution durch die Unzufriedenheit der Matrosen in Kiel über die schlechte Verpflegung, über die Grußpflicht den Offizieren gegenüber und anderen, primär unpolitischen, Motiven ausgelöst, die erst im Zusammentreffen mit den Forderungen der Arbeiter und der weiteren revolutionären Entwicklung politisiert wurde. Erst dann stellte man politische Forderungen wie Absetzung des Monarchen und der Fürsten und Änderung des Wahlrechts.

---

[13] Lederer; a.a.O., S. 17.

[14] Lederer; a.a.O., S. 38.

[15] Janßen; Der Untergang der Monarchie in Deutschland, in: Rößler (Hrsg.); Weltwende 1917. Monarchie, Weltrevolution, Demokratie, S. 90 (98): Dasselbe Volk, das ... [dem Kaiser] am 04. August 1914 und in allen Schlachtensiegen zugejubelt hatte, gab nun seinen Monarchen auf, von dem es sich getäuscht fühlte. Nicht etwa, weil es politisch aufgewacht [wäre] oder die Verfassungszustände unerträglich gefunden hätte, verlangte es die Abdankung, sondern ein hungerndes, frierendes, krankes, müdes, ausgeblutetes Volk wollte nicht mehr länger kämpfen und forderte den Kopf dessen, der ihm den ersehnten Frieden zu verweigern schien.

[16] Kamnitzer/Hammach; Aus Dokumenten zur Vorgeschichte der deutschen Novemberrevolution, in: Zeitschrift für Geschichtswissenschaft, 1953, S. 789 (798).

Dieses Geschehen im November 1918 war revolutionär, indem das alte System gestürzt wurde. Daß die Ergebnisse letzten Endes nicht revolutionär im Sinne einer proletarischen Revolution waren, daß nämlich die alten Kräfte sich wieder etablieren konnten, ändert nichts daran, daß die Bewegung vom Beginn an von der Intention der Engagierten her eine Revolution im Sinne der Französischen Revolution war.

2. Räte

Im allgemeinen Sprachgebrauch ist ‚Rat' eine Vertretungskörperschaft ohne Bindung an eine bestimmte soziale Schicht. In einer speziellen historischen Bedeutung wird dieser Begriff für Organe benutzt, ... *die nur die unteren Klassen, das Proletariat, vertreten, besonders die Arbeiterschaft, aber auch Angestellte, Kleinbauern oder Soldaten*[17]. Diese Form der Räte[18] (Soldatenräte) konnte man zum ersten Mal bei der Englischen Revolution zur Zeit Karl I. feststellen. Später bildeten sich Räte bei den Pariser Distrikten und Sektionen von 1793, bei der Commission du Luxembourg von 1813 und bei der Pariser Kommune 1871. Am Anfang des 20. Jahrhunderts bildeten sich besonders in Rußland Räte (1905, 1917).

Die Theorie, die für die Bildung von Räten bestimmend ist, wird als *Rätegedanke*, die Tendenzen, die für die Einführung, Erhaltung und Weiterentwicklung der Räte feststellbar sind, als *Rätebewegung*, ihr Aufbau als *Rätesystem* bezeichnet[19]. Es wird allgemein behauptet, daß drei Grundformen von Räten existieren, die durch Zweck und Dauer unterschieden werden:

1. Räte sollen eine zeitlich begrenzte Aktion (Streik, Aufstand) leiten, wenn andere Organe des Proletariats nicht vorhanden oder nicht geeignet sind. Sie konzentrieren zeitweise die gesamte Macht, lösen sich aber nach Erfolg oder Mißerfolg der Aktion wieder auf bzw. verlieren ihre Bedeutung.

---

[17] Tormin; Zwischen Rätediktatur und sozialer Demokratie. Die Geschichte der Rätebewegung in der deutschen Revolution 1918/19, S. 7; v. Oertzen; Betriebsräte in der deutschen Novemberrevolution, S. 8 f.: Alle [diese] ‚Räte' richten sich gegen etwas, gegen eine bestimmte politische oder wirtschaftliche Ordnung, gegen eine gesellschaftliche Machtverteilung. Dieser Grundzug der Räte kommt zum Ausdruck: 1. in den sozialen Schichten, die sie – in der Regel – vertreten, 2. in der Form ihres Wirkens, 3. in der Art ihrer Entstehung.

[18] Tormin; Zwischen Rätediktatur und sozialer Demokratie. Die Geschichte der Rätebewegung in der deutschen Revolution 1918/19, S. 9 ff.

[19] Tormin; Zwischen Rätediktatur und sozialer Demokratie. Die Geschichte der Rätebewegung in der deutschen Revolution 1918/19, S. 7 f.

2. Räte vereinigen in sich die gesamte Staatsgewalt (exekutive, legislative und teilweise auch die jurisdiktionelle Gewalt); sie sind als dauerhafte Einrichtung gedacht (Diktatur des Proletariats).
3. Räte sind dauerhafte Institutionen, aber mit beschränkter Gewalt, meist nur mit einigen sozialen oder wirtschaftlichen Rechten. Sie sind Interessenvertretung des Proletariats gegenüber dem Staat, anderen Klassen oder dem Unternehmer.

Zum Teil werden Räte auch funktionell differenziert:

1. Räte als Kampforgane, die zuerst nicht als Dauereinrichtungen vorgesehen sind.
2. Räte als Interessenvertretungen von unterpriviligierten Schichten oder Klassen.
3. Räte als Staatsorgane des sich unmittelbar demokratisch selbst regierenden Volkes.

Tatsächlich können Räte funktionell nicht scharf differenziert werden, denn im Rahmen ihrer jeweiligen geschichtlichen Wirklichkeit entsprachen sie phasenweise oft mehreren Grundformen. Die Übergänge sind fließend. Für Deutschland im Jahre 1918 ist zumindest feststellbar, daß die Mehrheit der Räte eher der ersten Kategorie entsprach. Sie verstanden sich als Einrichtungen für eine Übergangszeit, ausgenommen die Spartakisten, Anhänger des linken Flügels der USPD und einige linke Splittergruppen, die die Räte zu jener Zeit als die tragenden Elemente des kommenden Staats und somit als Dauereinrichtungen ansahen. Die revolutionären Arbeiter- und Soldatenräte der ersten Phase betrachteten die Räte als eine vorübergehende Erscheinung, als eine bloße Übergangslösung bis zur endgültigen Etablierung der neuen Ordnung. Sie hatten in der Regel weder ein spezifisches Räteprogramm, noch erstrebten sie irgendein Rätesystem. Ihr Kampf galt in erster Linie nicht der Sozialisierung, sondern der Demokratisierung, sie waren keine Klassenbewegung, sondern eine vorwiegend von Arbeitern getragene Volksbewegung.

In der zweiten Phase der Revolution von Januar 1919 bis Juni 1919 setzten sich zunehmend Interessenten für die Weiterentwicklung der Räte zur zweiten Kategorie (Räte als Dauereinrichtungen) ein. Erst diese Rätebewegung verstand sich wirklich als Klassenkampforganisation, die gegen das parlamentarische System für die Sozialisierung und Institutionalisierung der Räte kämpfte[20], so daß auch die MSPD im Laufe des Jahres gezwungen war, sich mit der Einrichtung von Räten zu befassen.

---

[20] Rürup; Rätebewegung und Revolution in Deutschland 1918/19, in: Neue Politische Literatur, 12/1967, S. 303 (310).

Selbst wenn dies auch nur die Einrichtung von Wirtschaftsräten betraf, so wurde hierdurch – mit Abstrichen – auch die dritte Kategorie von Räten als Interessenvertretungen verwirklicht. Allerdings besaßen diese gem. Art. 165 der Weimarer Verfassung keine weitreichende Bedeutung für den politischen Aufbau und die Demokratisierung des Staats[21].

IV. Historischer Kontext

Das Staatsgebiet des Großherzogtums Hessen[22] umfaßte seit seinen letzten territorialen Veränderungen nach 1866 eine Fläche von ca. 7.691 km^2. Es war in die etwa gleich großen Provinzen Starkenburg, Oberhessen und Rheinhessen gegliedert und durch die nun preußische Stadt Frankfurt am Main geteilt. Im Jahre 1909 wurden im Großherzogtum Hessen ca. 1,28 Millionen Einwohner gezählt[23], wovon fast die Hälfte in der wirtschaftlich stark industrialisierten Provinz Starkenburg lebte. Aufgrund dieser wirtschaftlich starken Position konnte sich das Großherzogtum Hessen als selbständiger und souveräner Bundesstaat im Deutschen Reich behaupten.

Hessen wurde seit 1892 von Großherzog Ernst Ludwig regiert. Er galt persönlich als völlig unmilitärisch und war vornehmlich der Kunst- und Kulturpolitik zugewandt[24]. Durch persönlichen Einsatz, der durch seinen ausgleichenden eigenen Stil geprägt war, gewann er die Sympathie und Zuneigung der Bevölkerung. Daß er sich auf ‚parlamentarischen Abenden' des Darmstädter Landtags auch mit sozialdemokratischen Abgeordneten unterhielt, machte ihn für manche bereits zum ‚roten Großherzog'[25].

Das Großherzogtum Hessen besaß vor 1918 keine parlamentarische Staatsverfassung. Vielmehr basierte die Erste und Zweite Kammer des Landtags auf der Verfassungs-Urkunde des Großherzogtums Hessen vom 17. Dezember 1820[26], wobei erstere eine Art Herrenhaus und letztere das Abgeordnetenhaus bildete. In der Ersten Kammer, die aus erblichen oder

---

[21] Rürup; Rätebewegung und Revolution in Deutschland 1918/19, in: Neue Politische Literatur, 12/1967, S. 303 (310).

[22] Zur Geschichte des Großherzogtums Hessen: Franz; Der Staat der Großherzöge von Hessen und bei Rhein 1806–1918, in: Heinemeyer (Hrsg.); Das Werden Hessens, S. 481 ff.; Lilge; Hessen in Geschichte und Gegenwart, S. 8 ff.

[23] Statistisches Handbuch für den Volksstaat Hessen (StatHbVHessen), 3. Ausgabe.

[24] Zu *Ernst Ludwig* vgl. Franz (Hrsg.); Erinnertes. Aufzeichnungen des letzten Großherzogs Ernst Ludwig von Hessen und bei Rhein, mit einem biographischen Essay von Golo Mann; Franz (Hrsg.); Friede durch geistige Erneuerung. Zum 50. Todestag Großherzogs Ernst Ludwigs am 09. Oktober 1987. Fritz von Unruh und Großherzog Ernst Ludwig.

[25] Franz; Die Stadt der Künstlerkolonie (1890–1918), in: Darmstadts Geschichte, S. 391 (412).

Abbildung 1: Großherzog Ernst Ludwig von Hessen (*1868–†1937)

vom Landesherrn ernannten Mitgliedern bestand, saßen die Prinzen des großherzoglichen Hauses, die Standesherren der in der napoleonischen Zeit mediatisierten Fürsten- und Grafenhäuser, Vertreter der Kirchen, der Hochschulen, Repräsentanten aus Verwaltung und Wirtschaft und seit 1872 auch die gewählten Abgeordneten des grundbesitzenden Adels. Die zuletzt 58 Abgeordneten der Zweiten Kammer wurden in städtischen und ländlichen Wahlbezirken nach dem Mehrheitswahlrecht gewählt. Zwar hatte das Reformgesetz von 03. Juni 1911 die indirekte Wahl und den Zensus abgeschafft, jedoch wurde immer noch das Wahlrecht auf die Steuerzahler mit einem Mindestalter von 25 Jahren beschränkt und den Wählern, die das 50. Lebensjahr überschritten hatten, eine Zweitstimme eingeräumt. Insgesamt waren kaum mehr als 20 Prozent der Bevölkerung wahlberechtigt[27].

[26] Vgl. Franz; Großherzoglich Hessisch ... 1806–1918, in: Schultz (Hrsg.), Die Geschichte Hessens, S. 182 (184 f.).

[27] Zur Entwicklung des Wahlrechts vgl. die Einleitung von: Ruppel/Gross; Hessische Abgeordnete 1820–1933. Biographische Nachweise für die Landstände des Großherzogtums Hessen (2. Kammer) und den Landtag des Volksstaates Hessen, S. 8 ff.

Die stärkste Fraktion in der Zweiten Kammer des Darmstädter Landtags waren seit der 17. Wahlperiode die Nationalliberalen der Hessischen Fortschrittspartei, der auch die vom Großherzog ohne Mitwirkung des Landtags berufenen Ministerpräsidenten nahestanden. Die absolute Mehrheit hatten die Nationalliberalen allerdings mit den ersten Wahlerfolgen der SPD nach Aufhebung des Sozialistengesetzes und dem Aufkommen der mit dem Antisemitismus verknüpften bäuerlichen Parteigruppen seit 1890 verloren. Seit der letzten Vorkriegswahl vom 03. November 1911 gab es in der Zweiten Kammer außer 17 Nationalliberalen und 14 Abgeordneten der vom Bauernbund gestützten Hessischen Volkspartei 9 Abgeordnete des katholischen Zentrums, die in der Mehrzahl aus Rheinhessen stammten, und jeweils 8 Vertreter der linksdemokratischen Fortschrittlichen Volkspartei und der Sozialdemokratie[28].

Die Revolution im Großherzogtum Hessen fiel mit dem Ende des Ersten Weltkriegs zusammen und war als „Kriegskind“[29] durch die daraus resultierenden wirtschaftlichen, sozialen und politischen Probleme geprägt. Wie im gesamten Deutschen Reich war auch in Hessen gegen Kriegsende die Versorgung mit Lebensmitteln, Brennmaterial und Rohstoffen zunehmend schwieriger geworden. Daneben herrschte aufgrund des eingestellten Wohnungsbaus eine akute Wohnungsknappheit[30].

In der auf Kriegsbedarf umgerüsteten Industrie[31] stockte mehr und mehr die Produktion; zwangsläufige Folge waren Lohnausfälle und Arbeitslosigkeit, die vor allem zur Verarmung der Arbeiterschaft führten[32]. Insbeson-

---

[28] Ruppel/Groß; a.a.O., S. 17 ff., die für die 17. Wahlperiode keine Zeitspanne angeben. Die 18. Wahlperiode wird von ihnen auf das Jahr 1865 datiert.

[29] Müller-Franken; Die Novemberrevolution. Erinnerungen, S. 13.

[30] Schlander; Zwischen Monarchie und Diktatur. Offenbach 1918–1933, S. 40; vgl. auch Franz/Köhler; Parlament im Kampf um die Demokratie, S. 15, die darauf hinweisen, daß während des Kriegs aufgrund der Wohnungsknappheit die zumindest teilweise Bewirtschaftung des Wohnraums mit Einrichtung besonderer Wohnungsämter eingeführt wurde.

[31] Beispielsweise wurde der Produktionsprozeß der Darmstädter Industrie durch die Einziehung von Arbeitern und Angestellten wie durch den Wegfall der normalen friedensmäßigen Nachfrage beeinträchtigt. Die Fabriken stellten jedoch rasch auf Kriegsaufträge um. *Möbel-Alter* lieferte zunächst Einrichtungen für Lazarettzüge, dann Munitionskisten, und ab 1915/16 wurden transportable Flugzeughallen gebaut. Im Winter 1916/17 wurde der größere Teil des Betriebs auf den Bau von Artilleriefahrzeugen, deren Wartung und Reparatur von Flugzeugen umgeschaltet. *Roeder* baute Feld- und Lazarettküchen und *Gandenberger-Goebel* die schon 1914 zum Kaiserpreis angemeldeten Flugzeugmotoren, die u.a. in den Fokker-Maschinen des Richthofen-Geschwaders geflogen wurden. In Zusammenarbeit mit der Luftfahrttechnik an der TH hatte sich ebenfalls der kleine Betrieb der *Deutschen Sommer-Flugzeugwerke* in Kranichstein etabliert. Vgl. Franz; Die Stadt der Künstlerkolonie (1890–1918), in: Darmstadts Geschichte, S. 391 (416 ff.). Für die Stadt Frankfurt vgl. Drüner; Im Schatten des Weltkrieges, S. 136 ff.

dere in den Städten des Rhein-Main-Gebiets kam es zu Obdachlosigkeit sowie Mangel- und Unterernährung[33]. So berichtete der Wiesbadener Regierungspräsident dem Kaiser am 23. April 1917 über die auf die Unterernährung zurückzuführenden steigenden Sterberaten in den Städten Frankfurt und Wiesbaden[34]. Sowohl der Frankfurter als auch der Wiesbadener Magistrat wiesen in ihren Berichten an den Regierungspräsidenten vom 19. Juli 1917 auf die angesichts des Kartoffelmangels und der fehlenden Zufuhr von Gemüse und Obst teils „bedrückte", teils aber auch „erregte" bzw. „äußerst gereizte" Stimmungslage der Bevölkerung hin und befürchteten schwere Unruhen[35]. Diese Befürchtungen bestätigten sich im Sommer 1917 durch verschiedene Demonstrationen und Streikbewegungen als Reaktion auf die ungenügende Lebensmittelversorgung[36]. Trotz der zunehmenden kritischen Entwicklung der Versorgungslage[37] wurde von mehreren Landräten der Durchhaltewille und die Siegeshoffnung der Bevölkerung betont[38]. Andererseits waren die Anzeichen von Kriegsmüdigkeit und Friedenssehnsucht nicht mehr zu übersehen[39]. Nachdem auch die ab 21. März 1918 durchgeführte große deutsche Offensive im Westen keine wesentlichen Erfolge zeigte, wurde der Zustand der Versorgung mit Lebensmitteln selbst von patriotischen Kreisen als „unerträglich" bezeichnet[40].

Die katastrophale wirtschaftliche Versorgungslage und die schwindende Hoffnung auf einen Sieg des Deutschen Reichs können jedoch nicht als einzige Ursachen für die revolutionäre Bewegung betrachtet werden. Weit mehr noch war die politisch-soziale Umbruchstimmung von Bedeutung. Dabei spielten die SPD und die Gewerkschaften eine besondere Rolle, denn in dieser Zeit fanden in beiden Organisationen der Arbeiterschaft die entschei-

---

32 Drüner; Im Schatten des Weltkrieges, S. 141.

33 Franz/Köhler; Parlament im Kampf um die Demokratie, S. 14 f.; siehe auch Struck; Die Revolution von 1918/19 im Erleben des Rhein-Main-Gebietes, in Hess. Jb. f. Landesgesch. 19 (1969), S. 368 (374 f.).

34 Müller; Preußischer Adler und Hessischer Löwe, S. 182, nach HStAW 405, 4247 Bl. 289 ff.

35 HStAW 405, 6358 Bl. 9; ebenda Bl. 11.

36 Vgl. hierzu Struck; a.a.O., S. 375.

37 Beachte in diesem Zusammenhang den Bericht des Wiesbadener Magistrats vom 17. Januar 1918, in dem er die Nichtlieferung von Kartoffeln beklagt, weshalb er beschlossen habe, allen mit bestimmten Mehrmengen von Kartoffeln versorgten Haushaltungen, Hotels, Pensionen und Anstalten, diese wieder abzunehmen; HStAW 405, 6359 Bl. 2.

38 Bericht des Landrats von Usingen vom 16. Januar 1918; HStAW 405, 6359 Bl. 14.

39 Ebenda, Bl. 37 (Bericht des Frankfurter Magistrats an den Regierungspräsidenten vom 17. Dezember 1917).

40 HStAW 405, 6360 Bl. 202 (Bericht des Rüdesheimer Landrats vom 16. Juli 1918).

denden Auseinandersetzungen um die Erringung der Macht im Staat und um die daraus resultierenden Möglichkeiten praktischer Politik statt.

Der von allen Reichstagsparteien, einschließlich der Sozialdemokratischen Partei, im August 1914 vereinbarte innere Burgfrieden[41] für die Dauer des Kriegs war auch im Großherzogtum Hessen, wie im gesamten Rhein-Main-Gebiet, kein echter politischer Frieden, sondern ein zweckgebundener Zusammenschluß[42], der mehr und mehr mit der Einsicht der Nichterfüllung des Zwecks zerfiel und die innenpolitischen Spannungen aus der Vorkriegszeit nur noch verstärkt offenbarte[43]. Trotz der Verhängung des Belagerungszustands[44] und der damit verbundenen Pressezensur sowie der Lähmung des politischen Lebens, zeichneten sich eine zunehmend radikalere Systemkritik und politische Reformansätze ab, auf deren Inhalten auch die revolutionäre Bewegung basierte.

So gab es in der Frankfurter Sozialdemokratie bereits im Mai 1915 deutliche Strömungen, die – entgegen der offiziellen Parteilinie – sich für einen alsbaldigen Friedensschluß einsetzten und die internationale Solidarität des Proletariats einforderten[45]. Auch eine Gruppe der Hanauer Sozialdemokraten sympathisierte mit der radikalen Idee des internationalen Marxismus und stand seit August 1914 mit Karl Liebknecht, Rosa Luxemburg und Klara Zetkin in Verbindung[46]. Nachdem 18 Reichstagsabgeordnete der so-

---

[41] Als nach außen hin dokumentiertes Symbol für den Burgfrieden kann das Gelöbnis aller Fraktionsvorsitzenden des Reichstags durch das Händereichen mit dem Kaiser anläßlich seiner Thronrede im Weißen Saal des Stadtschlosses in Berlin am 4. August 1914 gewertet werden, zu der die Sozialdemokraten – wie angekündigt – nicht erschienen waren, diese sich jedoch – entgegen ihrem bisherigen Brauch – am Ende der eigentlichen Sitzung beim Hoch auf „Kaiser, *Volk und Vaterland [Passage wurde extra für die Sozialdemokraten eingefügt]*" ebenfalls erhoben; vgl. Huber; Dok. III, S. 135 (137), DVG 5, S. 35 ff. Zur besonderen Interessenlage der Sozialdemokratie: vgl. Miller; Burgfrieden und Klassenkampf, S. 137 ff.

[42] Die Sozialdemokratie fühlte sich mehr als alle anderen bürgerlichen Parteien als „Gefangene" des Burgfriedens: Rosenberg; Entstehung der Weimarer Republik, Bd. I, S. 150 f.

[43] Franz/Köhler; Parlament im Kampf um die Demokratie, S. 10 f.; Struck, Die Revolution von 1918/19 im Erleben des Rhein-Main Gebietes, Hess. Jb. f. Landesgesch. 19 (1969), S. 368 (370 ff.).

[44] Huber; Dok. I, S. 527 ff., Dok. III, S. 140 ff.

[45] Resolution der Mitgliederversammlung der Frankfurter Sozialdemokraten vom 11. Mai 1915; vgl. Müller; Preußischer Adler und Hessischer Löwe, S. 173, nach HStAW 405, 2773 Bl. 257 f.

[46] Schnellbacher; Hanau in der Revolution vom 7. November 1918 bis 7. November 1919, S. 11. Das Vorwort zu diesem Buch wurde von K. Zetkin formuliert. Die radikalste Oppositionsgruppe innerhalb der SPD, die von R. Luxemburg, K. Liebknecht, F. Mehring und K. Zetkin repräsentiert wurde, hatte sich um die Zeitschrift „Die Internationale" gesammelt und benannte sich im Laufe des Jahres 1916 in „Spartakusgruppe" um. Liebknecht stimmte als erster SPD-Reichstagsabgeordneter

zialdemokratischen Partei (Gruppe Haase) in der Reichstagssitzung vom 24. März 1916 entgegen einem Fraktionsbeschluß gegen den Notetat[47] gestimmt hatten, diese aus der Fraktion ausgeschlossen worden waren und daraufhin die Sozialdemokratische Arbeitsgemeinschaft (SAG)[48], schließlich die Unabhängige Sozialdemokratische Partei (USPD) auf der Gothaer Konferenz vom 09. bis 11. April 1917 gegründet hatten[49], wurde am 28. April 1917 in Frankfurt ein Ortsverein der USPD konstituiert und dann das Bezirkssekretariat für Südwestdeutschland gebildet[50]. Die schnelle Ausformung von organisierten Parteistrukturen der USPD in Frankfurt zeigte den deutlichen Zuspruch vor allem in der Arbeiterbewegung für die politische Forderung nach einer energischen Friedenspolitik.

Nach der am 08. Januar 1918 durch Wilson erfolgten Veröffentlichung des Friedensprogramms der 14 Punkte[51] kam es Ende Januar 1918 in Berlin zu einem politischen Massenstreik, der insbesondere durch die Verschleppung der preußischen Wahlrechtsvorlage und der Friedensverhandlungen mit Rußland motiviert war[52]. Der Streik war gleichzeitig eine Demonstration gegen die Propagandaaktionen der Rechtskreise[53]. Am 31. Januar 1918

---

bei der Reichstagsabstimmung am 02. Dezember 1914 im Plenum gegen den zweiten Kriegskredit und damit gegen die ansonsten nach außen geschlossene Haltung der übrigen Fraktionsmitglieder. Er opponierte ferner neben O. Rühle bei der Abstimmung über den dritten Kriegskredit am 20. März 1915 offen im Plenum. Auch bei der vierten Kriegskreditvorlage am 20. August 1915 stimmte Liebknecht erneut mit „nein", während 32 Fraktionsmitglieder, darunter auch der Parteivorsitzende H. Haase, den Plenarsaal schon vor der Abstimmung verlassen hatten. Liebknecht wurde zum Jahresbeginn 1916 aus der SPD-Reichstagsfraktion ausgeschlossen.

47 ‚Notetat' hieß ein Gesetz zur Verlängerung des laufenden Etatgesetzes über das Ende des Etatjahres hinaus, wenn das neue Etatgesetz nicht rechtzeitig verabschiedet werden konnte.

48 Die Bildung dieser neuen Fraktion, der die gemäßigt radikalen Oppositionellen um H. Haase angehörten, erfolgte ohne Liebknecht und Rühle, die fraktionslos blieben.

49 Auf ihrem Gründungsparteitag erklärte die USPD ihre grundsätzliche Opposition zum herrschenden Regierungssystem und zur Kriegspolitik der Reichsregierung. Wesentliches Charakteristikum der neuen Partei war ihre politische Heterogenität durch die umstrittene Einbeziehung der Spartakusgruppe, sowie eine äußerst schwache Parteiführung, die durch Zusicherung einer weitgehenden Aktionsfreiheit für die lokalen Organisationen bedingt war und den Bemühungen H. Haases entsprang, nach der Spaltung der Gesamtpartei wenigstens die Opposition zusammenzuhalten. Spaltungserklärung abgedruckt in: Huber; Dok. III, S. 175.

50 Schreiben des Frankfurter Polizeipräsidenten vom 27. September 1918 an den Landrat in Höchst; vgl. HStAW 425, 364.

51 Huber; Dok. III, S. 222 f.

52 So betrug die Zahl der streikenden Arbeiter ca. 180.000, vgl. Frankfurter Zeitung Nr. 32 vom 01. Februar 1918, 2. Morgenblatt.

53 Auch im Rhein-Main-Gebiet hatte der Bund der Kaisertreuen am 15. Januar 1918 den Landräten des Regierungsbezirks Wiesbaden tendenziöse Schriften über

sowie am 01. Februar 1918 entstand in Kassel eine große Streikbewegung[54]. Auch in Frankfurt herrschte in Arbeiterkreisen eine äußerst gereizte Stimmung. Dennoch kam es nur zu einer Versammlung, auf der den Berliner Kollegen die ungeteilte Zustimmung, der Widerwille gegen die Regierung sowie die Verachtung gegen die Kriegsverlängerer bezeugt wurde[55].

Während die Mehrheitssozialdemokraten (MSPD) den Streik lediglich als Demonstration und nicht als Einleitung einer Revolution betrachteten, instrumentalisierte die USPD den Massenstreik, um ihre politischen Ziele durchzusetzen[56], wodurch die mittlerweile deutlich unterschiedlichen politischen Zielvorstellungen beider Gruppierungen zutage traten. Die Mehrheitssozialdemokraten im Reich, die gemeinsam mit den Gewerkschaften zunächst den politischen Kurs einer friedlichen Entwicklung verfolgten[57], be-

---

die Notwendigkeit des Kampfes gegen die Demokratisierung und Sozialdemokratisierung des Deutschen Reichs gesandt. Der Landrat von Höchst antwortete daraufhin am 16. Januar 1918 ablehnend mit der Begründung, daß „... die leider heute schon stark beeinträchtigte innere Geschlossenheit durch weitere Partei- oder Vereinsgründungen noch stärker zerissen ...“ werde, vgl. HStAW 425, 364.

[54] Frankfurter Zeitung Nr. 31–33 vom 30. 1.–2. 2. 1918. In Kassel betrug die Zahl der Streikenden über 12.000 Arbeiter (*Henschel* für die Metallindustrie, *Hahn* für Optik und Mechanik und Betriebe der Textilindustrie).

[55] Drüner; Im Schatten des Weltkrieges: Zehn Jahre Frankfurter Geschichte von 1914–1924, S. 313. Dagegen verhielten sich die der christlich-sozialen Partei angehörenden Rüstungsarbeiter im Dillkreis ruhig, da ihre Partei den Streik ablehnte. Jedoch nutzte die Leitung der christlich-sozialen Gewerkschaft die Stimmung dieser Tage, um in einer von 300 Arbeitern besuchten Versammlung die Erhöhung der Bergarbeiterlöhne zu fordern und Ernährungsfragen zur Diskussion zu stellen, Struck; Die Revolution von 1918/19 im Erleben des Rhein-Main-Gebietes, in: Hess. Jb. f. Landesgesch. 19 (1969), S. 368 (379 f. sowie FN 70).

[56] Erklärung der USPD über den Berliner Streik abgegeben von dem Abgeordneten Haase im Reichstag am 27. Februar 1918 in: Huber; Dok. III, S. 230 f.

[57] Über die Frage der aktiven politischen Strategie und Taktik im Kampf um die Gestaltung der Arbeits- und Lebensbedingungen im Deutschen Reich herrschte in der SPD ein interner Streit verschiedener Parteipruppierungen. Im Rahmen des Revisionismusstreits sowie in der Debatte um den Massenstreik zur Erringung der Wahlrechtsreform in Preußen ging es vor allem um Strategien zur Ausweitung der sozialen Basis und damit der politischen Mehrheitsfähigkeit der SPD. Eine eindeutige Entscheidung in dieser Strategiefrage wurde nicht getroffen und zog eine Parteipolitik nach sich, die zwar auf Reformen ausgerichtet war, fortan aber nicht ohne den Deckmantel radikaler Phraseologie auskam. Der Ausgang dieser Debatten zeigte zudem den wachsenden Einfluß der Gewerkschaften, die die Fortsetzung einer friedlichen Entwicklung wünschten und nichts von revolutionären Strategien hielten. Die Zuspitzung der innerparteilichen Differenzen wurde durch die Spaltung der Partei nach außen hin dokumentiert. Lehnert; Sozialdemokratie, S. 13, „Die tragende Säule dieses konfliktscheuen Verhältnisses zum übermächtigen Herrschaftssystem waren die Gewerkschaften ... die immerhin ein Drittel aller SPD-Abgeordneten im Reichstag stellten.“; Abendroth; Sozialgeschichte der europäischen Arbeiterbewegung, S. 72 f.

Abbildung 2: Eduard David (*1863–†1930)

zweckten durch diese Strategie, den Fortschritt im gesellschaftlichen Leben unter Achtung demokratisch-parlamentarischer Spielregeln auf dem Wege der Verständigung und des Kompromisses zu erringen[58].

So versuchte die mehrheitliche Arbeiterbewegung, den Staat und seine Institutionen mit ihrem Geist zu durchdringen, ihn ihren Interessen dienstbar zu machen. Mit dem – trotz aller Kritik – vereinbarten Burgfrieden nach innen und der Kriegskreditbewilligung nach außen wollte sie Deutschland verteidigen, um es zu erobern[59]. Diese Strategie zeigte anfangs auch Erfolge, denn die Gewerkschaften wurden als Interessenvertretung der Arbeitnehmer durch die Arbeitgeber erstmals bei der Einrichtung von Kriegsausschüssen für die Berliner Metallindustrie im Februar 1915 anerkannt[60], und das Gesetz über den vaterländischen Hilfsdienst vom 05. Dezember 1916 verankerte indirekt die staatliche Anerkennung der Gewerkschaften

---

[58] Zitat des SPD-Reichstagsabgeordneten E. David, der zu den geistigen Führern der Fraktion gehörte und sich mit anderen führenden Parteigenossen während des Kriegs um innenpolitischen Ausgleich und um vertrauensvolle Zusammenarbeit mit der Reichsleitung und den Fraktionen der Mitte bemühte. Vgl. das Kriegstagebuch des Abgeordneten Eduard David 1914–1918, bearb. v. Miller u. Matthias, S. XXXI; sowie Schwarz; MdR. Biographisches Handbuch des deutschen Reichstags, S. 292 f.

[59] Haenisch; Die Deutsche Sozialdemokratie in und nach dem Weltkriege, S. 107 ff.; Zitat von Scheidemann bei: Grzesinski; Inside Germany, S. 33.

[60] Feldmann; Armee, Industrie und Arbeiterschaft in Deutschland 1914–1918, S. 79.

als berufene Vertreter der Arbeiterschaft[61]. Die darüberhinaus auf einen gewissen Interessenausgleich zwischen unternehmerischen Gewinnforderungen einerseits und sozialpolitischen Gewerkschaftsforderungen andererseits setzende kriegswirtschaftliche Bürokratie[62] trug zumindest dazu bei, daß unter Einfluß des Kriegsalltags Berührungsängste zwischen der Arbeiterschaft und der Armee verschwanden und sich in diesem Verhältnis ein erstaunlicher Wandel vollzog[63].

Trotz der politischen Fortschritte und der unter militärischen Gesichtspunkten eingeführten Reglementierung des Markts zum Beispiel durch die Gründung der Kriegsrohstoffabteilung 1914 und des Kriegsernährungsamts 1916[64] konnte die Realität nicht den von der SPD und den Freien Gewerkschaften anfänglich benutzten Begriff des „Kriegssozialismus" rechtfertigen[65].

Der Sozialdemokratie wurde die Bejahung der nationalen Sache bei Kriegsausbruch zudem durch die Tatsache erleichtert, daß es gegen das vom Zaren despotisch beherrschte Rußland ging[66]. Der Sturz des Zarentums im März 1917 und die siegreiche sozialistische Revolution in Rußland vom 07. November 1917 mußte daher die Kriegsstimmung bei den breiten Massen in Deutschland in hohem Maße herabsetzen. Indem von Lenin „der Imperialismus als höchstes Stadium des Kapitalismus"[67] gebrandmarkt

[61] Huber; Dok. III, S.148 ff., DVG 5, S. 108 ff. Allerdings darf die Motivation der Reichsleitung, die ausschließlich von einer gedeihlichen Produktivitätsentwicklung der Kriegsindustrie bestimmt war, nicht verkannt werden. So sind die Darstellungen Hubers mehrfach zu glättend. Die Stellung der Arbeitnehmer und der Gewerkschaften war keinesfalls durch das Hilfsdienstegesetz gegen die Anfechtungen aus Kreisen der Unternehmenschaft gesichert.

[62] Abteilung für Zurückstellungswesen (Sichler) im preußischen Kriegsministerium, seit November 1916 das Kriegsamt unter W. Groener.

[63] Feldmann; a.a.O., S. 93 mit Zitat von G. Bauer (stellvertretender Vorsitzender der Generalkommission der Freien Gewerkschaften).

Durch die Weigerung der militärischen Behörden, gegenüber Arbeitern und Gewerkschaften den „Polizisten der Arbeitgeber" zu spielen, nahmen sie eine Mittlerrolle ein, die die gewerkschaftliche Wahrnehmung von weiterbestehenden Machtverhältnissen in Staat und Gesellschaft verzerrte. Vgl. Kluge; Die deutsche Revolution 1918/19. Staat, Politik und Gesellschaft zwischen Weltkrieg und Kapp-Putsch, S. 46 f.

[64] Zur Kriegsrohstoffabteilung und zum Ernährungsamt siehe Feldmann; a.a.O., S. 52, 94; Huber; DVG 5, S. 79 ff.

[65] Przewieslik; Die Machtfrage in der November-Revolution 1918, S. 11. Zur Definition des Begriffs grundlegend: Heuss, Kriegssozialismus; kritisch: Köppe; Kriegswirtschaft und Sozialismus.

[66] Über die Volkstümlichkeit der Parole: „Nieder mit dem Zarismus" vgl. die große Zahl der Pressestimmen bei Haenisch; a.a.O., S. 14 ff. Die Sozialdemokratie übernahm in dem Haß gegen das zaristische Rußland das bis in die Zeit der Heiligen Allianz zurückgehende Erbe der Demokraten.

wurde, führte er den Kampf für den Weltfrieden zugleich als Kampf für die kommunistische Weltrevolution. Zum ersten Mal wandte sich jetzt in der russischen Note vom 28. November 1917 eine Regierung unmittelbar an die Völker mit der Forderung nach sofortigem Frieden, denn dies sei der Wunsch der arbeitenden Klassen aller Völker[68]. Eben dieses Selbstbestimmungsrecht der Völker und der Friede ohne Annexionen und Kontributionen gehörte auch zum Programm der Sozialdemokratischen Partei Deutschlands[69]. Es ist daher besonders interessant, daß sich die Mehrheitssozialisten sogleich in ihrem Organ „Vorwärts" energisch gegen Lenins Versuch verwahrten, seine Theorie und Methode, die die Gesetze der Entwicklung verkenne, schablonenhaft auf alle Länder anzuwenden. Die Beendigung des Völkerkriegs durch einen allgemeinen Bürgerkrieg sei eine Utopie:

> Den Krieg bis zum endgültigen Sieg des sozialistischen Proletariats in allen Ländern hinausschieben zu wollen, hieße den Krieg noch weiter verlängern, als die Kriegsverlängerer der alldeutschen Eroberungsziele und des endgültigen Ententesieges es müßten. Keine sozialistische Gruppe Deutschlands denke im Ernst daran, eine Politik zu treiben, die das Blutmeer des Weltkrieges in das Landesinnere leite und dem Sieg eines fremden Imperialismus als Vorwand diene[70].

Die Mehrheitssozialisten verfolgten hier also nicht das Ziel der sofortigen Umsetzung ihres Parteiprogramms, das bereits zu diesem Zeitpunkt einen revolutionären Umbruch für das Deutsche Reich bedeutet hätte. Vielmehr entschieden sie sich für die weitere Zusammenarbeit mit der Regierung, um die Verteidigungskraft Deutschlands nicht zu gefährden[71]. Für diese gemäßigte politische Handlungsweise waren auch erste Anzeichen einer stets von den Mehrheitssozialisten geforderten Parlamentarisierung im Kaiserreich, wie die Friedensresolution des Reichstags vom 19. Juli 1917 und die Bildung des Interfraktionellen Ausschusses[72], mitverantwortlich. Beide Tat-

---

[67] Die gleichnamige Schrift erschien zum ersten Mal im April 1917. Lenin bekämpfte darin auch die Ansicht des sozialdemokratischen Haupttheoretikers K. Kautsky, daß der Kapitalismus vielleicht noch eine neue Phase durchmachen könne, worin die Politik der Trusts und Kartelle auf die Weltpolitik übertragen werde, so daß der Kapitalismus in der Lage sei, antiimperialistische Friedenstendenzen zu entwickeln. Vgl. dazu auch: Lenin, Staat und Revolution.

[68] Frankfurter Zeitung Nr. 332 vom 01. Dezember 1917.

[69] Miller/Matthias; Kriegstagebuch d. Abg. David, S. 141.

[70] Zitat aus dem „Vorwärts" in der Frankfurter Zeitung Nr. 311 vom 10. November 1917.

[71] Daraus erklärt sich ihre Haltung zum Problem Elsaß-Lothringen auf dem internationalen sozialistischen Kongreß 1917 in Stockholm. Vgl. Scheidemann; Der Zusammenbruch, S. 151 ff. und Meyer u. a. (Hrsg.); Lexikon des Sozialismus, S. 729 f.

[72] Matthias unter Mitwirkung von Morsey; Der Interfraktionelle Ausschuß 1917/18; Epstein; Der Interfraktionelle Ausschuß und das Problem der Parlamentarisierung 1917–1918, in: HZ 191 (1960), S. 562 (563ff.).

sachen zeigten deutlich, daß die Reichstagsmehrheit gewillt war, jetzt stärker als bisher politische Verantwortung zu tragen.

Parallel zu entsprechenden Vorstößen im Reichstag stellten im Großherzogtum Hessen die von Carl Ulrich geführte sozialdemokratische Fraktion des Darmstädter Landtags am 30. April 1917 einen Antrag auf Abschaffung des Mehrstimmenwahlrechts und alsbaldige Einführung des allgemeinen gleichen, geheimen und direkten Wahlrechts für beide Geschlechter für den Landtag und die Lokalvertretungen[73]. Die Übernahme des Antrags durch die Fraktion der Fortschrittspartei, die in ihrem Forderungskatalog vom Mai 1917 noch sehr viel weitgehendere Vorschläge zu einer grundlegenden „Umgestaltung und Weiterbildung der Rechte des Volkes im Staat, in den Kreisen und in den Gemeinden" machte, führte nach dem Wiederzusammentritt der Kammer am 25. Oktober 1917 zur Einsetzung eines Verfassungsausschusses mit 14 Vertretern aller Landtagsparteien[74].

Abbildung 3: Carl von Ewald (*1852–†1932)

[73] VLGH 35 II, Drucks. 355 vom 30. April 1917; vgl. Gmelin; Verfassungsentwicklung und Gesetzgebung in Hessen von 1913–1919, in: Jahrbuch des öffentlichen Rechts der Gegenwart, Bd. IX (1920), S. 204 ff. (205).

[74] VLGH 35 II, Prot. 47, S. 1042–1047, 1052 (25. Oktober 1917); vgl. Drucks. 371.

Noch am 20. März 1918 lehnte Staatsminister Carl von Ewald[75] in der Zweiten Kammer diesen Antrag ab[76]. Auf den Antrag der Fortschrittspartei reagierte die Regierung zuerst zögerlich, indem sie sich bereit erklärte, das Verhältniswahlrecht in Gemeinden von über 5.000 Einwohnern zur Anwendung zu bringen und die Mitgliedschaft des höchstbesteuerten Grundbesitzers in Landgemeinden fallen zu lassen[77]. Kennzeichnend für die vorrevolutionäre Situation im Großherzogtum Hessen war somit die ebenfalls gemäßigte politische Handlungsweise der Mehrheitssozialisten im Darmstädter Landtag. Trotz der bestehenden Spannungen und der deutlich verschärften Situation aufgrund der überkommenen Verfassungs- und Machtstruktur, die schon längst nicht mehr der Bevölkerungsentwicklung mit ihren geänderten wirtschaftlich-sozialen Gegebenheiten entsprach, wurde weiterhin innerhalb der systemkonformen Möglichkeiten opponiert.

Erst als sich die Kriegslage seit dem 08. August 1918 im Westen verschlechterte, erhielt die Kritik an den politischen Verhältnissen einen neuen, allgemein gewandelten Charakter. Die Sozialdemokratische Partei erkannte, daß durch einen militärischen Sieg der Krieg nicht mehr zu beenden war. Sie folgerte daraus die Unumgänglichkeit ihres Eintritts in die Regierungspolitik und übernahm damit die Initiative zur Überwindung des Obrigkeitsstaats. Am 23. September 1918 gab sie nach einer gemeinsamen Sitzung der Reichstagsfraktion und des Parteiausschusses die Bedingungen ihrer Mitarbeit bekannt. Durch die Bereitschaft zur Wiederherstellung Belgiens, zur Autonomie von Elsaß-Lothringen und zur Revision der Friedensschlüsse mit Rußland und Rumänien sowie zum Eintritt in einen Völkerbund, der die Ächtung des Kriegs und allgemeine Abrüstung zum Ziel hatte, sollte der entschlossene Friedenswillen der deutschen Regierung zum Ausdruck kommen. Durch die echte Parlamentarisierung und sofortige Aufhebung aller die Versammlungs- und Pressefreiheit einschränkenden Bestimmungen sollten die innerpolitischen Verhältnisse Deutschlands grundlegend umgestaltet werden[78].

---

[75] *Carl von Ewald* (1852–1932), nach beinahe zehnjähriger Tätigkeit am Reichsgericht 1905/06 zum Staatsminister und Justizminister des Großherzogtums Hessen ernannt. Bezeichnend für seine liberale Einstellung war der Antrag im Bundesrat, für die Beratung des Arbeitskammergesetzes nur Arbeiter zu ernennen. Vgl. Knöpp; Carl von Ewald, in: NDB 4, 1959, S. 694 f.

[76] VLGH 35 II, Drucks. 438; vgl. Gmelin; Verfassungsentwicklung und Gesetzgebung in Hessen von 1913–1919, in: Jahrbuch des öffentlichen Rechts der Gegenwart, Bd. IX (1920), S. 204 ff. (205).

[77] VLGH 35 II, Drucks. 445; vgl. Gmelin; Verfassungsentwicklung und Gesetzgebung in Hessen von 1913–1919, in: Jahrbuch des öffentlichen Rechts der Gegenwart, Bd. IX (1920), S. 204 ff. (205).

[78] Frankfurter Zeitung Nr. 265 vom 24. September 1918; Matthias-Pikart; Die Reichstagsfraktion der deutschen Sozialdemokratie, Bd. 2, S. 417 f., 419 ff.

Das ausschlaggebende Moment für die Parlamentarisierung kam jedoch als Initiative ‚von oben'[79]. Am 28. September 1918 erfolgte eine durch die verzweifelte militärische Lage ausgelöste Forderung der Obersten Heeresleitung (OHL)[80], mit der Ludendorff und Hindenburg die Abgabe eines Waffenstillstandsangebots an die Westmächte durch eine Regierung, die auf parlamentarischer Grundlage neu gebildet werden sollte, verlangten. Unübersehbar bei diesem Vorgang war, daß die neue Form der Regierungsbildung zweckgebunden war[81]. Sie sollte der OHL die Möglichkeit eröffnen, sich der Verantwortung für die Folgen einer Kriegsniederlage zu entziehen[82] und diese auf die Schultern der Parteien zu laden[83].

Die Frage, ob man der Aufforderung, sich an der neuen Regierung zu beteiligen, Folge leisten solle, war deshalb innerhalb des Vorstands der Reichstagsfraktion der Mehrheitssozialisten heftig umstritten. Philipp Scheidemann votierte gegen den Eintritt in ein „total bankrottes Unternehmen"[84], weil man mit einem solchen Schritt politisch die Verantwortung für eine Entwicklung tragen müsse, die man selbst nicht hervorgerufen habe. Friedrich Ebert dagegen betrachtete es als eine selbstverständliche Verpflichtung, „... in der Schicksalsstunde des deutschen Volkes ..." politische Verantwortung zu übernehmen[85]. Mit dieser Meinung konnte er sich auch gegenüber Scheidemann durchsetzen. Das Eintreten der Mehrheitssozialisten in ein „bankrottes Unternehmen" war entsprechend der klassischen Unterscheidung Max Webers[86] eindeutig *verantwortungsethisch* motiviert und bildete

[79] Payer; Von Bethmann Hollweg bis Ebert, S. 82: Staatssekretär v. Hintze sprach gegenüber Vizekanzler Payer von einer „Revolution von oben", mit der die Reichsleitung und die Heeresleitung gemeinsam versuchten, die mit dem militärischen Zusammenbruch drohende „Revolution von unten" abzuwenden.

[80] Kolb; Kaiserreich, Einleitung S. 14: „Es war nicht allein der Initiative ‚von oben', nämlich von militärischer und politischer Reichsleitung, zuzuschreiben, wenn Ende September die Parlamentarisierung zügig in Gang kam." Siehe auch Huber; Dok. III, S. 281 f.

[81] Eschenburg; Demokratie, S. 39 spricht von oktroyiertem, zweckgebundenem Parlamentarismus.

[82] Schulz; Deutschland seit dem Ersten Weltkrieg (1918–1945), S. 18. Schulz weist auf Mahnungen des Kriegspresseamts hin, jeglichen Hinweis in der Öffentlichkeit zu unterlassen, daß der Friedensschritt von seiten der OHL ausgegangen sei.

[83] Matthias/Morsey; Regierung des Prinzen Max, S. 65 f., 216 sowie S. 221 FN 6 zu Ludendorffs späterer Leugnung, daß er für die Note an Wilson war.

[84] Scheidemann; Memoiren eines Sozialdemokraten, Bd. II, S. 190 ff.

[85] Ebert; Schriften, Bd. 2, S. 90: „Gewiß wäre es bequemer für uns, draußen zu stehen und unsere Hände in Unschuld zu waschen. Aber in der Schicksalsstunde des deutschen Volkes wäre eine solche Politik vor der Geschichte, der Nation und vor der Arbeiterklasse nie und nimmer zu verantworten."

[86] Weber; Der Beruf der Politik, in: ders.; Soziologie, Weltgeschichtliche Analysen, Politik, S. 175 ff. Die Unterscheidung von *gesinnungsethischen* und *verantwortungsethischen* Handlungsorientierungen war nicht zufällig von M. Weber während

insofern die konsequente Weiterführung der seit Kriegsbeginn praktizierten Burgfriedenspolitik. Die Mehrheitssozialisten wollten den Weg der Evolution zu diesem Zeitpunkt nicht verlassen[87], den sie sich in mühevoller Mitarbeit während des Kriegs erschlossen hatten[88]. Diese Haltung verhinderte folglich auch eine öffentlichkeitswirksame publizistische Aktivität, um die verfassungsrechtlichen Neuerungen den Zeitgenossen bewußt werden zu lassen[89].

Durch die Ernennung Prinz' Max von Baden zum neuen und letzten Reichskanzler des Kaisers am 03. Oktober 1918 und eine Regierungsbildung, an der die Mehrheitssozialisten des Reichstags durch Staatssekretäre ohne Portefeuille beteiligt werden sollten, wurde das innenpolitische Reformprogramm in Angriff genommen. Am 28. Oktober 1918 traten neue Verfassungsbestimmungen als Ausdruck des innenpolitischen Reformprogramms in Kraft[90]. Wesentliche Neuerungen bestanden in der Abhängigkeit des Reichskanzlers vom Vertrauensvotum der Reichstagsparteien, sowie der Unterordnung der militärischen Belange unter die politische Gewalt des Parlaments[91].

Am 26. Oktober 1918, als sich in Preußen die Einführung des gleichen Wahlrechts und der Verhältniswahl für große Wahlkreise abzeichnete[92], erklärte auch Carl von Ewald im Verfassungsausschuß der Zweiten Kammer des Großherzogtums Hessen die Bereitschaft des Großherzogs und der Re-

---

der Revolutionsmonate formuliert worden. Angesichts des wechselseitigen Rivalitätsverhältnisses zwischen links- und rechtssozialdemokratischen Strömungen drängte sich diese Unterscheidung auf. Allerdings sah Weber in ihnen nicht absolute Gegensätze, sondern Ergänzungen, die für die Durchführung einer Politik der Machtbehauptung unerläßlich schien.

[87] Müller-Franken; Die Novemberrevolution. Erinnerungen, S. 11: „So war denn der Eintritt der Sozialdemokratie in die Reichsregierung Tatsache geworden. Mir erschien er unerläßlich, weil auf Wilsons Erklärungen die Probe gemacht werden mußte. Wie sollte denn ohne Beteiligung der Sozialdemokratie in Deutschland überhaupt eine parlamentarische Regierung gebildet werden? Gewiß fiel uns diese Entscheidung schwer. Es war ein gewagtes Spiel."

[88] Zur streitigen Frage, welches Verhältnis die Mehrheitssozialisten zur Revolution besaßen vgl. Scheidemann; Der Zusammenbruch, S. 1, 210 f.; Noske; Von Kiel bis Kapp. Zur Geschichte der deutschen Revolution, S. 8; Müller-Franken; Die Novemberrevolution. Erinnerungen, S. 13, 75 f.; Epstein; Der interfraktionelle Ausschuß, S. 583 f.; Heffter; Die deutsche Selbstverwaltung im 19. Jahrhundert, S. 765 f.

[89] Rosenberg; Entstehung der Weimarer Republik, Bd. I, S. 224 f.; Rosenberg vertritt die Auffassung, daß im Jahr 1918 nach lange anhaltender politischer „Kirchhofsruhe" plötzlich der vollständige Sieg der bürgerlichen Demokratie folgte.

[90] Verfassungsreformgesetze abgedruckt in: Huber; Dok. III, S. 277 ff.

[91] Die Kriegserklärung und der Friedensschluß waren nur noch mit Zustimmung von Reichstag und Bundesrat möglich.

[92] Durch Gesetz vom 24.08.1918 im Reich für die großen Wahlkreise verwirklicht, vgl. Huber Dok. II, S. 479 ff.

gierung zur zügigen Verabschiedung einer Wahlrechtsreform und zur Beratung sonstiger Reformforderungen. Zugleich stellte von Ewald seinen Rücktritt in Aussicht. Durch diese Veränderungen sollte eine parlamentarische Verfassungsgrundlage geschaffen und der Weg frei für eine neue, mit dem Landtag abzustimmende Regierung gemacht werden. Als Reaktion folgten weitere Anträge der Fortschritts- und Sozialdemokraten. So forderte eine Landesversammlung der sozialdemokratischen Partei Hessens am 01. November 1918 in Darmstadt für die Reform der hessischen Verfassung die Ausschaltung der Krone als gesetzgebender Faktor und Verordnungsgeber sowie deren Beschränkung auf eine rein repräsentative Betätigung, die Abschaffung der Ersten Kammer und das alleinige Gesetzgebungsrecht für die Volksvertretung, welche in Zukunft auch die Minister bestimmen sollte. Daneben wurde erneut die Einführung der allgemeinen und geheimen Verhältniswahl unter Einschluß des Frauenwahlrechts, der Beseitigung aller Adelsvorrechte samt Aufhebung der Fideikommisse verlangt[93]. Forderungen mit einem radikaleren Charakter, wie zum Beispiel die komplette Ausschaltung der Krone und die Ausrufung der republikanischen Staatsform, wurden nicht beschlossen.

Die Parlamentarisierung des Kaiserreichs und die zuvor erfolgte Entlassung Ludendorffs aus dem Amt des ersten Generalquartiermeisters der OHL riefen in der Öffentlichkeit den Eindruck hervor, als sei es bei diesen Entscheidungen um eine Frage der politischen Fassadengestaltung gegangen, bei der dem „konservativen Staatskörper“ lediglich eine „demokratische Mütze“ aufgesetzt worden sei[94]. Dieser Eindruck verstärkte sich, zumal der eigentliche Repräsentant der preußisch-deutschen Militärordnung, von Hindenburg, im Amt belassen worden war, und zusätzlich die parlamentarische Monarchie praktisch vom Tag ihrer verfassungsmäßigen Einführung in eine Krise geriet und Anlaß zu begründeten Zweifeln daran bot, ob der alte Obrigkeitsstaat tatsächlich beseitigt war[95]. Am 03. Oktober

---

[93] Vgl. Frankfurter Zeitung Nr. 303 vom 01.11.1918, 2. Morgenblatt. Vgl. dazu auch unter Kapitel B.I.3.a)dd) auf S. 84.

[94] Lehnert; Sozialdemokratie und Novemberrevolution, S. 54 f.; Groener; Lebenserinnerungen, S. 440 f.: „Bei meinem Eintreffen in Spa am 30. Oktober morgens, erfuhr ich meine Ernennung zum ersten Generalquartiermeisters ... Daß man mich zum Nachfolger machte, geschah stark unter politischem Gesichtswinkel – die Süddeutschen wurden besser mit den Parlamentariern fertig als die Preußen, hieß es –, doch habe ich mir von Hindenburg in jener ersten Unterredung die Versicherung geben lassen, daß bei meiner Ernennung die Regierung keinerlei Einfluß ausgeübt habe.“

[95] Lehnert; a.a.O.; S. 120. Wie berechtigt diese Sichtweise war, zeigte der Erlaß W. Groeners vom 23. Dezember 1918 „... über Namen und Begriff ‚Hindenburg‘“. Nachlaß Groener, zit. nach Guth; Loyalitätskonflikt, S. 104, Anm. 1: „... Feldmarschall von Hindenburg hält es für seine Pflicht, so lange wie irgend möglich, durch seine Persönlichkeit den Bestand der OHL zu gewährleisten; das Weiterbestehen der OHL ist auch als außerhalb der Kreise der Regierung und der Nationalversammlung

1918 hatte die Regierung Prinz Max von Baden entsprechend der Forderung der OHL[96] ein Waffenstillstandsangebot an den amerikanischen Präsidenten Wilson gerichtet[97]. Aus dem sich daraufhin entwickelnden Notenwechsel war die Forderung der USA nach Abdankung des deutschen Kaisers herauszulesen[98]. Somit überschattete seit der dritten Wilson-Note vom 23. Oktober 1918 die ‚Kaiserfrage' die Diskussion über die zukünftige Staatsform Deutschlands[99]. Die Beantwortung dieser Frage war für die weitere revolutionäre Entwicklung von entscheidender Bedeutung.

Karl Kautsky hatte bereits 1893 die Parteidoktrin formuliert, nach der eine soziale Umwälzung nur mittels der Eroberung der politischen Macht durch das kämpfende Proletariat zu erreichen sei:

> Die bestimmte Staatsform, in der allein der Sozialismus verwirklicht werden kann, ist die Republik, und zwar im landläufigen Sinne des Wortes, nämlich die demokratische Republik[100].

Für die SPD beinhaltete die Frage des Kaisertums Wilhelms II. trotzdem keine prinzipielle Problematik. Ihre politische Ausrichtung war eher pragmatisch auf die Umwandlung der nur konstitutionellen Monarchie in eine parlamentarische ausgerichtet. So äußerte sich August Bebel schon am 14. Dezember 1903 in einer Rede:

> Ich weiß nicht, wo wir unsere republikanischen Auffassungen in besonderer Aufdringlichkeit, sei es hier zu Haus oder sonst wo, zur Schau getragen haben. … Sie brauchen nur dieselben Rechte und Freiheiten, die in bürgerlichen Republiken der Arbeiterklasse gewährt werden, in Ihrer Monarchie zu gewähren, und die Sehnsucht nach der Republik wird von selbst verschwinden[101].

---

stehender Faktor besonders in der Lage, während der Nationalversammlung nach allen Seiten einzuwirken, insbesondere auch auf die Regierung. Name und Persönlichkeit des Feldmarschalls müssen um so mehr dem ganzen Volke als einigender Faktor erhalten bleiben, als z. Zt. noch nicht abzusehen ist, welche neuen zersetzenden Kräfte auf Heer und Volk einwirken werden …". Umfassend zu Wilhelm Groener in der Weimarer Republik: Hürter; Wilhelm Groener. Reichswehrminister am Ende der Weimarer Republik (1928–1932).

[96] Huber; Dok. III, S. 281 f.

[97] Huber; Dok. III, S. 282.

[98] Huber; Dok III, S. 287 (288).

[99] Schulz; Deutschland seit dem Ersten Weltkrieg 1918–1945, S. 20.

[100] Kautsky; Der Weg zur Macht. Politische Betrachtungen über das Hineinwachsen in die Revolution, S. 44.

[101] Vgl. Brunner; Grundbegriffe, Bd. 5, Begriff ‚Republik', S. 642. Am 02. Oktober 1914 hatte der sozialdemokratische Reichstagsabgeordnete Max-Cohen-Preuß durch Vermittlung von Solf und Delbrück eine Unterredung über die Umwandlung der SPD: „Ich sagte Herrn Cohen, wenn die Sozialdemokratie ein Entgegenkommen erwarte, so müsse aber auch die Sozialdemokratie sich scharf verändern und sich mit unserer monarchischen Verfassung abfinden. Er meinte, theoretisch würde die Sozialdemokratie wohl republikanisch bleiben müssen. Ich sagte ihm, gewiß könne

Diese Strategie des „politisch Machbaren" wurde weiterverfolgt. Für die Notwendigkeit einer Änderung dieser pragmatisch orientierten Politik sprachen bereits früher klare Anzeichen. So berichtete der Offenbacher Parteisekretär der MSPD, Hermann Neumann, über seine Unterredung mit Prinz Leopold zu Isenburg am 16. Oktober 1918, der Prinz sei der Ansicht, eine Reform der hessischen Verfassung sei nicht mehr aufzuhalten. In dem Bericht heißt es weiter: „Das von der Sozialdemokratie geforderte Wahlrecht werde und müsse kommen. Bei dieser Gelegenheit müsse auch eine Reform der Ersten Kammer vorgenommen werden. Die Erste Kammer sei in ihrer jetzigen Zusammensetzung durchaus senil ... Zur Zweiten Kammer übergehend, bemerkte der Prinz, daß über die Einführung des allgemeinen Wahlrechtes nicht mehr zu reden sei, darüber gäbe es keine Diskussion mehr ... Zu den Verhältnissen im Reich übergehend, erklärte der Prinz, er habe Fühlung mit fast sämtlichen regierenden Häusern Deutschlands und stehe mit diesen in dauernder Verbindung. Mit der Beseitigung der Hohenzollern müssen wir rechnen. Er hält es für ausgeschlossen, daß Frieden kommt ohne diese Beseitigung ..., die Mehrzahl der Herren würden freiwillig zurücktreten."[102].

Der „Vorwärts" vom 05. November 1918 nahm dazu wie folgt Stellung:

> Die Sozialdemokratie ist eine grundsätzlich demokratische Partei, die aber auf die bloße Form der repräsentativen Spitze bisher nie entscheidenden Wert gelegt hat[103].

Lediglich die Linkssozialisten erhoben am Ende des Ersten Weltkriegs die Forderung nach einer demokratischen Republik[104]. Die USPD wollte zwar die Revolution, lehnte aber den Bolschewismus ab. Karl Kautsky[105] verurteilte die Leninistische Auslegung der brieflichen Äußerungen von Marx aus dem Jahre 1875, daß zwischen der kapitalistischen und der kom-

---

man sich ja in der Theorie darüber unterhalten, ob die republikanische oder die monarchische Staatsform die bessere sei, aber in einem Staatswesen wie dem unsrigen, in dem die Armee eine so entscheidende Rolle spiele und auch für die Zukunft spielen müsse, lasse sich im politischen Leben diese Frage nicht ganz kühl und theoretisch behandeln. Es sei für uns notwendig, daß das Volk ein persönliches Treueverhältnis zu seinem Monarchen habe. Herr Cohen bestritt das nicht und meinte, auch ihm schwebe eine Fortentwicklung der sozialdemokratischen Partei in monarchischer Richtung vor, wie sie schließlich auch die Fortschrittspartei durchgemacht habe. Solche Entwicklung sei nur nicht in einem Schlage durchzuführen. Sie werde aber kommen, wenn die Regierung aus eigener Initiative Entgegenkommen zeige und nicht zu ungeduldig sei."; zitiert nach: Kuczynski; Der Ausbruch des Ersten Weltkrieges und die deutsche Sozialdemokratie. Chronik und Analyse, S. 209 ff.

102 Bericht des Parteisekretärs Herman Neumann in: Müller-Franken; Die Novemberrevolution. Erinnerungen, S. 16 f.

103 „Vorwärts" vom 5. November 1918; Lehnert; Sozialdemokratie, S. 120.

104 Brunner; a.a.O., S. 642.

105 Kautsky; Diktatur des Proletariats, S. 27 ff.

munistischen Gesellschaft die Periode der revolutionären Umwandlung der einen in die andere liege und während dieses Übergangs der Staat nichts anderes als die revolutionäre Diktatur des Proletariats sein könne. Unter Diktatur meine Marx nur die reine Herrschaft auf der Grundlage der Demokratie. Wie könne die Sozialdemokratie jetzt selbst die Vergewaltigung üben, die sie zeit ihres Bestehens leidenschaftlich bekämpft habe[106]? Bereits am 05. Oktober 1918 hatte die USPD in ihrer Presse und gleichzeitig in Flugblattform in Massen verbreitet:

> An das werktätige Volk! ... Unser Ziel ist die sozialistische Republik. Sie allein ermöglicht es, die Welt von den Verwüstungen des Krieges zu erlösen[107].

Auf einer Kundgebung der USPD in Frankfurt am 27. Oktober 1918, deren Zulauf die radikale Stimmung verdeutlichte, rief der Reichstagsabgeordnete Haase aus, sein Ziel sei die sozialistische Republik. Die politischen Folgerungen ergäben sich daraus von selber[108]. Auf den Tadel von Diskussionsrednern, er habe die dynastische Frage nicht angesprochen, äußerte sich Haase abfällig über die historische Rolle der Hohenzollerndynastie und rief unter stürmischem Beifall:

> Die Zeiten der Kronenträger sind vorüber! ... Bald werden die Kronen auf dem Pflaster rollen![109]

Erst der Zusammenhang zwischen Waffenstillstand und der amerikanischen Thronverzichtsforderung an Wilhelm II. aktualisierte auch wieder bei den Mehrheitssozialdemokraten die Forderung nach einer republikanischen Verfassung. Als die Seekriegsleitung durch ihren Befehl zur ‚letzten Schlacht' die Skepsis des amerikanischen Präsidenten in bezug auf die Unterordnung der militärischen Autokratie unter die parlamentarische Kontrolle[110] als richtig erschienen ließ, war auch die ‚Kaiserfrage' faktisch entschieden. Dem Befehl der Seekriegsleitung folgte, gestützt auf soziales Protestpotential, eine revolutionäre Bewegung, zu deren Ausbruch das Mißtrauen, ob die neue Regierung stark genug sei, den Volkswillen gegen den militärischen und bürokratischen Machtapparat der Hohenzollernmonar-

---

106 Vgl. Frankfurter Zeitung Nr. 293 vom 22. Oktober 1918, Abendausgabe, in der ein Referat über Kautskys Hauptgedanken veröffentlicht wurde.

107 Müller-Franken; Die Novemberrevolution. Erinnerungen, S. 19.

108 Drüner; Im Schatten des Weltkrieges. Zehn Jahre Frankfurter Geschichte von 1914–1924, S. 325.

109 Lucas; Frankfurt unter der Herrschaft des Arbeiter- und Soldatenrats 1918/19, S. 16.

110 Ritter/Miller; Die Deutsche Revolution 1918–1919, S. 29: „Es ist klar, daß das deutsche Volk ein Mittel besitzt, um zu befehlen, daß sich die deutschen Militärbehörden dem Volkswillen unterordnen, daß die Macht des Königs von Preußen, die Politik des Reiches unter seiner Kontrolle zu halten, noch unzerstört ist, daß die entscheidende Initiative noch immer bei denen liegt, die bis jetzt die Herrscher in Deutschland waren."

chie durchzusetzen, einen entscheidenden Faktor bildete. Für die ‚Kaiserfrage' reduzierte sich jegliches Ermessen auf Null, so daß ihre Lösung nur noch in eine Richtung möglich war.

Am 01. November 1918 nahm eine Konferenz des Frankfurter Bezirksvorstands und der örtlichen Parteileitung der Mehrheitssozialisten sowie die Redaktion der ‚Volksstimme' und der gewählten Vertrauensboten der organisierten Arbeiterschaft eine einstimmig gefaßte Entschließung an, in der die angebahnte Demokratisierung begrüßt wurde. Sie müsse kraftvoll und zielsicher dem souveränen Volksstaat entgegengeführt werden. Jedes Friedenshindernis sei zu beseitigen, wenn es nicht freiwillig dem Druck der Volksmassen weiche.

Als ein solches Friedenshindernis bezeichnete die Konferenz die herrschende Dynastie[111]. Der politische Inhalt dieser Entschließung besaß im Vergleich zu den Forderungen der Darmstädter Landesversammlung der hessischen MSPD vom selben Tage eine wesentlich radikalere Ausrichtung. Ein revolutionärer Wandel der Staatsform wurde nun seitens der Mehrheitssozialisten im ‚preußischen' Frankfurt zumindest nicht mehr ausgeschlossen, während die benachbarten ‚großherzoglich hessischen' Genossen wohl noch nicht die Notwendigkeit einer revolutionären Wandlung ihrer politischen Ausrichtung sahen.

Am 06. November 1918 konstatierte Philipp Scheidemann:

> Die Abdankungsfrage steht jetzt gar nicht mehr zur Diskussion. Die Revolution marschiert! Eben habe ich die Nachricht erhalten, daß zahlreiche Kieler Matrosen in Hamburg und Hannover die staatlichen Machthaber festgenommen und die öffentliche Gewalt an sich gerissen haben. Das bedeutet: Die Revolution![112]

Der durchschlagende Erfolg der weitgehend unblutigen Erhebung verdeutlichte den Grad des Autoritätsverlustes, den der Staat und die staatlichen Behörden während des Kriegs erlitten hatten. Wollten sich die Mehrheitssozialisten nicht bewußt dieser Massenstimmung entziehen und damit

---

[111] Zitat aus der „Volksstimme" in: Frankfurter Zeitung, Nr. 303 vom 1. November 1918, Abendblatt. Stimmte die Versammlung auch nicht direkt für die Republik, so ging sie mit ihrer Resolution gegen die Dynastie noch weiter als die Führung der MSPD. Die Republik wurde durch letztere noch nicht agitatorisch ins Volk getragen. Eine grundlegende Änderung dieser Position vollzog sich erst am 06. November bei einer Besprechung mit General Groener, obwohl die Abgeordneten David und Südekum versicherten, daß große Teile der deutschen Sozialdemokratie sich mit der monarchischen Staatsform bei einem parlamentarischen System durchaus abfinden würden. Dazu: Matthias/Morsey; Die Regierung des Prinzen Max von Baden, S. 500, 560.

[112] Scheidemann bei einer Besprechung General Groeners mit Vertretern der MSPD-Reichstagsfraktion und der Generalkommission der Gewerkschaften am 06. November 1918, in: Matthias/Morsey; Die Regierung des Prinzen Max von Baden, S. 559 f.

ihre gesamten Einflußmöglichkeiten auf die Arbeiterschaft in Frage stellen, so konnten sie nicht länger an der Vorstellung festhalten, den Kaiser als repräsentative Spitze in eine neue Verfassungsordnung zu übernehmen. Diese Einsicht erlangten sie jedoch nicht aus einer autonomem Motivation heraus. Realistisch betrachtet bestand nur noch die Möglichkeit, eine Republik als zukünftige Verfassungsform anzustreben[113]. Dieser Zwangssituation entsprechend stellte die MSPD-Reichstagsfraktion am 07. November 1918 ein Ultimatum, das die Abdankung des Kaisers sowie des Kronprinzen forderte und mit dem Rücktritt der sozialdemokratischen Regierungsmitglieder drohte[114].

Im Großherzogtum Hessen verlangte Carl Ulrich in seiner Grundsatzrede zu Beginn der Landtagssitzung vom 07. November 1918 nun erstmals den Übergang „aus dem Obrigkeitsstaat in den Volksstaat" mit dem Ziel einer „parlamentarischen Staatsordnung"[115]. Die Mehrheitssozialisten verschärften somit deutlich ihre politische Zielsetzung und forderten nun einen ‚anderen Staat'. Allerdings sollten die Staatsform des Großherzogtums noch beibehalten und überhaupt dieser Wandel evolutionär und nicht revolutionär vollzogen werden. Dafür spricht auch die Tatsache, daß ein Kompromißantrag des Verfassungsausschusses „die Grundsätze über Änderungen der verfassungs- und verwaltungsrechtlichen Gesetzesbestimmungen betreffend" noch am 08. November 1918 von den Abgeordneten aller Fraktionen einstimmig gebilligt wurde[116]. Die Grundsätze betrafen folgende Punkte:

I. Übereinstimmende Beschlüsse beider Kammern über Regierungsvorlagen haben Gesetzeskraft.

   Versagt die Erste Kammer einem Beschluß der Zweiten Kammer ihre Zustimmung, so ist dies ohne Einfluß, wenn die Zweite Kammer mit Zwei-Drittel-Mehrheit, bei der Beratung des Haushaltsvoranschlags mit einfacher Mehrheit, ihren Beschluß aufrechterhält.

II. Durchgreifende Reform der Ersten Kammer. Wahl der Vertreter. Stärkere Vertretung von Handel, Industrie und Handwerk. Vertretung des Großgrundbesitzes, der Bauern und Arbeiter, der staatlichen, kommunalen und Privatbeamten und sonstiger für das Wirtschafts- und Geistesleben bedeutsamer Berufe auf Grund von Berufswahlen. Beseitigung der Berufungen und der Geburtsvorrechte.

III. Ernennung der Minister auf Vorschlag der Zweiten Kammer.

IV. Revision des Gesetzes von 1858 über die Rechtsverhältnisse der Standesherren.

---

113 v. Payer; Von Bethmann Hollweg bis Ebert, S. 22 f.

114 Huber; Dok. III, S. 300 f.; Matthias/Morsey; Die Regierung des Prinzen Max von Baden, Einleitung, S. XXI.

115 VLGH 35 II, Prot. 69, S. 1541–1544.

116 VLGH 35 II, Prot. 70, S. 1551–1559.

V. Verbot der Neuschaffung von Familien-Fideikommissen. Zulassung der Erweiterung bestehender Familien-Fideikommisse nur mit landständischer Genehmigung. Möglichkeit der Teilenteignung von bestehenden Familien-Fiedeikommissen.

VI. Prüfung der Frage des Übergangs des Familieneigentums des Großherzoglichen Hauses in das Eigentum des Staates.

Die Steuer- und Abgabefreiheit der Großherzoglichen Familie wird aufgehoben.

VII. Wahlberechtigt ist jeder Hesse, der 25 Jahre alt ist oder Kriegsteilnehmer gewesen ist und an der Front gestanden hat und volljährig ist, die hessische Staatsangehörigkeit besitzt, zur Zeit der Wahl drei Monate in Hessen seinen Wohnsitz hat. Nichtzahlung der Steuern und Armenunterstützung hindern nicht die Wahlberechtigung. Beseitigung des Pluralwahlrechts.

VIII. Verhältniswahl in den einzelnen Provinzen. Wahlpflicht. Sonntagswahl von 12 Uhr mittags bis 8 Uhr abends.

IX. Die Zweite Kammer wird bei jeder Neuwahl ganz erneuert. Voraussetzung dafür ist eine Wahldauer von 5 Jahren.

X. Das Wahlrecht der Frauen zu Gemeinde- usw. Vertretungen kann in Gemeinden über 10 000 Einwohner auf Beschluß der Gemeinde- usw. Vertretungen eingeführt werden. Frauen sind zu Deputationen und Kommissionen usw. in allen Kommunalverwaltungen wählbar.

XI. Aufhebung der Kulturkampf- und Ordensgesetze.

XII. Sinngemäße Anwendungen des Landtagswahlrechts auf die Wahlen zu Gemeinde-, Kreis- und Provinzialvertretungen.

XIII. Schaffung eines Landesarbeits- und Wirtschaftsamts zur Regelung sämtlicher Arbeiter-, wirtschaftlicher und sozialpolitischer Fragen.

XIV. Schaffung eines Ernährungsamtes, dem alle Ernährungsfragen unterstellt sind.

Der konservativ-traditionelle Bauernbund stimmte nur widerstrebend und in Anbetracht des Ernsts der Lage den Bestimmungen über die Standesherren und die Fideikommisse zu. Mit diesem Beschluß und der Benennung von zehn Abgeordneten zu dem vom Großherzog zu ernennenden Staatsrat[117] schlossen die Verhandlungen des 36. Landtags am 08. November 1918, überholt durch die Ereignisse der folgenden Tage.

Als die revolutionäre Bewegung, die sich spontan in Form von örtlichen Arbeiter- und Soldatenräten organisiert hatte[118], am 09. November 1918 Berlin erreichte, mußte die MSPD die Konsequenzen aus ihrem Ultimatum

---

[117] Der auf Antrag der Kammer vom Großherzog berufene „Staatsrat“ aus jeweils zwei Mitgliedern der fünf Landtagsfraktionen ist erst nach dem Ausbruch der Revolution zusammengerufen worden. Vgl. Franz/Köhler; Parlament im Kampf um die Demokratie, S. 11. Vgl. dazu auch unter Kapitel B.I.3.a)dd) auf S. 84 f. m.w.N.

ziehen, um ihren Einfluß auf die revolutionäre Bewegung nicht an die unabhängige sozialdemokratische Partei und die Radikalen zu verlieren. Ziel der Mehrheitssozialdemokratie war, „... die Regierung gründlich, restlos, ... aber möglichst ohne Blutvergießen ...“[119] zu ergreifen.

Das Gefühl, daß der Staatsmacht mit ihrem sozialen Unrecht und ihrer politischen Rückständigkeit überhaupt keine Realität und kein Glaube mehr zugrunde liege, machte die Revolution zu einem elementaren Ereignis[120].

---

[118] Die Tatsache der Existenz von Räten als Teil der organisierten Arbeiterbewegung aktualisierte die Frage nach Möglichkeiten und Grenzen der sozialdemokratischen Strategie, das gesellschaftliche Herrschaftsgefüge über Reformen zu demokratisieren. Kluge erscheint die Entwicklung der Sozialdemokratie bis zur organisierten Abspaltung der USPD als Inkubationsphase der Kräftekonstellation vom November 1918. Vgl. Kluge; Revolution, S. 55.

[119] Matthias/Pikart; Die Reichstagsfraktion der deutschen Sozialdemokratie 1898–1918, Bd. II, S. 518.

[120] Frankfurter Zeitung, Nr. 317 vom 15. November 1918, Abendblatt; Nr. 362 vom 31. Dezember 1918, Abendblatt.

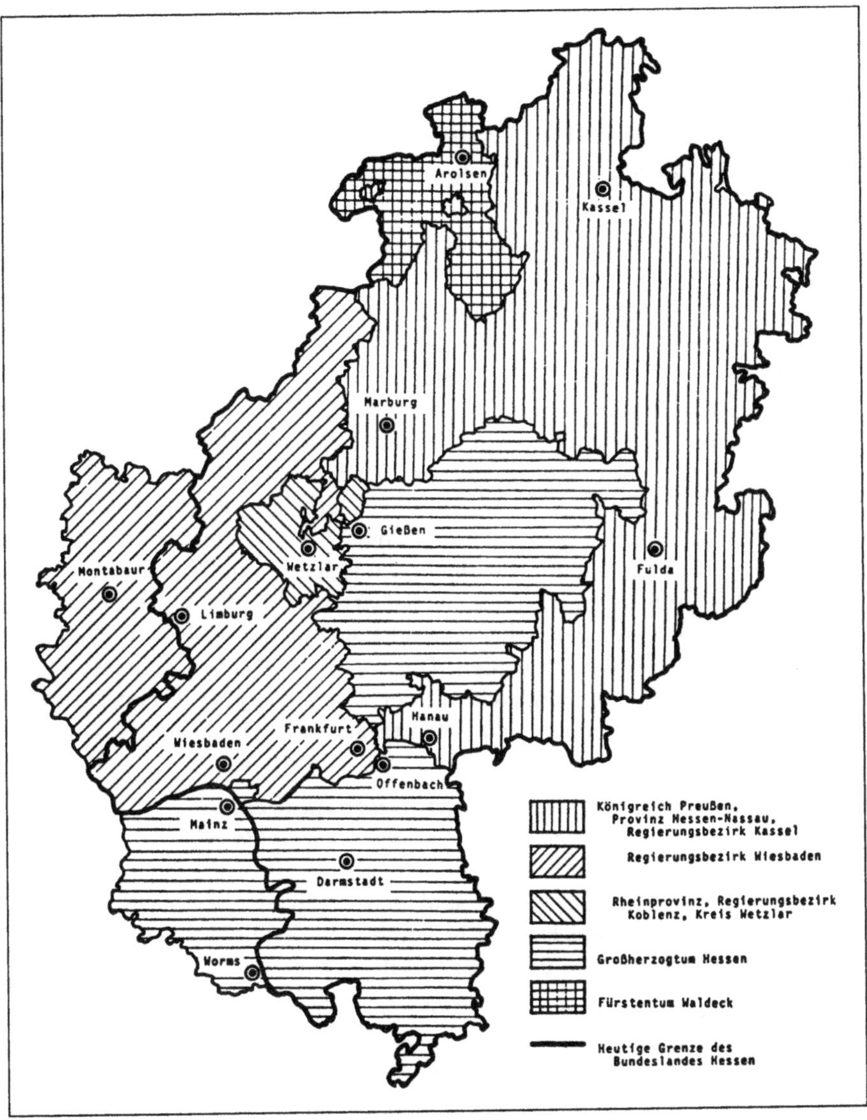

Abbildung 4: Hessen vor der Revolution 1918

B. Von der hessischen Revolution bis zur Verfassung des Volksstaats Hessen

I. Die Tage des Novembers 1918

1. Die Entwicklung im Deutschen Reich

Der folgende Abschnitt mag in einer regionalgeschichtlichen Arbeit über den Volksstaat Hessen zumindest überraschen. Da aber die Geschehnisse auf Reichsebene überhaupt erst den äußeren Anstoß für die Revolution im Großherzogtum Hessen gaben, ist eine Zusammenfassung der nationalen Entwicklung unerläßlich. Die Ausführungen erheben dabei nicht den Anspruch auf eine abgeschlossene, chronologisch stimmige und vollständige Darstellung der gesamten Revolutionsereignisse im Deutschen Reich. Hierzu sind bereits hervorragende Werke erschienen. Es soll vielmehr die Funktion und Effizienz der Arbeiter- und Soldatenräte im Reich charakterisiert und kritisch analysiert werden. Die so gewonnenen Ergebnisse bilden die Grundlage für einen Vergleich mit der Arbeitsweise und dem Durchsetzungsvermögen der Arbeiter- und Soldatenräte des Volksstaats Hessen.

a) Revolten im Norden, ihre Ausbreitung und das Entstehen von Arbeiter- und Soldatenräten

Für den Ausbruch, den Verlauf und den Erfolg der Aufstandsbewegung von Militär und Arbeiterschaft im November 1918 spielten Kiel, Wilhelmshaven, München und Köln die maßgebende Rolle[1].

Am 29. Oktober revoltierten in Wilhelmshaven mehrere tausend Matrosen gegen den von der Marineleitung – ohne Wissen der politischen Führung des Reichs – angeordneten Flottenvorstoß in die Nordsee, gegen die beabsichtigte Verzweiflungsschlacht zwecks ehrenvollen Untergangs „mit wehender Flagge“[2]. Admiral Scheer hatte die gesamte Hochseeflotte in der Jademündung versammelt. Die Vorfälle, die sich dann auf den Schiffen der Hochseegeschwader ereigneten, müssen als spontane Demonstration der Matrosen gekennzeichnet werden. Diese Ereignisse stellten in der Intention

---

[1] Kluge; Soldatenräte und Revolution, S. 69.

[2] Deist; Die Politik der Seekriegsleitung und die Rebellion der Flotte Ende Oktober 1918, in: Vierteljahreshefte für Zeitgeschichte 14, 1966, S. 352 (360).

der Beteiligten nicht den Beginn einer umfassenden politisch-radikalen Bewegung im Militär dar, ihre Träger besaßen weder politische Leitsätze, noch schufen sie organisatorische Ansätze. Das ‚Programm', zu dem sich die Matrosen einmütig und spontan bekannten, bestand darin, den Krieg in seiner offensiven Weiterführung zu verhindern, um nicht die Chancen für einen baldigen Friedensschluß vernichten zu lassen[3]. Etwa 1000 Matrosen wurden verhaftet. Fünf Linienschiffe, das III. Geschwader, beorderte die Marineleitung nach Kiel und ließ auch dort Verhaftungen vornehmen.

Die Sorge um das Schicksal der verhafteten Kameraden brachte in Kiel die Lawine ins Rollen[4]. In massenhaft besuchten Kundgebungen forderten die Matrosen die Freilassung der Verhafteten, es kam zu Schießereien, Soldatenräte wurden gebildet, Offiziere entwaffnet. Der Umschlag dieser Protestbewegung in eine militante politische Umsturzbewegung wurde am 03. November durch einen Zusammenstoß zwischen Demonstranten und einer bewaffneten Patrouille herbeigeführt, bei dem es zahlreiche Verletzte und Tote gab. Dieser Vorfall brachte nun auch die Mehrheitssozialdemokraten in Kiel auf die Seite des aufständischen Militärs[5]. Die Bewaffnung der Aufständischen schritt schnell voran, während die militärische Führung nicht mehr Herr der Lage war und sich bereit erkärte, den Forderungen der Aufständischen entgegenzukommen. Am Abend des 04. November befand sich Kiel in den Händen der aufständischen Matrosen. In dieser Situation wurde ein Soldatenrat gebildet, dessen Mitglieder von den einzelnen Einheiten gewählt worden waren. Er war nicht nur Verhandlungsorgan der Aufständischen, sondern neue, revolutionäre Autorität, die sich erfolgreich darum bemühte, ein drohendes Chaos zu verhindern[6].

Daß die Revolution in Kiel ausbrach, kam nicht von ungefähr. 1917 erhielten die Matrosen durch sogenannte Menagekommissionen ein Organ, ...

---

[3] Vgl. Kluge; Militärrevolte und Staatsumsturz. Ausbreitung und Konsolidierung der Räteorganisationen im rheinisch-westfälischen Industriegebiet, in: Rürup (Hrsg.); Arbeiter und Soldatenräte im rheinisch-westfälischen Industriegebiet, S. 39 (40 ff.).

[4] Scheer; Deutschlands Hochseeflotte im Weltkrieg, S. 497. Über die Ereignisse auf der *Thüringen* und *Helgoland* am 30./31. Oktober, die dem I. Geschwader angehörten vgl. Zeisler; Die revolutionäre Matrosenbewegung in Deutschland im Oktober/November 1918, in: Schreiner (Red.); Revolutionäre Ereignisse und Probleme während der Periode der Großen Sozialistischen Oktoberrevolution 1917/18, S. 180 (196 f.).

[5] Über die Ereignisse in Kiel seit Ende Oktober 1918 existieren zwei Darstellungen, die von unmittelbar an den Ereignissen Beteiligten wenige Wochen nach Beendigung des revolutionären Umsturzes geschrieben wurden: Rausch; Am Sprinquell der Revolution; Popp/Artelt; Ursprung und Entwicklung der November-Revolution 1918. Eine Zusammenfassung der wichtigsten Ereignisse findet man bei: Adler; Wie die Revolution begann, in: Schleswig-Holsteinische Volkszeitung vom 05. November 1919.

[6] Müller-Franken; Die Novemberrevolution. Erinnerungen, S. 36 ff.

mit dem sie ihre Unzufriedenheit ausdrücken konnten[7]. Diese Menagekommissionen der einzelnen Schiffe traten miteinander in Verbindung. Es entwickelten sich besonders in der Zeit von Juni bis August 1917 Verhältnisse auf den Schiffen, die nicht mehr der Disziplin des preußisch-deutschen Heeres entsprachen (Hungerstreiks, unerlaubte Landgänge etc.). Im Sommer 1917 wurden gegen zehn Matrosen Todesurteile gefällt; zwei davon vollstreckt. Außerdem wurden langjährige Zuchthaus- und Gefängnisstrafen ausgesprochen. Die Flottenleitung vernichtete die als Geheimorganisation funktionierenden Menagekommissionen, was eine tiefe Verbitterung auf den Schiffen hinterließ[8].

Von Kiel aus griff die Umsturzbewegung wie ein Steppenbrand um sich. Die in den Küstenstädten aus der Arbeiterschaft, den Matrosen und den Angehörigen der Ersatztruppenteile gewählten Räte entsandten nicht nur Schiffe, um hartnäckigere Gegenwehr zu brechen. Sie beschlossen auch, daß Marineangehörige in unterschiedlich großen Gruppen nach den wichtigsten militärischen und industriellen Zentren des Reichs aufbrechen sollten, um dort die allenthalben im Gang befindlichen Aktionen der Arbeiter zu unterstützen, die Revolution auszubreiten oder – wo noch nicht geschehen – auszulösen[9]. In allen Armeekorpsbezirken, in denen die ausschwärmenden Matrosen eintrafen, schlossen sich ihnen die Soldaten der Garnisonen, die Arbeiter der Fabriken an, wurden Arbeiter- und Soldatenräte improvisiert, ohne daß sich nennenswerter Widerstand erhob. Die örtlichen Funktionäre der MSPD, USPD und Gewerkschaften nahmen zunächst die Leitung der Dinge in die Hand, ohne die Anweisungen ihrer Parteizentralen abzuwarten. Es gab überwiegend keine vereinzelten Führer und keine Organisationen, keinen Generalstab und keinen Organisationsplan. Die Bewegung war zunächst das spontane Werk der Massen.

Bei dem weiteren Entstehen der Arbeiter- und Soldatenräte zeigten sich deshalb auch keine durchgängigen Leitvorstellungen[10]. In den kleineren und mittleren Städten lag die Initiative zur Durchführung der Umwandlung ausschließlich bei der Gewerkschaftsbürokratie und den MSPD-Ortsgruppen, während man in den großen Städten zwei Typen von Räten unterscheiden kann[11]:

1. Arbeiterräte, deren Zusammensetzung von Partei- und Gewerkschaftsgremien vorab bestimmt oder ausgehandelt wurde und die daraufhin durch Entsendung von Delegierten gebildet und durch eine Volksversammlung bestätigt wurden.

---

[7] Rosenberg; Entstehung der Weimarer Republik, Bd. I, S. 171 f.

[8] Rosenberg; Entstehung der Weimarer Republik, Bd. I, S. 173.

[9] Altmaier; Frankfurter Revolutionstage, S. 5 ff.

[10] Kolb; Die Arbeiterräte in der deutschen Innenpolitik 1918–1919, S. 86 ff.

[11] Kolb; Die Arbeiterräte in der deutschen Innenpolitik 1918–1919, S. 91.

2. Arbeiterräte, die in großen Versammlungen der Betriebsdelegierten und Berufsverbände direkt entstanden und deren tatsächliche Leitung ein geschäftsführender Ausschuß übernahm.

Die Revolte der Matrosen und Soldaten auf der einen Seite, die Willenslähmung der Ordnungsmacht im Staat auf der anderen Seite führten innerhalb weniger Tage zum völligen Zusammenbruch des Militär- und Polizeiapparats, zur praktisch kampflosen Kapitulation der alten Gewalten. Am 06. November wurden in Hamburg, Bremen und Wilhelmshaven Arbeiter- und Soldatenräte gebildet[12], am 07. November rief Kurt Eisner in München die Republik aus, ohne auf Widerstand zu stoßen[13]. Am 08. November siegte die Umsturzbewegung in Köln, Braunschweig, Düsseldorf, Magdeburg, Leipzig[14]. Am 09. November erreichte die revolutionäre Welle schließlich Berlin, die Reichshauptstadt[15]. Diese Bewegung hatte jedoch nichts mit der geplanten Revolution der revolutionären Obleute und des Spartakusbundes zu tun. Sie traf aber in Berlin mit dem organisatorisch vorbereiteten Versuch einer sozialistischen Revolution zusammen[16].

b) Zielsetzung und Charakter der Arbeiter- und Soldatenräte

Nach dem Zusammenbruch der staatlichen Gewalt waren die spontan gebildeten Arbeiter- und Soldatenräte für kurze Zeit die einzigen Autoritäten im Deutschen Reich und übten exklusiv die staatlichen Funktionen aus[17]. Sie übernahmen vornehmlich die Exekutivgewalt und ersetzten damit die

---

12 Über die Ereignisse in Hamburg: Neumann; Hamburg unter der Regierung des Arbeiter- und Soldatenrates, S. 2 ff.; in Bremen: Kuckuk; Bremen in der Deutschen Revolution 1918-1919, S. 43 ff.; in Wilhelmshaven: Kliche; Vier Monate Revolution in Wilhelmshaven, S. 9 ff.

13 Über die Ereignisse in München: Mitchell, Revolution in Bayern, S. 80 ff.

14 Über die Ereignisse in Köln: Metzmacher; Der Novemberumsturz 1918 in der Rheinprovinz, AHVN 168/169, S. 135 ff.; in Braunschweig: Diederichs; Die staatspolitische und staatsrechtliche Entwicklung des Landes Braunschweig nach der Revolution von 1918, S. 2 ff.; in Düsseldorf: Zensen; Politische Unruhen in Düsseldorf 1919/20, S. 22 ff.; in Magdeburg: Hermann; Die Novemberrevolution in Magdeburg bis zur Wahl der Nationalversammlung, S. 20 ff.; Gohlke; Die Räte in der Revolution von 1918/19 in Magdeburg; in Leipzig: Puchta; Der Arbeiter- und Soldatenrat in Leipzig vom November 1918 bis vor den 2. Rätekongreß Anfang April 1919, S. 363 ff.

15 Über die Ereignisse in Berlin: Kluge; Soldatenräte und Revolution, S. 82 ff.

16 Rosenberg; Entstehung der Weimarer Republik, Bd. I, S. 237.

17 Schäfer; Tagebuchblätter eines rheinischen Sozialisten, S. 72; Däumig, Der Rätegedanke und seine Verwirklichung, in: Unabhängiges sozialdemokratisches Jahrbuch für Politik und proletarische Kultur. Die Revolution, 1920, S. 84 (88); Einhorn, Zur Rolle der Räte im November und Dezember 1918, in: Zeitschrift für Geschichtswissenschaften, 4. Jg. 1956, S. 545 ff.

Generalkommandos. Die alten Verwaltungsbehörden ließen sie im allgemeinen gewähren, ohne eine effiziente Kontrolle über sie auszuüben[18]. Die Arbeiter- und Soldatenräte dieser ersten Revolutionsphase (November 1918 bis Januar 1919) waren aber keine Klassenkampfbewegung, sondern Organe einer sozialistisch akzentuierten, dennoch demokratischen Volksbewegung[19]. Erst die Räte der zweiten Phase (Frühjahr 1919) begriffen sich verstärkt als Träger klassenkämpferischer Zielsetzungen und kämpften entweder gegen das parlamentarische System oder fochten zumindest für ihr Daseinsrecht neben dem Parlament[20].

Während die MSPD die Einberufung der Nationalversammlung anstrebte, tendierten die USPD und der Spartakusbund zur Anerkennung der Arbeiterräte als dauernde Träger der Staatsgewalt[21].

Das letztere Vorhaben stellte sich als der schlecht organisierte und scheiternde Versuch einer proletarisch-antiparlamentarischen Revolution im Frühjahr 1919 dar. Während der ersten Phase betrachteten die in den Räten selbst tätigen Politiker ganz überwiegend die Institution der Räte als vorübergehende Erscheinung, als Übergangslösung bis zur Wahl und Konstituierung parlamentarischer Körperschaften in Reich, Ländern und Gemeinden. Sie besaßen deshalb regelmäßig kein spezifisches Räteprogramm und benötigten auch keines, denn sie erstrebten nicht das ‚Rätesystem'[22]. Gerade diese Programmlosigkeit aber kam den konterrevolutionären Elementen zugute. Daran konnte gezeigt werden, daß die Räte erfolglos experimentierten, somit funktionsunfähig wären und nur eine Übergangslösung sein könnten.

Im November und Dezember 1918 übten die Räte noch reale Macht aus, es konnte zumindest nicht gegen sie regiert werden. Doch diese Macht zer-

---

18 Rosenberg; Entstehung der Weimarer Republik, Bd. I, S. 244 f.

19 Rürup; Probleme der Revolution in Deutschland 1818/19, S. 23; Ders.; Rätebewegung und Revolution in Deutschland 1918/19, in: Neue Politische Literatur, Nr. 12/1967, S. 303 (310); Kolb; Rätewirklichkeit und Räte-Ideologie in der deutschen Revolution von 1918/19, in: Neubauer; Deutschland und die Russische Revolution, S. 94 (96).

20 Kolb; Rätewirklichkeit und Räte-Ideologie in der deutschen Revolution von 1918/19, in: Neubauer; Deutschland und die Russische Revolution, S. 94 (96).

21 Schäfer; Tagebuchblätter eines rheinischen Sozialisten, S. 73; Tormin; Zwischen Rätediktatur und sozialer Demokratie. Die Geschichte der Rätebewegung in der deutschen Revolution 1918/19, S. 82; Kuttner (Redakteur des Vorwärts); Die deutsche Revolution, S. 11: Die Herrschaft der Arbeiter- und Soldatenräte darf nur das Mittel für eine kurze Übergangszeit sein, ist die Revolution gesichert, dann muß sie jener Form der Demokratie Platz machen, die wir vor dem Kriege als die dauernde und allein richtige erkannt haben.

22 Kolb; Rätewirklichkeit und Räte-Ideologie in der deutschen Revolution von 1918/19, in: Neubauer; Deutschland und die Russische Revolution, S. 94 (96).

bröckelte schnell. Seit den Wahlen zur Nationalversammlung war ihre Gegenwart nicht mehr von Bedeutung. Ihre Befugnisse wurden immer restriktiver ausgelegt, dann durch Regierungserlasse eingeschränkt und im Laufe des Sommers 1919 ganz aufgehoben, zumal ihre Finanzierung wegfiel[23].

Bei den Revolutionsereignissen darf nicht übersehen werden, daß die überwiegende Zahl der Rätemitglieder gleichzeitig MSPD-Mitglieder waren und diese faktisch eine Revolution gegen die eigenen Genossen in der Regierung anstrebten. Diese paradoxe Situation zeigt, daß die Bevölkerung über das Ausmaß der russischen Oktoberreformen keine Kenntnis besaß. Daß sich die MSPD auf die Seite der Revolutionäre stellte, bedeutete nicht, daß sie die Revolution selbst wollte[24]. Vielmehr war dies nur auf ihren Selbsterhaltungstrieb und den Druck, bei gegensätzlichem Handeln Stimmen zu verlieren, zurückzuführen.

Schließlich muß auch zwischen den Soldaten- und Arbeiterräten differenziert werden. Soldatenräte blieben dem alten System – besonders nach Teilerfüllung ihrer unpolitischen Forderungen – in ihrer politischen Haltung eher verbunden. Keinesfalls waren sie die Vorboten einer sozialistischen Räterepublik. Wo die Arbeiter versuchten, den bürgerlichen ‚Volks'- oder ‚Einwohnerwehren' selbständige ‚Arbeiterwehren' entgegenzustellen, spielten sich gerade die Soldatenräte als Schützer der Revolution auf und verhinderten – ganz im Sinne der MSPD – derartige Formationen, wo sie nur konnten[25].

Es ist festzuhalten, daß die Räte zu Beginn der Revolution die tatsächlichen Inhaber der politischen Macht waren[26] und daß es für einen kurzen Zeitraum eine Doppelherrschaft von Räten und der MSPD-Regierung gab[27]. Auf Grund der Zusammensetzung der Räte (Arbeiter, Soldaten; MSPD-Mit-

---

[23] Kolb; Rätewirklichkeit und Räte-Ideologie in der deutschen Revolution von 1918/19, in: Neubauer; Deutschland und die Russische Revolution, S. 94 (106). Das Finanzierungsproblem war schon im Januar 1919 ein Thema des Zentralrats der Deutschen Sozialistischen Republik; vgl. Kolb/Rürup; Der Zentralrat der Deutschen Sozialistischen Republik 19.12.1918–8.4.1919, Quellen zur Geschichte der Rätebewegung in Deutschland 1918/19, Bd. I, S. 474 ff. Es war auch ein zentrales Problem der hessischen Arbeiter- und Soldatenräte.

[24] Müller; Der Bürgerkrieg in Deutschland, S. 205; Groener; Lebenserinnerungen. Jugend – Generalstab – Weltkrieg, S. 450 f.; Janßen; Die ungewollte Revolution, S. 35; Kuttner; Die deutsche Revolution, S. 4; Troeltsch; Spektator Briefe, Aufsätze über die Novemberrevolution und die Weltpolitik 1913–22, S. 14.

[25] Huhn; Der Sieg der Konterrevolution im Januar 1919, in: Pro und contra, 2. Jg. 1951, Nr. 2, S. 23 (29).

[26] Rürup; Rätebewegung und Revolution in Deutschland 1918/19, in: Neue Politische Literatur, Nr. 12/1967, S. 303 (305).

[27] Einhorn; Zur Rolle der Räte im November und Dezember 1918, in: Zeitschrift für Geschichtswissenschaft, 4. Jg. 1956, S. 545 (551).

glieder, Bürgerliche), ihres überwiegend demokratischen Bewußtseins, der teilweise inkompetenten Arbeiter- und Soldatenratsmitglieder und des Versäumnisses, die alte Bürokratie nicht ausgewechselt zu haben, konnten sich die alten Kräfte wieder formieren, die wichtigen Positionen wiederbesetzen und das demokratische Potential der Arbeiter- und Soldatenräte zunichte machen.

c) Der Weg zur Konterrevolution

Bereits kurz nach dem Ausbruch der Revolution war festzustellen, daß nicht weitere Veränderungen, sondern die Bewahrung der revolutionären Ergebnisse gewollt war. Nach der Konsolidierung der Verhältnisse zeigte sich schnell, daß grundlegende Veränderungen kaum noch möglich waren. Die Revolution blieb unvollendet: sie wurde keine Quelle der Kraft, sondern eher eine politische Belastung für die Republik[28].

Äußerlich hatte die Revolution mit der Ablösung und der Neubestellung der Regierungen im Reich und in den Ländern schon ihren Höhepunkt erreicht, doch die eigentlichen Entwicklungen, die die Zukunft bedeutend prägen sollten, waren noch nicht abgeschlossen[29]. Die Zeit zwischen dem Novemberumsturz und dem Zusammentritt der Nationalversammlung wurde von den Arbeiter- und Soldatenräten nicht genügend für die Sicherung und den Ausbau ihrer Macht genutzt. Die Verhältnisse veränderten sich deshalb kontinuierlich zugunsten der restaurativen Kräfte. Dies war bereits bei dem 1. Rätekongreß im Dezember 1918 zu erkennen, bei dem mit 400 zu 50 Stimmen die Resolution Cohens gebilligt wurde, daß die Wahlen zur Nationalversammlung am 19. Januar 1919 stattfinden und daß die Arbeiter- und Soldatenräte die gesetzgebende und die vollziehende Gewalt dem Rat der Volksbeauftragten übertragen sollten. Diese Tendenz wurde noch verstärkt durch die Billigung der Resolution Cohens anläßlich des 2. Rätekongresses im April 1919, mit der die parlamentarische Demokratie gesichert und durch die Errichtung einer zweiten Kammer ergänzt werden sollte[30].

In der MSPD-Agitation wurde der angebliche Druck des Auslands zwecks Einberufung einer Nationalversammlung durch einen angeblichen Druck des Auslands gegen die Weiterexistenz der Arbeiterräte abgelöst. Diese von der MSPD eingeleitete und immer wieder erneuerte, von der bürgerlichen Presse weitergeführte Kampagne gegen die Arbeiter- und Solda-

---

28 Rürup; Rätebewegung und Revolution in Deutschland 1918/19, in: Neue Politische Literatur, 12/1967, S. 303 ff.

29 Rürup; Probleme der Revolution in Deutschland 1918/19, S. 18 f.

30 Fraenkel; Rätemythos und soziale Selbstbestimmung, in: Aus Politik und Zeitgeschichte, Beilage Nr. 14/1971 zur Wochenzeitung ‚Das Parlament', S. 3 (15).

tenräte hatte zum Ziel, deren Autorität zu untergraben. In der Bevölkerung sollte der Eindruck hervorgerufen werden, die Arbeiter- und Soldatenräte würden von den Ententemächten als Institutionen grundsätzlich abgelehnt und seien deshalb ein Hindernis auf dem Weg zum Frieden[31]. Es ist nicht genau festzustellen, inwieweit die Ententemächte tatsächlich gegen die Arbeiter- und Soldatenräte eingestellt waren. Sicherlich wollten sie deren Aktivitäten begrenzen, jedoch darf nicht übersehen werden, daß auch die MSPD-Führung ein starkes Interesse an dieser Limitierung besaß und somit den Ententemächten freiwillig Schützenhilfe leistete.

Durch eine weitere Pressekampagne sollten die Arbeiterräte zusätzlich politisch diffamiert werden. Man machte ihnen den Vorwurf einer „unverantwortlichen Finanzgebarung"[32]. Die von den rechtsgerichteten Kreisen[33] ins Leben gesetzten Gerüchte, die sich gegen die Existenz der Arbeiter- und Soldatenräte richteten und ihnen die Schuld oder das Mitverschulden am Kriegsausgang gaben, fanden schnell Anhänger bei denjenigen, die von einer eigenen Verantwortung für die Entwicklung Deutschlands ablenken wollten. Die Dolchstoßlegende war geboren.

Nach der Zusammenarbeit der MSPD mit der OHL, die den geordneten Truppenrücktransport gewährleisten sollte, kam es aufgrund der wirtschaftlichen Probleme zu einem zweiten Bündnis, diesmal mit der sachverständigen Bürokratie[34]. Beide Bündnisse mit den alten Mächten sorgten dafür, daß es für neue Entwicklungen nur wenig Spielraum gab. Dies war einer der Hauptfehler der Novemberrevolution. Die Zusammenarbeit mit dem alten bürokratisch-militärischen Staatsapparat verhinderte, daß die Arbeiter- und Soldatenräte in Deutschland zu bewußten Organen der proletarischen Macht wurden[35].

Die Untergrabung der Position der kommunalen Arbeiterräte ist auch auf den Konflikt zwischen Parteidisziplin und proletarischer Pflicht zurückzuführen, der viele sozialdemokratische Arbeiterräte nur mit halbem Herzen der Räteorganisation angehören ließ. Viele Arbeiterräte aus sozialdemokratischem Lager trugen eifrig zur Erdrosselung der Räteorganisationen bei,

---

[31] Elben; Das Problem der Kontinuität in der deutschen Revolution. Die Politik der Staatssekretäre von November 1918 bis Februar 1919, S. 142 ff.

[32] Kolb; Die Arbeiterräte in der deutschen Innenpolitik 1918–1919, S. 191.

[33] Groener; Lebenserinnerungen. Jugend – Generalstab – Weltkrieg, S. 440 ff.; Ludendorff; Meine Kriegserinnerungen 1914–1918, S. 621.

[34] Kluke; Die deutsche Novemberrevolution 1918 im Rückblick, in: Manegold (Hrsg.); Wissenschaft, Wirtschaft und Technik. Studien zur Geschichte. Wilhelm Treue zum 60. Geburtstag, S. 69 (75).

[35] Kowalski; Die konterrevolutionäre Haltung der Entente zur deutschen Novemberrevolution, in: Wissenschaftliche Zeitschrift der Martin Luther-Universität Halle-Wittenberg, 8. Jg. 1958, S. 61 (65).

weil ihre regierenden Parteiführer schon aus ihrem Selbsterhaltungstrieb Feinde des Rätegedankens sein mußten.[36]

2. Die Revolution im preußischen Bereich des XVIII. Armeekorps

Alle Garnisonen im Reichsgebiet wurden in diesen Tagen von der Bewegung der Soldaten und Industriearbeiter erfaßt. Die Ziele der aus Norddeutschland kommenden Matrosen waren aber primär die wichtigsten militärischen und industriellen Zentren des Reichs. So auch das Gebiet des XVIII. Armeekorps, dessen Bereich außer dem Großherzogtum Hessen die südliche Hälfte der Provinz Hessen-Nassau (den Regierungsbezirk Wiesbaden und die hessischen Anteile von Fulda an südwärts), den Kreis Wetzlar und von der Provinz Westfalen den Regierungsbezirk Arnsberg umfaßte, also über hessisches wie preußisches Staatsgebiet griff und hauptsächlich das Rhein-Main-Gebiet abdeckte. Der Sitz des stellvertretenden Generalkommandos befand sich in Frankfurt am Main, das nicht nur militärisch, sondern auch industriell das Zentrum des Rhein-Main-Gebiets verkörperte. In diesem Bezirk wurde dem stellvertretenden kommandierenden General, Freiherr von Gall, die oberste Gewalt anvertraut[37]. Er besaß während des Kriegs außer der militärischen Befehlsgewalt auch die Macht, zum Beispiel die Rohstoff- und Lebensmittelversorgung zu regeln. Mit Kriegsbeginn wuchs das Generalkommado in Kürze zu einer Behörde von 150 Personen heran und hatte seinen Sitz im Hause der Baronin Reinach an der Taunusanlage.

Die folgende Darstellung der revolutionären Ereignisse in ausgewählten Städten des XVIII. Armeekorps, die politisch nicht dem Großherzogtum Hessen, sondern Preußen zuzurechnen sind, soll zum einen der nach militärischen Ordnungsfaktoren orientierten Handlungsweise der Soldaten gerecht werden und zum anderen eine geopolitische Vergleichsmöglichkeit zur revolutionären Bewegung im Großherzogtum Hessen bieten. Diese gegenüberstellende Arbeitsweise ermöglicht weitere Antworten zu der Frage, ob das Großherzogtum Hessen eine eigene, spezifische Revolutionsgeschichte besitzt.

---

[36] Däumig; Der Rätegedanke und seine Verwirklichung, in: Unabhängiges sozialdemokratisches Jahrbuch für Politik und proletarische Kultur. Die Revolution, 1920, S. 84 (93).

[37] Der zunächst kommandierende General *von Schenck*, der am 08. August 1914 die Stadt verließ, wurde später durch General *Riedel* abgelöst, dessen Stellvertreter Generalmajor *von Studnitz* war.

a) Frankfurt am Main

Obwohl die Stadt Frankfurt am Main zum preußischen Staatsgebiet gehörte, würde die Revolutionsgeschichte des Großherzogtums Hessen ohne die Berücksichtigung dieser Stadt lückenhaft und in einigen Punkten unerklärbar bleiben. Frankfurt als große Handels- und Industriestadt befand sich in einem Randgebiet des preußischen Staats, direkt an der „Mainlinie". Sie lag geopolitisch in einem Korridor, der sich zwischen den beiden Teilen des Großherzogtums Hessen hinzog. Die nördlichen Grenzen des Stadtgebiets berührten dessen Grenzen auf einer Strecke von neun Kilometern, im Süden auf einer Strecke von 24 Kilometern, während die Breite des Korridors an seiner schmalsten Stelle, zwischen dem Südrand des Vilbeler Waldes und der Mainschleife bei Rumpenheim, nicht mehr als vier Kilometer betrug. Aufgrund dieser unmittelbaren Nähe entstanden zahlreiche ambivalente Beziehungen zu dem Nachbarstaat, die teilweise schon jahrhundertealte Traditionen besaßen. Zum einen brauchte die Industriestadt zahlreiche Arbeiter, eben auch jene, die im Großherzogtum Hessen lebten und in Frankfurt ihr täglich Brot verdienten[38]. Zum anderen benötigte Frankfurt die dringend erforderlichen landwirtschaftlichen Produkte aus seiner Umgebung, die auf hessischem Boden wuchsen. Aus diesem Grund war das Rhein-Main-Gebiet, über die Landesgrenzen hinaus, schon frühzeitig als wirtschaftliche Einheit zu betrachten.

Auch aus militärischer Sicht war die Stadt Frankfurt für das Großherzogtum Hessen von großer Bedeutung, denn Hessen gehörte zum Gebiet des XVIII. Armeekorps, und nach dem Gesetz über den Belagerungszustand aus dem Jahr 1851 war der stellvertretende General in Frankfurt am Main für die Dauer des Kriegs berechtigt, im Gesamtbezirk des Armeekorps nicht bloß das militärische, sondern z. B. auch das wirtschaftliche Leben zu überwachen und zu regeln[39]. Zudem muß berücksichtigt werden, daß nach dem Reichsgesetz vom 02. Mai 1899 das Reichsgebiet in 23 Armeekorpsbezirke eingeteilt und zu eben diesem Zeitpunkt aus der 21. und 25. großherzoglich-hessischen Division das XVIII. Armeekorps gebildet wurde. Der Rekrutierungs- und Ergänzungsbereich dieses Armeekorps schloß preußisches wie hessisches Staatsgebiet ein. Allerdings war das gesamte Gebiet nördlich einer Linie von Fulda und Gießen dem Bereich des XI. Armeekorps zugeordnet, so daß ein Teil der Provinz Oberhessen betroffen war[40].

---

[38] Hierzu ausführlich: Wolter-Brandecker; Stiefkinder einer Revolution. Arbeiterleben in Frankfurt am Main 1918–1923.

[39] Der Sitz des Generalkommandos wurde später in das hessische Bad Nauheim verlegt.

[40] Vgl. dazu unter Kapitel B.I.2. auf S. 56.

Die damaligen politischen Staatsgrenzen als einzige Grundlage zu verwenden, wäre folglich ein zu verkürzter Ansatz.

Mit dem Umsturz der alten Ordnung in Frankfurt am Main am 08./09. November befand sich der Sitz des stellvertretenden Generalkommandos des XVIII. Armeekorps – und damit ein Schlüsselpunkt innerhalb des Rhein-Main-Gebiets – in der Hand der Aufständischen.

Die allgemeine Stimmung in Frankfurt war zwar bis in die ersten Novembertage äußerlich ruhig, trotzdem blieb die zunehmende Spannung nicht unbemerkt[41]. Ein Rundschreiben der Presseabteilung des stellvertretenden Generalkommandos an die kirchlichen Körperschaften vom 02. November wies darauf hin, daß „eine rege Agitation umstürzlerischer Elemente" die gleichen Zustände wie in Rußland herbeiführen könne, und forderte die Geistlichen auf, der Bevölkerung zu verdeutlichen, daß revolutionäre Ausschreitungen die wirtschaftliche Situation nur noch verschlechtern würden. Bereits am 17. Oktober 1917 hatte der Magistrat einen ‚Ordnungs-Ausschuß' gebildet, in den die beiden Bürgermeister Voigt und Dr. Lupe und sieben Stadträte eintraten. Dieser wurde Anfang November durch Zuwahl von Stadtverordneten, von Vertretern der Industrie und Gewerkschaften erweitert und zuerst in ‚Demobilmachungs-Auschuß' und schließlich in ‚gemischte Friedenskommission' umbenannt. Die Umbenennung des Ausschusses besaß nicht nur eine symbolische Funktion, sie entsprach auch ihrer gewandelten Aufgabenstellung, die zunehmend an politischem Charakter gewann. Frankfurts Oberbürgermeister betonte, daß man die Angelegenheit nicht bloß von der wirtschaftlichen, sondern auch von der politischen Seite her betrachten müsse. Es sei notwendig, durch die Arbeiterausschüsse in den einzelnen Unternehmen Berichte über die Stimmung der Arbeiter einzuholen und mit den Gewerkschaften über die zweckmäßigsten Maßnahmen zu beraten. Allgemein wurde bezweifelt, ob die Gewerkschaftsführer die Arbeiter noch kontrollieren könnten[42].

Als dann in Frankfurt am 05. November die ersten Nachrichten über die Kieler Ereignisse eintrafen, wollten sowohl die Stadtverwaltung als auch das stellvertretende Generalkommando Abwehrmaßnahmen organisieren. Das Generalkommando lud die Bürgermeister der umliegenden Städte des Korpsbezirks zu einem Treffen am 07. November, um sich nach der allgemeinen Situation zu erkundigen. Als Ergebnis wurde lediglich festgehalten, daß in den Gemeinden bislang alles ruhig, jedoch die Ausweitung der revo-

---

[41] Vgl. dazu unter Kapitel A.IV. auf S. 43 und die Sitzungsberichte der Stadtverordnetenversammlung der Stadt Frankfurt am Main, 1918, S. 762 f. In der Sitzung vom 1. Oktober 1918 warnte ein Stadtverordneter: „Die Stunde ist ernst, wir sitzen auf einem Vulkan".

[42] Drüner; Im Schatten des Weltkrieges, S. 327.

lutionären Welle zu befürchten sei. Demgegenüber beschlossen während der Stadtverordnetenversammlung am 05. November bereits einige ihrer führenden Mitglieder, je vier der fortschrittlichen und sozialdemokratischen Partei, nach einem älteren Vorschlag des den Wahlkreis Frankfurt vertretenden sozialdemokratischen Reichstagsabgeordneten Dr. Quarck, einen ‚Wohlfahrtsausschuß' unter Vorsitz des Bürgermeisters, Dr. Lupe von der Fortschrittspartei. Dieser Aussschuß sollte im Falle einer Revolte äußerlich die Funktion eines revolutionären Entscheidungsorgans besitzen, faktisch jedoch durch die bisherige politische Führungsspitze besetzt sein und die Entscheidungskontrolle über das weitere Geschehen sichern.

Auffällig war einerseits, daß die mehrheitssozialistische Führungsspitze einem revolutionären Aufstand sehr skeptisch gegenüberstand, da sie offenbar durch einen solchen den Verlust ihrer politischen Führungsposition befürchtete, weshalb sie organisatorisch an Kompensationsmethoden mitwirkte. Andererseits verwunderte, mit welcher Gelassenheit das Generalkommando dem sehr wahrscheinlichen Aufstand entgegensah. Die kommandierenden Offiziere überschätzten hier deutlich ihre verbliebene Befehlsgewalt und die Bereitschaft der Truppenteile, die Autorität der Kommandoebene noch zu akzeptieren, obwohl auch in Frankfurt Auflösungserscheinungen festzustellen waren. So wartete eine aus verschiedenen Ersatzbataillonen zusammengezogene Abteilung von ca. 1.300 Mann bereits seit dem 01. November in der Kaserne des 81. Infantrie-Regiments auf die Verlegung in ein Rekrutenlager nach Belgien. Die Abreise wurde dann endlich am 06. November befohlen. Zu diesem Zweck mußte die Mannschaft an diesem Tag aufgrund erneuter Verzögerungen mehrmals antreten. Bereits im Kasernenhof ereigneten sich als Folge der Nachrichten aus Kiel zahlreiche Ungehorsamkeiten, die sich während des Abmarsches zum Güterbahnhof fortsetzten. Ein Teil der Mannschaften schoß in den Frankfurter Straßen als Zeichen ihres Widerstands unkoordiniert in die Luft. Aus den Reihen der Passanten wurden die Soldaten dazu motiviert, den kommandierenden Hauptmann zu ermorden und den Marsch an die Front zu verweigern. Als am Abend des 07. November die Meldung im Generalkommando einging, daß 250 bewaffnete Matrosen und Werftarbeiter aus Kiel und den Hansestädten über Hannover nach Frankfurt unterwegs seien, und gegen 19.30 Uhr mit einem fahrplanmäßigen Zug auf dem Hauptbahnhof eintreffen würden, übermittelte das Garnisonskommando dem Ersatzbataillon des 81. Infantrie-Regiments in der Gutleutkaserne den lapidaren Befehl, die ankommenden Leute zu entwaffnen und in der Kaserne zu inhaftieren. Den kommandierenden Offizieren mußte selbst zu diesem Zeitpunkt die tatsächliche Situation noch unbekannt gewesen sein, denn faktisch war die ordnungsgemäße Ausführung dieses Befehls unmöglich. Die in der Kaserne verfügbaren Kräfte, ca. 40 Männer des Bereitschaftskommandos, reichten dazu in keiner Weise aus, zumal diese nur wenig motiviert waren, gegen die eigenen Kameraden vorzugehen[43]. Mit dieser Mannschaft erreichte der Hauptmann den Bahnsteig, beobachtet von einer großen Menschenmenge, die ebenfalls auf die Abordnung der Matrosen wartete und die eingetroffenen Soldaten beschimpfte. Ein zur Unterstützung herbeigerufenes Polizeiaufgebot konnte den Bahnsteig nicht räumen, so daß beim Eintreffen des Zugs tumultähnliche Zustände entstanden. Dichte Scharen von Reisenden stiegen aus, zwischen ihnen verstreut, ca. 150 Matrosen und Werftarbeiter. Den meisten gelang es, der kaum Widerstand leistende Postenkette zu entkommen. Lediglich Hauptmann Collischonn konnte durch äußersten persönlichen Einsatz schließlich 47 Verhaftungen vornehmen und diese Minderzahl an Matrosen und Werftarbeitern zunächst in der Gutleutkaserne inhaftieren, von wo aus sie mit der Straßenbahn in das Gefängnis nach Preungesheim verbracht wurden. Am Morgen des 08. November wurde ein zweiter Zug mit ca. 80 Matrosen angekündigt. Um eine Wiederholung der Ereignisse vom Vortag zu vermeiden, ordnete das Garnisionskommando an, den Zug an der Blockstation bei Ginnheim anzuhalten, wo Hauptmann Collischonn die Revolutionäre verhaften sollte. Dieser Befehl scheiterte aufgrund mangelnder Logistik. Beim Eintreffen der Soldaten stand der Zug bereits an der Ginnheimer Station und bis auf drei Personen waren alle gesuchten verschwunden. Hauptmann Collischonn mußte mit einer mageren ‚Ausbeute' in die Kaserne zurückkehren. Gegen 09.00 Uhr ging beim Generalkommando der von der Reichsregierung ausgegebene Befehl ein, der alle – wenn auch nicht erfolgreichen – Bemühungen hinfällig machte:

> Alle Verhafteten sind in die Freiheit zu setzen, den Garnisionswachen ist die Munition abzunehmen, es darf kein Tropfen Blut fließen.[44]

Unter diesen Umständen gab der kommandierende General Riedel, der oberste Träger der Staatsautorität in Frankfurt am Main, die Sache der alten Ordnung verloren. Er beauftragte seinen Stabschef Generalmajor von Studnitz, die Geschäfte weiterzuführen, und verließ gegen 17.00 Uhr eilends zu Pferde die Stadt.

Es begann nun zwischen der MSPD und der USPD das Ringen um die revolutionäre Vormachtstellung. In Unkenntnis der aktuellen Ereignisse trat um 10.00 Uhr der ‚Wohlfahrtsausschuß' zusammen[45]. An der Sitzung nah-

---

[43] Der in der Kaserne des 81. Infantrie-Regiments befehlende Hauptmann *Collischonn,* ein älterer, früher aktiver Offizier, ließ die Mannschaft im Hof antreten, teilte ihr kurz den Inhalt des Befehls mit und forderte sie auf, ihn durch ein lautes ‚Jawohl!' zu bekräftigen. Die Soldaten schwiegen. Erst als der Offizier an jeden einzelnen herantrat, erhielt er von einigen eine bereitwillige, von den meisten nur eine zögernde Zusage.

[44] Einen Bericht des Hauptmanns *Collischonn* enthalten die Frankfurter Nachrichten vom 08. Mai 1924, Beiblatt.

[45] Frankfurter Zeitung Nr. 310 vom 08. November 1918, 2. Morgenblatt.

Abb. 5: Matrosen des Frankfurter Marinesicherungsdiensts vor dem Hotel „Carlton" an der Ecke Hohenzollernstraße und Karlstraße.

men die gewählten Vertreter der beiden demokratischen Parteien, in der Mehrzahl Stadtverordnete, der Polizeipräsident und die verantwortlichen Vorsitzenden der militärischen Ämter, des stellvertretenden Generalkommandos und der Kriegsamtsstelle teil. Bei der Beratung wurde hauptsächlich das Verhalten gegenüber der Soldatenbewegung erörtert. Man beabsichtigte, durch weitgehende Zugeständnisse gewaltsame Ausschreitungen zu verhindern. Es sollten auf Initiative der MSPD die Wahl von Soldatenräten angeordnet, politische Versammlungen zugelassen und die inhaftierten Soldaten freigelassen werden. Zudem sollte die polizeiliche, militärische und zivile Gewalt dem Ausschuß unterstellt werden. Gegen Ende der Sitzung erschien der Stadtverordnete Hüttmann von der USPD-Fraktion und erklärte, daß er für seine Partei eine Beteiligung am ‚Wohlfahrtsausschuß' nicht in Aussicht stellen könne. Daraufhin behielten sich auch die Mitglieder der MSPD-Fraktion die volle Entschlußfreiheit vor. An einer zweiten Sitzung des Auschusses am Abend nahmen die Mitglieder der Mehrheitssozialisten nicht mehr teil. Der ‚Wohlfahrtsauschuß' löste sich auf, ohne daß er je tätig war[46].

---

[46] Bemerkenswert ist, daß die Vertreter der MSPD in diesem Ausschuß in einem Moment, wo die Umwälzung von unten bereits ihren Anfang genommen hatte, nichts weiter forderten und durchsetzten, was ihre Parteispitze auf Reichsebene in den letzten Kriegsjahren zu einem ihrer Hauptziele gemacht und im Oktober im

Unterdessen hatte sich im Frankfurter Stadtgebiet eine eigenartige Stimmung ausgebreitet, eine Art Machtvakuum entwickelt, in dem einerseits die revolutionären Matrosen und ihre Gefolgschaft noch verunsichert hinsichtlich der Frage, ob eine Reaktion der alten Kräfte zu erwarten sei, durch die Straßen zogen[47], und andererseits die königlichen Behörden, in Erwartung der siegreichen Revolution, den Offizieren empfahlen, die Uniform nicht zu tragen und Akten mit politischem Inhalt zu vernichten[48]. In einigen Fabriken und Betrieben begann man, auf Initiative der USPD[49] Arbeiterräte zu wählen, gleichzeitig marschierten einige hundert bayerische Soldaten der Flakabteilung der landwirtschaftlichen Halle zur Redaktion der mehrheitssozialdemokratischen ‚Volksstimme' am Hirschgraben, um Instruktionen zur weiteren Vorgehensweise zu erhalten. Die dort versammelten Funktionäre der MSPD ergriffen als Reaktion auf die Handlungsweise der USPD nun ebenfalls die Initiative und setzten sich mit dem Generalkommando in Verbindung[50]. Gegen 17.00 Uhr forderten sie Generalmajor von Studnitz dazu auf, unverzüglich bei allen Truppenteilen der Frankfurter Garnison die Wahl von Soldatenräten zu veranlassen. Wie bereits im ‚Wohlfahrtsaus-

---

wesentlichen erreicht hatte: die Parlamentarisierung der Verfassung. Sie erhoben keine weiteren Forderungen gegenüber den Liberalen und versuchten nicht, eine politische Plattform als Basis der Zusammenarbeit festzulegen. Lucas; Frankfurt unter der Herrschaft des Arbeiter- und Soldatenrats 1918/19, S. 19.

[47] Altmaier, Frankfurter Revolutionstage, S. 5; sowie die Kleine Presse vom 21. November 1918.

[48] So wurden im Keller des Frankfurter Polizeipräsidiums auf Anordnung von Polizeirat *Dr. Neuber* zahlreiche Akten verbrannt.

[49] Die USPD mit ihren Vertrauensleuten in den Rüstungsbetrieben unter der Führung von *Robert Dißmann, Toni Sender* und *Dr. Robert Plotke* konzentrierten sich bei ihren Aktionen zunächst nur auf die Arbeiterschaft. Sie organisierten die Wahl von Arbeiterräten und bereiteten für Frankfurt die Ausrufung des Generalstreiks zur Beendigung des Kriegs am Morgen des 09. November vor, der mit dem Aufruf „An die arbeitende Bevölkerung Frankfurts" proklamiert wurde. Das Handeln der Arbeiterräte war völlig unabhängig von der revolutionären Bewegung der Soldaten. Auf die Aktionen der Soldaten konnte auch die USPD nur reagieren.
Vgl. Sender; The Autobiography of a German Rebel, S. 102 f. Lucas; Frankfurt unter der Herrschaft des Arbeiter- und Soldatenrats 1918/19, S. 14: „ ... Toni Sender, die sich früh von ihrem bürgerlich – jüdischen Elternhaus emanzipiert hatte und es auf dem Wege einer hart erkämpften Kaufmannslehre bis zur Abteilungsleiterin in einer Frankfurter Metallfirma gebracht hatte; sie hatte nie die ermüdende Parteimaschinerie und Parteiroutine der Vorkriegssozialdemokratie kennengelernt, sondern war kurz nach Beginn des Krieges von Dissmann gleich in die konkrete revolutionäre Arbeit, angefangen von der Zusammenfassung der linksstehenden Parteimitglieder bis zur illegalen Verbreitung von Flugblättern, eingeführt worden."

[50] Es handelte sich hierbei um die Vertreter des linken MSPD-Flügels, *Groger, Kirchner, Wendel* und *Altmaier,* die mit den Beschlüssen des ‚Wohlfahrtsauschusses' nicht zufrieden waren und diese „ergänzen" wollten. Lucas; Frankfurt unter der Herrschaft des Arbeier- und Soldatenrats 1918/19, S. 20.

Abb. 6: Karikatur des Revolutionsgegners Lino Salini zur angeblichen Gefangenenbefreiung in Frankfurt. Tatsächlich wurde in Frankfurt jedoch kein einziger Gefangener durch die Revolution befreit.

schuß' zeigte sich das Generalkommando kooperativ und ordnete durch Garnisonsbefehl die Wahl für 21.00 Uhr an[51]. Am Abend wurden bei einigen Truppenteilen provisorische Soldatenräte gewählt[52]. Durch die Verständigung mit dem Generalkommando, nunmehr taktischerweise in den Kasernen Soldatenräte wählen zu lassen, hoffte die MSPD, wieder Anschluß an die spontane Massenbewegung zu gewinnen. Diese Erwartung trog vorerst. In einigen Truppenunterkünften kam die MSPD ohnehin zu spät mit ihrer Initiative, und der Gesamtfrankfurter Soldatenrat, der aus den von ihr initiierten Soldatenräten einzelner Truppenteile gebildet wurde, gewann keine Autorität, weil sich das revolutionäre Geschehen anders entwickelte.

In der Nacht vom 08./09. November 1918 verstärkten sich die Massenumzüge und Kundgebungen im Frankfurter Stadtgebiet, z. B. auf dem Bahnhofsplatz, am Bismarckdenkmal und in der Gutleutkaserne. Die allgemeine Parole lautete: *„Hoch die Republik! Nieder mit den Hohenzollern!"*. Vor allem die USPD versuchte verstärkt den Kontakt mit den Truppenteilen auf-

[51] Harris; Die Neubildung der Arbeiter- und Soldatenräte. Ein dringendes Gebot der Stunde, S. 48.

[52] Die lediglich provisorische Wahl begründete sich aus der Tatsache, daß nicht alle Truppenteile vollständig erschienen sind.

zunehmen, um diese in die bereits geschaffenen Organisationsstrukturen der Arbeiterräte zu integrieren.

Eine Gruppe unter der Führung des USPD nahen Matrosen *Malang* zog zum Polizeigefängnis in die Hammelsgasse/Klapperfeldstraße und öffnete es. Nachdem man dort aber keine politischen Gefangenen vorfand, wurde auf eine allgemeine Gefangenenbefreiung verzichtet.

Die Kolonne setzte ihren Marsch anschließend mit dem Ziel der Landwirtschaftlichen Halle in der Sonnemannstraße fort. Dort wurde versucht, die bayerische Flak-Abteilung für das revolutionäre Bestreben der USPD zugewinnen. Der Matrose *Malang* suchte gemeinsam mit *Toni Sender* zu einem späteren Zeitpunkt auch die Artilleriekaserene in der Rödelheimer Landstraße auf, wo die dortige Ersatzabteilung des 63. Infantrieregiments noch mit dem Anschluß an die Revolution zögerte. *Malang* zwang mit angelegter Waffe den Abteilungskommandeur, die Mannschaften antreten zu lassen, sprach gemeinsam mit *Toni Sender* und dem USPD-Funktionär *Schott* zu seinen Kameraden und zog sie auf die Seite der Revolution. Eine zweite Gruppe, die ebenfalls von *Toni Sender* geleitet wurde, brachte zuvor die Bahnhofswache im Hauptbahnhof, deren sich der Signalmaat *Löffler* bereits bemächtigt hatte, auf die Seite der USPD. Eine dritte Gruppe drang, vom Hauptbahnhof kommend, in die Kaserne der Gutleutstraße ein, stürmte das Arresthaus und ließ die Insassen frei[53].

Abb. 7: Toni Sender (*1888–†1964)

[53] Sender; The Autobiography of a German Rebel, S. 98 ff.; Schneider/Neuland; Zwischen Römer und Revolution, Hundert Jahre Sozialdemokraten in Frankfurt am Main, S. 53 ff.; Drüner; Im Schatten des Weltkrieges, S. 332 f.

Im Laufe der Nacht wurden zwei wichtige Veranstaltungen abgehalten, die entscheidend für die weitere Entwicklung der Revolution in Frankfurt waren. Der USPD-Vorsitzende Robert Dißmann berief eine Versammlung der USPD-Vertrauensmänner der Betriebe ein und erklärte sie zum vorläufigen Gesamtfrankfurter Arbeiterrat, der sich im ‚Hotel du Nord' in der Großen Gallusgasse niederließ und zunächst als reines Parteiorgan der USPD fungierte[54]. Von hier aus betrieb Dißmann die Einigung mit den Soldaten, die zunächst vereinzelt den Arbeiterrat unterstützten und mit deren Hilfe der Arbeiterrat alle Zeitungen, auch die mehrheitssozialistische ‚Volksstimme', besetzen und den Polizeipräsidenten Rieß von Scheurnschloß verhaften ließ[55].

Eine Gruppe von Soldaten und Matrosen unter der Leitung des Vizewachtmeisters der Reserve Moser[56] bildete einen Soldatenrat, der im ‚Frankfurter Hof' seinen Sitz fand und die bisher zusammenhanglos gewählten Soldatenvertreter zu einer aktionsfähigen Körperschaft zusammenschloß, indem er aus den zufällig gegenwärtigen oder den noch hinzukommenden Vertretern der einzelnen Truppenteile einen ‚Vollzugsausschuß des Soldatenrates' bildete und dadurch die Kontrolle über die öffentliche Gewalt in seiner Hand konzentrierte. Zunächst ließ Moser die wichtigsten öffentlichen Gebäude, den Hauptbahnhof, das Polizeipräsidium, die Eisenbahndirektion sowie die Hauptpost besetzen und militärisch durch Maschinengewehre sichern. Zusätzlich wurde auf den gesicherten Gebäuden und

[54] Bezüglich der Lokalität bestehen Unklarheiten. Altmaier; Frankfurter Revolutionstage, S. 14, geht davon aus, daß das ‚Hotel du Nord' von Anfang an bereits der Ort des Geschehens war. Dagegen vertritt Lucas; Frankfurt unter der Herrschaft des Arbeiter- und Soldatenrats 1918/19, S. 24 FN 35, die Meinung, daß ursprünglich das ‚Schlesinger Eck' der Standort der USPD war. Das ‚Schlesinger Eck' befände sich in der Großen Gallusgasse Nr. 2, das ‚Hotel du Nord' in derselben Straße Nr. 17. Altmaier hätte sich hier geirrt, denn das ‚Hotel du Nord' wäre erst in den nächsten Tagen das vorläufige Lokal des Arbeiterrates geworden.

[55] Der Trupp wurde von dem Spartakisten *Michler* angeführt. Groteskerweise fand man den Allgewaltigen im Bett. Kaiser/Kirchner; Vom Werden der Revolution in Frankfurt. Dokumente aus den ersten Revolutionstagen, in: Volksstimme vom 08. November 1918, Jahrgang 29.

[56] Der Vizewachtmeister der Reserve der Flakartillerie *Heinrich Moser* war 21 Jahre alt (geb. 1897), Sohn eines Fabrikbesitzers aus Görlitz und Student der Staatswissenschaften. Als Sekundaner versuchte er schon seine Klassenkameraden von der Wahrheit des Sozialismus zu überzeugen. Im Feld hat er Kant, Schopenhauer, Hegel, Goethe, Darwin und Haeckel im Tornister. Er befand sich am 08. November 1918 eigentlich nur auf der Durchreise während seiner Fahrt von Freiburg nach Berlin, als er in Frankfurt Station machte und beschloß, seinen Marschbefehl zu verweigern. Er setzte sich, unterstützt von Matrosen, in der Nacht zum 09. November an die Spitze des Soldatenrats, wurde jedoch nach zwei Tagen wieder abgesetzt und reiste anschließend nach Berlin, wo er zu einem Sekretär in *Friedrich Eberts* Umgebung aufstieg.

Abb. 8: Der „Frankfurter Matrosenrat" als zeitgenössische Bildmontage. Von links: Signalmaat Adolf Löffler, Matrose Malang, Marineintendantur-Applikant Wilhelm Grönke, Obermatrose Hermann Stickelmann, Obermatrose Koch, und Matrose Leistner.

dem ‚Frankfurter Hof' die rote Fahne gehißt. Der Soldatenrat setzte damit seine Vormachtstellung gegenüber dem Arbeiterrat durch.

Am frühen Morgen des 09. November koordinierte Moser das Verhältnis des Soldatenrats zu den staatlichen und städtischen Behörden. Das stellvertretende Generalkommando signalisierte seine Mitwirkungsbereitschaft, erkannte damit konkludent den Sieg der Revolution an. Der Oberbürgermeister erschien im ‚Frankfurter Hof' persönlich und ließ sich von Moser in seinem Amt bestätigen. Der inhaftierte Polizeipräsident[57] wurde von Moser abgesetzt, stattdessen ernannte er den MSPD-Stadtverordneten und Rechtsanwalt Hugo Sinzheimer[58] zum neuen Polizeipräsidenten. Den Oberbefehl über die Garnisonstruppen erhielt Wilhelm Grönke[59], die Kommandantur

[57] Der Polizeipräsident *Rieß von Scheurnschloß*, der sich als königlicher Beamter bezeichnete, wollte die Autorität des Soldatenrates nicht anerkennen.

[58] Vgl. zur Person von *Hugo Sinzheimer*: Benöhr; Hugo Sinzheimer (1875–1945), in: Distelkamp/Stolleis; Juristen an der Universität Frankfurt am Main, S. 67 ff.; Kubo; Hugo Sinzheimer. Vater des deutschen Arbeitsrechts, S. 74 ff.

[59] Der am 05. Juli 1896 in Frankfurt am Main geborene Kaufmann *Wilhelm Grönke*, Kriegsfreiwilliger von 1914, wurde zu den 21er Pionieren in Mainz eingezogen und als einer der ersten Frankfurter mit dem Eisernen Kreuz ausgezeichnet. *Grönke* wurde 1915 durch einen Rohrkrepierer an Brust und Lungen schwer verwundet. Nach beendetem Lazarettaufenthalt teilte man ihn der Marineintendantur

im Hauptbahnhof der Signalmaat Löffler[60] und das Wolff'sche Telegraphenbüro[61] der Reichstagsabgeordnete Wendel[62]. Zu politischen Berichterstattern des Soldatenrats bestimmte Moser je ein Mitglied der MSPD und USPD und verlieh ihnen die Befugnis, die Zeitungen zu zensieren.

Moser vermied es, sich parteipolitisch zu äußern, und lehnte es entschieden ab, sich dem USPD nahen Arbeiterrat zu unterstellen. Diese Einstellung entsprach der unter den Soldaten weit verbreiteten Stimmung, kein Verständnis für parteipolitische Differenzierungen zu besitzen. Unterschiede wegen der früheren Einstellung der beiden Parteien zum Krieg waren für sie durch die Revolution gegenstandslos geworden und mußten aus ihrer Sicht die Revolution schwächen. Darum forderten sie ‚Einheit' um jeden Preis, die sie unter Verweis auf die bewaffnete Macht, die sie und niemand sonst verkörperte, durchzusetzen wußten.

Diesen Druck übte der Soldatenrat in Frankfurt insbesondere bei der Frage nach der parteipolitischen Besetzung des Arbeiterrats auf die sozialdemokratischen Parteien aus. Die USPD nutzte zunächst ihren Vorsprung bei der Organisation der Arbeiter. Sie ließ in den Betrieben und bei einer morgendlichen Großkundgebung im Ostpark[63] Arbeiterräte wählen[64]. Als

---

Wilhelmshaven als Applikanten zu. Zur weiteren Ausheilung seiner Verletzungen wurde ihm die Ausreise in die Schweiz gestattet, wo ein Verwandter in Davos-Dorf ein Hotel besaß. In der Schweiz suchte und fand *Grönke* Kontakt zu dort in der Emigration lebenden internationalen Sozialisten, darunter *Lenin* und *Trotzki*. Ob diese zufälliger Art waren, sei dahingestellt. Tatsache ist, daß *Grönke* einer Abwehrstelle der Marine angehörte. Die Erfahrungen, die er dort gewann, haben ihn für sein späteres Leben nachhaltig geprägt; genau wie die Kontakte, die er zu weltbekannten Sozialisten in der Schweiz gefunden hatte. Am 01. November 1918 erhielt *Grönke* aus Wilhelmshaven den Befehl zur Rückkehr, verbunden mit dem Marschbefehl nach Warschau. Als er endlich am 05. November in Frankfurt eintraf, um hier nach Berlin und Warschau umzusteigen, beschloß er, den Marschbefehl zu ignorieren und in seiner Heimatstadt zu bleiben.

[60] Der Signalmaat *Adolf Löffler* wurde 1892 in Frankfurt am Main geboren. Er übte den Beruf des Kaufmanns aus und führte die Gruppe, die am 08. November 1918 von Kiel kommend in Frankfurt am Main eintraf an. Er war 1911 zum aktiven Militärdienst einberufenworden, fuhr im Krieg Vorpostendienst in der Nordsee und befand sich bei Ausbruch der Revolution bei einer Seefliegerabteilung in Kiel. Nachdem der Soldatenrat das Chaos der ersten Stunden der Revolution geordnet hatte, behielt *Löffler* das Kommando über die Bahnhofswache, das er im Handstreich in der Nacht vom 08./09. November an sich gebracht hatte. Es war ein wichtiger Posten am wichtigsten Knotenpunkt des deutschen Eisenbahnnetzes hinter der zurüchgehenden Westfront, was *Löffler* mit dem ihm eigenen Instinkt und Intellekt sofort erkannt hatte.

[61] Als das *Wolff'sche Telegraphenbüro* wurde das Frankfurter Nachrichtenamt bezeichnet.

[62] *Hermann Max Ludwig Wendel*, Redakteur und Schriftsteller (1884–1936), vgl. Schwarz; MdR. Biographisches Handbuch der deutschen Reichstage, S. 763 f.

Abb. 9: Karikaturen von Lino Salini mit antisemitischem Inhalt.
Sowohl der sozialdemokratische Polizeipräsident Hugo Sinzheimer als auch die Arbeiterwehr wird mittels ‚rassischer' Attribute mißachtend dargestellt.

am Nachmittag die gewählten Arbeiterräte im ‚Frankfurter Hof' zusammentraten und den Arbeiterrat konstituierten, erreichte Dißmann tatsächlich sein Ziel. Der Vollzugsausschuß des Arbeiterrats wurde so zusammengesetzt, daß die USPD sieben, die MSPD zwei Sitze erhielt. Vorsitzende wurden Hüttmann und Dißmanns Adlatus Georg Bernard[65]. Die MSPD wehrte sich entschieden gegen den von der USPD einseitig besetzten Vollzugsausschuß des Arbeiterrats und machte ihre Ansprüche auf eine entsprechende Vertretung im Arbeiterrat geltend. Der USPD-Vorsitzende Dißmann wollte der Forderung aber nicht entsprechen und räumte der MSPD keine weiteren Sitze ein. Während des gesamten 09. Novembers herrschte ein erbitterter Streit zwischen den beiden Parteien und es drohte der völlige Bruch. Erst am Abend erreichte Moser durch eine ultimative Forderung die Einigung

[63] Die Kundgebung fand im Zirkus Schumann statt und wurde von der USPD dominiert. So wurden Flugblätter der USPD Betriebsvertrauensleute verteilt und *Dißmann* hielt Reden und feierte die Revolutionsereignisse. Frankfurter Nachrichten Nr. 311 vom 09. November 1918, Abendblatt.

[64] Frankfurter Zeitung Nr. 312 vom 10. November 1918, 1. Morgenblatt.

[65] Lucas; Frankfurt unter der Herrschaft des Arbeiter- und Soldatenrats 1918/19, S. 29.

der Parteien, indem er sie zwang, sich innerhalb von zehn Minuten zu verständigen – sonst würde über die Köpfe ihrer Führer hinweg von den Soldaten allein gehandelt werden. Nun wurde Parität von je sieben Sitzen vereinbart[66]. Robert Dißmann konnte somit zwar die Einigung von Arbeitern und Soldaten erzielen, doch nur um den Preis, den Vorsprung gegenüber der MSPD zu verlieren. Die Beilegung des Streits war bereits erzielt, bevor noch das von Moser erbetene Telegramm Kurt Eisners aus München eintraf, daß die Einigung der Arbeiterschaft auf revolutionärer Grundlage unter allen Umständen notwendig sei[67].

Am 11. November 1918 wurden die Arbeiteräte endgültig in den Betrieben gewählt. Sie bestätigten den um die Vertreter der MSPD erweiterten 14-köpfigen Vollzugsausschuß des Arbeiter- und Soldatenrats Groß-Frankfurt[68], an dessen Spitze der Sozialdemokrat Harris[69] gewählt wurde. Bis sich die zivilen Gewalten der Stadt offiziell den revolutionäre Organen unterstellt hatten, ging vom ‚Frankfurter Hof' während mehrerer Tage und Nächte die alleinige gesetzgebende und vollziehende Gewalt in der Stadt aus. Mit der Verlegung des stellvertretenden Generalkommandos des XVIII. Armeekorps nach Bad Nauheim hörte der Soldatenrat in Frankfurt schon am 09. Dezember 1918 zu bestehen auf[70].

66 Altmaier; Frankfurter Revolutionstage, S. 35 f.

67 Altmaier; Frankfurter Revolutionstage, S. 35.

68 Der bisherige Führer des Soldatenrats *Heinrich Moser* wurde abgesetzt, da sich im Soldatenrat Mißstimmung gegen ihn angesammelt hatte. Er soll über die Bezüge der Unteroffiziere willkürlich und ohne Sachkenntnis Verfügungen getroffen haben, die für sie nachteilig waren. Den daraufhin entstandenen Unmut konnte *Moser* nicht verstehen und reiste nach Berlin ab.

69 *Leopold Harris,* Chemiker, geboren 1874, nach schwerer Kriegsverwundung zuletzt beim Militärfuhramt in Frankfurt am Main. Mitglied der MSPD. Zunächst Mitglied des Soldatenrats, dann Vorsitzender des Arbeiter- und Soldatenrats, solange dieser bis zum Abzug der militärischen Dienststellen bestand. De facto ab 01. April 1919, de jure ab 24. April 1919 (kommissarischer) Polizeipräsident in Frankfurt, als er auf Druck seiner Partei am 10. November 1919 zurücktreten mußte, womit die Sprengung des Arbeiterrats durch die MSPD und die endgültige Zerschlagung der revolutionären Institutionen in Frankfurt eingeleitet wurde. *Harris* trat 1932 der KPD bei.

70 Bericht der Frankfurter Zeitung Nr. 341 vom 09. Dezember 1918, 1. Morgenblatt. Der Soldatenrat des stellvertretenden Generalkommandos in Frankfurt, dann Bad Nauheim war hinsichtlich der militärischen Fragen für den ganzen Bereich des XVIII. Armeekorps zuständig. Ihm war die Bildung neuer Soldatenräte telegrafisch zu melden.

Abb. 10: (Nr. 1) Polizeipräsident Hugo Sinzheimer, (Nr. 2) Feldwebel Müller vom Soldatenrat, (Nr. 3) Vizewachtmeister Heinrich Moser vom Soldatenrat, (Nr. 4) Reinhardt vom Soldatenrat, (Nr. 5) Leopold Harris als Vorsitzender des Arbeiter- und Soldatenrats

b) Wiesbaden

In Wiesbaden[71] wurden ebenfalls ab Anfang November 1918 Unruhen befürchtet. So ersuchte das königlich preußische Ministerium des Innern am 06. November das Wiesbadener Regierungspräsidium in einem Telegramm, zur Aufrechterhaltung der öffentlichen Ordnung und Sicherheit die Organisation von Bürgerwehren in der Stadt sowie auf dem Land in die Hand zu nehmen[72]. In einem ergänzenden Telegramm vom darauffolgenden Tag wurde den Landräten mitgeteilt, daß die vordringliche Aufgabe der Bürgerwehr im Schutz der Lebensmittelvorräte sowie der Sicherstellung der Versorgung der städtischen Bevölkerung mit Lebensmitteln liegen müsse, wobei die Bürgerwehr in den größeren und industriellen Städten zur Ergänzung der Polizeitruppe nur dann einschreiten solle, wenn der veranwortliche Polizeileiter dies für durchführbar und angebracht hielt. Der Ernst der Lage wurde jedoch insofern vollkommen unterschätzt, als man tatsächlich glaubte, es genüge im wesentlichen die unbewaffnete Beaufsichtigung durch die Selbstschutzorganisation des Bürgertums, um die revolutionäre Bewegung aufhalten zu können[73]. Nachdem das Stellvertretende Generalkommando des XVIII. Armeekorps in Frankfurt dem Wiesbadener Regierungspräsidenten den Befehl bekanntgegeben hatte, unter allen Umständen ein Blutvergießen zu vermeiden, stand es in dessen Ermessen, Truppen zur Unterdrückung möglicher Unruhen anzufordern[74]. Als bekannt wurde, daß Köln mittlerweile von der Revolution erfaßt worden war, erschien ein Übergriff auf Wiesbaden sehr wahrscheinlich. In einer Stadtverordnetenversammlung am 08. November sprach sich der Oberbürgermeister von Wiesbaden gegen die Gründung von Bürgerwehren mangels Effektivität im Ernstfall aus und forderte stattdessen die Stadtverordneten und vor allem die Vertreter der Arbeiterschaft dazu auf, die Bevölkerung zu beruhigen[75]. Außerdem erließen Magistrat und Vertreter sämtlicher politischer Parteien der Stadtverordnetenversammlung einen Aufruf, der zu Ruhe und Besonnenheit mahnte[76].

Die Bewegung war jedoch auch in Wiesbaden nicht mehr aufzuhalten. Denn schon in der Nacht zum 09. November kamen mehrere Marinesoldaten – Vertreter des Kölner Soldatenrats – in der Stadt an[77]. Gleich am näch-

---

[71] Auch die Ereignisse in der preußischen Stadt Wiesbaden und in Teilen des Regierungsbezirks Wiesbaden, die an das Großherzogtum Hessen angrenzten, müssen aus den in Kapitel B.I.2.a) auf S. 57 f. genannten Gründen dargestellt werden.

[72] HStAW 405, 5880 Bl. 76. Das Telegramm ging allerdings erst einen Tag später – nach dem Abschluß einer Konferenz der Landräte des Bezirks – ein, weshalb ihnen ein Abdruck nachgesandt wurde; Abdruck an die Landräte ebd. Bl. 77.

[73] Daher wollte man auch nur absolut zuverlässige Personen mit Waffen ausstatten, vgl. ebd. Bl. 79.

[74] HStAW 405, 2778.

[75] Stadtarchiv Wiesbaden A XIII b 77 Bl. 1. Der Stadtverordnete Dietrich von der SPD wollte beispielsweise in der für den nächsten Abend geplanten Versammlung im Gewerkschaftshaus in der Wellritzstraße beruhigend auf die Anwesenden einwirken.

[76] Vgl. Rheinische Volkszeitung Nr. 262 vom 09. 11. 1918.

[77] Das folgende nach Wiesbadener Zeitung Nr. 574 vom 10. 11. 1918, Morgenausgabe sowie Rheinische Volkszeitung Nr. 263 vom 11. 11. 1918.

sten Vormittag wurde vom Ersatzbataillon des Füsilierregiments Nr. 80 in den Kasernen an der Schiersteiner Straße ein aus fünf Personen bestehender Soldatenrat gewählt[78], der mittags auf dem Garnisonkommando in der Oranienstraße 5 die militärische Kommandogewalt übernahm. Im Laufe des Nachmittags teilte der Soldatenrat in einem Aufruf an die Bevölkerung mit, daß er für die Sicherheit der Stadt garantiere und daß Leben und Eigentum jedes Bürgers gewährleistet würden. Die Behörden sollten in ihren Ämtern bleiben, den Patrouillen mit roten Abzeichen sollte unbedingt Folge geleistet werden[79]. Am gleichen Tag konstituierte sich auch beim Ersatzbataillon des Landwehrregiments Nr. 80 ein Soldatenrat, der sich mit dem Rat des Füsilierbataillons zu einem neunköpfigen Ausschuß vereinte. Die Verbindung zur Arbeiterschaft wurde auf einer Sitzung um 17.00 Uhr in den Räumen des Garnisonkommandos hergestellt, an welcher der Soldatenrat der beiden Bataillone sowie Vertreter der zwei sozialdemokratischen Parteien und des Gewerkschaftskartells teilnahmen. Letztere erklärten, daß jetzt auch ein Arbeiterrat gebildet werde und daß der Arbeiter- und Soldatenrat – wie in den anderen Städten – gemeinsam die Macht ergreifen solle. Die am Abend von der USPD in das Gewerkschaftshaus einberufene Versammlung fand einen derartigen Zulauf, daß die MSPD eine Parallelveranstaltung in der Wartburg abhielt. Der Andrang bei beiden Veranstaltungen war so groß, daß viele der herbeiströmenden Besucher nicht hineingelassen werden konnten. An der Versammlung nahm auch ein Matrose des Linienschiffs ‚Kaiser' im Auftrag des Kölner Soldatenrats teil. Im Gewerkschaftshaus verkündete der Vertreter der USPD unter großem Beifall, daß, nachdem in Frankfurt die Vereinigung beider Parteien für ganz Deutschland beschlossen worden war, auch in Wiesbaden die Einigung der beiden sozialdemokratischen Parteien vollzogen worden sei. Allerdings erließ der Vorstand der Wiesbadener USPD an diesem Tag noch einen eigenen Aufruf, in dem er versicherte, daß die Arbeiterorganisationen und die Soldaten mit aller Kraft jegliche Ausschreitung unterdrücken wollten. Außerdem seien alle Anordnungen bezüglich Ernährung, Verkehr und Sicherheit unbedingt zu befolgen[80]. Nachdem der Reichstagsabgeordnete Raute von der MSPD in einer Rede das alte System schärfstens kritisiert hatte, wurde der Arbeiterrat gewählt, zu dem MSPD und USPD jeweils 8 Mitglieder stellten[81]. Anschließend unterstellten Abordnungen des Arbeiter- und Soldatenrats die Verwaltungsstellen der Stadt – Regierung, Polizei, Rathaus, Post,

---

[78] Dazu gehörten Leutnant der Reserve Schlitt, der laut Wiesbadener Tagblatt Nr. 540 vom 18. 11. 1918 bereits vor dem Krieg als Gerichtsassessor in Wiesbaden tätig gewesen war, ein Vizefeldwebel und drei Füsiliere.

[79] Der Aufruf ist beispielsweise im Wiesbadener Tagblatt vom 09. 11. 1918 Nr. 526, Abendausgabe abgedruckt.

[80] Der Aufruf ist abgedruckt im Wiesbadener Tagblatt vom 09. 11. 1918 Nr. 526, Abendausgabe und ist von Franz Göbner unterschrieben.

Zoll und Bahn – ihrer Kontrolle, wobei sie bei der Polizeidirektion die politischen Akten beschlagnahmten. Die mit den roten Armbinden ausgestatteten Patrouillen forderten die Offiziere auf, ihre Rangabzeichen abzunehmen und die Waffen abzuliefern, um klarzumachen, daß die Rangunterschiede außerhalb des Diensts nicht mehr existierten.

Am 10. November wurde der Vollzugsausschuß des Arbeiter- und Soldatenrats für den Stadt- und Landkreis Wiesbaden aus Leutnant Schlitt als Kommandanten, Sergeant Lindig und dem Matrosen Spies als Vorsitzenden des Soldatenrats sowie Otto Haese von der MSPD und Franz Göbner von der USPD als Vorsitzenden des Arbeiterrats gebildet. Der Arbeiter- und Soldatenrat teilte in einem Aufruf mit, daß er die vollziehende Gewalt ausübe und daß die sozialistische Republik vorbereitet werde[82]. Seine Geschäftsräume richtete der Arbeiter- und Soldatenrat im Erdgeschoß des Schlosses ein[83]. Einen Tag später stellte sich Regierungspräsident von Meister auf der Konferenz des Arbeiter- und Soldatenrats mit Vertretern der Stadtverwaltung und der Regierung mit seiner Dienststelle zur Verfügung. Bei einer Kundgebung auf dem Marktplatz zeigte ein Großteil der Wiesbadener Bevölkerung seine Verbundenheit mit dem Arbeiter- und Soldatenrat[84]. Nach Beendigung der Versammlung formierten sich die größtenteils mit roten Abzeichen ausgestatteten Soldaten und Zivilisten zu einem Demonstrationszug, der sich unter Hochrufen auf die freie Republik und unter Schwenken einer großen roten Fahne durch die Hauptstraßen bewegte[85]. Allerdings wurde in Wiesbaden trotz der „roten Symbole“ keine revolutionäre Räterepublik angestrebt[86].

---

[81] Unter den Vertretern der MSPD waren die Stadtverordneten Haese, Dietrich und Bauer.

[82] Der Aufruf ist in der Rheinischen Volkszeitung Nr. 263 vom 11. 11. 1918 abgedruckt.

[83] Das Wiesbadener Tagblatt Nr. 553 vom 27. 11. 1918 beschreibt die Räume des Rats, in denen sonst die purpurne Königsstandarte oder, wenn der Kaiser als solcher Gäste hatte, die gelbe Kaiserstandarte hochgezogen worden war.

[84] Demgegenüber lehnte es Dr. von Mutzenbecher, Intendant des Hoftheaters, ab, die revolutionären Mächte anzuerkennen und trat von seinem Posten zurück. Daraufhin wurde die vorläufige Leitung dem Regisseur Ernst Legal übertragen und das Theater in Nassauisches Landestheater umbenannt, vgl. Rheinische Volkzeitung Nr. 266 vom 14. 11. 1918.

[85] Auf der Versammlung hatte Sergeant Lindig die Neuordnung der Staatsform als einziges Mittel zur Errettung des deutschen Volks aus dem Krieg gepriesen und angekündigt, der Arbeiter- und Soldatenrat werde unter Ausnutzung seiner Macht auf die Gleichberechtigung aller Bürger hinarbeiten; vgl. zum ganzen Wiesbadener Zeitung Nr. 577 vom 12. 11. 1918, Morgenausgabe.

[86] Der Wiesbadener Oberbürgermeister setzte beispielsweise durch, daß die für die am 24. November ins Leben gerufene Volkswehr ursprünglich vorgesehene Zahl von 600 Männern auf 400 herabgemindert wurde und dem Polizeipräsidenten das Recht zustand, die Liste der Mitglieder auf „ungeeignete“ Personen nachzuprüfen

In einer Versammlung der Fortschrittlichen Partei sprach sich Lindig unter allseitiger Zustimmung gegen „angebliche“ Bestrebungen im Reich zur Errichtung einer Diktatur seitens des Spartakusbundes aus. Die gemäßigte Einstellung des Wiesbadener Arbeiter- und Soldatenrats wird auch daran deutlich, daß er drei Vertreter der Fortschrittlichen Volkspartei aufnahm[87].

c) Hanau

Im Gegensatz zu Frankfurt und Wiesbaden wurde die revolutionäre Bewegung in Hanau[88] nicht von angereisten Matrosen ins Rollen gebracht, sondern entstand vielmehr aus den spezifischen Hanauer Bedingungen heraus[89].

In der ca. 37.000 Einwohner zählenden Stadt war aufgrund der dort angesiedelten Industrie die Arbeiterschaft vorherrschend[90]. Gegenüber der im April 1917 gegründeten USPD hatte die MSPD unter dem Gewerkschaftssekretär und Reichstagsabgeordneten Gustav Hoch gegen Kriegsende immer mehr an Boden verloren. Erste Anzeichen für einen Umsturz waren bereits bei den zwei „Friedenskundgebungen“ der Arbeiterschaft vom 22. Oktober (MSPD) und vom 29. Oktober (USPD) spürbar, da in beiden Versammlungen die Forderung der sozialistischen Republik im Vordergrund stand[91].

In der Stadtverordnetenversammlung vom 07. November waren die bevorstehenden Stadtverordnetenwahlen Diskussionsthema. Das Problem lag darin, daß bisher jeweils an drei Werktagen gewählt worden war, was eine klare Benachteiligung der Arbeiterschaft darstellte. Der Führer der Hanauer USPD, Friedrich Schnellbacher, begründete den Antrag, lediglich am Sonntag wählen zu lassen. Schnellbacher wandte sich dabei so emphatisch gegen das Dreiklassenwahlrecht, den Krieg und die „Ausbeuter“, daß ihm das Wort entzogen wurde[92].

---

und deren Entfernung zu verlangen. Damit sollte vermieden werden, daß die Volkswehr den Charakter einer Roten Garde im Sinne der russischen Rätediktatur erhalte, vgl. Stadtarchiv Wiesbaden A XIII b 78 Bl. 34 und 45.

[87] Wiesbadener Tagblatt Nr. 540 vom 18. 11. 1918.

[88] Auch die Geschehnisse in der preußischen Stadt Hanau, müssen aus den in Kapitel B.I.2.a) auf S. 57 f. genannten Gründen dargestellt werden.

[89] Krause; Revolution und Konterrevolution 1918/19 am Beispiel Hanau, S. 19.

[90] Das die Stadt kennzeichnende Gold- und Silberschmiedekunstgewerbe hatte aufgrund des Krieges seine Kundschaft verloren und lag infolgedessen völlig danieder, vgl. Fischer; Der Saalbau zu Hanau. Ein bedeutsamer Abschnitt aus der Geschichte der Hanauer Arbeiterbewegung, S. 25.

[91] Vgl. Hultsch; Aus den Hanauer Revolutionstagen 1918. Ein lokaler Rückblick, in Hanauer Zeitung vom 17. November 1918, S. 2.

Die Stimmung der Bevölkerung war an diesem Tag „klassenkampfgeladen“[93]; so war der Zuschauerraum der Stadtverordnetenversammlung zum Bersten gefüllt, und die Verhandlung wurde wiederholt durch empörte Zurufe, Mißfallensäußerungen und „Ungebührlichkeiten“ unterbrochen[94]. Zur selben Zeit fand eine von der USPD einberufene Protestveranstaltung vor dem Rathaus statt, zu welcher Tausende von Menschen gekommen waren. Plötzlich entlud sich die Spannung im Saal durch einen Tumult unter den Zuschauern, der die Sitzung sprengte. In dem anschließenden großen Zug der Zuschauer und Demonstranten durch die Stadt kam es zur Plünderung eines Geschäfts. Ein von Regierungsrat Schmid, dem kommissarischen Landrat, zu diesem Zeitpunkt initiierter Versuch, die Bewegung mit Waffengewalt zu unterbinden, scheiterte; allerdings gab es 25 Verwundete unter den Arbeitern. Aufgrund der großen Not wurden am darauffolgenden Morgen des 08. November nahezu alle Bäckereien geplündert. Die Arbeit war niedergelegt worden, und man diskutierte auf den Straßen über die aktuellen Geschehnisse. In der – wohl bitteren – Erkenntnis, daß die traditionellen Autoritäten in Hanau bereits nach wenigen Tagen ihre Machtstellung verloren hatten, vermittelte Regierungsrat Schmid eine Zusammenkunft mit Vertretern beider Arbeiterparteien. Um weitere Plünderungen zu verhindern, sollten Ordnungsmannschaften ins Leben gerufen werden. Die Delegierten der USPD wollten diesem Plan jedoch nur unter der Bedingung zustimmen, daß ein Arbeiter- und Soldatenrat für den Stadtkreis Hanau errichtet werde und noch einige andere Forderungen erfüllt würden. Die USPD besaß bereits einen revolutionären Arbeiterrat; nachdem der gewissenhafte Schmid beim Stellvertretenden Generalkommando in Frankfurt fernmündlich die Erlaubnis eingeholt hatte, in Hanau einen Arbeiter- und Soldatenrat zu ‚gründen‘ und den übrigen Forderungen der USPD zu entsprechen, wurde nach einigem Zögern ein Arbeiterrat aus 20 Vertretern der USPD und 5 Mitgliedern der MSPD unter der Leitung der USPD und mit Friedrich Schnellbacher an der Spitze gebildet.

Nachdem die Gründung des Arbeiterrats öffentlich kundgemacht worden war, schien eine Normalisierung des Stadtlebens einzutreten. Noch in derselben Nacht wurde die Überwachung der Stadt organisiert. Teilweise konnten die von der Menschenmenge unternommenen Versuche, die Gefangenen aus dem Gerichtsgefängnis zu befreien, vereitelt und die schon befreiten Häftlinge von Mitgliedern des Arbeiterrats wieder eingesperrt werden. Ebenfalls an diesem Abend erließ der Arbeiterrat seine ersten Aufrufe „An die Bevölkerung Hanaus“[95] und „an die Landbevölkerung“. Bei letzterem

---

92 Schnellbacher; Hanau in der Revolution. Vom 7. November 1918 bis 7. November 1919, S. 13.

93 So Krause; a.a.O., S. 20.

94 Hultsch; a.a.O.

wird das Bestreben des Rats deutlich, die Kluft zwischen Stadt- und Landbevölkerung zu überwinden und beide Gruppen für den gemeinsamen Aufbau der „sozialistischen Republik" zu gewinnen.

Am 09. November wandte sich Schnellbacher in einer Versammlung auf dem Marktplatz an die Soldaten. In seiner Rede stellte er die revolutionäre Bewegung der Soldaten als konsequente Fortsetzung der Anti-Kriegs-Aktionen der linken USPD dar und verkündete, „... die ganzen Dynastien der Welt müßten beseitigt werden, es müsse in der ganzen Welt die Diktatur des Proletariats erreicht werden"[96]. Gleichzeitig warnte er vor einer Konterrevolution der reaktionären Kräfte, ersuchte die Anwesenden jedoch, nicht zu Gewalttätigkeiten zu schreiten, da der Rat einen „politischen Kampf" führe. Mangels zuverlässiger Angaben bleibt unklar, ob der Soldatenrat nach dieser Ansprache gewählt[97] oder lediglich bestätigt[98] wurde. Sodann schritt der Arbeiter- und Soldatenrat zur Tat, um für die Konterrevolution gewappnet zu sein. Es wurden Maschinengewehre aufgestellt, die Bevölkerung mußte die Straßen verlassen, und auf den Bahnhöfen wurden den ankommenden Militärpersonen die Waffen abgenommen, um blutige Zusammenstöße zu verhindern[99].

Am Nachmittag des darauffolgenden Tages, des 10. Novembers, veranstaltete der Arbeiter- und Soldatenrat seine erste große Massenversammlung auf dem Marktplatz unter dem Motto „Weltfrieden und Arbeiterklasse", an die sich ein Demonstrationszug anschloß. Im übrigen kam es an diesem Tag zu keinen Unruhen. Die Hanauer Honoratioren – Bürgermeister, Offiziere und Staatsanwälte – fürchteten angesichts der Gerüchte um angeblich „schwarze Listen" allerdings um ihr Leben.

---

[95] In diesem Aufruf heißt es, in der Nacht sei ein Arbeiter- und Soldatenrat gebildet worden. Der Soldatenrat wurde jedoch erst am folgenden Tag offiziell gewählt, vgl. Krause; a.a.O., Anmerkung 82.

[96] ‚Eine öffentliche Soldatenversammlung', in Hanauer Zeitung vom 10. November 1918, S. 3.

[97] So Hultsch; a.a.O.

[98] So Schnellbacher; a.a.O., S. 15.

[99] Hultsch; a.a.O.

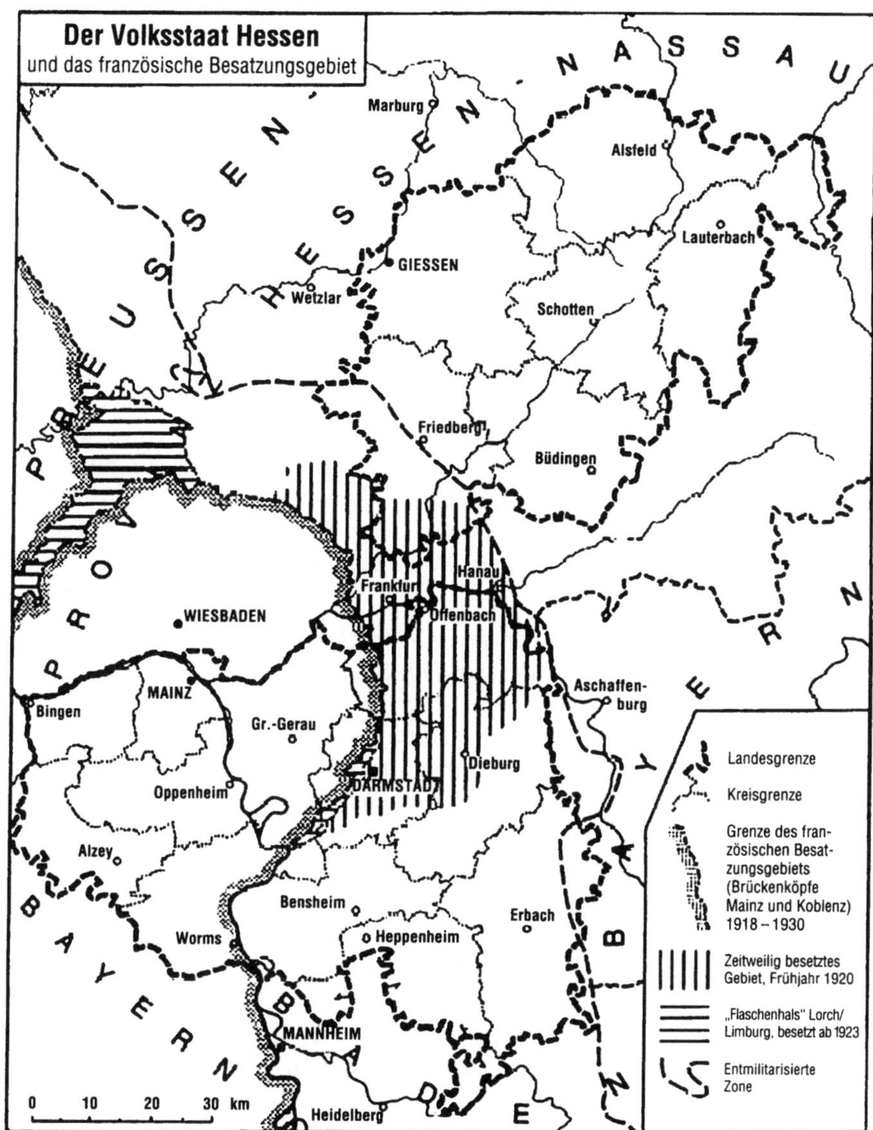

Abb. 11: Der Volksstaat Hessen und das französische Besatzungsgebiet

3. Die Revolution im Großherzogtum Hessen als Teil des XVIII. Armeekorps

Als Teil des Rhein-Main-Gebiets und des XVIII. Armeekorps befand sich das Großherzogtum Hessen in unmittelbarer Nähe zu Frankfurt und den umliegenden preußischen Städten. Es war sowohl wirtschaftlich als auch militärisch mit ihnen eng verwoben[100]. Somit erreichte die Revolution auch zeitgleich das Großherzogtum.

Es liegt deshalb die Vermutung nahe, daß das revolutionäre Geschehen im Großherzogtum Hessen einen den für das preußische Rhein-Main-Gebiet exemplarisch dokumentierten Ereignissen entsprechenden Verlauf nahm.

Anhand der Darstellung der revolutionären Entwicklung in ausgewählten Städten der drei hessischen Provinzen soll dies überprüft werden und als Fundament für die Frage dienen, ob die Revolution im Großherzogtum Hessen einen eigenständigen Charakter besaß, der nur aufgrund spezifisch hessischer Bedingungen zu erklären ist und der sich unmittelbar auf die Entstehungsgeschichte der Verfassung des Volksstaats Hessen auswirkte[101].

a) Die Situation vor dem Ausbruch der Revolution – Ruhe vor dem Sturm?

Zur Beurteilung der revolutionären Ereignisse im Großherzogtum Hessen sind ihre soziologischen Voraussetzungen zu klären. Es stellt sich die Frage, ob überhaupt eine Gruppe existierte, die als Träger der Revolution dazu willens und in der Lage war. Weiterhin ist in diesem Zusammenhang das Verhältnis der Bevölkerung zum Landesherrn, Großherzog Ernst Ludwig, von Bedeutung.

aa) Bevölkerungsstruktur

Darmstadt, als Beamtenstadt und für ihre Technische Hochschule[102] bekannt, war seit Jahrhunderten auch eine Soldatenstadt[103]. Von besonderer

[100] Vergleiche dazu die Ausfürungen unter Kapitel B.I.2.a) auf S. 57 f.

[101] Eckhart G. Franz und Manfred Köhler warfen in ihrem 1991 veröffentlichten Werk die Frage auf, ob die Ereignisse des November 1918 im Großherzogtum Hessen eine wirkliche Revolution gewesen seien, welches die Ziele dieser Revolution waren und ob die Revolution ihre Ziele erreicht hatte. Vgl. Franz/Köhler; Parlament im Kampf um die Demokratie, S. 11.

[102] Zur Situation der TH Darmstadt und der Studentenschaft im Jahr 1918 siehe: Viefhaus; FS für Franz, S. 556 (561).

[103] Wiesenthal; Deine Garnison Darmstadt, S. 27 ff.; vgl. auch das Amtliche Adreßbuch der Stadt Darmstadt 1914.

Bedeutung für die revolutionären Ereignisse war hierbei der Übungsplatz in Griesheim bei Darmstadt[104]. Noch im Oktober 1918 wurden dorthin junge Rekruten eingezogen, die kaum noch bereit waren, die Befehle ihrer Vorgesetzten auszuführen. Auf dem Übungsplatz waren zu diesem Zeitpunkt ansonsten hauptsächlich nicht mehr wehrtaugliche Soldaten stationiert, die auf ihr ziviles Dasein hofften und für den Kriegsdienst keinerlei Sympathien mehr hegten. Unter diesen Soldaten brach die Revolte aus und es waren wiederum Soldaten, die aktiv beteiligt waren, diese zu beenden und damit eine wirklich durchgreifende Revolution zu verhindern.

Die Einwohnerzahl Darmstadts war in den letzten Jahren angestiegen und zwar zugunsten der gewerblichen, zuungunsten der landwirtschaftlichen Bevölkerung[105]. Das Kleinhandwerk und der Kleinhandel waren sehr stark vertreten, wobei die nicht geringe Zahl der Hoflieferanten zu erwähnen ist, deren Verhältnis zum Großherzog und zu der früheren Regierungsform auch nach der Revolution unverändert blieb. Dies kam nicht zuletzt dadurch zum Ausdruck, daß sie ihren Titel ‚Hoflieferant' an den Eingängen ihrer Geschäfte weiter hängen ließen. Zwar gab es auch in Darmstadt Fabrikarbeiter, doch ihre Anzahl war geringer als die der Angestellten. Im Landkreis Groß-Gerau überwog noch die Landwirtschaft, obwohl auch hier ein beachtlicher Anstieg von Industrie, Handel und Verkehr sowie der nichtmaterialen Berufe zu verzeichnen war[106].

Die Situation Darmstadts und besonders des Landkreises Groß-Gerau in den Kriegsjahren war nicht so ernst wie in anderen Gebieten im Deutschen Reich. Es fehlte deshalb an einem revolutionsbereiten Proletariat. Sowohl

---

104 Siehe auch dazu unter Kapitel B.I.3.b)aa) auf S. 89 in dieser Arbeit.

105 Ackermann; Die Bevölkerung nach Haupt- und Nebenberufen in den Kreisen und Provinzen des Großherzogtums Hessen nach der Berufszählung vom 12. Juni 1907, S. 44 f.

106 Berufszugehörigkeit der Einwohner des Landkreises Groß-Gerau:

	Nördliches Ried		Gebiet um Groß-Gerau		Mainspitze	
	1881	1925	1881	1925	1881	1925
Landwirtschaft	6.928	6.272	1.999	2.114	5.698	3.873
Industrie	2.331	4.653	1.745	4.455	2.549	16.366
Handel, Verkehr	784	2.326	423	1.867	920	5.118
Gewerbe	3.115	6.979	2.168	6.322	3.469	21.484
Nichtmateriale Berufe	1.196	3.316	461	1.493	579	3.116
	14.354	23.546	6.796	16.251	13.215	49.957

Nach: Ackermann; Die Bevölkerung nach Haupt- und Nebenberufen in den Kreisen und Provinzen des Großherzogtums Hessen nach der Berufszählung vom 12. Juni 1907, S. 50 ff.; Statistisches Handbuch des Volksstaat Hessen (StatHbVHessen), 3. Ausgabe; Ergebnisse der Berufszählung im Volksstaat Hessen vom 16. Juni 1925.

zahlenmäßig als auch vom politischen Bewußtsein her gesehen, war in den Arbeitern kein ausreichendes Revolutionspotential vorhanden, zumal die Ernährungslage aufgrund der eigenen Versorgungsmöglichkeiten noch nicht so schlecht war wie z.B. in Berlin. So fanden in den Jahren 1916–1918 im Gegensatz zu anderen größeren Städten in Darmstadt kaum Streiks statt. Insgesamt wurde 1916 viermal, 1917 dreimal und 1918 nur einmal gestreikt[107].

Im Laufe des Krieges stellten die MSPD und die Fortschrittspartei mehrere Anträge zur Änderung des Wahlrechts[108], die aber nicht eine Änderung des bestehenden Systems beinhalteten. Erst 1918, kurz vor Ausbruch der Revolution, wurde die parlamentarische Regierungsform gefordert[109]. Eine starke Spannung gegenüber der Regierung bestand nicht. Die Bevölkerung hegte eine große Sympathie für den Großherzog, der aufgrund seiner sozialen Tätigkeit, seiner künstlerischen Interessen[110] und seiner liberalen Haltung Andersdenkenden[111] gegenüber beliebt war. So erwähnte auch *Knoblauch* vom Arbeiter- und Soldatenrat am 09. November 1918, daß die Absetzung des Großherzogs nicht gegen ihn persönlich gerichtet sei „..., *daß sich gegen den Herzog kein Zorn und Groll des Volkes richte, aber die Zeit des Gottesgnadentum sei vorüber. Ernst Ludwig sei als Bürger der Republik Hessen stets willkommen*“[112].

Der Großherzog dankte für sich und seine Nachkommen wohl als einziger der Fürsten des Deutschen Reichs nicht formell ab, er schrieb aber wohl auch als einziger der ehemaligen Herrscher einen Gruß an die später gewählte erste republikanische Volkskammer[113]. Staatspräsident Ulrich sah diesen Brief als eine Art Abdankungsurkunde an, was aber von Ludwig,

---

[107] Vgl. Statistisches Handbuch des Volksstaat Hessen (StatHbVHessen), 3. Ausgabe, S. 51.

[108] Siehe auch dazu unter Kapitel A.IV. auf S. 38 in dieser Arbeit.

[109] Siehe auch dazu unter Kapitel A.IV. auf S. 44 in dieser Arbeit.

[110] Die Regierungszeit Ernst Ludwigs hinterließ eine bleibende Bedeutung für die Geschichte des Jugendstils.

[111] Hoch wurde dem Großherzog von der Sozialdemokratischen Partei die Bestätigung des sozialdemokratischen Beigeordneten *Eißnert* in Offenbach am Main im Jahre 1906 angerechnet. Wegen der außerordentlichen Presseangriffe auf die hessische Regierung hat man aber schließlich die Erklärung abgegeben, daß eine solche Bestätigung nur für eine Stadt in Frage komme, wo es Referate gebe, die auch durch einen sozialdemokratischen Vertreter ausgeübt werden könnten; für die Landgemeinden gab man jedoch keine Bestätigungen für Kommunalbeamte. Adelung; Sein und Werden. Vom Buchdrucker in Bremen zum Staatspräsidenten in Hessen, S. 97; Fragebogen zu einer vergleichenden Revolutionsgeschichte der deutschen Länder 1918/19, Antwort 1, im Anhang von: Kittel; Novemberumsturz 1918. Bemerkungen zu einer vergleichenden Revolutionsgeschichte der deutschen Länder, in: Blätter für deutsche Landesgeschichte, 104, 1968, S. 42 ff.

[112] Darmstädter Zeitung vom 11. November 1918, S. 3.

dem Sohn des ehemaligen Großherzogs, bestritten wurde[114]. Daß sich mit dem Umsturz die positive Haltung des Volks zur Monarchie nicht sofort änderte und daß das Volk den ehemaligen Großherzog immer noch als „seinen Großherzog" ansah, zeigt nicht zuletzt die Aussage eines alten Darmstädter Bürgers: Bei einer öffentlichen Veranstaltung in Darmstadt nach den Revolutionsereignissen hätten sich beim Eintreten des ehemaligen Großherzogs alle ihm zu Ehren von den Plätzen erhoben.

bb) Parteipolitische Organisationsstruktur

Die Landtagswahlen im Herbst 1911, die nach einem neuen Gesetz stattfanden[115], brachten der SPD drei neue Mandate. Der Gesamtbestand der Zweiten Kammer des 35. Landtags sah nun folgendermaßen aus[116]:

Parteien	Früherer Bestand	Jetziger Bestand
Fortschrittliche Volkspartei	5 (3)	9 (8)
Nationalliberale	18 (20)	16 (17)
Zentrum	8	9
Bauernbund	12 (11)	15 (14)
Sozialdemokraten	5	8
Fraktionslose	2 (3)	1 (2)
	50	*58*

[113] Der Brief des Großherzogs Ernst Ludwig ist in dieser Arbeit unter Kapitel B.II.4. auf S. 167 f. zitiert.

[114] Ludwig; Prinz von Hessen und bei Rhein. 1908–1968. Erinnerungen eines Darmstädters, S. 3 f.

[115] Gesetz über die Landstände vom 03. Juni 1911. Dieses beinhaltete einige einschneidende Veränderungen beim Wahlrecht:

1. Einführung eines Zweistimmenwahlrechts der über 50 jährigen Wähler;
2. Zulassung von berufsständischen Vertretern von Handel und Industrie, Handwerk und Landwirtschaft zur Ersten Kammer;
3. Erhöhung der Zahl der Abgeordneten der Zweiten Kammer von 50 auf 58, wobei die Zahl der Vertreter des Landes auf 43 heraufgesetzt, die der Städte auf 15 beschränkt wurde.

Demandt; Geschichte des Landes Hessen, S. 445; Lion; Das Landtagswahlrecht im Großherzogtum Hessen. Ein historischer Rückblick am 03. November 1911, S. 141 ff.; siehe auch dazu unter Kapitel A.IV. auf S. 25 in dieser Arbeit.

[116] Nach Lion; Das Landtagswahlrecht im Großherzogtum Hessen. Ein historischer Rückblick am 03. November 1911, S. 153. Siehe demgegenüber die teilweise abweichenden, in Klammern gesetzten, Zahlen aus der Tabelle von Ruppel/Groß; Hessische Abgeordnete 1820–1933, S. 25.

Gegenüber dem früheren Bestand hatten sowohl die Fortschrittliche Volkspartei, die Sozialdemokraten, das Zentrum als auch der Bauernbund an Sitzen gewonnen[117], während die Nationalliberalen und die Fraktionslosen an Sitzen verloren hatten. Schon hier zeigte sich, daß der Beginn einer Egalisierung des Wahlrechts hauptsächlich zugunsten der eher linksstehenden Parteien ausfiel.

Im Hinblick auf die Revolution ist es notwendig zu bemerken, daß die Organisationseinheit der hessen-darmstädtischen MSPD zum revisionistischen Flügel der Partei gerechnet werden konnte. Die USPD spielte im Volksstaat Hessen, auch im Laufe der Revolution und bei den Wahlen zur Volkskammer, nur eine geringe Rolle.

cc) Medialer Einfluß der Parteien

Eine eigentliche Parteipresse in Form von Zeitungen, die von einer Partei gegründet wurden, um ihre Informationen an Mitglieder und Interessierte weiterzugeben, besaß nur die MSPD. Sie konnte sich allerdings auch nicht auf die allgemeine Presse stützen, die der Parteilinie der Liberalen, Demokraten und Konservativen entsprach. Die politische Ausrichtung der Presse war folgendermaßen verteilt:[118]

Jahr	Kommunisten	Sozialdemokraten	Demokraten	Zentrum	Liberale	Konservative	Parteilos	Unbekannte
	absolute Werte							
1890	–	2	5	5	6	–	29	21
1907	–	3	10	9	8	1	68	15
1912	–	4	12	11	14	1	67	6
1920	–	4	11	10	10	1	57	3
	prozentuale Werte							
1890	–	2,94	7,35	7,35	8,82	–	42.65	30,89
1907	–	2,64	8,77	7,90	7,04	0,88	59,64	13,15
1912	–	3,48	10,43	9,57	12,17	0,87	58,26	5,22
1920	–	4,17	11,44	10,42	10,42	1,04	59,38	3,13

[117] Dieser Anstieg ist wohl durch die Heraufsetzung der Vertreter des Landes auf 43 begründet.

[118] Die Werte der Tabelle wurden entnommen aus: Cnyrim; Die politische Tagespresse von Hessen-Nassau und Hessen, S. 72 ff. Sie besitzen Geltung für das gesamte Hessen und nicht nur für das Großherzogtum Hessen-Darmstadt. Hierfür existieren keine derartigen Daten.

Es ist festzustellen, daß sowohl die parteigebundene als auch die parteilose Presse in ihrer Anzahl zunächst anstieg. Erst im Jahr 1920 sank die Zahl der parteilosen Zeitungen wieder. Im Verhältnis zu ihren Wählerzahlen war die Parteipresse der MSPD sehr gering.

Die Presse der Liberalen und Konservativen war ebenfalls nicht signifikant; lediglich die der Demokraten und des Zentrums entsprach ungefähr der Zahl ihrer Wähler[119].

Die Bevölkerung fühlte sich bei der Lektüre von parteieigenen und -gebundenen Zeitungen zu einseitig informiert und manipuliert. Zudem besaßen diese keine ausgebaute Nachrichten- und Informationsredaktion und wurden auch aus diesem Grunde nur wenig gekauft. Die sozialdemokratische Redaktion veröffentlichte dafür Artikel über prinzipielle Aufklärung und parteitaktische Fragen[120]. Diese konnten jedoch die hauptsächlich gefragten „Neuigkeiten" nicht erfolgreich ersetzen[121]. Die parteilose Presse war deshalb für die öffentliche Meinungsbildung maßgebend, die parteigebundene Presse besaß lediglich eine marginale Öffentlichkeitswirkung.

---

[119] Hessen 1912:

Partei	Zahl der Zeitungen		Parteienstärke nach der Reichstagswahl vom 12.01.1912–08.02.1912	
	absolut	in Zahlen	absolut	in Zahlen
Kommunisten	–	–	–	–
Sozialdemokraten	4	3,48	98,074	39,41
Demokraten*	12	10,43	39,678	15,94
Zentrum	11	9,57	25,295	10,16
Liberale*	14	12,17	63,716	25,60
Konservative*	1	0,87	22,120	8,89
Parteilose	67	58,26	–	–
Unbekannte	6	5,22	–	–

* = Demokraten = Fortschrittliche Volkspartei; Liberale = Nationalliberale Partei; Konservative = Wirtschaftliche Vereinigung

Die Werte der Tabelle wurden entnommen aus: Cnyrim; Die politische Tagespresse von Hessen-Nassau und Hessen, S. 81.

[120] Vgl. Apitzsch; Die deutsche Tagespresse unter dem Einfluß des Sozialistengesetzes ; Cnyrim; Die politische Tagespresse von Hessen-Nassau und Hessen, S. 81.

[121] Die SPD hat es bis heute nicht erreicht, bei der parteilosen Presse eine wirkungsvolle Bühne zu besitzen.

dd) Anträge zur Wahlrechtsänderung

Nachdem die Erste Kammer der Landstände eine Wahlrechtsreform immer wieder verhinderte hatte[122], konnte im Jahr 1911 – wenn auch lange nicht so umfassend, wie von der SPD gefordert – endlich eine solche durchgeführt werden. Durch das Gesetz über die Landstände vom 03. Juni 1911 war es jedem Wahlberechtigten, der das 50. Lebensjahr erreicht hatte, genehmigt, zwei Stimmen bei der Wahl abzugeben. Zur Ersten Kammer wurden auch berufsständische Vertreter des Handels, der Industrie, des Handwerks und der Landwirtschaft, aber keine Vertreter der Arbeiterschaft zugelassen. Die Frauen erhielten kein Stimmrecht[123]. Die Zahl der Abgeordneten der Zweiten Kammer hatte sich von 50 auf 58 erhöht, wobei die Zahl der Vertreter des Landes auf 43 heraufgesetzt, die der Städte auf 15 beschränkt wurde[124].

Das Gesetz über die Berufungen und Wahlen zum 37. Landtag war eine verfassungsrechtliche Kuriosität. Über dieses hatte im Dezember 1914 die Zweite Kammer zu beschließen, obwohl sie streng genommen nicht mehr beschlußfähig war, weil die Mandate der Hälfte ihrer Mitglieder abgelaufen waren. Der Ausschuß der Zweiten Kammer half sich jedoch mit der Bestimmung des Art. 64 des Landständegesetzes. Danach sind die Mandate der Abgeordneten erst mit dem Tage als erloschen zu betrachten, an dem die Neuwahlen erfolgen[125]. Die spätere Erneuerung dieses Gesetzes über die Mandatsverlängerung war Anlaß zur Milderung des hessischen Zensuswahlrechts. So sollten Kriegsteilnehmer ihr Wahlrecht und ihre Wählbarkeit nicht dadurch verlieren, daß sie im laufenden Rechnungsjahr nicht zu einer direkten Staats- und Gemeindesteuer herangezogen wurden, oder daß sie sich mit der Entrichtung von Staats- und Gemeindesteuern im Rückstand befanden[126].

---

[122] Lion; Das Landtagswahlrecht im Großherzogtum Hessen. Ein historischer Rückblick am 03. November 1911, S. 122 ff.

[123] Lion; Das Landtagswahlrecht im Großherzogtum Hessen. Ein historischer Rückblick am 03. November 1911, S. 143. Siehe auch dazu unter Kapitel A.IV. auf S. 25 in dieser Arbeit.

[124] Lion; Das Landtagswahlrecht im Großherzogtum Hessen. Ein historischer Rückblick am 03. November 1911, S. 141; Demandt; Geschichte des Landes Hessen, S. 602.

[125] Gmelin; Verfassungsentwicklung und Gesetzgebung in Hessen von 1913 bis 1919; in: Jahrbuch des öffentlichen Rechts der Gegenwart, Bd. IX (1920), S. 201 (205).

[126] Art. 2 Gesetz vom 24. Dezember 1916, RegBl. S. 239; vgl. Gmelin; Verfassungsentwicklung und Gesetzgebung in Hessen von 1913 bis 1919; in: Jahrbuch des öffentlichen Rechts der Gegenwart, Bd. IX (1920), S. 201 (205).

Die Wahlrechtsfrage geriet damit wieder in das Zentrum der politischen Auseinandersetzung. Nach der Osterbotschaft Wilhelms II. am 07. April 1917[127] wurde diese in ihrem vollen Umfang geführt. Ein Antrag des Abgeordneten Ulrich forderte die Regierung auf, die *Einführung des allgemeinen, gleichen, geheimen und direkten Wahlrechts mit Proportionalverfahren*[128] durchzusetzen. Sowohl der Landtag als auch die Lokalvertretungen sollten im Sinne des obengenannten Wahlrechts von allen großjährigen Hessen beiderlei Geschlechts gewählt werden[129].

Die Regierung lehnte diesen Antrag am 11. August 1917 vorerst ab[130]. Sie hielt es nicht für angemessen, mit einer Vorlage zur Abänderung des Landtagswahlrechts an die Landstände heranzutreten. Dem umfassenderen Antrag der Fortschrittspartei, der eine durchgreifende Umgestaltung der Verfassung und Verwaltung bezweckte[131], kam die Regierung später entgegen, indem sie sich bereiterklärte[132], das Verhältniswahlverfahren in Gemeinden von über 5.000 Einwohnern zur Anwendung zu bringen und die Mitgliedschaft des höchstbesteuerten Grundbesitzers in Landgemeinden fallen zu lassen[133]. Im Oktober 1917 beschloß die Zweite Kammer die Einsetzung eines Ausschusses zur Prüfung der Frage der Verfassungs- und Verwaltungsreform[134], der aber keinen Bericht mehr erstattet hatte, als die Ereignisse im Oktober 1918 zu raschen Entschlüssen drängten[135].

---

[127] In der Osterbotschaft wurde für ein zukünftiges preußisches Wahlrecht zwar das Prinzip der direkten und geheimen Wahl zugestanden, aber nicht der fundamentale Grundsatz der Gleichheit. Zudem sollten diese Versprechungen nicht sofort, sondern erst nach dem Siege verwirklicht werden. Vor allem erwies sich das von den Konservativen beherrschte preußische Abgeordnetenhaus auch jetzt noch als unnachgiebig. Die bisher Privilegierten suchten durch die Einführung von Pluralstimmen in das zukünftige Wahlgesetz an ihren Sonderrechten festzuhalten. Vgl. Gebhardt; Handbuch der deutschen Geschichte, 8. Aufl., Bd. IV, S. 52 (55).

[128] Verhandlungen der Zweiten Kammer der Landstände des Großherzogtums Hessen in den Jahren 1914/1918, 36. Landtag, Drs. Bd. II, Nr. 355.

[129] Vgl. Gmelin; Verfassungsentwicklung und Gesetzgebung in Hessen von 1913 bis 1919, in: Jahrbuch des öffentlichen Rechtes der Gegenwart, Bd. IX (1920), S. 204 ff. (205).

[130] Verhandlungen der Zweiten Kammer der Landstände des Großherzogtums Hessen in den Jahren 1914/1918, 36. Landtag, Drs. Bd. II, Nr. 438.

[131] Verhandlungen der Zweiten Kammer der Landstände des Großherzogtums Hessen in den Jahren 1914/1918, 36. Landtag, Drs. Bd. II, Nr. 371.

[132] Verhandlungen der Zweiten Kammer der Landstände des Großherzogtums Hessen in den Jahren 1914/1918, 36. Landtag, Drs. Bd. II, Nr. 445.

[133] Gmelin; Verfassungsentwicklung und Gesetzgebung in Hessen von 1913 bis 1919; in: Jahrbuch des öffentlichen Rechts der Gegenwart, Bd. IX (1920), S. 204 ff. (205).

[134] Die Anträge der SPD und der Fortschrittspartei wurden an diesen Sonderausschuß überwiesen.

Unter dem Eindruck dieser Ereignisse und der im Reich und in Preußen sich vorbereitenden neuen Regierung verabschiedete die Wahlrechtskommission des Herrenhauses jedoch noch Anfang Oktober 1918 mit einer großen Mehrheit von 17 zu 11 Stimmen den § 3, *der die Bestimmung über die Art des Wahlrechts enthielt und nach der Regierungsvorlage das allgemeine, gleiche, geheime und direkte Wahlrecht vorschlug*[136]. Die Wahlrechtskommission übernahm die Regierungsvorlage allerdings nicht vollständig, sondern ergänzte diese durch die Einführung einer Zusatzstimme vom 40. Lebensjahr ab. Ein ‚gleiches' Wahlrecht war somit von der Wahlrechtskommission nicht gewollt.

Am 26. Oktober 1918 gab Staatsminister von Ewald die Erklärung ab, daß die Großherzogliche Hessische Regierung die Aufhebung des Mehrstimmenrechts und die Einführung der Verhältniswahl für Wahlkreise, in denen mehrere Abgeordnete zu wählen sind, vorschlage, *wenn nach Ergebnis der Ausschußverhandlungen die erforderliche Mehrheit sich hierfür finden wird*[137]. Außerdem sei die Regierung bereit, mit dem Ausschuß weitergehende Wünsche zur Änderung des Wahlgesetzes und der Verwaltungsgesetze zu beraten[138]. Die Regierung stellte sich nicht nur durch Verzicht auf die Alterspluralstimme auf den Boden des allgemeinen gleichen Wahlrechts und stimmte der Einführung des Verhältniswahlverfahrens für die mehrmännigen Wahlkreise zu, sondern beschritt auch die Bahn der parlamentarischen Regierung. Die Minister hatten bereits den Großherzog um ihre Entlassung gebeten, damit der Landesherr vom Vertrauen der Volksvertretung getragene Männer mit den Regierungsgeschäften betrauen konnte. Der Großherzog stimmte dem Rücktritt des Staatsministers von Ewald und des

---

[135] Gmelin; Verfassungsentwicklung und Gesetzgebung in Hessen von 1913 bis 1919; in: Jahrbuch des öffentlichen Rechts der Gegenwart, Bd. IX (1920), S. 201 (205).

[136] Hessischer Volksfreund vom 02. Oktober 1918; Organ für die Interessen des werktätigen Volkes; Darmstadt; S. 2.

[137] Hessischer Volksfreund vom 28. Oktober 1918; Organ für die Interessen des werktätigen Volkes; Darmstadt; S. 1; vgl. Gmelin; Verfassungsentwicklung und Gesetzgebung in Hessen von 1913 bis 1919, in: Jahrbuch des öffentlichen Rechtes der Gegenwart, Bd. IX, (1920), S. 204 ff. (205 f.).

[138] Hessischer Volksfreund vom 28. Oktober 1918, Organ für die Interessen des werktätigen Volkes, Darmstadt, S. 2; Darmstädter Tagblatt vom 27. Oktober 1918, Organ für die Bekanntmachungen des Großherzoglichen Polizeiamts Darmstadt, der Großherzoglichen Bürgermeistereien des Kreises und der anderen Behörden, Darmstadt, S. 2; Darmstädter Täglicher Anzeiger vom 28. Oktober 1918, Darmstadt, S. 4; Darmstädter Zeitung vom 26. Oktober 1918, Darmstadt, S. 2; Main-Spitze vom 30. Oktober 1918, Amtsblatt der Großherzoglichen Bürgermeisterei Rüsselsheim, Rüsselsheim, S. 2; Frankfurter Zeitung Nr. 298 vom 27. Oktober 1918, Frankfurt, 1. Morgenblatt, S. 2; Ulrich; Erinnerungen des ersten hessischen Staatspräsidenten, S. 99; Protokolle der Sitzung der Zweiten Kammer der Landstände des Großherzogtum Hessens v. 29. Oktober 1918, Prot. Bd. II, S. 1528 f.

Abb. 12: Fr. v. Hombergk (*1857–†1935)

Abb. 13: Johann Becker (*1869–†1951)

Ministers des Innern von Hombergk zu, hielt aber das Verbleiben des Fachministers im Bereich der Finanzverwaltung Dr. Becker für nötig[139]. Hiermit sollte der späte Versuch unternommen werden, das monarchische Großherzogtum Hessen durch ein reformiertes Wahlrecht und die ‚Duldung' von oberflächlich demokratischen Strukturen zu retten.

Am 31. Oktober 1918 wurden von der Landesvertrauensmännersitzung der hessischen MSPD in Darmstadt die folgenden Programmpunkte diskutiert und verabschiedet: Alle Vorrechte der Geburt und des Standes sollen beseitigt werden. Hessen soll Volksstaat werden, die Krone als gesetzgebender Faktor ausgeschaltet und ihr Verordnungsrecht beseitigt werden; die Wahl des Bundesratsmitglieds (und seine Stellvertreter) und dessen Instruktion soll durch das Abgeordnetenhaus erfolgen. Ferner ist die Abschaffung der Ersten Kammer und der besonderen Rechte der Standesherren und des Adels sowie die Auflösung des Fideikommisse notwendig. Weiterhin wird die Einführung der allgemeinen und geheimen Verhältniswahl in Stadt, Provinz, Kreis und Gemeinde für alle volljährigen Hessen auf eine dreijährige Wahlperiode, die Beseitigung der hälftigen Erneuerung der Kammer, der jetzigen Wahlkreiseinteilung, der Pluralstimme und aller das Wahlrecht

---

[139] Vgl. Gmelin; Verfassungsentwicklung und Gesetzgebung in Hessen von 1913 bis 1919, in: Jahrbuch des öffentlichen Rechtes der Gegenwart, Bd. IX (1920), S. 204 ff. (206).

und die Wählbarkeit einschränkenden Bestimmungen verlangt. Der Eintritt von Vertretern der Partei in die Reichsregierung wurde ausdrücklich gebilligt[140].

Die Zugeständnisse der Regierung in Hessen-Darmstadt vom 26. Oktober 1918 genügten den linksstehenden Parteien nun nicht mehr; die MSPD und die Fortschrittspartei hatten weitergehende Forderungen anzumelden[141]. Die Reformvorschläge der Regierung wurden insofern als Verteidigungsgefechte entlarvt und schlugen fehl. Die Fortschrittspartei verlangte nun die parlamentarische Regierung, die Beseitigung des Sanktionsrechts des Großherzogs, die Aufhebung der Ersten Kammer und ihre Ersetzung durch eine rein berufsständische Vertretung, die nur ein aufschiebendes Veto gegenüber den Beschlüssen der Volkskammer haben sollte[142]. Außerdem forderte sie die Ausdehnung des Wahlrechts auf Frauen, die Verhältniswahl, Erneuerung des gesamten Landtags alle drei Jahre, Aufhebung aller auf sich gründenden Vorrechte und die Beseitigung der Fideikommisse[143]. Die MSPD-Anträge waren entsprechend[144]; sie forderten weitergehend die gänzliche Abschaffung der Ersten Kammer und das Wahlrecht für alle im Großherzogtum Hessen wohnenden mündigen Reichsangehörigen[145]. Zu einer Beratung dieser Anträge kam es jedoch nicht mehr.

Großherzog Ernst Ludwig erließ am 08. November 1918 einen Erlaß über die Bildung eines Staatsrats, um bis zur endgültigen Regelung der schwebenden Fragen neben den im Amt befindlichen Ministern auch weitere Mitglieder beider Kammern bei dem Regierungsgeschehen mitwirken zu lassen.

Der Staatsrat konnte seine Arbeit jedoch nicht aufnehmen[146]; am Abend des 08. November brach in Griesheim die Revolution aus.

---

140 Hessischer Volksfreund vom 31. Oktober 1918, Organ für die Interessen des werktätigen Volkes, Darmstadt, S. 2; Darmstädter Täglicher Anzeiger vom 31. Oktober 1918, Darmstadt, S. 4; Frankfurter Zeitung Nr. 303 vom 01. November 1918, Frankfurt, 2. Morgenblatt, S. 2. Vgl. dazu auch unter Kapitel A.IV. auf S. 25.

141 Vgl. Köhler; Im Sinne der allgemeinen Gerechtigkeit. Die Verfassung des Volksstaates Hessen von 1919, in: Heidenreich/Böhme (Hrsg.); Hessen. Verfassung und Politik, Schriften zur politischen Landeskunde Hessens, Bd. 4, S. 223 (229).

142 Verhandlungen der Zweiten Kammer der Landstände des Großherzogtums Hessen in den Jahren 1914/1918, 36. Landtag, Drs. Bd. III, Nr. 630 u. 633.

143 Vgl. Gmelin; Verfassungsentwicklung und Gesetzgebung in Hessen von 1913 bis 1919, in: Jahrbuch des öffentlichen Rechtes der Gegenwart, Bd. IX (1920), S. 204 ff. (206).

144 Verhandlungen der Zweiten Kammer der Landstände des Großherzogtums Hessen in den Jahren 1914/1918, 36. Landtag, Drs. Bd. III, Nr. 635.

145 Vgl. Gmelin; Verfassungsentwicklung und Gesetzgebung in Hessen von 1913 bis 1919, in: Jahrbuch des öffentlichen Rechtes der Gegenwart, Bd. IX (1920), S. 204 ff. (206).

b) Das Geschehen in der ersten Revolutionsphase – Ruhe ohne Sturm?

aa) Darmstadt

Anders als in Frankfurt und Wiesbaden brach in Darmstadt die Revolution ohne die Abgesandten der Kieler Matrosen aus. Sie wurde im Unterschied zu Hanau aber auch nicht maßgeblich von der USPD dominiert.

Das Stellvertretende Generalkommando des XVIII. Armeekorps hatte für den 07. November nachmittags die Stadt- und Kreisverwaltungen seines Bezirks ins Kriegsamt des Stellvertretenden Generalkommandos eingeladen, um die aktuelle Lage zu besprechen. An dieser Besprechung nahm auch der Darmstädter Bürgermeister Mueller teil. Er berichtete dort, daß in Darmstadt noch keine bedrohlichen Anzeichen einer Revolution zu bemerken seien[147].

Auch noch am Tag des 08. November wurde in Darmstadt von politischer Seite her mit keiner revolutionären Bewegung gerechnet. Entsprechend der eingeleiteten Reformen, beschloß die Zweite Kammer ein Freiheitsprogramm zur Umgestaltung der Verfassung, teilte es der Regierung zur unverzüglichen Ausarbeitung der erforderlichen Gesetzesvorlagen mit und beabsichtigte, am 12. November wieder zusammenzukommen[148]. Noch am selben Tag wurde der aus zehn Mitgliedern beider Kammern (je zwei der im Landtag vertretenen fünf Parteien[149]) des Abgeordnetenhauses bestehende Staatsrat gewählt[150]. Heinrich Delp[151], der Geschäftsleiter der Maurerorganisation, hatte für 18.00 Uhr eine Vertrauensmännerkonferenz

---

146 Weitere Ausführungen zu der Arbeit des Staatsrats unter Kapitel B.I.3.b)aa) auf S. 89.

147 Mueller; Authentisches über die kritischen Novembertage des Jahres 1918, Bericht vom 27. Dezember 1921, in: Stadtarchiv Darmstadt, Die Umwälzungen in Hessen im November 1918 mit Darmstädter und auswärtigen Zeitungen 1918/19, 2. Faszikel. „... Es wurde vereinbart, das Generalkommando über weitere Vorgänge auf dem laufenden zu halten. Obgleich schon Berichte über Matrosenunruhen aus Kiel vorlagen, und auch sonst militärische Gehorsamsverweigerungen speziell aus Frankfurt bekannt gegeben wurden, dachte merkwürdigerweise niemand daran, dass eine Militär-Revolte ausbrechen könnte. Dagegen hatte jeder das Gefühl, dass eine bürgerliche Revolte ausbrechen könnte, aber auch die Hoffnung, dass sie würde vermieden werden können."

148 Vgl. Abschnitt A.IV. ab S. 44; Ulrich; Erinnerungen des ersten hessischen Staatspräsidenten, S. 101 ff.

Adelung; Sein und Werden – Vom Buchdrucker in Bremen zum Staatspräsidentenin Hessen, S. 173: „Diese Sitzung vom 8. November 1918 war die letzte Sitzung des Landtags, ohne daß es jemand ahnte."

149 Nationalliberale Partei, Bauernbund, Zentrum, Fortschrittliche Volkspartei und Sozialdemokratische Partei.

wegen einer für den 12. November geplanten Demonstration zugunsten des allgemeinen Wahlrechts in das Gewerkschaftshaus einberufen[152].

Zuvor beurteilte er auf einer vertraulichen Besprechung, zu der ihn der Oberbürgermeister von Darmstadt Dr. Glässing um 17.00 Uhr eingeladen hatte und an der unter anderem Großherzog Ernst Ludwig[153], Graf von Hardenberg, Bürgermeister Mueller sowie Vertreter aller Parteien teilnahmen, die Stimmung in der Arbeiterschaft als „ruhig und besonnen" und erklärte, daß „Anzeichen eines Aufruhrs nicht festzustellen seien"[154]. Delp, Knoblauch und Stork glaubten, sich gegebenenfalls einsetzen zu können, um eine aufkommende Bewegung in ruhigen Bahnen zu halten. So hatte man allgemein das Gefühl einer Erleichterung. Merkwürdig war, daß selbst von

[150] Der Berichterstatter für die Landtagssitzung, der Abgeordnete Dr. Stephan (nationalliberal), hatte beantragt, „die Regierung möge bis zur endgültigen Regelung der schwebenden Fragen und mit Rücksicht auf die gegenwärtige Lage alsbald einen Staatsrat berufen, zu dem die Zweite Kammer zehn Mitglieder bestellen solle". Die von Dr. Stephan genannten Abgeordneten Köhler, Dr. Osann, Korell (Angerod), Dr. Werner, v. Brentano, Uebel, Ulrich, Dr. Fulda, Reh und Henrich, wurden einstimmig gewählt. Der beschlossene Staatsrat trat jedoch niemals zusammen. Vgl. Adelung; Sein und Werden – Vom Buchdrucker in Bremen zum Staatspräsidenten in Hessen, S. 173.

[151] *Heinrich Delp* (1878–1945, KZ Dachau); 1892–95 Maurerlehre; 1904 Gewerkschaftssekretär Deutscher Bauarbeiterverband; 1914 Stadtverordneter, Sozialdemokrat; 1919–26 Beigeordneter; 1926–33 Bürgermeister der Stadt Darmstadt; 1927–31 Landtagspräsident.

[152] Vgl. Delp; in: Verhandlungen der Volkskammer der Republik Hessen im Jahre 1919, 1. Landtag. Darmstadt 1919, Protokolle, S. 2045.

[153] Die Teilnahme des Großherzogs Ernst Ludwig an der Lagebesprechung war ursprünglich nicht beabsichtigt. Dieser wurde vom Oberbürgermeister Dr. Glässing nicht eingeladen, vielmehr erschien der Großherzog auf eigene Veranlassung, nachdem er von dem Termin erfahren hatte. Die Stadtverwaltung sah – im Gegensatz zum Großherzog – offensichtlich keine unmittelbare Gefahr eines revolutionären Ausbruchs. Vgl. Mueller; Authentisches über die kritischen Novembertage des Jahres 1918, Bericht vom 27. Dezember 1921, in: Stadtarchiv Darmstadt, Die Umwälzungen in Hessen im November 1918 mit Darmstädter und auswärtigen Zeitungen 1918/19, 2. Faszikel. „... Eben war ich damit fertig, als ich von Graf v. Hardenberg angerufen wurde, der mir mitteilte, der Grossherzog habe von der Sitzung erfahren, ob ich der Ansicht sei, dass es zweckmässig wäre, wenn er daran teilnehmen würde. Ich entgegnete, dass ich eine solche Teilnahme nicht für zweckmässig, bezw. in seinem Interesse nicht notwendig erachte. Da auch der Oberbürgermeister diese Auffassung teilte, gab ich Graf v. Hardenberg auch hiervon Kenntnis. Nach kurzer Zeit rief letzterer erneut an, um mir mitzuteilen, dass der Grossherzog gleichwohl erscheinen wolle. Wenige Minuten später wurde ich benachrichtigt, dass er in meinem Amtszimmer auf mich warte. Ich verständigte den Oberbürgermeister, der sich darauf hinüber begab und gleich darauf in Begleitung des Grossherzogs und des Grafen Hardenberg im Sitzungszimmer erschien."

[154] Vgl. Delp; in: Verhandlungen der Volkskammer der Republik Hessen im Jahre 1919, 1. Landtag. Darmstadt 1919, Protokolle, S. 2044 f.; Ulrich; Erinnerungen des ersten hessischen Staatspräsidenten, S. 104 f.

militärischer Seite eine Meuterei nicht erwartet wurde. Als Bürgermeister Mueller diesbezügliche Fragen stellte, wurde er mit der Bemerkung unterbrochen, daß so etwas gänzlich ausgeschlossen sei[155]. Stadtkommandant Generalmajor Victor von Randow, nach der Lage in den Kasernen befragt, meinte, dort herrsche „... die beste Ordnung, die größte Disziplin ...“[156].

In diesem Moment erreichte die Sitzung per Telefon die Nachricht, daß sich im Griesheimer Lager, einem Schießplatz, auf dem überwiegend nicht hessische Reserve-Einheiten stationiert waren, Soldatenräte gebildet hatten und diese den Stadtkommandanten und Lagerkommandanten von Griesheim zu sprechen wünschten[157]. Über das weitere Geschehen besteht eine unheitliche Quellenlage. Bisher ging man davon aus, daß die Besprechung beendet wurde und Generalmajor von Randow die Sitzung verließ, um mit den Soldatenräten zu verhandeln, jedoch ohne Resultat[158]. Diese Darstellung läßt sich jedoch nicht zweifelsfrei bestätigen. Heinrich Delp kommentierte diese Situation abweichend:

> Statt daß nun General von Randow nach Griesheim fuhr, um als Soldat, als Vorgesetzter die Sache einzurenken, fuhr er nicht nach dem Griesheimer Schießplatz. Wir haben uns dann auf Grund dieser Mitteilung getrennt[159].

Bürgermeister Mueller schilderte dagegen, daß bei Schließung der Sitzung Generalmajor von Randow ans Telefon gerufen und ihm mitgeteilt wurde, daß die ganze Lagerstraße mit Truppen angefüllt wäre, deren Abgeordnete mit dem General zu sprechen wünschten. „Davon, dass sich Soldatenräte gebildet hätten, war hierbei, wie ich genau weiss, nicht die Rede. Diese Mitteilung machte auf die noch anwesenden Herren einen tiefen Eindruck. Man war sich völlig klar, dass dies für Darmstadt die Revolution bedeutete“[160]. Von Randow habe sich daraufhin in das Lager begeben, je-

---

155 Vgl. Mueller; Authentisches über die kritischen Novembertage des Jahres 1918, Bericht vom 27. Dezember 1921, in: Stadtarchiv Darmstadt, Die Umwälzungen in Hessen im November 1918 mit Darmstädter und auswärtigen Zeitungen 1918/19, 2. Faszikel.

156 In dieser Besprechung wurde angesichts der aufständischen Ereignisse im Reich die Frage aufgeworfen, „ob nicht zu befürchten sei, daß irgendein Aufruhr möglich erscheine“. Vgl. Delp; in: Verhandlungen der Volkskammer der Republik Hessen im Jahre 1919, 1. Landtag. Darmstadt 1919, Protokolle, S. 2044 f.; Ulrich; Erinnerungen des ersten hessischen Staatspräsidenten, S. 104 f.

157 Bericht des Abgeordneten Delp vom 25. 11. 1920 im Hessichen Landtag, abgedruckt in: Ulrich; Erinnerungen des ersten hessischen Staatspräsidenten, S. 104 ff.

158 Vgl. Ulrich; Erinnerungen des ersten hessischen Staatspräsidenten, S. 104 f.

159 Vgl. Delp; in: Verhandlungen der Volkskammer der Republik Hessen im Jahre 1919, 1. Landtag. Darmstadt 1919, Protokolle, S. 2045.

160 Vgl. Mueller; Authentisches über die kritischen Novembertage des Jahres 1918, Bericht vom 27. Dezember 1921, in: Stadtarchiv Darmstadt, Die Umwälzungen in Hessen im November 1918 mit Darmstädter und auswärtigen Zeitungen 1918/19, 2. Faszikel.

doch ohne besondere Zuversicht, daß es ihm gelingen werde, die Bewegung zu unterdrücken. Bürgermeister Mueller erläuterte:

> Im Gegensatz zu den Bekundungen des Abgeordneten Delp in der Kammersitzung vom 25. Dezember 1920 ... erinnere ich mich ganz bestimmt, dass die Teilnehmer an der Sitzung bereits auseinandergegangen waren, als General v. Randow vom Telefon zurückkam. Insbesondere waren auch die Vertreter der Gewerkschaften nicht mehr anwesend[161].

In einem späteren Bericht vermerkte Mueller, daß von Randow vom Telefon zurückkehrt sei und gesagt habe, als Führer des Soldatenrats sei Vizefeldwebel Elsäßer gewählt worden, der schon im Begriff sei, Truppen nach Darmstadt zu führen. Daraufhin sei die Sitzung sofort abgebrochen worden[162]. Es ist somit lediglich als gesichert anzunehmen, daß Generalmajor von Randow telefonischen Kontakt zu den Soldaten in Griesheim besaß. Direkte Verhandlungsversuche in Griesheim erscheinen aufgrund des dokumentierten Geschehens eher unwahrscheinlich.

Auf der anschließend stattfindenden Vertrauensmännerkonferenz unterließ es Heinrich Delp, seine Gewerkschaftskollegen über die ihm auf der Sitzung vertraulich mitgeteilten Ereignisse zu informieren, da er ansonsten einen „Bürgerkrieg" befürchtete. Als Delp von der Konferenz gegen 22.30 Uhr abends nach Hause kam, hörte er Schüsse, worauf er sich wieder auf den Weg von Kaserne zu Kaserne machte, um die revoltierenden Soldaten zur Vernunft zu bringen[163]. Gegen Mitternacht traf er am Neuen Palais ein, wo sich etwa 5.000 Soldaten des Griesheimer Lagers und der Darmstädter Garnison eingefunden hatten. Diese wollten dem Zivilisten Delp zunächst den Eintritt in das Palais verweigern, weil sie ihn für einen Spitzel hielten. Schließlich gelang es ihm, Einlaß zu erhalten, weil sich einer der anwesenden Soldaten, ein Parteifreund[164], für Delp einsetzte. Graf von Hardenberg[165] und Flügeladjutant von Massenbach[166] baten Delp darum, über

---

[161] Vgl. Mueller; Authentisches über die kritischen Novembertage des Jahres 1918, Bericht vom 27. Dezember 1921, in: Stadtarchiv Darmstadt, Die Umwälzungen in Hessen im November 1918 mit Darmstädter und auswärtigen Zeitungen 1918/19, 2. Faszikel.

[162] Vgl. Mueller; Der Ausbruch der Novemberrevolution 1918 in Darmstadt, Bericht vom 18. Februar 1948, in: Stadtarchiv Darmstadt, Die Umwälzungen in Hessen im November 1918 mit Darmstädter und auswärtigen Zeitungen 1918/19, 2. Faszikel.

[163] Vgl. Delp; in: Verhandlungen der Volkskammer der Republik Hessen im Jahre 1919, 1. Landtag. Darmstadt 1919, Protokolle, S. 2045.

[164] „... ein gewisser Schuhmacher Link von Darmstadt, der bei den 115ern Soldat war, ...", vgl. Delps Bericht vom 25. 11. 1920, in Ulrich; Erinnerungen des ersten hessischen Staatspräsidenten, S. 106.

[165] *Kuno Graf von Hardenberg* (1871–1938); 1917 Hofmarschall; später Chef der Großherzoglichen Vermögensverwaltung.

[166] *Fabian Freiherr von Massenbach* (1872–1948).

Nacht im Palais zu bleiben, was letzterer jedoch ablehnte. Vielmehr ging Delp in die Kasernen, um insbesondere mit den Führern der militärischen Revolte zu verhandeln und die Soldaten zur Vernunft zu bringen. Nach den Gesprächen in den Kasernen kehrte Delp zum Neuen Palais zurück. Von Hardenberg bat Delp, eine beruhigende Ansprache zu den Soldaten zu halten, wovon Delp aufgrund der sehr gereizten Stimmung der Soldaten zunächst absah. Aber auch der Kommandant der revolutionären Truppen, Vizefeldwebel Hieronymus Elsäßer, bat Delp um eine Ansprache, als die vor dem Neuen Palais versammelten Soldaten, deren Zahl mittlerweile auf ca. 7.000 gestiegen war, das Palais stürmen wollten, um den Großherzog gefangen zu nehmen. Daneben fielen die Namen Darmstädter Bürger und politisch maßgebender Persönlichkeiten. Durch eine Rede vom Auto aus konnte Delp die Soldaten, die am nächsten Morgen die Fabriken stürmen und sich mit der Arbeiterschaft verbünden wollten, beruhigen[167]. Daraufhin kehrten diese wieder in ihre Kasernen zurück. Inzwischen waren die Post, das Telegraphenamt sowie das Landtagsgebäude von Soldaten besetzt worden. Delp stellte fest, daß zwischen den Soldatenräten des Griesheimer Lagers und der Garnison Darmstadt Spannungen entstanden waren. Um 03.00 Uhr morgens fuhr Delp mit dem Auto zum Griesheimer Lager und bat die Soldaten, Leben, Staat und Privateigentum zu schützen[168]. Daraufhin fuhr eine Kommission des Griesheimer Lagers mit nach Darmstadt, um die Verständigung durchzuführen.

Am 09. November wurde um 10.00 Uhr morgens auf Initiative Delps und anderer Parteiführer hin eine von den Unternehmern genehmigte Kundgebung der Arbeiterschaft veranstaltet[169]. Es konstituierte sich spontan ein Arbeiter- und Soldatenrat, der aus vier Abgeordneten der SPD und einem Mitglied der bürgerlichen Demokraten unter Vorsitz des Redakteurs Wilhelm Knoblauch[170] bestand. Nach der Versammlung gingen die Arbeiter

---

[167] Vgl. Delp; in: Verhandlungen der Volkskammer der Republik Hessen im Jahre 1919, 1. Landtag. Darmstadt 1919, Protokolle, S. 2045.

Auch der Landtagsabgeordnete Heinrich Fulda von der SPD kam hinzu. *Dr. Heinrich Hugo Fulda* (1860–1943, Auschwitz); Stud. jur. Heidelberg, Würzburg, Leipzig, Giessen; Rechtsanwalt in Darmstadt; 1909 Stadtverordneter in Darmstadt; Mitglied des Kreistages ebd.; Nov. 1918–21 Minister des Innern.

[168] Vgl. Delp; in: Verhandlungen der Volkskammer der Republik Hessen im Jahre 1919, 1. Landtag. Darmstadt 1919, Protokolle, S. 2046.

[169] Delp wies in seiner Rede im Hessischen Landtag (Ulrich; Erinnerungen des ersten hessischen Staatspräsidenten, S. 108) darauf hin, daß „alle Unternehmer, selbst die größten, auch die Firma E. Merck, ... sich zuvorkommend erwiesen, weil sie das Schwere der damaligen Zeit eingesehen hatten."

[170] *Wilhelm Karl Friedrich Knoblauch* *1874 in Ilversgehofen bei Erfurt – †1939 in Wolfratshausen bei München; Schriftsetzer; 1907 – 23 Redakteur des ‚Hessischen Volksfreund' in Darmstadt und Bezirksvorsitzender des Buchdruckerverbandes; 1923–28 Geschäftsführer bzw. Vorsitzender des Landesverbands Hessen und Hes-

wieder an ihre Arbeitsplätze zurück. Delp und seine Freunde versuchten unterdessen, „die unlauteren Elemente, die während der Nacht aus dem Gefängnis entlassen worden waren, aus der Leitung der Soldatenräte zu beseitigen“[171].

Bürgermeister Mueller beschrieb, daß Delp und Knoblauch zusammen mit dem Großherzog und dem Grafen Hardenberg zum Neuen Palais gingen. „Dort wurde bei Wein und kleinem Imbiß die Unterhaltung fortgesetzt“[172]. Dies dürfte aber – wie bereits dargelegt – nicht zugetroffen haben.

Wie es zu dem Ausbruch der Revolution auf dem Griesheimer Übungsplatz kam, erwähnte zehn Jahre später ein Journalist, der zu jener Zeit seinen Militärdienst im Griesheimer Lager ableistete, in der Mainzer Volkszeitung[173]. Die Revolte war am 08. November gegen 19.30 Uhr ausgebrochen[174]. Der Journalist wurde von den Soldatenratsmitgliedern aufgefordert, einen Aufruf an die Bevölkerung zu schreiben, worin stehen sollte, daß das Grüßen, der unnötige Dienst etc. abgeschafft werden solle. Der Journalist verfaßte jedoch einen politischen Aufruf, der sogleich gedruckt und in Griesheim und in Darmstadt angeschlagen wurde[175]. Die Soldaten zogen

---

sen-Nassau im Hauptverband deutscher Krankenkassen; 1928–32 Geschäftsführer des Krankenkassenlandesverbands Bayern in Nürnberg; 1932–33 desgl. in München. Knoblauch wurde 1. Vorsitzender des Darmstädter Arbeiter- und Soldatenrats; als hessischer Delegierter nahm er am Rätekongreß teil und kam in den Zentralrat der Deutschen Sozialistischen Republik. Er war auch Mitglied des II. Zentralrats und gehörte dessen ständigem Arbeitsausschuß an. Von 1919 bis 1921 war er außerdem Abgeordneter der MSPD im hessischen Landtag. Knoblauchs Tätigkeiten fanden 1933 ein Ende, als ein Rollkommando der SA die Büroräume besetzte und die Geschäftsräume versiegelte. 1934 zog sich Knoblauch nach Wolfratshausen zurück, wo er am 24. November 1939 starb. Vgl. Kolb/Rürup; Der Zentralrat der Deutschen Sozialistischen Republik 19.12.1918–8.4.1919, Quellen zur Geschichte der Rätebewegung in Deutschland 1918/19, Bd. I, S. XLI.

[171] Delps Bericht vom 25. 11. 1920, in Ulrich; a.a.O., S. 108. Im Gegensatz dazu sollen in Frankfurt keine „Kriminellen“ durch die Revolution in Freiheit gesetzt worden sein, vgl. Neuland; Die Matrosen von Frankfurt, S. 11 (Anmerkung zu Lino Salinis Zeichnung mit dem Titel „Preungesheimer Freiheitspolonaise“).

[172] Vgl. Mueller; Der Ausbruch der Novemberrevolution 1918 in Darmstadt, Bericht vom 18. Februar 1948, in: Stadtarchiv Darmstadt, Die Umwälzungen in Hessen im November 1918 mit Darmstädter und auswärtigen Zeitungen 1918/19, 2. Faszikel.

[173] Mainzer Volkszeitung vom 08. November 1928; Wie es kam. S. 9 f.

[174] Die Zeitangaben decken sich mit den Angaben des Bürgermeisters Mueller und jenen der Zeitungen; sie decken sich aber nicht mit denen des Berichts von Heinrich Delp, vgl. Ders. in: Verhandlungen der Volkskammer der Republik Hessen im Jahre 1919, 1. Landtag. Darmstadt 1919, Protokolle, S. 2044 f. Es stellt sich hier erneut die Frage, ob Delp nicht vielleicht doch schon gegangen war, als der Telefonanruf für Generalmajor von Randow kam.

Abb. 14: November-Demonstration in Darmstadt

darauf durch Griesheim und anschließend nach Darmstadt, wo schon bald die Revolte auf das Leibgarde-Infanterie-Regiment Nr. 115 in der Alexanderstraße und das Garde-Dragonerregiment Nr. 23 am Marienplatz übergriff. Die Soldaten plünderten die Kammern der 115er Kaserne und befreiten die Militärgefangenen. Bei der Morgendämmerung war der Sieg der Militärrevolution entschieden. Gegen Morgen wurde Knoblauch von Soldaten provisorisch zum Vorsitzenden des Rats gewählt[176].

In seinem am 09. November im Hessischen Volksfreund erschienenen Aufruf erklärte der ‚Hessische Arbeiter-, Bauern- und Soldatenrat'[177] Hessen-Darmstadt „als freie sozialistische Republik bis ein deutscher Republikstaat gegründet ist". Daneben verkündete er gleiches Recht für Mannschaf-

[175] Mainzer Volkszeitung vom 08. November 1928; Wie es kam. S. 9 f.: „... Daß der Aufruf so widerspruchslos geschluckt wurde, bewies mir, daß der ganze Soldatenrat gar *keine* politische Orientierung besaß, denn der Aufruf sprach *nicht* von der Durchführung militärischer Reformen, sondern verkündete, daß der Soldatenrat die politische Macht und militärische Kommandogewalt in die Hände genommen habe ...".

[176] Hessischer Volksfreund vom 10. November 1918; Organ für die Interessen des werktätigen Volkes, Darmstadt, S. 1.

[177] In der Kopfzeile des Aufrufs („An das Hessische Volk! Volksgesnossen!") ist zu lesen, daß sich der Hessische Arbeiter-, Bauern- und Soldatenrat „in der Nacht" konstituiert habe. Im Text dagegen wird berichtet, daß am 08. November, „abends 8 Uhr" die Soldaten des Truppen-Übungsplatzes Darmstadt einen Soldatenrat gebildet haben. Am Ende des Aufrufs wird angemerkt: „Die Arbeiter haben sich der Bewegung angeschlossen."

Abb. 15: Ludwig Quessel (*1872–†1931)

ten und Offiziere und die Teilnahme der Soldaten an Kommando- und Disziplinargewalt. Trotz der turbulenten Stimmung dieser Tage betont der Aufruf, daß die öffentliche Ordnung „unbedingt aufrecht erhalten werden" müsse, daß das „öffentliche Geschäftsleben ... keine Unterbrechung" erfahre und daß die „öffentliche Sicherheit ... durch Soldaten des Soldaten-Rates verstärkt" werde.

Das Erscheinen der bürgerlichen Zeitungen wurde für den 09. November verboten. Der Wachdienst besetzte alle öffentlichen Gebäude; die Offiziere des Gardedepots sorgten für die Aufrechterhaltung des inneren Diensts in der Kaserne; Mannschaften und Offiziere mußten die Kokarden abnehmen[178].

Carl Ulrich[179], der sozialdemokratische Reichstagsabgeordnete für den Wahlkreis Offenbach, kam am späten Vormittag des gleichen Tags von Frankfurt aus nach Darmstadt, um an einer Sitzung des von der Zweiten Kammer am Vortag neugewählten Staatsrats teilzunehmen[180].

---

[178] Frankfurter Zeitung Nr. 312 vom 10. 11. 1918, 2. Morgenblatt.

[179] *Carl Ulrich* (1853–1933); Schlosser; Dreher; später Buchdrucker; 1875 Redakteur der ‚Neuen Offenbacher Tageszeitung'; 1885–1918 MdLGH; 1896–1918 Stadtverordneter in Offenbach; 1890–1903, 1907–18 und 1919–30 MdR; 1918 Mitglied des hess. Staatsrats; 1918 Ministerpräsident der provisorischen Regierung; 1919–28 Staatspräsident; MdLVH 1919–1931 (MSPD).

[180] Das folgende nach Ulrich; Erinnerungen des ersten hessischen Staatspräsidenten, S. 116 ff.

Erst nach seiner Ankunft in Darmstadt erfuhr er in der Redaktion des ‚Hessischen Volksfreund' von den Ereignissen der Nacht. Von der Redaktion aus wurden Ulrich und der sozialdemokratische Reichstagsabgeordnete für den Wahlkreis Darmstadt und zugleich Chefredakteur des ‚Hessischen Volksfreund', Dr. Ludwig Quessel, von „zwei Soldaten mit aufgepflanzten Bajonetten" abgeholt, um auf einer Volksversammlung auf dem Marienplatz zu der dort versammelten Menge zu sprechen. Beide forderten die Versammlung „zu größter Disziplin auf, zur Ruhe und Ordnung, aber auch zu unerschütterlicher Entschlossenheit, das nun begonnene Werk der Errichtung des Volksstaates glücklich zu Ende zu führen."

Nach seiner Ansprache fuhr Ulrich zum Neuen Palais, wo der Großherzog ihn nach seiner Meinung über die Lage befragte. Daraufhin forderte Ulrich den Großherzog „ruhig aber bündig" zur Abdankung auf. Der Großherzog lehnte ab, zumal auch die anwesenden drei Minister[181] und drei der Staatsräte[182] der Meinung waren, eine Abdankung sei nicht nötig, weil es nicht so schlimm stünde.

Carl Ulrichs schilderte die Ereignisse in seinen Erinnerungen folgendermaßen: „In dieser Auffassung wurden die Herrschaften noch bestärkt durch einen weißen Dragoner, der offenbar von irgendeiner interessierten Seite geschickt und hereingeführt rührselig erzählte, ‚daß die Soldaten sich über die Absetzung des Großherzogs nicht einigen könnten; die Mehrheit scheine gegen die Absetzung zu sein; er habe Leute getroffen, die bitterlich geweint hätten über die Absetzung. Wenn man einflußreiche Herren in den Soldatenrat sende, käme vielleicht ein anderer Beschluß zustande'"[183]. In ihrem Tagebuch gab Großherzogin Eleonore die Reaktion des Staatsrats auf die Forderung nach einer Abdankung Ernst Ludwigs aus ihrer Sicht wieder: „Nun entspann sich ein langer Kampf zwischen den Mitgliedern des Staatsrats wie weit Ernst nachgeben solle wenn dieses Ansinnen an ihn gestellt würde. Seine eigene Ansicht war die dass diese Frage vom Hessenvolk gelöst werden müsse u(nd) nicht von einigen fremden Soldaten. Doch war er bereit unter dem Druck der Verhältnisse zu erklären er weiche der Gewalt. Ulrich u(nd) Fulda waren der Ansicht dass sich die Soldaten dabei nicht beruhigen würden und es dann wohl zum Schiessen kommen würde. (...) Endlich (...) erschien ein Kleiner etwas überspannt aber ganz sympathisch aussehender Dragoner mit einigen anderen Soldaten. Sie erzählten, in der Rheinstrasse würden Reden gehalten und es sei die Absicht ausgesprochen worden, den Großherzog zum Abdanken zu zwingen. Aber das sei nicht das

[181] Carl von Ewald (Staats- und Justizminister), Friedrich von Hombergk zu Vach (Minister des Innern) und Dr. Johann Baptist Becker (Minister der Finanzen).

[182] Heinrich Köhler, Dr. Arthur Osann (beide nationalliberal) und Johannes Gustav Korell (Bauernbund).

[183] Ulrich; a. a. O., S. 117.

Richtige, er habe die Leute beobachtet und viele, viele hätten geweint. Als er dies sagte waren die meisten unserer Staatsratsherren selber am Weinen“[184].

Nach unfruchtbaren Gesprächen im Neuen Palais trennte sich der Staatsrat resultatlos; eine weitere Sitzung war für den Nachmittag im Regierungszimmer der Zweiten Kammer angesetzt worden. Auf der gegen 13.00 Uhr anschließenden konstituierenden Sitzung des Arbeiter- und Soldatenrats im Landtag unter Vorsitz Knoblauchs wurde Ulrich gefragt, ob der Großherzog abgedankt habe. Ulrich, der eine gewaltsame Absetzung Ernst Ludwigs durch die gereizten Soldaten und nachfolgende unvorhersehbare Ereignisse befürchtete, antwortete: „Ihr habt ihn ja in der vorigen Nacht abgesetzt! Dabei bleibts!“. Damit gaben sich die Anwesenden zufrieden, so daß die Verhandlungen ungestört weitergeführt werden konnten. Der Arbeiter- und Soldatenrat erklärte das Großherzogtum zur freien sozialistischen Republik; es wurde angemerkt, daß sich gegen den abgesetzten Großherzog „kein Zorn und Groll des Volkes richte“ und daß er „als Bürger der Republik Hessen stets willkommen sei“[185]. Die provisorische Wahl Knoblauchs als Vorsitzenden des Arbeiter- und Soldatenrats wurde bestätigt. Von der Arbeiterschaft wurden Delp, Sparr, Stark, von den bürgerlichen Demokraten der Lehrer Loos und von den Soldaten Dehn, Elsäßer, Firmbach, Hebenstreit, Knaus, Nordmann, Schäfer, Seibert und Wendel gewählt. Außerdem wurden verschiedene Ausschüsse für militärische und zivile Zwecke gewählt[186]. Der Bolschewismus wurde von allen Mitgliedern zurückgewiesen. Schließlich wurde der Beschluß gefaßt, „die sozialdemokratische Landtagsfraktion zu beauftragen, eine neue republikanische Regierung zu bilden“.

Obwohl für diesen Samstag vom Arbeiter- und Soldatenrat das Erscheinen von bürgerlichen Zeitungen untersagt war, erschienen diese doch, da ihnen über diese Maßnahme keine Mitteilung gemacht wurde[187].

---

[184] Tagebuch der Großherzogin Eleonore, StAD GFA D 24 Nr. 43/8, S. 152 ff.; vgl. auch Stieniczka; Die Vermögensauseinandersetzung des Volksstaates Hessen und seiner Rechtsnachfolger mit der ehemals großherzoglichen Familie 1918–1953, Archiv für hessische Geschichte und Altertumskunde, NF 56. Band 1998, S. 255 (257).

[185] Franz; Die Stadt der Künstlerkolonie (1890–1918) in: Darmstadts Geschichte, S. 391 (422). Stieniczka; Die Vermögensauseinandersetzung des Volksstaates Hessen und seiner Rechtsnachfolger mit der ehemals großherzoglichen Familie 1918–1953, Archiv für hessische Geschichte und Altertumskkunde, NF 56. Band 1998, S. 255 (258). Der weiterhin teils im Neuen Palais, teils inWolfsgarten lebende Großherzog wurde im ersten revolutionären „Übereifer“ mit ‚Bürger Ernst Ludwig‘ oder ‚Ernst Ludwig Brabant‘ „demokratisiert“, so Franz; Turbulenzen in Politik und Wirtschaft (1918–1932), in: Darmstadts Geschichte, S. 424 (429).

[186] Hessischer Volksfreund vom 10. November 1918; Organ für die Interessen des werktätigen Volkes, Darmstadt, S. 1; vgl. auch Darmstädter Zeitung vom 11. November 1918, S. 3. Die Wahlen erfolgten per Akklamation.

Abb. 16: Arthur Osann (*1862–†1924)

In einer Sitzung des Staatsrats am 10. November stellte der nationalliberale Dr. Osann[188] die verfassungsmäßige Rechtsgrundlage der Regierungsbildung durch die sozialdemokratische Fraktion in Frage und meinte, daß die Fraktion den Auftrag des Arbeiter- und Soldatenrats[189] nicht annehmen dürfe. Ulrich verwies jedoch schlicht auf die im Hof des Landtagsgebäudes stehenden Soldaten mit ihren Kanonen und Maschinengewehren und stellte fest: „Da unten steht das zur Zeit gültige Recht mit der dazu nötigen Macht". Auf einer Versammlung des ‚Hessischen Arbeiter-, Soldaten- und Bauernrats'[190] am Nachmittag des gleichen Tages proklamierte Ulrich offiziell die Hessische Republik[191] und wurde beauftragt, dem Großherzog

[187] Darmstädter Täglicher Anzeiger vom 11. November 1918, S. 4; Frankfurter Zeitung vom 11. November 1918, 2. Morgenblatt, S. 2.

[188] *Dr. Arthur Osann* (1862–1924); Stud. jur. Straßburg, Leipzig, Bonn, Giessen und Göttingen; 1890 Rechtsanwalt; 1902 als Rechtsanwalt am OLG zugelassen; 1910 Justizrat; 1905–24 Mitglied des Landtags, nationalliberal, Deutsche Volkspartei.

[189] Ulrich; Erinnerungen des ersten hessischen Staatspräsidenten, S. 118 zitiert in diesem Zusammenhang: „... des Arb.- u. Sold.-Rats ...".

[190] So die Bezeichnung im Bericht des Offenbacher Abendblatts vom 08. 11. 1928, abgedruckt in: Ulrich; Erinnerungen des ersten hessischen Staatspräsidenten, S. 110 ff. Am Vormittag des 10. 11. 1918 hatten die aus ganz Hessen in Offenbach zusammengekommenen Räte beschlossen, daß der Darmstädter Arbeiter- und Soldatenrat als für das ganze Land zuständiger Hessischer Arbeiter-, Soldaten- und Bauernrat fungieren solle, vgl. Kittel; Novemberumsturz 1918, in: Blätter für deutsche Landesgeschichte 104 (1968), S. 42 (67).

Abb. 17: Carl Ulrich (*1853–†1933)

seine Amtsentsetzung mitzuteilen sowie als Ministerpräsident die Regierung zu übernehmen. Während die sozialdemokratische Landtagsfraktion am selben Nachmittag um 16.00 Uhr wieder zusammenkam, um zu dem Beschluß des Arbeiter- und Soldatenrats Stellung zu nehmen, strömten Menschenmengen aus der Umgebung nach Darmstadt. Um die öffentliche Sicherheit und Ruhe zu gewährleisten, verabredete Ulrich mit dem Kommandeur der Soldaten, Fliegeralarm schießen zu lassen. Daraufhin leerten sich innerhalb einer Viertelstunde die Straßen, und die Gefahr war gebannt. Die Landtagsfraktion beschloß in ihrer Beratung einstimmig, den Auftrag des Arbeiter- und Soldatenrats anzunehmen und den Abgeordneten Ulrich mit der Bildung des neuen Ministeriums, in dem die Sozialdemokraten überwiegen und auch die Führung übernehmen sollten, zu betrauen[192].

[191] Struck; Die Revolution von 1918/19, a.a.O., S. 403, FN 183 meint, schon hier zeige sich der Beginn eines Landesverbands, zu dem sich dann am 19. 11. 1918 alle Arbeiter- und Soldatenräte durch Abordnung je eines Vertreters der fünf größeren Städte und drei Provinzen zusammenschlossen.

In der Nacht vom 10. zum 11. November erließ Ulrich als neuer Ministerpräsident eine Proklamation an das hessische Volk, in der er verlautbarte, „daß die neue (provisorische) Regierung auch das Vertrauen der nichtsozialdemokratischen Bevölkerungskreise besitzen“ solle und daß sie als „Kollegialministerium“ auch Vertreter anderer Parteien aufnehme, „falls diese zur aufrichtigen Mitarbeit gewillt“ seien[193]. Des weiteren kündigte Ulrich an, daß die Wahlen zur konstituierenden Volkskammer sobald wie möglich in die Wege geleitet werden würden. Ziele der neuen Regierung sollten Volkswohlfahrt und Demokratie sein. Am 11. November veröffentlichte der Arbeiter-, Bauern- und Soldatenrat folgenden Aufruf, dessen Programmpunkte er bereits am 09. November beschlossen hatte:

> Soldaten, Bürger!
>
> Die Regierungsgewalt ist auf das Volk übergegangen. Es ist frei und mündig, um sein Schicksal selbst zu bestimmen.
>
> Soldaten, Bürger! Schließt die Reihen! Ein freies Volk schafft seine freie Zukunft. In folgenden sieben Punkten faßt der Arbeiter- und Soldatenrat seine Ansichten zusammen.
>
> 1. Der sozialdemokratischen Fraktion der seitherigen Zweiten Kammer wird die Bildung des Ministeriums übertragen.
> 2. Der von dieser gebildeten Regierung wird aufgetragen, binnen drei Tagen ein Gesetz zur Wahl einer Landesversammlung vorzulegen, das den Grundsätzen der Verhältniswahl entspricht. Wahlberechtigt soll jeder großjährige Hesse sein.
> 3. Großherzog Ernst Ludwig wird abgesetzt und das Großherzogtum als Republik erklärt. Die Großherzoglichen Domänen verfallen dem Land.
> 4. Alle Sonderrechte der Geburt und des Standes werden beseitigt.
> 5. Sämtliche im Großherzogtum bestehenden Fideikommisse sind aufzulösen.
> 6. Vollständige Glaubens- und Gewissensfreiheit wird gewährleistet.
> 7. Trennung von Kirche und Staat.
>
> Das Volk ist aufgerufen zur Tat. Die Vergangenheit ist abgeschlossen. Das Tor der Zukunft steht weit offen. Tretet ein mit entschlossenem Geist und helft mit, den neuen Volksstaat stark und gesichert zu errichten.[194]

---

[192] Frankfurter Zeitung vom 11. November 1918, 1. Morgenblatt, S. 1; Hessischer Volksfreund vom 10. November 1918, S. 1; Ulrich; Erinnerungen des ersten hessischen Staatspräsidenten, S. 118.

[193] Ulrich; Erinnerungen des ersten hessischen Staatspräsidenten, S. 123.

[194] Unterzeichnet wurde dieser Aufruf des Arbeiter-, Bauern- und Soldatenrats von Knoblauch, Delp, Stork, Sparr und Loos als Leitung und den Soldaten Dehn, Elsässer, Firmbach, Hebenstreit, Knaus, Nordmann, Schäfer, Seibert und Wendel. Abgedruckt in: Knöpp, Friedrich; Der Volksstaat Hessen. 1918–1945, in: Heinemeyer, Walter (Hrsg.); Das Werden Hessens, Marburg 1986, S. 701; Knöpp; Der Volksstaat Hessen 1918–1933, in: Die Geschichte Hessens, S. 218.

Nachdem die bisherige Regierung unter von Ewald am 11. November mündlich ihren Rücktritt erklärt hatte, wurden die großherzoglichen Minister am 13. November auch formell in den Ruhestand geschickt. Einen Tag später – am 14. November – wurde das neue Staatsministerium gebildet. Es bestand aus Ulrich (Soz.) als Ministerpräsident, Dr. Fulda (Soz.) als Ministerialrat des Innern, Raab (Soz.) als Ministerialdirektor für Arbeit und Wirtschaft, Neumann (Soz.) als Ministerialdirektor für Ernährung und Landwirtschaft, Henrich (Dem.) als Ministerialdirektor für die Finanzen, Urstadt (Dem.) als Ministerialdirektor für Bildung und Schulwesen und v. Brentano (Zentr.) als Ministerialdirektor für die Justiz[195]. Dieses traf die Vereinbarung, daß gültige Beschlüsse nur mit qualifizierter Mehrheit gefaßt werden durften. Dadurch konnten weder die sozialdemokratischen Regierungsmitglieder auf der einen noch die bürgerlichen Mitglieder auf der anderen Seite überstimmt werden. Am 15. November wurde die Arbeitszeit in den staatlichen Betrieben auf 8 Stunden festgesetzt. Tags darauf wurden die beiden Kammern der Landstände aufgelöst. Um die Arbeitslosigkeit einzudämmen, wurde sowohl Arbeitern als auch Beamten eine Kriegszulage gewährt und Mittel für Notstandsarbeiten ins Auge gefaßt. Am 20. November begann das Ministerium mit der Beratung des Wahlgesetzes für die Volkskammer.

bb) Offenbach

In Offenbach herrschte gegen Ende des Weltkriegs angesichts der katastrophalen Nahrungsmittelversorgung und der verzweifelten Lage an der Westfront eine „dumpfe und stumpfe“ Stimmung in der Bevölkerung[196]. Selbst die Polizeibehörden und Militärgewalten in ihren Zentral- und Ortsstellen, die wohl ihre nahende Ohnmacht spürten, griffen nicht mehr so hart durch.

Am Mittag des 05. November trafen sich die Genossen Kaul[197] und Käppel in der Redaktion des sozialdemokratischen Offenbacher Abendblatts.

---

[195] Vgl. dazu auch unter Kapitel B.I.3.c)cc) auf S. 143. Im Bericht des Offenbacher Abendblatts vom 08. 11. 1928 (abgedruckt bei Ulrich; Erinnerungen des ersten hessischen Staatspräsidenten, S. 115) heißt es dagegen, die Revolutionsregierung sei in der oben genannten Zusammensetzung bereits am Nachmittag des 10. 11. 1918 gebildet worden. Ulrich; ebd., S. 124 selbst meint, das Ministerium sei „unmittelbar“ nach dem Erlaß seiner Proklamation gebildet worden, ohne ein Datum zu nennen.

[196] Das folgende nach einem rückschauenden Bericht des Offenbacher Abendblatts vom 08. 11. 1928, abgedruckt in: Ulrich; Erinnerungen des ersten hessischen Staatspräsidenten, S. 110 ff.

[197] *Georg Kaul* (1873–1933); geb. Schlesier, Studium in Breslau und Dresden (Theologie, Chemie, Volkswirtschaft); 1898 Journalist und Redakteur, seit 1910 Redakteur des ‚Offenbacher Abendblatts‘, Stadtverordneter, 1918/19 Vorsitzender des Arbeiter- und Soldatenrats, dann Landesvolksrats, MdLVH 1919–1932 (MSPD).

Abb. 18: Georg Kaul (*1873–†1933)

Bei diesem zufälligen Treffen[198] kamen die beiden auf den sich ankündigenden militärischen und politischen Zusammenbruch zu sprechen[199]. Gerüchten zufolge wurden Abgesandte der Kieler Matrosen auch in Offenbach erwartet. Angeblich war eine Kompanie des Ersatzbataillions 168 nach Hanau gefahren, um den Matrosentransport auf dem dortigen Ostbahnhof mit Gewalt aufzuhalten. Doch noch vor der Ankunft soll die Truppe den Gehorsam verweigert haben, so daß sie wieder in die Offenbacher Kaserne zurückgekehrt sei. Letztlich bestätigten sich die Gerüchte über die auf der Hanauer Bahnstrecke anmarschierenden Matrosen aber nicht.

Bereits bei jenem Gespräch in der Redaktion waren sich Kaul und Käppel darüber einig, daß man versuchen müsse, „die weitere Entwicklung in Offenbach und Hessen in die Hand zu bekommen, um ein völliges Chaos zu verhüten". Daraufhin verabredeten die beiden, mit den wenigen damals

---

[198] Käppel war „in Krankenkassenangelegenheiten gekommen". Das betreffende Gespräch wird im Laufe des Berichts sogar ausdrücklich als „Zufallsgespräch" bezeichnet. Der Verfasser des Berichts scheint hier mit Nachdruck klarstellen zu wollen, daß das Treffen nicht dazu dienen sollte, einen seit langem geplanten Umsturz vorzubereiten. Ulrich; Erinnerungen des ersten hessischen Staatspräsidenten, S. 112.

[199] Bei der Redaktion war man über die aussichtslose militärische und politische Lage durch die Heeresberichte, die blauen Verbotsbriefe des Kriegspresseamts, die deutlicher gewordenen Reichstagsberichte sowie die Meldungen der Züricher Neuesten Nachrichten und der sozialdemokratischen Züricher Post informiert, vgl. Bericht des Offenbacher Abendblatts, in Ulrich; Erinnerungen des ersten hessischen Staatspräsidenten, S. 111.

in Offenbach verbliebenen Partei- und Gewerkschaftsführern am Spätnachmittag des 06. November eine Besprechung im Parteisekretariat abzuhalten. Auf dieser wurde ein Antrag Kauls angenommen, am nächsten Abend eine Versammlung der sozialdemokratischen Betriebsvertrauensleute zu veranstalten, auf der über eine große Friedenskundgebung sowie über die Einsetzung eines Arbeiter-Aktionsausschusses gesprochen werden sollte. Bei diesem Treffen wurde nach einem Bericht Kauls über die Lage einstimmig beschlossen, die Kundgebung auf den 08. November um 14.30 Uhr auf dem Aliceplatz festzusetzen, zu der die Belegschaften geschlossen aus den Betrieben marschieren sollten[200]. Auf der Versammlung sprachen über den Platz verteilt Carl Ulrich, Leonhard Eißnert, Hermann Neumann und Georg Kaul zu den in Massen erschienenen[201] „Proletariern Offenbachs" und verlangten sofortige Friedensverhandlungen, Abdankung der Dynastien sowie Einführung der sozialen Republik und des parlamentarisch-demokratischen Regierungssystems. Außerdem plädierten sie für ein Amnestiegesetz, das den politischen Gefangenen die Freiheit wieder geben sollte[202]. Nachdem unter Jubel eine Entschließung angenommen worden war, formierte sich ein Demonstrationszug „in voller Ordnung" durch die Frankfurter Straße hin zum Kreisamt in der Ludwigstraße[203], wo Kaul dem Kreisdirektor Spamer und dem von letzterem herbeigerufenen Kreisamtmann Dr. Reitz die Forderungen der Demonstranten zur Weitergabe an die Darmstädter Regierung überreichte. Anschließend löste sich der Demonstrationszug im Stadtpark auf[204]. Die noch am selben Abend abgehaltene Versammlung der Betriebsvertrauensleute setzte einen Arbeiter-Aktionsausschuß ein. Der Offenbacher Ausschuß, dem zunächst nur MSPD-Mitglieder angehörten[205], sollte unter dem Vorsitz Kauls die Leitung der Geschehnisse in der Stadt in die Hand nehmen.

Erst am Vormittag des 09. November unternahm Kaul Versuche, den Kontakt ‚zur Außenwelt' herzustellen. Während dies mit Berlin nicht ge-

---

200 Zu den am Freitag, den 08. November pünktlich um drei Uhr ruhenden Betrieben gehörten vor allem die „Granaten- und Giftbuden" Offenbachs, Ulrich; Erinnerungen des ersten hessischen Staatspräsidenten, S. 112.

201 Es hatten sich rund 10 000 Menschen versammelt, Schlander; Zwischen Monarchie und Diktatur – Offenbach 1918–1933, S. 17.

202 Schlander; a. a. O., S. 18.

203 Das Kreisamt galt als Vertretung der Landesregierung, weil Offenbach noch zu dem gleichnamigen Kreis gehörte, Schlander; a. a. O., S., 18.

204 Vgl. auch Offenbacher Abendblatt vom 09. 11. 1918.

205 Schlander; a. a. O., S. 18 versucht diese Tatsache damit zu erklären, daß die Unabhängigen noch nicht genügend organisiert waren, da sie sich erst während des Weltkriegs als eigene Partei gebildet hatten. Außerdem hatte das Kreisamt ihnen das Abhalten öffentlicher Versammmlungen untersagt, weshalb sie ihre Anhänger nicht so leicht moblisieren konnten; vgl. auch Offenbacher Abendblatt vom 02. 09. 1918.

lang, bestätigte Frankfurt, daß dort ein Arbeiter- und Soldatenrat an die Macht gelangt sei. Von Darmstadt her kam die Nachricht, daß sich die in Frage kommenden Männer – Delp und Genossen – zur Stunde im Griesheimer Militärlager aufhielten, um die Gründung eines Arbeiter-, Soldaten- und Bauernbundes zu beschließen.

Im Gebäude des Offenbacher Abendblatts beschloß der Arbeiter-Aktionsausschuß, erneut mit Darmstadt Kontakt aufzunehmen und für den Vormittag des 10. November eine Zusammenkunft von Vertretern der Sozialdemokraten aus ganz Hessen zu vereinbaren[206]. Eine Abordnung von Soldaten des 1. Ersatzbataillons 168 überbrachte Kaul die Nachricht, daß die Mehrzahl der Soldaten die Gründung eines Arbeiter- und Soldatenrats verlange, worauf der Aktionsausschuß Kaul, Weber und August Ulrich in die Kasernen und sonstigen Unterkünfte entsandte[207]. In der Kaserne an der Biebererstraße teilten die Genossen im Büro des Garnisonskommandeurs Albrecht den dort vollständig versammelten Offizieren der Garnison mit, daß sie im Auftrag des Aktionsausschuß gekommen seien, um die Gewalt über die Garnison zu übernehmen. Dauraufhin fügten sich die ca. 25 Offiziere „ohne den geringsten Widerstand ... den völlig waffenlosen drei Genossen" und wurden nach Hause geschickt[208]. Anschließend ließ Vizefeldwebel Herberger[209] die Truppe von über 1.000 Männern zusammentreten. Der nun gebildete Soldatenrat übernahm in der Unterkunft der Truppe die Kommandogewalt und ließ durch seine Vertrauensleute Kreisamt, Polizeidirektion, Gericht, Hauptpostamt, Hauptbahnhof, Finanzkassen etc. besetzen[210].

Noch am späten Vormittag war auf Plakaten zu lesen, daß der Arbeiter-Aktionsausschuß die gesamte Gewalt in der Stadt übernommen und sie dem Genossen Kaul übertragen habe. Während die einzelnen Mitglieder des Aktionsausschusses nun über die Behörden, die keinerlei Widerstand zeigten, die Kontrolle ausübten, wurde die Stadtverwaltung nicht unter Kontrolle gestellt, sondern verblieb unter der sozialdemokratischen Stadtverordnetenfraktion. Am Nachmittag konstituierte sich im Treppenhaus des Offenbacher Abendblatts der Arbeiter- und Soldatenrat. Neben Kaul, Weber und

---

206 Teilnehmer der Sitzung waren Kaul, Weber, Käppel, Gregor Schmitt, August Ulrich, Heilmann, Höf, Barbier, Weipert, Eißnert, Schulz und Neumann.

207 Der Genosse Emil Barbier kam etwas später hinzu.

208 Ulrich; Erinnerungen des ersten hessischen Staatspräsidenten, S. 114.

209 Er war Expedient der Frankfurter Zeitung.

210 So Schlander; a.a.O., S. 18. Der Bericht des Offenbacher Abendblatts vom 08. 11. 1928, a.a.O., S. 114 schildert die Ereignisse dagegen aus einseitig sozialdemokratischer Sicht. Danach soll es Kaul gewesen sein, der in der Kaserne an der Biebererstraße die Gewalt über die Truppe übernahm. Ebenso seien Weber, Ulrich und Barbier in den anderen Unterkünften und Lazaretten verfahren. Auch sollen die Ämter etc. unter der Führung von Mitgliedern des Aktionsausschusses mit Soldaten besetzt worden sein.

dem Soldatenvertreter Herberger als Vorsitzende traten nun auch Delegierte der USPD und der Demokraten ein. Das Büro des Rats kam zunächst in die Räume des Parteisekretratiats und zog erst später in die Kaserne an der Biebererstraße um.

Wie ursprünglich geplant, fand am 10. November im ehemaligen Rheinischen Hof die Sitzung von Vertretern aus ganz Hessen statt, auf der beschlossen wurde, daß der Darmstädter Arbeiter- und Soldatenrat als für das ganze Land zuständiger Hessischer Arbeiter-, Soldaten- und Bauernrat fungieren solle[211]. Von dort aus wurden die Mitglieder des Offenbacher Aktionsausschusses in alle Kreisvororte des Landes entsandt, um dort ebenfalls Arbeiter- und Soldatenräte zu bilden.

cc) Gießen

In Gießen wurde der erste Soldatenrat durch das in der neuen Kaserne stationierte Bataillion gebildet, wobei sich die unteren Räte in jeder Kompanie aus einem Offizier, zwei Chargen und drei Soldaten zusammensetzten[212]. Während dieser am 09. November 1918 die militärische Gewalt übernahm, wurde am Abend des gleichen Tages im Gewerkschaftshaus ein Arbeiterrat aus je drei Vertretern von USPD und MSPD gebildet[213]. Eine seiner ersten Maßnahmen – die Forderung des Ablegens der Rangabzeichen[214] – revidierte der Soldatenrat am 13. November, so daß deren Träger im Dienst wieder als Vorgesetzte bzw. Untergebene betrachtet wurden[215]. Nachdem sich beide Räte zum Arbeiter- und Soldatenrat zusammengeschlossen hatten, wurde auf dessen Initiative hin eine Demonstrationsversammlung auf den Brandplatz veranstaltet[216], auf der die Vertreter von USPD und MSPD vom „unblutigen Siege der sozialistischen Revolution" sprachen und vor einem Chaos warnten. Auf dem anschließenden Demonstrationszug durch die Straßen Gießens wurde eine „rote Fahne mitgetragen"[217].

---

211 Kittel; Novemberumsturz 1918, in: Blätter für deutsche Landesgeschichte 104 (1968), S. 42 (67).

212 Das folgende nach Seelbach; Die Rätebewegung im Kreis Giessen 1918/19, in: Mitteilungen des Oberhessischen Geschichtsvereins, N.F., 60. Band, S. 41 ff.

213 Einfluß wurde übrigens zunächst nur auf das Lebensmittelamt ausgeübt.

214 Als weitere Maßnahme waren die Militärgefangenen befreit worden.

215 Gießener Anzeiger (GA) vom 13. 11. 1918. Seelbach; a.a.O., S. 46 FN 11 vermutet, dies sei auf die Forderungen des Rats der Volksbeauftragten vom 12. 11. 1918 zurückzuführen, der in einem Telegramm an die oberste Heeresleitung auf der Beibehaltung des Vorgesetztenverhältnisses bestand.

216 GA vom 13. 11. und vom 14. 11. 1918.

217 GA vom 14. 11. 1918.

dd) Alsfeld

Während am 18. November 1918 der Volkskindergarten wieder seine Pforten öffnete, sich in Gießen ein Bauernrat für die Provinz Oberhessen gebildet hatte, die Flieger-Ersatzabteilung 9 von Darmstadt nach Alsfeld verlegt wurde, konnte sich in der vorherigen Nacht auch in Leusel ein Bürger- und Bauernausschuß gründen, der von der gesamten Bürger- und Bauernschaft unterstützt wurde[218]. Im Ausschuß waren je zwei Landwirte, Handwerker und Arbeiter vertreten. „Der Ausschuß soll die Vertretung der ortsangesessenen Bürger- und Bauernschaft bilden, ihre Gleichberechtigung in der kommenden staatlichen Ordnung wahren, die tätige Mithilfe der Bauernschaft in der Volksernährung gewährleisten, die öffentliche Ordnung sowie Sicherheit von Person und Eigentum in der Gemeinde aufrechtzuerhalten“[219]. Wie notwendig die Aufrechterhaltung der Ordnung auch hier war, zeigt sich an den Hinweisen auf die Ruhestörungen und Räubereien in Storndorf[220].

Am 18. November 1918 entstand der Alsfelder Arbeiterrat. Zu einer Besprechung aller Arbeiter und Soldaten war im Stadtpark eingeladen worden. Der Arbeiterrat Alsfeld erließ im Auftrag von Eder am folgenden Tag eine Bekanntmachung:

> Mit dem heutigen Tage hat sich in Alsfeld ein Arbeiterrat gebildet, dem angehören: Joh. Bastian, Jakob Eder, Heinrich Hölscher, Wilhelm Jakob und Karl Müller. Das Geschäftszimmer befindet sich vorläufig bei J. Eder, Hersfelder Str. 1, wohin Anträge, Anfragen oder Zuschriften zu richten sind. Es wird ersucht, die Bekanntmachungen des Arbeiterrates zu beachten und ihnen Folge zu leisten. Die Behörden versehen ihre Tätigkeit unter unserer Kontrolle, wie bisher weiter.
>
> Wir erwarten von der gesamten Einwohnerschaft, daß sie den Anordnungen der jetzigen Gewalten unbedingt Folge leistet. Wer glaubt, die Ruhe und Sicherheit unserer Stadt durch Eigenmächtigkeit und Zügellosigkeit gefährden zu können, hat strengste Maßnahmen zu erwarten. Hütet Euch vor Verbreitung unsinniger Gerüchte. Wir gewährleisten unbedingte Sicherheit der Person und des Eigentums. Im Namen der Volksfreiheit und Hoffnung auf eine bessere Zukunft unseres Volkes grüßen wir Euch brüderlich.[221]

Eine erste große öffentliche Demonstrations-Versammlung fand am 19. November mittags um 13.00 Uhr im ‚Deutschen Kaiser‘ statt. Der Arbeiterrat

---

[218] Das folgende nach Jäkel; Das Rätewesen in Alsfeld – Zur Geschichte der „Revolution“ im November 1918, in: Mitteilungen des Geschichts- und Museumsvereins Alsfeld, 11. Reihe, Oktober 1969, S. 173 ff.

[219] Oberhessische Zeitung vom 19. November 1918, S. 1.

[220] Vgl. Jäkel; Das Rätewesen in Alsfeld – Zur Geschichte der „Revolution“ im November 1918, in: Mitteilungen des Geschichts- und Museumsvereins Alsfeld, 11. Reihe, Oktober 1969, S. 173 (177).

[221] Vgl. Oberhessische Zeitung vom 20. November 1918, S. 1.

forderte die Betriebsinhaber zur Schließung ihres Betriebs auf, damit die Arbeiter teilnehmen konnten. Eine Lohnkürzung durfte deshalb nicht stattfinden. Der Laufzettel findet sich in den Akten des Stadtarchivs und weist die Unterschriften von 25 Betrieben auf[222].

Über die gut besuchte Versammlung berichtete die Oberhessische Zeitung seht ausführlich. Der Redakteur Vetters aus Gießen referierte 1,5 Stunden über das Thema ‚Die deutsche Revolution'. Der frühere Revolutionsbegriff mit Vorstellungen von Brand, Diebstahl und Plünderung sei nicht mehr zutreffend. Alles vollziehe sich in Ruhe und Ordnung. So sei auch stets eine Umwälzung von der MSPD verstanden worden. Bisher habe eine kleine Minderheit im Staat, deren Spitze das Junkertum gewesen sei, die Herrschaft ausgeübt. Diese hätten den schrecklichen Krieg mit all seinem Elend mitverschuldet. Die wahren, tieferen Ursachen desselben seien internationaler kapitalistischer Art. Weite Kreise in Deutschland hätten den Krieg gewollt. Dazu führte der Redner Beispiele an. Die Diplomatie habe versagt. Vetters prangerte den unerhörten Kriegswucher, die unverdienten Kriegsgewinne, den Schleichhandel und die Ungerechtigkeiten an. Unter diesen Umständen habe die MSPD die Regierungsgewalt an sich gezogen. Die bestehende Diktatur, die sich die Einführung geordneter Verhältnisse zum Ziel gesetzt hätte, sei nur ein Übergangsstadium. Die Behörden hätten sich willig in die neue Ordnung gefügt. Überall herrsche Ruhe und Ordnung. Nun folge die Schaffung eines einheitlichen Volksstaats, in dem Recht und Freiheit jedes Einzelnen garantiert würden.

In der Ansprache betonte Pfarrer Möbus die Notwendigkeit, sich mit Herz und Hand auf den Boden der Neuordnung zu stellen und am neuen Volksstaat mitzuarbeiten. Das deutsche Volk sei mündig geworden und könne seine Geschicke selbst in die Hand nehmen. In den großen sozialen Fragen wie Bodenreform, politische Freiheit etc. verdiene die neue Leitung das größte Zutrauen. Der Pfarrer entschuldigte sich wegen der Haltung der Vaterlandspartei, die nicht klar sehen könne und meinte, der Mangel an wirklicher Brüderlichkeit erschwere häufig das gegenseitige Verständnis. Rechtsanwalt Dornseiff regte die Bildung eines Bürgerrats an, was der Redner begrüßte, denn auch das Bürgertum könne an dem neuen Volksstaat mitarbeiten[223].

In einer Warnung vom 20. November 1918 wandte sich der Arbeiterrat an alle Eltern:

> Schickt eure Kinder bei dem z. Zt. herrschenden Automobilverkehr und bei Eintritt der Dunkelheit nicht auf die Straße. Von den Jugendlichen erwarten wir, daß ihr euch nicht durch lautes ungebührliches Betragen auf der Straße und in den Wirtschaften unliebsam bemerkbar macht.[224]

---

222 Die Akten befinden sich im Stadtarchiv Alsfeld.

223 Vgl. Oberhessische Zeitung vom 21. November 1918, S. 1.

Der Arbeiterrat verlegte noch im November sein Geschäftszimmer in den Sitzungssaal der Krankenkasse im zweiten Stock des Weinhauses.

ee) Friedberg

In Friedberg[225] verliefen die revolutionären Tage im November 1918 unblutig[226]. Der dort gebildete Arbeiter- und Soldatenrat[227] veranlaßte als erstes die Entlassung der Militärgefangenen[228]. Anscheinend befand sich der dortige Rat von Anfang an im Rechtfertigungszwang, denn er gab am 11. November bekannt, daß nicht die Soldaten der Garnison, sondern vereinzelte Zivilpersonen die Offiziere mit den Worten „Achselstücke runter!" belästigten.

Am Nachmittag des 12. November hielt der Arbeiter- und Soldatenrat in den ‚Drei Schwertern' eine Soldatenversammlung ab. Mit dem Aufruf „Bürger! Soldaten!" nahm er am darauffolgenden Tag zusammmen mit seinen Sicherungsmannschaften[229] „das Geschick der Bürger und Soldaten in Friedberg" in die Hand. Die vom Soldatenrat[230] zunächst im Soldatenheim (Haagstraße 16) errichteten Geschäftszimmer wurden vom Arbeiter- und Soldatenrat in das großherzogliche Schloß verlegt[231]. Am 18. November

---

224 Vgl. Stadtarchiv Alsfeld.

225 Siehe zur Quellenlage im Zusammenhang mit den Revolutionstagen in Friedberg Kukowski; Überlieferung aus dem ehemaligen Großherzogtum und dem Volksstaat Hessen, S. 56, S. 145.

226 Das folgende nach Waas; Die Chroniken von Friedberg in der Wetterau, III. Band, S. 186 ff. Dieser Bericht scheint reaktionär gefärbt zu sein, denn er rückt den Arbeiter- und Soldatenrat Friedbergs, den er – ganz bewußt in Anführungszeichen – als „Behörde" bezeichnet (a. a. O., S. 187), in kein allzu gutes Licht: „Der Arbeiter- und Soldatenrat ist ein lockerer Verein von Männern mit roten Armbinden, die mit Vorliebe in Autos durch die Straßen rattern und überall, wo sie hinkommen, ‚den dicken Wilhelm' markieren.", a. a. O., S. 187. Über den Ausklang des Jahrs 1918 heißt es: „Unter den Soldaten ist bald durch das Treiben der A. u. S.-Räte Zucht und Ordnung aufgelöst. Der militärische Gruß ist abgeschafft, der soldatische Dienst bis auf den sog. freiwilligen, aber gut bezahlten und vielfach ganz unnützen Wachdienst beseitigt.", a. a. O., S. 189.

227 Vorsitzender: Georg Repp.

228 Dabei handelte es sich um russische Offiziere in der Bergkaserne.

229 Waas; a. a. O., S. 187 versieht übrigens auch diesen Begriff mit Anführungszeichen.

230 Vorsitzender: Heidenreich vom Garnisonskommando, Schriftführer: Bernstein vom Ersatzbataillon R. I. R. 116, Reinheimer vom Zahlmeister-Geschäftszimmer, Gefreiter Walther vom Ersatz Bataillon R. I. R. 116, Henselmeyer vom Bezirkskommando, Scheub vom Landsturm Ersatzbataillon XVIII/32 und Schultz vom Reservelazarett.

231 „Auf den seidengestickten Sesseln sitzt es sich, die dicke Zigarre im Mund, natürlich bequemer als auf den Holzstühlen des Soldatenheims im Haus der Pferde-

warnte der Rat „Händler und sonstige Bevölkerung Friedbergs“, Militärpersonen Ausrüstungsgegenstände, Kleidungsstücke, Bettwäsche etc. abzukaufen. Am selben Tag erfolgte ein Aufruf zur Gründung von Bauernräten in allen Gemeinden zur Sicherung der Volksernährung und der Wahrung der Rechte der Bauernschaft[232].

ff) Mainz

Den Anfang der Revolution in Mainz machten ungefähr 50 bewaffnete Matrosen, die am Abend des 08. November mit der Bahn aus Frankfurt kamen. Bereits am Nachmittag dieses Tages wurde der von der (letzten) Sitzung des Landtags aus Darmstadt heimkehrende Bernhard Adelung[233] angesichts der Gerüchte über die Vorgänge in Kiel, Hamburg, Bremen und München von Mitgliedern der Partei- und Gewerkschaftsleitung darauf angesprochen, „wie man für Mainz das Chaos vermeiden könne“. Man entschloß sich, die Entwicklung der Stadt und der Umgebung in die Hand zu nehmen und setzte für den Abend einige Bezirksversammlungen fest, „um zu Ruhe und Besonnenheit zu mahnen“[234].

Erst am nächsten Morgen erfuhr Adelung von den am Vorabend eingetroffenen Matrosen[235]. Diese hatten die Befehlsgewalt an sich gerissen, die Bahnhofswache und die dort postierten Festungsgendarmen ohne Widerstand entwaffnet sowie den Offizieren und Unteroffizieren die Gradabzeichen abgenommen. Verstärkung erhielten die Matrosen binnen einer Stunde von Soldaten der in Mainz kasernierten Ersatztruppenteile, insbesondere des Landsturmbattaillons Mainz. Um 9.00 Uhr abends zwangen die Matrosen

---

ställe. Das alte Burggrafenschloß, das so oft und lange großherzogliche Residenz gewesen, wird nun in kurzem ausgeplündert und verfällt bald in den Zustand innerer Verwüstung. Auf den Straßen stehen Posten und gehen zwecklos hin und her.“, Waas; a.a.O., S. 187.

[232] Die Chronik von Waas; a.a.O., S. 188 erwähnt die Versammlung des Bauernrats von Friedberg-Fauerbach vom 20. 11. 1918, in der als Vertreter Karl Neissel, Rudolph Philippi und Otto Petri gewählt wurden.

[233] *Bernhard Adelung* (1876–1943); 1897 Buchdrucker in Mainz; 1902–18 Redakteur der ‚Mainzer Volkszeitung‘; MSPD-Mitglied; Stadtverordneter in Mainz; 1918–1928 Beigeordneter ebd. mit der Amtsbezeichnung ‚Bürgermeister‘; 1919–28 Landtagspräsident; 1928–33 Staatspräsident.

[234] Adelung; a.a.O., S. 173.

[235] Das folgende nach einem Augenzeugenbericht aus der ‚Mainzer Volkszeitung‘ vom November 1928, abgedruckt in: Adelung; a.a.O., S. 174 ff. sowie nach den Ergänzungen durch Adelung, S. 179 ff. Der Bericht ist stark sozialdemokratisch gefärbt. So heißt es am Ende: „Die Revolutionstage in Mainz 1918 sind ein Ehrenblatt in der Geschichte der Mainzer Sozialdemokratie, der allein und nur allein es zu danken ist, daß unsere Stadt von dem bolschewistischen Chaos, das am ersten Revolutionstage drohte, bewahrt blieb.“, a.a.O., S. 179.

Abb. 19: Bernhard Adelung (*1876–†1943)

samt Verstärkung „unter Abgabe von Karabiner- und Revolverschüssen" die aus sechs Männern bestehende Militärwache des Militärgefängnisses in der Wallstraße, sämtliche Gefangenen freizulassen. Die Führer der Matrosen waren dabei nicht in der Lage, die Freilassung von Schwerverbrechern zu verhindern. Ein Teil der freigekommenen Häftlinge schloß sich den Revoltierenden an. Gegen 10.00 Uhr spielte sich dieselbe Szene auch im Landgerichtsgefängnis in der Gerichtsgasse ab.

Die Ereignisse vom 09. November waren durch eine Art „Massenpsychose" unter der Devise „Die Franzosen kommen nach Mainz" geprägt. So plünderte die Bevölkerung die Fleischkonserven des Militär-Proviantamts in der Mombacher Straße; selbst aus dem Umland kamen Menschenmengen herbei, um die mit „Kleinbekleidungsstücken aller Art" gefüllten Magazine in Mainz-Kostheim – ohne jeden Widerstand – zu leeren[236]. Ebenso fanden Massenplünderungen des Armee-Pionierparks auf der Ingelheimer Au – dort waren Hacken, Spaten etc. gelagert – durch die mit Fuhrwerken aus der Umgebung angereisten Bauern statt.

---

236 Der Berichterstatter bemerkt hierzu: „Auch hier konnte man beobachten, daß sich die Drahtzieher, meist obskure Hehler aus der Altstadt, weit vom Schuß hielten und für Judaspfennige dem betörten Volke die Plünderungsbeute aus den Militärmagazinen in habgieriger Weise abkauften und es zum weiteren Plündern anreizten.", Adelung; a.a.O., S. 176.

Inzwischen hatten sich die Führer der Sozialdemokratie und der Gewerkschaften unter der Leitung von Adelung eingeschaltet. Auf einer Versammlung im Mainzer Stadthaus wurde die Gründung einer Bürgerwehr beschlossen. Außerdem erreichte man, daß sich die in Mainz noch anwesenden Militärs – darunter vor allem die Offiziere und Unteroffiziere des in der Prinz-Karl-Kaserne untergebrachten Mainzer Landsturmbataillons und der Mainzer Festungsgendarmerie – zur Wiederherstellung der Ruhe und Ordnung bereit erklärten. Bei einem Plünderungsversuch des Armeebekleidungsamts in Mainz-Kastel wurde allen Offizieren und Soldaten das Waffentragen verboten, um Zusammenstöße mit der „aufs höchste aufgeregten Zivilbevölkerung“ zu vermeiden. Die Militärwache am Hauptbahnhof durchsuchte die in Mainz ankommenden und durchfahrenden Züge nach Waffen aller Art, damit sich die über den Rhein zurückkehrenden Militärpersonen nicht mit ihren Waffen den revoltierenden Gruppen anschließen konnten.

Am 09. November wurde in Mainz ein Arbeiter- und Soldatenrat mit Adelung an der Spitze gegründet, der die vollziehende Gewalt über Mainz und die Provinz Rheinhessen übernahm. Nachdem Adelung an diesem Tag von einem als Artillerie-Hauptmann dienenden Mainzer Rechtsanwalt aufgesucht worden war, der ihm geschildert hatte, daß der Gouverneur, Generalleutnant von Bausch, seinen Posten verlassen habe, wurde Adelung beim Regiment Nr. 87 vorstellig, um dort die Wahl eines Arbeiter- und Soldatenrats zu veranlassen. Seine Parteigenossen hatte er dazu angehalten, die übrigen Truppenteile mit demselben Ziel aufzusuchen. Deren Vertretungen fanden sich um sechs Uhr im Schöfferhof ein[237], wo Adelung aus den Anwesenden 7 sozialdemokratische Gewerkschaftler und 7 Soldaten als Aktionsausschuß und den ihm im übrigen unbekannten Leutnant Wirth als Vorsitzenden vorschlug. Die Wahl wurde einstimmig angenommen. Anschließend erschien der um das Schicksal der Stadt besorgte Oberbürgermeister Dr. Göttelmann mit einigen Stadtverordneten und sprach kurz zu den Versammelten. Nachdem er wieder gegangen war, begann der Aktionsausschuß mit seiner Arbeit. Noch in der Nacht vom 09. auf den 10. November wurde ein Aufruf „An die Bevölkerung von Mainz!“ erlassen, in dem der Arbeiter- und Soldatenrat seine Übernahme der vollziehenden Gewalt sowie die Gewährleistung von Sicherheit und Eigentum verkündete. Plünderungen und Straßenraub wurden mit der Todesstrafe bedroht. Zwar sollten Vorgesetzte und Soldaten ihre Abzeichen weiter tragen; das Vorgesetztenverhältnis sollte jedoch nur im Dienst bestehen. In Mainz ging es nach den Revolutionstagen angesichts des großen Rückzugs der deutschen Kriegsarmee über den Rhein vor allem darum, eine ordnungsgemäße Demobilisie-

---

[237] In einem Artikel des Gewerkschaftssekretärs Wilhelm Thomas in der ‚Mainzer Volkszeitung‘ aus dem Jahr 1928, abgedruckt in: Adelung; a.a.O., S. 182 ff. heißt es dagegen: „Um *4 Uhr* trafen sich die Soldatenräte, ..., im ‚Schöfferhof‘.“

rung des Heeres zu ermöglichen. Daher erteilte die revolutionäre Regierung an sämtliche Urlauber und Fahnenflüchtige den Befehl, zu ihren Truppenteilen zurückzukehren. Zur Gewährleistung der öffentlichen Sicherheit und Ordnung wurde die Straßen- und Wirtschaftssperre auf 22 Uhr festgesetzt und durch Patrouillen streng überwacht. Die Weiterführung der Verwaltung durch die militärischen und zivilen Behörden wurde unter Androhung der Dienstentlassung durch den Arbeiter- und Soldatenrat befohlen, was jedoch nicht nötig gewesen wäre, da sich die Militär- und Zivilbeamten der neuen Ordnung widerspruchslos fügten – teilweise allerdings mehr aus Selbsterhaltungstrieb denn aus innerer Überzeugung. Daneben ordnete man den Achtstundentag für alle Betriebe sowie die militärische Bewachung der öffentlichen Gebäude an.

Durch öffentliche Anschläge wurde die nun republikanische Regierung in Hessen, die Beseitigung der Ersten Kammer und der Landstände und die Reorganisation des Landtags durch das allgemeine, gleiche, geheime und direkte Verhältniswahlrecht verkündet.

Für die Aburteilung war ein vom Arbeiter- und Soldatenrat gebildetes Standgericht zuständig, das unter der Leitung des damaligen Rechtsanwalts Schreiber stand und dessen Urteile nach Vorschrift sofort vollstreckt werden sollten.

Es fand sich jedoch kein Anlaß für dieses Revolutionsstandgericht, seine Tätigkeit zu entfalten, denn die Matrosen verließen angesichts der entschlossen durchgreifenden Soldaten- und Bürgerwehr die Stadt[238]. Die Matrosen sowie alle anderen Soldaten, die bewaffnet das Mainzer Gebiet betraten, hatten sich sofort im Fort Bingen einzufinden, von wo aus sie das Gebiet „in fünf Zügen täglich" verlassen mußten[239]. Daraufhin machte sich

---

[238] Im Augenzeugenbericht in Adelung; a.a.O., S. 177 heißt es: „Die bolschewistischen Matrosen hatten aus Furcht vor der Strenge, mit welcher die Mainzer revolutionäre Regierung auf Aufrechterhaltung von Ruhe und Ordnung sah, unsere Stadt verlassen."

Adelung; a.a.O., S. 184 f. erinnert sich: „Das hier in Mainz bekundete Einverständnis mit meinem Durchgreifen gegen Ruhestörer und Unordnung fand nicht überall Anerkennung. So wurde mir von Frankfurt a.M. anonym telefoniert, ich möchte auf der Hut sein; eine größere Anzahl roter Matrosen hätten behauptet, in der Stadt wehten zu wenig rote Fahnen; sie kämen demnächst herüber, um einmal gründlich Ordnung zu schaffen. Ich ließ dem Anonymus sagen, es sei gut, wenn die roten Matrosen in Frankfurt blieben, da es andernfalls blutige Köpfe geben würde. Vorsorglich ließ ich aber die Bahnhöfe Mainz und Gustavsburg besonders stark bewachen, und als einige bewaffnete Matrosen auftauchten, wurden sie gleich festgenommen und dem Fort Bingen zugeführt, wo sie am andern Morgen ohne Waffen in einem für sie bereitgehaltenen Zuge nach ihrer Heimat abgeschickt wurden. Ebenso wurde von Bad Kreuznach ein Telefonat empfangen, in dem … – ein 90er-Regiment – ankündigte, es werde in Mainz Ordnung machen, weil zuviel rote Fahnen vorhanden seien. Also recht kann man es niemand machen."

die Gendarmerie auf Anordnung des Arbeiter- und Soldatenrats daran, die von den Matrosen befreiten Schwerverbrecher wieder zu verhaften und zu inhaftieren. Auch die ordentlichen Strafgerichte und die Polzei nahmen wieder ihre Funktionen auf.

Am Vormittag des 10. November fand eine Massenversammlung im Viehhof statt, der ein riesiger Demonstrationszug durch die Stadt Mainz folgte. Der Zug, in dem Zivil und Militär „Arm in Arm" mitmarschierten, wurde an der Stadthalle unter Ausrufung der Republik beendet[240].

gg) Worms

Was Worms anbelangt, so scheint sich der Ablauf der revolutionären Tage nicht gravierend von den bereits geschilderten Ereignissen im Großherzogtum zu unterscheiden[241].

Zwar wird im allgemeinen kurz erwähnt, daß es dort im Gegensatz zu den anderen Städten zu einem bemerkenswerten Zwischenfall gekommen sei; hier soll der Oberbürgermeister seines Amtes enthoben worden sein[242]. Die im dortigen Stadtarchiv erhaltenen Dokumente ergeben jedoch kein derartig eindeutiges Bild.

So ist der Wormser Zeitung vom 19. November 1918 (Abendblatt) lediglich folgende Mitteilung zu entnehmen: „Amtsniederlegung des Herrn Oberbürgermeisters Köhler. An die Bürgerschaft der Stadt Worms. Es ist mir die Ausübung meiner Amtstätigkeit infolge der Anordnung des Arbeiter- und Soldatenrates, der die öffentliche Gewalt in der Stadt Worms ausübt, unmöglich ... Köhler, Oberbürgermeister"[243]. In der Wormser Zeitung vom 05. Dezember 1918 (Morgenblatt) heißt es ferner: „Herr Oberbürgermeister Köhler hat an die Stadtverordneten-Versammlung das folgende Schreiben gerichtet: ‚Auf die Mitteilung vom 26. v. Mts., wonach die Stadtverordnetenversammlung beschlossen hat, daß sie zur Zeit aus zwingenden Gründen nicht in der Lage sei zu meinem Antrag vom 19. November, worin ich mich zur Amtsniederlegung bereit erklärt hatte, Stellung zu nehmen, gestatte ich mir ergebenst zu erwidern, daß ich, sobald die zur Zeit bestehen-

---

239 Adelung; a.a.O., S. 180.

240 Artikel von Wilhelm Thomas, in Adelung; a.a.O., S. 182.

241 Vgl. zum groben Ablauf der Ereignisse die maschinengeschriebenen „Auszüge aus der Wormser Zeitung 1918" sowie den Bericht über die öffentliche Sitzung der Stadtverordneten-Versammlung am Sonntag, den 10. November 1918, Stadtarchiv Worms.

242 Vgl. Struck; a.a.O., S. 403 und Bericht des Offenbacher Abendblatts vom 08. 11. 1928, in: Ulrich; Erinnerungen des ersten hessischen Staatspräsidenten, S. 110 (115).

243 „Auszüge aus der Wormser Zeitung 1918", Stadtarchiv Worms, S. 6.

den Hindernisse beseitigt sein werden, bereit bin mein Amt zunächst bis auf Weiteres wiederauszuüben.'."[244] Am 17. Dezember 1918 eröffnete Köhler dann tatsächlich die öffentliche Sitzung der Stadverordneten[245], was auf die Weiterführung des Oberbürgermeisteramts durch ihn schließen läßt.

Insofern entsteht der Eindruck, daß die Amtsenthebung des Wormser Oberbürgermeisters nicht die Tragweite besaß, welche die bisherige Literatur durch die Andeutung eines scheinbar revolutionären Akts vermuten ließ.

c) Die Beteiligten – Revolutionäre, Konterrevolutionäre oder Nonrevolutionäre?

aa) Die Arbeiter- und Soldatenräte

(1) Entstehung, Aufgaben und programmatische Ziele

Sowohl in den Städten als auch auf dem Land bildeten sich Arbeiter- und Soldatenräte[246]. Die dabei erforderlich erscheinende administrative Einteilung in Kreis-, Bezirks- und Provinzarbeiterräte kam jedoch offenbar nie ernstlich zum Tragen[247]. Vielmehr fungierte der in Hessen-Darmstadt am 08. November 1918 gegründete Darmstädter Arbeiter- und Soldatenrat, ähnlich wie der Großberliner Arbeiter- und Soldatenrat für Preußen und das Reich, gemäß einem Beschluß der am 10. November in Offenbach zusammengekommenen hessischen Räte als für das ganze Land zuständiger Hessischer Arbeiter-, Soldaten- und Bauernrat[248].

---

244 Ebd.; S. 9. Vgl. auch die Notiz über die Sitzung der Stadtverordnetenversammlung vom 25. 11. 1918, in: „Aus den Protokollen der Stadtverordnetenversammlungen" auf S. 10 der „Auszüge aus der Wormser Zeitung 1918", Stadtarchiv Worms: „§ 13663 Schreiben des Oberbürgermeisters Köhler vom 19. Nov. 1918 betr. Niederlegung seines Amtes ... Herr Stadtverordneter Prof. Dr. Becker ... beantrage er ‚dem Herrn Oberbürgermeister auf sein Schreiben vom 19. lfd. Mts. zu erklären, daß die Stadtverordnetenversammlung von dem letzteren Kenntnis genommen habe, aber zurzeit aus zwingenden Gründen nicht in der Lage sei, zu seinem Antrag Stellung zu nehmen.'"

245 Vgl. Wormser Zeitung vom 18. 12. 1918.

246 Vgl. die Unterteilung der verschiedenen Ausformungen der Arbeiterräte in vier Haupttypen bei Kolb; Die Arbeiterräte in der deutschen Innenpolitik 1918–1919, S. 88 ff.

247 Kittel; Novemberumsturz 1918, in: Blätter für deutsche Landesgeschichte 104 (1968), S. 42 (65).

248 Kittel; Novemberumsturz 1918; a.a.O., S. 42 (67) widerlegt hier die Aussage Kolbs, in Hessen sei es nicht zur Einrichtung einer Zentralinstanz gekommen, anhand einer Mitteilung des Staatsarchivs Darmstadt, „daß sich am 19. November alle hessischen Arbeiter- und Soldatenratsverbände zu einem Landesverband mit je einem Vertreter der fünf Städte und drei Provinzen zusammengeschlossen haben."

Unklar war in den ersten Revolutionstagen zunächst die Kompetenzverteilung zwischen den Räten und der provisorischen Regierung[249]. Die Organe, denen bis dahin die Ausübung der hessischen Staatsgewalt zustand, waren verschwunden. Der Großherzog war durch die Arbeiter- und Soldatenräte abgesetzt worden, die beiden Kammern des Landtags wurden durch eine in Übereinstimmung mit dem Arbeiter- und Soldatenrat erlassene Verordnung des Ministeriums[250] vom 19. November 1918 für aufgelöst erklärt. Beides waren Rechtsbrüche, aber tatsächlich waren durch sie die bisherigen Träger der hessischen Staatsgewalt beseitigt[251]. An ihre Stelle traten die Arbeiter- und Soldatenräte, die wiederum der MSPD-Kammerfraktion die Bildung der Regierung übertrugen.

Bei der Sitzung des Darmstädter Arbeiter- und Soldatenrats vom 13. November war Ulrich anwesend und teilte mit, daß der Auftrag zur Bildung eines Ministeriums ausgeführt sei[252]. Bei der Frage nach der Abgrenzung der Kompetenzen der Arbeiter- und Soldatenräte war Loos der Auffassung, daß die vollziehende Gewalt in allen Angelegenheiten, die der früheren bürgerlichen Gewalt unterstanden hatten, dem neuen Ministerium zu übertragen sei. In militärischen Dingen sollte jedoch der Arbeiter- und Soldatenrat zuständig bleiben[253]. Quessel hielt eine solche Trennung der Gewalten nicht für vereinbar mit dem Geist des Volksstaats. Parlament und Regierung seien in der Regierung eine Einheit. Die provisorische Regierung müsse in den Rat eintreten[254]. Schließlich kam man zur Überzeugung, daß Kompetenzstreitigkeiten zwischen dem Ministerium und dem Arbeiter- und Soldatenrat nicht zu befürchten seien, da beide miteinander und nicht gegeneinander arbeiten wollten[255].

Eine ausdrückliche Aufgabenverteilung oder ein Organisationsplan wurde zwischen den beiden neuen Führungsspitzen nicht vereinbart. Ihre Kompetenzen ergaben sich vielmehr aus den faktischen Gegebenheiten sowie aus informellen Absprachen, wobei jedoch die ministerielle Führungsrolle nie-

---

[249] Vgl. Gmelin; Verfassungsentwicklung und Gesetzgebung in Hessen von 1913 bis 1919, in: Jahrbuch des öffentlichen Rechtes der Gegenwart, Bd. IX (1920), S. 204 ff. (207).

[250] Gemeint ist hier das Staatsministerium. Vgl. dazu unter Kapitel B.II.4. auf S. 168.

[251] Vgl. Gmelin; Verfassungsentwicklung und Gesetzgebung in Hessen von 1913 bis 1919, in: Jahrbuch des öffentlichen Rechtes der Gegenwart, Bd. IX (1920), S. 204 ff. (207).

[252] Vgl. Darmstädter Täglicher Anzeiger vom 14. November 1918, S. 4; Hessischer Volksfreund vom 14. November 1918, S. 3.

[253] Vgl. Darmstädter Täglicher Anzeiger vom 14. November 1918, S. 4.

[254] Vgl. Darmstädter Täglicher Anzeiger vom 14. November 1918, S. 4.

[255] Vgl. Darmstädter Täglicher Anzeiger vom 14. November 1918, S. 4; Darmstädter Tagblatt vom 14. November 1918, S. 3.

mals bezweifelt wurde. Das Selbstverständnis der Räte war immer ein vorübergehendes, das hauptsächlich durch ihre Ordnungsfunktion nach den Tagen des Umsturzes geprägt war. Zudem besaß auch Ulrich kein gesteigertes Interesse an einer festen Bindung der provisorischen Regierung an den Arbeiter- und Soldatenrat, da er bereits für die Regierungsbildung eine Einbeziehung von Personen plante, die jegliche Abhängigkeit von Räten ablehnten[256]. Ulrich fügte sich deshalb nur scheinbar der ‚Überwachung' durch die Arbeiter- und Soldatenräte, indem er an ihren Sitzungen teilnahm, tatsächlich verhütete er dadurch, daß die Räte eine eigenständige politische Richtung einschlugen[257].

Am 18. November 1918 trafen sich in Frankfurt Vertreter der Arbeiter- und Soldatenräte aus dem Bereich des XVIII. Armeekorps, um zu entscheiden, ob der Frankfurter Arbeiter- und Soldatenrat ihre Zentrale werden könne. Dieser hatte hierzu eine Resolution vorbereitet, welche die Arbeiter- und Soldatenräte als „die höchste politische Macht" bezeichnete, ihre Aufgabe als die Aufsicht über die „Behörden und anderen Einrichtungen der gegenwärtigen Wirtschafts- und Gesellschaftsordnung" und als Ziel „die Vergesellschaftung bestimmter Großbetriebe" nannte. Am Schluß der Resolution hieß es: „Die Wahl muß so vorbereitet und betrieben werden, daß die Nationalversammlung ein Bollwerk der Demokratie und des Sozialismus sein wird"[258]. Die programmatischen Ziele der hessischen Arbeiter- und Soldatenräte wichen von den Inhalten der Frankfurter Resolution deutlich ab. Die Umwälzungen in Hessen entsprachen ganz überwiegend der Programmatik der MSPD, nur in manchen Ortschaften siegte eine radikalere – der Frankfurter Resolution entsprechende – Richtung[259].

Ein Beispiel für die regierungsnahe Gesinnung der Räte ist eine Stellungnahme des Gießener Arbeiter- und Soldatenrats: Dieser bat die Reichsregierung, „dem unverantwortlichen Treiben der Spartakusgruppe und deren Anhängern mit Waffengewalt ..." ein Ende zu machen und sprach der Regierung anläßlich der Zerschlagung des Spartakusaufstands das Vertrauen aus[260].

---

[256] Vgl. dazu unter Kapitel B.I.3.c)cc) auf S. 143.

[257] Vgl. Gmelin; Verfassungsentwicklung und Gesetzgebung in Hessen von 1913 bis 1919, in: Jahrbuch des öffentlichen Rechtes der Gegenwart, Bd. IX (1920), S. 204 ff. (207).

[258] Lucas; Frankfurt unter der Herrschaft des Arbeiter- und Soldatenrats 1918/19, S. 46. Die Resolution wurde angenommen und Frankfurt zur Zentrale gewählt.

[259] Vgl. Gmelin; Verfassungsentwicklung und Gesetzgebung in Hessen von 1913 bis 1919, in: Jahrbuch des öffentlichen Rechts der Gegenwart, Bd. IX (1920), S. 201 (206).

[260] Seelbach; a.a.O., S. 52 m.w.N.

(2) Faktische Funktionen

Die Aufgaben, welche die Arbeiter- und Soldatenräte nach den revolutionären Ereignissen übernahmen, sahen in allen Städten des Großherzogtums Hessen ähnlich aus. Sie bestanden im wesentlichen in der Sicherung der öffentlichen Ordnung, der wirtschaftlichen Versorgung[261], der geordneten Demobilisierung des deutschen Heeres[262], aber auch in der Ausführung von Beschlagnahmen, in der Absetzung von Beamten und in der Einberufung eines Revolutionstribunals[263].

Um die von den Räten besetzten Betätigungsfelder darzustellen, werden im folgenden verschiedene Gegebenheiten und Ereignisse aus Darmstadt, Offenbach, Gießen, Friedberg, Groß-Gerau sowie Mainz exemplarisch herausgegriffen[264].

(a) Darmstadt

Der Arbeiter- und Soldatenrat Darmstadt tagte zu Beginn der Revolution täglich, später nur noch mehrmals wöchentlich. In seiner Sitzung am 12. November 1918 wurde die Wahl eines Auschusses, der der Garnisonsverwaltung zur Seite stehen sollte, vorgenommen. Weiterhin wurden Mk. 5.000,– von den Teilnehmern der Sitzung als Kredit für den Vorstand des Arbeiter- und Soldatenrats zur Deckung allgemeiner Kosten bewilligt. Der Bekleidungsausschuß berichtete, daß ein gewisser Mangel an Bekleidungsstücken auf Grund bedauerlicher Vorgänge bei der Umwälzung zu verzeichnen wären.

In der Sitzung vom 13. November 1918 wurde über die Abgrenzung der Befugnisse zwischen der Regierung und dem Arbeiter- und Soldatenrat diskutiert[265]. Wie bereits erwähnt, war man der Auffassung, daß Kompetenzstreitigkeiten zwischen dem Ministerium und dem Arbeiter- und Soldatenrat nicht zu befürchten seien[266]. Ulrich, der bei der Sitzung anwesend war, regte die Bildung eines Frauenrats an[267]. Es wurde beschlossen, Delegierte

---

[261] Dabei ging es hauptsächlich um die Bewältigung der Ernährungsfrage. In Wiesbaden sollten sich die Aufgaben der Räte auch auf die Mitwirkung bei der Arbeitsbeschaffung und auf die Wohnungsfürsorge erstrecken, vgl. Struck; a.a.O., S. 391.

[262] Franz/Köhler; Parlament im Kampf um die Demokratie, S. 12.

[263] Vgl. Gmelin; Verfassungsentwicklung und Gesetzgebung in Hessen von 1913 bis 1919, in: Jahrbuch des öffentlichen Rechts der Gegenwart, Tübingen, Bd. IX (1920), S. 201(206); vgl. dazu unter Kapitel B.I.3.c)aa)(2)(a) auf S. 120.

[264] Vgl. für Friedberg auch Waas; a.a.O., S. 189 ff.

[265] Vgl. Darmstädter Tagblatt vom 14. November 1918, S. 4.

[266] Vgl. dazu unter Kapitel B.I.3.c)aa)(1) auf S. 116.

von Frauen und Bauern aufzunehmen. Außerdem empfand man es als notwendig, daß auch Beamtenvereinigungen Vertreter ernennen und den Rat um deren Aufnahme ersuchen sollten[268]. Der Antrag Dehns auf Zulassung von zwei Unabhängigen wurde mit überwiegender Mehrheit abgelehnt. Weiterhin wurde in dieser Sitzung noch über die Lage der Staatsbeamten und über die Teuerung gesprochen[269].

Am 14. November 1918 wurde ein vom ‚Bürger' Dr. Wolff gestellter Antrag, die hessische Republik zu einem Bestandteil der deutschen Republik zu erklären und in Zukunft ein Parlament regieren zu lassen, das vom Volk gewählt würde, einstimmig angenommen[270].

Bei der Sitzung am 15. November 1918 waren zum ersten Mal zwei Frauendelegierte anwesend[271]. Der Handelsverein wurde ebenfalls als Ratsmitglied zugelassen[272]. Quessel forderte die Errichtung von Revolutionstribunalen analog von Kriegsgerichten[273]. Wolff stellte den Antrag, die Regierung der Hessischen Republik zu beauftragen, die konstituierende Nationalversammlung in Berlin zu verlangen, der von den Teilnehmern mit großer Mehrheit angenommen wurde[274]. Weiterhin wurde der Antrag Wolffs, Frankfurt am Main als Sitz der Nationalversammlung anzusetzen, einstimmig angenommen[275]. Quessel versuchte die Spartakusgruppe als belanglos hinzustellen, eine Auffassung, die die anderen Mitglieder nicht teilten[276]. Am gleichen Tag wurde der Hessische Bürger- und Bauernausschuß gegründet, in dem sich die konservativen Kräfte sammelten[277].

Am Wochenende des 16. und 17. November 1918 fanden keine Sitzungen des Arbeiter- und Soldatenrats statt[278]. Auch in Revolutionszeiten war das Wochenende offenbar ‚heilig'.

---

[267] Vgl. Darmstädter Tagblatt vom 14. November 1918, S. 4.

[268] Vgl. Darmstädter Tagblatt vom 14. November 1918, S. 4.

[269] Vgl. Hessischer Volksfreund vom 14. November 1918, S. 2.

[270] Vgl. Hessischer Volksfreund vom 15. November 1918, S. 3.

[271] Nach Darmstädter Tagblatt vom 16. November 1918, S. 3.

[272] Unklar ist, ob dem Handelsverein ein oder zwei Sitze zugebilligt wurden. Während der Darmstädter Täglicher Anzeiger vom 16. November 1918, S. 3 f. über einen Sitz berichtete, erwähnte das Darmstädter Tagblatt vom selben Tag, S. 3, daß dem Handelsverein zwei Sitze zugewiesen wurden.

[273] Vgl. Darmstädter Täglicher Anzeiger vom 16. November 1918, S. 3 f.

[274] Vgl. Hessischer Volksfreund vom 16. November 1918, S. 3.

[275] Vgl. Hessischer Volksfreund vom 16. November 1918, S. 3.

[276] Darmstädter Täglicher Anzeiger vom 16. November 1918, S. 3 f.

[277] Nach Ulrich; Erinnerungen des ersten hessischen Staatspräsidenten, S. 124; vgl. dazu unter Kapitel B.I.3.c)bb) auf S. 137 ff.

[278] Vgl. Darmstädter Täglicher Anzeiger vom 16. November 1918, S. 3 f.

Am 18. November wurde die Einführung des Acht-Stunden-Tags in allen hessischen Privatbetrieben, in Industrie, Handel und Verkehr vom Rat beschlossen, nachdem das Staatsministerium bereits am 15. November 1918 dieses für die staatlichen Betriebe verfügt hatte[279]. Der Antrag Wolffs, ein Standgericht zu errichten, wurde dem Rechtsausschuß überwiesen[280]. Sein zusätzlicher Antrag, der die Bildung einer Bürgerwehr forderte, wurde einstweilen zurückgestellt und sein dritter Antrag, einen Wohlfahrtsausschuß der Stadt Darmstadt zu bilden, „... der alle militärischen Bestände, die nicht abtransportiert werden können, übernehmen und sie zugunsten der notleidenden Bevölkerung verwenden soll ...“ wurde schließlich angenommen[281].

Ein Zusammenschluß aller hessischen Arbeiter- und Soldatenräte zu einem Landesverband wurde als erledigt erklärt, da dieser schon vollzogen worden war. Die vier großen Städte sowie die drei Provinzen hätten je einen Vertreter in den Hessischen Arbeiter- und Soldatenrat zu delegieren[282]. In Zukunft sollten nicht mehr täglich Sitzungen abgehalten werden, sie sollten nur noch bei Verhandlungsbedarf stattfinden[283].

In der am 19. November abgehaltenen Versammlung der Darmstädter Frauen wurden drei der MSPD nahestehende Frauen in den Arbeiter- und Soldatenrat gewählt. Bezüglich der Wahl von drei weiteren Frauen, die aus dem bürgerlichen Lager stammen sollten, wollte man noch gesondert beraten, um dann in einer öffentlichen Versammlung die Wahl zu beenden[284].

Am 20. November wurde auf Antrag Dr. Wolffs die Errichtung eines hessischen Revolutionstribunals beschlossen, das besonders gegen „bolschewistische Umtriebe“ gerichtet sein sollte, aber auch als eine Sicherung gegen monarchistische Umtriebe gedacht war[285]. Dieses Revolutionsgericht sollte bis zur Wiederherstellung geordneter Zustände zuständig sein und für die sofortige Verurteilung von Straftaten wie Mord, Plünderung, Raub, Notzucht und mit Gewalt unternommene gegenrevolutionäre Handlungen, die besonders gegen den Bestand und die Tätigkeit des Arbeiter- und Soldatenrats gerichtet wären. Das Revolutionsgericht sollte aus sieben Mitgliedern bestehen, die vom Arbeiter- und Soldatenrat gewählt würden[286]. Das Verfahren sei mündlich, öffentlich und direkt; ein Verhandlungsprotokoll werde

---

279 Vgl. Hessischer Volksfreund vom 19. November 1918, S. 1.

280 Vgl. Darmstädter Tagblatt vom 19. November 1918, S. 3.

281 Vgl. Darmstädter Täglicher Anzeiger vom 19. November 1918, S. 3.

282 Vgl. Darmstädter Zeitung vom 19. November 1918, S. 1 f.

283 Nach Darmstädter Täglicher Anzeiger vom 19. November 1918, S. 3.

284 Vgl. Hessischer Volksfreund vom 20. November 1918, S. 3.

285 Vgl. Darmstädter Täglicher Anzeiger vom 21. November 1918, S. 3; Hessischer Volksfreund vom 21. November 1918, S. 1.

286 Vgl. Hessischer Volksfreund vom 21. November 1918, S. 1.

geführt und Zeugen würden eidlich (Nacheid) vernommen. Das Gericht habe einen Vorsitzenden zu wählen, der Verhandlungsleiter sei. Die Verhaftungen wegen der aufgezählten Delikte oblägen einer Beschlußkammer von drei Richtern des Revolutionsgerichts. Zum Schuldspruch sei eine Stimmenmehrheit von mehr als vier Stimmen erforderlich. Die Vollstreckung der Urteile unterliege der Militärgewalt bzw. der Staatsanwaltschaft[287]. Als Richter des Revolutionsgerichts wurden die Bürger Delp, Elsäßer, Loos, Melior, Müller, Nordmann und Wolff ernannt[288]. Es sei erwähnt, daß dieses Revolutionstribunal im offenen Widerspruch zu der geltenden Gerichtsverfassung, dem Strafgesetzbuch und der Strafprozeßordnung stand. Es war aber zugleich die wichtigste eigenständige Errungenschaft der Arbeiter- und Soldatenräte. Die Existenz des Revolutionstribunals wurde zum Symbol der Macht der Räte[289].

Zudem entschied der Arbeiter- und Soldatenrat, daß der bereits am 18. November 1918 beschlossene Acht-Stunden Tag ab dem 1. Dezember 1918 eingeführt würde. Schließlich sollte auch ein Verordnungsblatt für Beschlüsse des Hessischen Arbeiter- und Soldatenrats erstellt werden. Ob dies tatsächlich erfolgte, ist nicht nachweisbar.

Am 20. November stand ein Aufruf des Hessischen Arbeiter- und Soldatenrats im Hessischen Volksfreund, eine Bürgerwehr zu bilden[290], was am 22. November realisiert wurde[291]. Bei der Sitzung des Hessischen Arbeiter-, Bauern- und Soldatenrats am 22. November 1918 wurde beschlossen, in politischer Beziehung keine Direktiven mehr vom Frankfurter Arbeiter- und Soldatenrat entgegenzunehmen. In militärischer Hinsicht würde jedoch das Frankfurter Generalkommando anerkannt[292]. Der Hessische Arbeiter- und Soldatenrat sollte durch einen Delegierten ständig beim Generalkommando in Frankfurt am Main vertreten sein[293]. Es wurde auch beschlossen, einen Funkspruch an alle süddeutschen und gleichgesinnten norddeutschen Arbeiter-, Bauern- und Soldatenräte zu senden:

---

287 Vgl. Darmstädter Zeitung vom 22. November 1918, S. 2.

288 Vgl. Darmstädter Zeitung vom 21. November 1918, S. 3.

289 Es ist jedoch niemals in Aktion getreten. Siehe zur weiteren Entwicklung des Revolutionstribunals Kapitel B.II.3.c)aa) auf S. 156 f.

290 Vgl. Hessischer Volksfreund vom 20. November 1918, S. 2.

291 Nach Hessischer Volksfreund vom 30. November 1918, S. 2.

292 Der Beschluß ist eine Reaktion auf die Resolution des Frankfurter Arbeiter- und Soldatenrats vom 18. November 1918. Er ist der Beweis für die Distanzierung von der radikal-revolutionären Programmatik der Frankfurter Arbeiter. Vgl. dazu unter Kapitel B.I.3.c)aa)(1) auf S. 117 f. sowie Darmstädter Zeitung vom 23. November 1918, S. 3; Darmstädter Täglicher Anzeiger vom 23. November 1918, S. 3.

293 Nach Darmstädter Zeitung vom 23. November 1918, S. 3.

Der hessische Arbeiter-, Bauern- und Soldatenrat verlangt im Einverständnis mit der hessischen Regierung von der Reichsregierung die umgehende Einberufung der Nationalversammlung, die die allein wirkliche Vertretung des deutschen Volkes darstellt. Er lehnt die Diktatur irgendwelcher Klassen ab. Der hessische Arbeiter-, Bauern- und Soldatenrat bittet die süddeutschen Arbeiter-, Bauern- und Soldatenräte und die norddeutschen Arbeiter-, Bauern- und Soldatenräte, die gleicher Gesinnung sind, gemeinsam mit dem hessischen Arbeiter-, Bauern- und Soldatenrat von der Reichsregierung obiges zu verlangen. Der hessische Arbeiter-, Bauern- und Soldatenrat ist der Ansicht, daß im Falle, wo die Reichsregierung die Nationalversammlung nicht baldigst einberufen kann und eine Diktatur in Berlin aufkommen sollte, die süddeutschen und die gleichgesinnten norddeutschen Arbeiter-, Bauern- und Soldatenräte gemeinsam mit den Regierungen die Einberufung der Nationalversammlung in einer süddeutschen Hauptstadt veranlassen sollen.[294]

Weiterhin wurde die folgende Resulution beschlossen:

1. Die Hessischen Arbeiter-, Bauern- und Soldatenräte sind bis zur Schaffung der neuen Verfassung durch die bundesstaatlichen bezw. Reichs-Nationalversammlung die obersten Träger der Staatsgewalt. Die Behörden arbeiten nur im Auftrage der Arbeiter-, Bauern- und Soldatenräte, solange sie deren Vertrauen haben.

2. Der Hessische Landes-Arbeiter-, Bauern- und Soldatenrat ist für die Republik Hessen die oberste Staatsgewalt. Unter ihm stehen die Arbeiter-, Bauern und Soldatenräte der bisherigen Kreise. Nach deren Direktiven arbeiten die örtlichen Arbeiter-, Bauern- und Soldatenräte.

3. Der Hessische Arbeiter-, Bauern- und Soldatenrat verlangt, daß die Nationalversammlung, sobald das technisch möglich ist, stattfindet. Bis das der Fall ist, behalten die Arbeiter-, Bauern- und Soldatenräte unter allen Umständen und ganz allein die Gewalt in der Hand.

4. Als stimmende Mitglieder zu den Räten können nur Personen zugelassen werden, die sich auf eine republikanische und unbedingt demokratische Verfassung nach dem vom Hessischen Arbeiter-, Bauern- und Soldatenrat aufgestellten Programm verpflichten[295].

Zwischen der Regierung und dem Hessischen Landes-Arbeiter-, Bauern- und Soldatenrat sollte engste Fühlung herrschen[296]. Bei einer weiteren Sit-

---

[294] Der Funkspruch belegt die unterschiedlichen politischen Stömungen und die aufkommende Feindschaft der Arbeiter-, Bauern- und Soldatenräte im Deutschen Reich. Der Hessische Arbeiter-, Bauern- und Soldatenrat bekräftigt sein demokratisches Grundverständnis und weist jede Form von Rätediktatur zurück. Vgl. Darmstädter Zeitung vom 23. November 1918, S. 3.

[295] Vgl. Darmstädter Tagblatt vom 23. November 1918, S. 3; Darmstädter Täglicher Anzeiger vom 23. November 1918, S. 3.

[296] Zwar definierte die Resolution den Rat als obersten Träger der Staatsgewalt, jedoch wird gleichzeitig auf die Regierung und die enge Zusammenarbeit hingewiesen. Tatsächlich war der Rat ohne die Regierung nicht handlungsfähig. Es bestand faktisch kein Unterordnungsverhältnis der Regierung. Vgl. Darmstädter Tagblatt

zung am 25. November 1918 beantragten drei Herren der Darmstädter Industrie ihre Aufnahme in den Arbeiter- und Soldatenrat. Prinzipiell hatte der Arbeiter- und Soldatenrat nichts dagegen einzuwenden[297]. Er schien den Inhalt seiner Resolution sehr weit auszulegen. Der Antrag Wolffs, die verantwortlichen Männer, die dem deutschen Volk Opfer aufgebürdet hätten, zur Rechenschaft zu ziehen, wurde angenommen; es wurde beschlossen, eine entsprechende Forderung an die Reichsregierung zu stellen[298].

Am 28. November 1918 beschloß die Stadtverordnetenversammlung in ihrer Sitzung, den achtstündigen Arbeitstag in den städtischen Betrieben einzuführen[299]. Gleichzeitig tagte eine vom Arbeiter- und Soldatenrat organisierte öffentliche Frauenversammlung, in der auch ein Vortrag über „Die Frau in der Revolutionszeit" gehalten wurde[300].

Die Ratszusammensetzung hatte sich mittlerweile stark verändert. Die Soldaten, die bisher 28 Sitze innegehabt hatten, besaßen nur noch 15, die Arbeiter hatten 20, die Frauen 5[301], die Demokratische Partei 8 und die verschiedenen wirtschaftlichen Vereine besaßen 10 Delegierte[302]. Es wurde betont, daß der Darmstädter Arbeiter- und Soldatenrat der erste in Deutschland sei, der Frauen die Aufnahme gewährt habe[303].

In der Sitzung des Hessischen Arbeiter- und Soldatenrats vom 2. Dezember 1918 wurde über seine Finanzierungsprobleme diskutiert. Man beschloß, daß für die örtliche Tätigkeit der Mitglieder des Arbeiter- und Soldatenrats die dortigen Kassen, für die Tätigkeit im Kreis und für den Staat die Kreise bzw. die Staatskassen aufzukommen hätten[304]:

---

vom 23. November 1918, S. 3; Darmstädter Täglicher Anzeiger vom 23. November 1918, S. 3.

[297] Vgl. Hessischer Volksfreund vom 26. November 1918, S. 2.

[298] Vgl. Darmstädter Täglicher Anzeiger vom 26. November 1918, S. 4.

[299] Vgl. Hessischer Volksfreund vom 10. Dezember 1918, S. 3.

[300] Vgl. Darmstädter Stadtgeschichte in Zahlen; Darmstädter Täglicher Anzeiger vom 29. November 1918, S. 4; Hessischer Volksfreund vom 30. November 1918, S. 3.

[301] „... wegen Platzmangels"; aus diesem Grund war die frühere teilweise Wahl nicht mehr aufrecht zu erhalten, es konnten nur zwei bürgerliche Frauen in den Arbeiter- und Soldatenrat gewählt werden. Vgl. Hessischer Volksfreund vom 30. November 1918, S. 3.

[302] Vgl. Darmstädter Tagblatt vom 29. November 1918, S. 3.

[303] Nach Darmstädter Stadtgeschichte in Zahlen. Vgl. Darmstädter Täglicher Anzeiger vom 29. November 1918, S. 4.

[304] Vgl. Darmstädter Zeitung vom 3. Dezember 1918, S. 2. Das Finanzierungsproblem war ebenso ein Problem des Zentralrats der Deutsche Sozialistischen Republik, dessen Mitglied auch Knoblauch war; vgl. Kolb/Rürup; Der Zentralrat der Deutschen Sozialistischen Republik 19.12.1918–8.4.1919, Quellen zur Geschichte der Rätebewegung in Deutschland 1918/19, Bd. I, S. 474 ff.

Als Funktionär wird angesehen, wer laut Auftrag dem Arbeiter- und Soldatenrat Dienste leistet, ohne Angestellter zu sein. Danach sollen Delegierte für ihre Teilnahme an den Plenar- und Ausschußsitzungen außer der Vergütung ihres verlorenen Arbeitsverdienstes je Mk. 5,–, Funktionäre an leitender Stelle auch je Mk. 5,– erhalten[305]. Hilfskräfte werden nach den üblichen Sätzen bezahlt. Mitglieder, die ein Einkommen von mehr als 5.000,– Mark haben, erhalten keine Vergütung, nur der Aufwand für auswärtige Dienstreisen wird ersetzt.[306]

Innerhalb Hessens wurde hierfür der Betrag von Mk. 12,–, für den halben Tag die Hälfte und für die Übernachtung Mk. 7,– festgesetzt. Die Bestimmung war rückwirkend ab dem 09. November 1918 zu verstehen[307]. Daß dieser Beschluß in der Praxis nicht problemlos umgesetzt wurde, begründet sich aus der Tatsache, daß der Arbeiter- und Soldatenrat nach der Bildung der provisorischen Regierung nicht als oberster Träger der Staatsgewalt von den kommunalen Verwaltungen akzeptiert wurde[308]. Am 6. Dezember 1918 wurde in einer amtlichen Bekanntmachung des Landes-Arbeiter-, Bauern-, und Soldatenrats nochmals die genaue Verteilung, welche Körperschaft für welche Kosten der Arbeiter- und Soldatenräte aufzukommen hätte und wie die Delegierten und Funktionäre unterstützt werden sollten, veröffentlicht[309].

In einer weiteren Bekanntmachung vom 7. Dezember 1918 wurden sämtliche Arbeiter- und Soldatenräte der Republik aufgerufen, daß bei Maßnahmen „... die insbesondere geeignet sind, die Weiterführung von Betrieben usw. zu gefährden, nur im Einverständnis mit dem Hessischen Landes-Arbeiter-, Bauern- und Soldatenrat getroffen werden können. In allen Fällen ist die Zustimmung des Hessischen Landes-Arbeiter-, Bauern- und Soldatenrats oder die des Staatsministeriums in Darmstadt notwendig“[310].

Am 09. Dezember 1918 löste sich der Hessische Landes-Arbeiter-, Bauern- und Soldatenrat im Hinblick auf die französische Besatzung einstimmig auf[311]. An seine Stelle trat nunmehr der Volksrat der Republik Hessen[312].

---

305 Hinsichtlich der Aufwandsentschädigung von Spitzenfunktionären gibt es unterschiedliche Angaben. Der Darmstädter Täglicher Anzeiger vom 3. Dezember 1918, S. 3 berichtet von einer Entschädigung in Höhe von Mk. 10,–.

306 Vgl. Darmstädter Zeitung vom 3. Dezember 1918, S. 2.

307 Vgl. Darmstädter Täglicher Anzeiger vom 3. Dezember 1918, S. 3; Darmstädter Zeitung vom 3. Dezember 1918, S. 2.

308 Vgl. dazu unter Kapitel B.I.3.c)aa)(3) auf S. 135.

309 Vgl. Darmstädter Zeitung vom 6. Dezember 1918, S. 2.

310 Vgl. Darmstädter Zeitung vom 7. Dezember 1918, S. 3; Hessischer Volksfreund vom 9. Dezember 1918, S. 3.

311 Vgl. Darmstädter Tagblatt vom 10. Dezember 1918, S. 2; Darmstädter Täglicher Anzeiger vom 10. Dezember 1918, S. 3; Darmstädter Zeitung vom 10. Dezember 1918, S. 2; Hessischer Volksfreund vom 10. Dezember 1918, S. 2.

312 Vgl. dazu unter Kapitel B.II.3.c), B.II.3.c)aa) auf den S. 154, 155.

Abb. 20: Hessischer Landesvolksrat im Dezember 1918
v.l.n.r. sitzend: H. W. Schaub, Friedberg/W. Loos/H. Delp/W. Knoblauch/A. Storck/A. Sporr/P. Knaus/K. Dehn
v.l.n.r. stehend: Kallmann/F. Hartmann/Mühlhausen/L. Hasenzahl, Erbach/G. Kaul, Offenbach/H. Elsesser/Wendel/G. Beckmann, Gießen/G. Schäfer/Faber, Leihgestern/Seibert

(b) Offenbach

Ziel der in Offenbach gebildeten Institutionen des Soldatenrats und des Arbeiter-Aktionsausschusses war es, die öffentliche Ordnung aufrechtzuerhalten, die Bevölkerung vor Gewalt zu schützen und Anschläge der Reaktion zu verhindern[313].

Vor allem aber wollte man rücksichtslos gegen diejenigen vorgehen, welche die Versorgung mit Lebensmitteln störten[314]. Der Rat verlangte, daß den Weisungen des Ernährunsausschusses Folge geleistet werde. Die Geschäftsleute forderte man auf, die Höchstpreise einzuhalten – bei Zuwiderhandlung drohte die Schließung der Läden. Allerdings blieb die Lebensmittelversorgung angesichts der fehlenden Vorräte weiterhin miserabel[315]. Um

[313] Das folgende nach Schlander; a.a.O., S.18 ff.

[314] Vgl. Offenbacher Abendblatt vom 11. 10. 1918.

[315] So erhielten die Einwohner am 14. November 50 gr Butter, ein Ei und einen Handkäse. Zwei Tage später gab es nach Vorlage einer „Knochenkarte" eine Zuteilung von Knochen sowie 150 gr Fleisch und 50 gr Wurst. Drei Tage später wurden auf eine „Obstkarte" zwei Pfund Zwiebeln verkauft, wobei das Pfund 60 Pfennige kostete. Die Woche vom 18.–24. November deklarierte man als fleischlos, und die Metzerläden blieben leer. Als Ausgleich wurde ein Wurstersatz von 100 gr Weizenbrotmehl angeboten, vgl. Schlander; a.a.O., S. 20.

dem zur Tagesordnung gehörenden Rauben und Plündern Einhalt zu gebieten, wurden die wenigen Vorräte schärftens bewacht[316]. Als die Menschen am Offenbacher Hauptbahnhof in die Züge strömten, um zum Hamstern aufs Land zu fahren, wurde der Reiseverkehr erheblich eingeschränkt, da die Kapazitäten bei weitem nicht ausreichten. Der Bahnhof wurde außerdem bevölkert, um den eintreffenden Soldaten Lebensmittel sowie Ausrüstungs- und Bekleidungsgegenstände aus Heeresbeständen abzukaufen[317]. Der anhaltendende Hunger der Bevölkerung löste trotz der Mahnungen und Warnungen durch Räte und Behörden einen kaum zu kontrollierenden Zustand aus, so daß man zur Bildung einer Bürgerwehr aufrief, welche den überkommenen Sicherheitskräften bei der Erfüllung ihrer Aufgaben zur Seite stehen sollte[318]. Dagegen wurden die aus der Kriegszeit herrührenden Jugendwehren zur militärischen Vorbildung aufgelöst.

Die in der Bevölkerung herrschende Furcht vor kommunistischen Tendenzen in den Räten und vor darauf folgenden Beschlagnahmen von Guthaben auf den Banken und Sparkassen führte zur Geldhamsterei, aufgrund derer eine Warnung an die Bevölkerung erging und Kaul versicherte, daß derartiges nicht geplant sei[319]. Trotzdem konnte die Nachfrage nach Bargeld nicht eingedämmt werden, so daß die Vorräte der Banken schnell aufgebraucht waren und bereits am 14. November von der Stadt Notgeld (sog. Stadtscheine[320]) ausgegeben werden mußte, das allerdings in den Landgemeinden nicht akzeptiert wurde[321]. Zur Gewährleistung der Sicherheit auf den Straßen wurde für die Jugendlichen eine Ausgangssperre ab 19.00 Uhr unter Androhung der Sicherheitshaft verhängt. Die Schulen, die wegen einer Grippewelle ohnehin geschlossen waren, sollten bis zum 20. November Ferien machen, da ein geregelter Unterricht in diesen Tagen unmöglich war[322].

---

316 Auf dem Offenbacher Güterbahnhof wurden die Hungernden durch mit Maschinengewehren Bewaffnete ferngehalten, vgl. Offenbacher Abendblatt vom 15. 11. 1918 und Offenbacher Zeitung vom 12. 11. 1918.

317 Es soll sogar Vieh auf diese Weise verkauft worden sein, vgl. Offenbacher Zeitung vom 20. 11. 1918.

318 Die Volkswehr wurde von dem Sozialdemokraten Weber organisiert und von seinem Genossen Weipert kommandiert, vgl. Bericht des Offenbacher Abendblatts vom 08. 11. 1928, in Ulrich; Erinnerungen des ersten hessischen Staatspräsidenten, S. 115.

319 So erhielten die Banken die Anweisung, ihre Schalter zu den üblichen Kassenstunden zu öffnen, vgl. Offenbacher Abendblatt vom 14. 11. 1918.

320 Die Ermächtigung zum Druck und zum Inverkehrbringen von Stadtscheinen i.H.v. fünf Millionen Mark hatten die Stadtverordneten dem Oberbürgermeister übrigens schon am 17. Oktober erteilt. Die offzielle Begründung hieß, man wolle die Not an Kleingeld beheben; vermutlich hatten die Stadtverordneten aber schon eine Vorahnung des Kommenden, vgl. Schlander; a.a.O., S. 22.

321 Vgl. Offenbacher Abendblatt vom 16. 11. 1918.

322 Vgl. Offenbacher Zeitung vom 13. 11. 1918.

Nachdem die Alliierten in dem Waffenstillstand vom 11. November 1918 verlangt hatten, daß innerhalb knapp bemessener Zeit das von den Siegern zu besetzende linksrheinische Gebiet und Brückenköpfe auf dem rechten Ufer von allen deutschen Truppen zu räumen seien und außerdem eine von Soldaten freie neutrale Zone geschaffen werden solle, zu der auch Offenbach gehörte, kamen auf die Stadt erhebliche Durchmärsche von Truppen zu[323]. Der Unterbringungsausschuß des Arbeiter- und Soldatenrats veröffentlichte daraufhin einen Aufruf mit der Überschrift „Fahnen heraus!", in dem er dazu aufforderte, die Häuser sowie den Hauptbahnhof zu schmükken und die Flaggen zu hissen, um die heimkehrenden Soldaten willkommen zu heißen[324].

Erst ab dem 02. Dezember zogen Truppen durch die Stadt, die trotz der Lebensmittelknappheit verpflegt und einquartiert wurden. Aufgrund der Forderung der Alliierten nach der Herstellung einer neutralen Zone mußten die an der Bieberer Straße stationierten 168er der Offenbacher Garnison die Stadt verlassen[325]. Doch bereits zehn Tage später kehrte eine Kompanie in die Kaserne zurück, die von den Alliierten zur Polizeitruppe erklärt wurde, weil ihre Anwesenheit zur Aufrechterhaltung der inneren Sicherheit erforderlich war.

(c) Gießen

Die Sicherstellung von Ruhe und Ordnung durch die Räte läßt sich auch am Beispiel von Gießen dokumentieren[326]. Dort kam es am 12. November am Bahnhof zu einer Schießerei zwischen der Wache des Soldatenrats und Insassen eines entwendeten Zugs, bei der mehrere Personen verletzt wurden[327]. Nachdem der dortige Arbeiter- und Soldatenrat zunächst den Waffengeschäften die Abgabe von Waffen an Militär- oder Privatpersonen untersagt hatte, folgte am 18. November das Verbot der paramilitärischen

---

[323] Das XVIII. Armeekorps hatte schon am 14. November mit der Entlassung von Soldaten begonnen.

[324] Vgl. Offenbacher Zeitung vom 20. 11. 1918. Erwähnenswert erscheint in diesem Zusammenhang der Aufruf des Bürgermeisters von Friedberg an die Bürger seiner Stadt: „Schmückt Eure Häuser noch einmal mit der schwaz-weiß-roten Fahne! Die schwarz-rot-goldenen Fahne aufzupflanzen, sollen unsere Krieger helfen.", vgl. Waas; a.a.O., S. 188.

[325] Die Einheit wurde in das oberhessische Butzbach verlegt.

[326] Das folgende nach Seelbach; a.a.O., S. 47 ff.

[327] GA vom 13. 11. 1918; Seelbach; a.a.O., S. 47 FN 17, weist außerdem auf einen Bericht im ‚Grünberger Anzeiger' vom 14. 11. 1918 (S. 3) über eine Meuterei der Gießener Militärgefangenen hin. Bei der Niederschlagung durch Organe des Militärauschusses des Arbeiter- und Soldatenrats wurden ein Mann getötet und ein weiterer verletzt.

Ausbildung und des Tragens von Waffen. Kriegsgefangene durften durch die sie beschäftigenden Arbeitgeber nicht vorzeitig aus ihrer Arbeit entlassen werden. Daneben wurde der Verkehr mit diesen Gefangenen im Lager und auf der Straße verboten[328].

Zum Schutz des privaten Eigentums empfahl der Arbeiter- und Soldatenrat in Zusammenarbeit mit den alten Behörden am gleichen Tag die Bildung einer Sicherheitswache aus etwa vierzig Personen, die zwar organisatorisch dem Polizeiamt unterstellt sein sollte, zu deren Einsatz der Arbeiter- und Soldatenrat jedoch ebenfalls befugt war.

(d) Friedberg

Mit welch banalen Angelegenheiten sich die Arbeiter- und Soldatenräte unter anderem zu beschäftigen hatten, zeigt ein Beispiel aus Friedberg: Dort klagte der Arbeiter- und Soldatenrat am 26. November 1918 darüber, daß sich unzählige anonyme Denunzianten, die mit „Ein Genosse" unterzeichneten, mit meist „lächerlichen Denunziationen" an ihn wandten[329].

(e) Mainz

In Mainz organisierte der Arbeiter- und Soldatenrat vor allem die geordnete Demobilisierung des heimkehrenden Heeres[330]. Diese vordringliche Aufgabe war zum einen durch die besondere geographische Lage der Stadt begründet, da sie „... im Ostzipfel des linken Rheinufergebiets den Schnittpunkt zahlreicher Hauptlinien von Saarbrücken bis zur Moselgegend bildet". Zum anderen spielte hierfür auch ihre verkehrstechnische Bedeutung eine maßgebliche Rolle, „... weil in ihrem Bereich eine Anzahl wichtigster Übergänge über den Rhein in Form von Eisenbahn- und Straßenbrücken sowie Wagenfähren von Worms bis Bingen sich eng zusammenschiebt". Nachdem in Mainz die Revolutionstage recht glimpflich verlaufen waren und sich die Verhältnisse rasch wieder beruhigt hatten, machte sich der Arbeiter- und Soldatenrat sofort daran, Vorkehrungen für die Aufnahme und Verpflegung der herbeiströmenden Soldaten zu treffen. Als Hauptplätze waren dafür Alzey und Bingen-Bingerbrück vorgesehen; ebenso sollte eine zweite entsprechende Etappe kurz vor Mainz und in Mainz selbst die Soldaten versorgen. Der Arbeiter- und Soldatenrat wurde bei der Bewältigung

---

[328] GA vom 18. 11. 1918.

[329] Waas; a.a.O., S. 188 f.

[330] Das folgende nach dem Artikel eines Sonderberichterstatters K. H. im rechtsgerichteten ‚Tag' vom 22. November 1918, abgedruckt in: Adelung; a.a.O., S. 185 ff. sowie nach Adelung; a.a.O., S. 187 ff.

dieser Aufgaben durch die tatkräftige Hilfe der auf dem Land gebildeten Bauernräte unterstützt, die mit den Mainzer Behörden zusammenarbeiteten. Außerdem erließ der Arbeiter- und Soldatenrat am 14. November an die Landbevölkerung in Rheinhessen eine Aufruf. Darin ging es um die „Verpflegung der von Feindesland zurückkehrenden Soldaten, Versorgung der Stadt Mainz mit Lebensmitteln, Warnung der Bevölkerung vor dem Bürgerkrieg, Maßnahmen gegen Schwarzschlachtungen und Schleichhandel, Androhung der Enteignung ‚schwarzer' Lebensmittel, Maßnahmen gegen Wucherer, Schleichhändler und Schieber bei Androhung der zwangsweisen Geschäftsschließung, Ausfuhrverbot von Frühgemüse aus dem Stadtgebiet von Mainz, Verbot des Ankaufs und Verkaufs von Waffen sowie von militärischen Bekleidungs- und Ausrüstungsgegenständen usw."[331].

Als die Armeegruppe von der Marwitz mit etwa 750.000 Männern zwischen Bingen und Nierstein – teils über Ponton-Brücken, teils über die Straßenbrücke von Mainz – binnen 14 Tagen den Rhein überqueren sollte, bot Adelung an, die Truppen in Mainz mit jeweils ca. 50.000 Männern zusammenzuführen und in Kasernen, Kirchen und Schulen zu bewirten. Die Größe der Armee ließ es jedoch nicht zu, alle Truppen an einem Ort zu konzentrieren und später wieder auseinanderzuziehen. Kurzerhand organisierte der Arbeiter- und Soldatenrat Lastwagen und Gespanne, um die Verpflegung an die verschiedenen Etappenorte zu transportieren[332].

Die durchziehenden Soldaten wurden durch Empfangspforten an den Eingängen der Stadt sowie an den Hauptplätzen willkommen geheißen und mit Erfrischungen und Zigaretten versorgt. Schulen und Kirchen waren zu Unterkünften umfunktioniert und Flugblätter vorbereitet worden, welche die Soldaten über die Lage in Deutschland aufklären sollten[333]. Neben der Be-

[331] Adelung; a.a.O., S. 178.

[332] Adelung; a.a.O., S. 188 hebt in diesem Zusammenhang das Dankesschreiben der Armeegruppe von der Marwitz an den Arbeiter- und Soldatenrat „für die gute und schnelle Bewirtung" sowie den durch den Major des bayrischen Truppenteils ausgesprochenen Dank der Militärverwaltung hervor, „weil die Bürgerwehr so energisch den Willen des A.-S.-Rates vollzogen und den Plünderern des Kriegs-Bekleidungsamtes das Handwerk gelegt hatte".

[333] Vgl. hierzu ein Flugblatt des Arbeiter- und Soldatenrats Friedberg i.H., das folgenden Wortlaut hatte:
„Kameraden!

1. Die deutsche Revolution hat den Willen frei gemacht zum Frieden, zu Freiheit und Recht für alle. Es sind aber auch Minderheiten am Werke, die mit ihren unreifen Experimenten Deutschland ins Herz treffen und an den Abgrund des jähen Falles und Verfalles führen.

Kameraden! In dieser Zeit – wo das Vaterland aufs schwerste gefährdet ist – will der Arbeiter- und Soldatenrat für Ruhe und Ordnung, für Sicherheit und Schutz des persönlichen Eigentums sorgen. Nur so gelangen wir zu Frieden, Recht und gesetzmäßigen Zuständen.

wirtung der Soldaten vergaß Adelung jedoch nicht, auch für das Wohl der heimischen Bevölkerung zu sorgen. Als mehrere Lastkähne mit Gaskohlen, die für die Farbwerke Höchst bestimmt waren, wegen niedrigen Wassers auf dem Rhein festlagen, ordnete er trotz heftigen Protests an, die Kohlen an das Gaswerk Mainz zu verkaufen, dessen Bestände ansonsten nur noch für wenige Tage gereicht hätten[334].

Neben der geordneten Rückführung und Verpflegung des Herres ging es in Mainz außerdem darum, die noch vorhandenen Bestände und Vorräte des deutschen Heeres vor den herannahenden Franzosen in Sicherheit zu bringen, da diese ansonsten Kriegsbeutegut der Franzosen geworden wären. Beispielsweise gab es im Kriegsbekleidungsamt in Kastel noch größere Mengen an Schuhleder und ganzen Häuten. Da nicht genügend Fahrzeuge vorhanden waren, um die Mengen rechtzeitig vor dem Einmarsch der Franzosen abzutransportieren, gab Adelung den Befehl, die im Bereich von Mainz, in Wiesbaden, Alzey und Worms liegenden Fabriken zu verständigen, die entsprechend ihrer Größe das Leder zu Schuhen im Auftrag des Reichs verarbeiten und das Leder selbst abtranportieren mußten[335]. Eine noch ernstere Lage herrschte in den Konservenfabriken, wo mehrere Millionen Blechpäckchen von Fleischkonserven zur Absendung bereit lagen. Weil sich die durchziehende Armeegruppe von der Marwitz weigerte, eine so große Menge Fleisch mitzunehmen und auch nicht genügend Eisenbahnwa-

---

Kameraden! Wer Euch etwas anderes über den Zweck und die Haltung der Soldatenräte sagt, der belügt Euch! Erfüllt also die Anordnung Hindenburgs, der enges Hand- in Handarbeiten Eurer Soldatenräte mit denen der Heimat fordert. Schickt Eure Führer sofort nach Eintreffen zu uns, damit alle Fragen allgemeiner und lokaler Art nach bestem Willen und Gewissen geregelt werden!

2. Für die Heimat ist die Grußpflicht abgeschafft. Mißbräuche waren bei Untergebenen und Vorgesetzten unvermeidlich. Störungen und Belästigungen waren an der Tagesordnung. Um sie zu vermeiden, ist Euch der Gruß außer Dienst freigestellt, aber nicht Zwang.

3. Kameraden! Große Aufgaben stellte uns die Einquartierungslast. Massenquartiere sind unvermeidlich; Entlausung und die Wohltat des Bades wird nicht immer möglich sein, trotz unserer Arbeit und unseres Willens. Kameraden! Versteht die Schwierigkeiten der deutschen Heimat. Begeht keine Eigenmächtigkeiten! Ihr dürft Euch nicht auf eigene Faust einquartieren!

Kameraden! Wir haben die Helden der Vorzeit geehrt. Aber sie haben nicht in stinkigen, mit Gas erfüllten Löchern augehalten und haben nicht Tage und Wochen im schwersten Trommelfeuer Not und Tod ausgehalten. Wir, die wir als lebendige Mauer von Leibern die Heimat geschützt haben, wir werden auch jetzt Ruhe und Ordnung halten!“ (Abschrift des im Stadtarchiv Friedberg erhaltenen Dokuments).

[334] Adelung; a.a.O., S. 189.

[335] Adelung; a.a.O., S. 187 erinnert sich: „Später bekamen die Franzosen Wind von der Sache; ich wurde zweimal deswegen von ihnen vernommen; sie hätten sich gar zu gerne das Leder angeeignet. Ein Resultat blieb ihnen versagt, die Bestände waren nicht mehr Eigentum des deutschen Heeres, und das Kriegsministerium deckte mich.“

gen vorhanden waren, setzte sich Adelung mit den Städten Mainz, Wiesbaden, Worms, Alzey und Darmstadt in Verbindung, um ihnen die Konserven anzubieten. Die Städte holten den Großteil der Konserven ab, so daß nur ein kleiner Rest den am 06. Dezember 1918 in Mainz einmarschierenden Franzosen in die Hände fiel[336].

(f) Groß-Gerau und Umgebung

Die Arbeiter- und Soldatenräte im Landkreis Groß-Gerau sind in ihrer praktischen Funktion als überwiegend reagierend und nicht als revolutionär-agierend zu charakterisieren.

In der Nacht vom 13. auf den 14. November 1918 wurde aus der Mitte der Mainzer Garnison und der Arbeiterschaft ein Arbeiter- und Soldatenrat gebildet, der einen Ausschuß beauftragte, die folgenden Beschlüsse der Bevölkerung zur Kenntnis zu bringen:

> Der Ausschuß des Arbeiter- und Soldatenrats uebernimmt die vollziehende Gewalt. Er sorgt für Ruhe und Ordnung und gewaehrleistet die Sicherheit der Bevoelkerung und des Eigentums. Pluenderungen und Straßenraub werden mit dem Tode bestraft. Alle militaerischen und zivilen Behoerden ueben ihre bisherige Verwaltungstaetigkeit weiter aus. Das Kreisamt Groß-Gerau hat sich durch seinen Kreisdirektor Dr. Wallau dem Arbeiter- und Soldatenrat unterstellt. Er wird im Einvernehmen mit dem Ausschuß alle Maßnahmen treffen, die im Interesse der Bevoelkerung, namentlich zur Aufrechterhaltung der Ordnung und Ruhe und zur Sicherung der Ernaehrung notwendig sind. Vorgesetzte und Soldaten haben ihre Abzeichen zu tragen. Das Vorgesetztenverhaeltnis besteht nur im Dienst. Der militaerische Dienst wird wie bisher weiter ausgeuebt.
>
> ... Nach 10 Uhr abends duerfen weder Militaer- noch Zivilpersonen ohne Ausweis auf der Straße weilen. Patrouillen werden die Durchfuehrung dieser Anordnung ueberwachen.
>
> ... Der Arbeiter- und Soldatenrat erwartet von der Einsicht der Buerger und Soldaten, daß sie in diesen schweren Tagen sich allen Anordnungen fuegen, um einen sicheren Uebergang in eine bessere und gluecklichere Zukunft zu gewaerleisten.[337]

Der Soldatenrat von Groß-Gerau wurde durch Soldaten aus Mainz gegründet. Am Abend des 15. November 1918 wurde die erste Sitzung des in einer öffentlichen Volksversammlung gewählten ‚Bürger- und Soldatenrats Groß-Gerau' abgehalten[338]. Es war ein Mitglied des Darmstädter Arbeiter- und Soldatenrats anwesend, das über „Die neue Zeit und ihre Folgen" sprach[339].

---

[336] Auch hierüber wurde Adelung von den Franzosen vernommen, vgl. Adelung; a.a.O., S. 188.

[337] Vgl. Groß-Gerauer Kreisblatt vom 16. November 1918, S. 1.

[338] Vgl. Groß-Gerauer Kreisblatt vom 19. November 1918, S. 1.

„Es wurde beschlossen, bei dem Ministerpräsidenten Ulrich wegen genauer Abgrenzung der Funktionen der Körperschaft vorstellig zu werden. Der Vorsitzende und dessen Vertreter wurden beauftragt, die erforderlichen Schritte hierfür zu unternehmen“[340].

Am Abend des 24. November fand eine öffentliche Versammlung des ‚Soldaten-, Arbeiter- und Bürgerrats‘ statt, deren Inhalte nicht bekannt sind. Jedoch ist anzunehmen, daß die Besetzung durch die französischen Streitkräfte thematisiert wurde. Groß-Gerau gehörte zu dem Brückenkopf Mainz, der ab Dezember 1918 von den Franzosen besetzt wurde. Bereits am 27. November wurde der Rat aus diesem Grund wieder aufgelöst. Allerdings konstituierte sich ein neuer ‚Arbeiter- und Bürgerrat‘, dessen erste Sitzung im Rathaus stattfand. Seine Hauptaufgabe sollte es sein, einer Gegenrevolution vorzubeugen und für Ruhe und Ordnung zu sorgen. Weiterhin wurde die Bildung eines Wirtschafts- und Vollzugsausschusses zur Überwachung der Lebensmittel- und Kohlenverteilung vorgenommen[341]. Am 10. Dezember 1918 fand noch einmal eine öffentliche Sitzung des Groß-Gerauer Arbeiter- und Bürgerrats statt. Mit Ankunft der Franzosen wurde der Rat jedoch aufgehoben[342].

In Goddelau entstand am 11. November 1918 ein Arbeiter- und Soldatenrat, der aus den Vertrauensleuten der einzelnen Dienststellen für Goddelau gebildet wurde[343]. Er unterstand dem Arbeiter- und Soldatenrat des XVIII. Armeekorps in Frankfurt am Main und sollte gemeinsam mit dem Kreisamt Groß-Gerau Sicherheitsdienste einrichten. „Zur Vertretung rein berufsständischer Interessen kann die Bildung von Bauernräten vorgenommen werden unter der Voraussetzung, daß sich diese an die bereits bestehenden oder ins Leben tretenden örtlichen Arbeiter-, Bauern- und Soldatenräte und an den hess. Arbeiter-, Bauern- und Soldatenrat Darmstadt anschließen“[344]. Ört-

---

[339] Nach Hummel; Entwicklungen und Folgen der Revolution 1918/19 in Darmstadt und im Landkreis Groß-Gerau, unveröffentlichte wissenschaftliche Hausarbeit zur Erweiterungsprüfung für das Lehramt an Grund-, Haupt- und Realschulen, maschinenschriftlich, S. 76 ff.

[340] Vgl. Groß-Gerauer Kreisblatt vom 19. November 1918, S. 1.

[341] Vgl. Groß-Gerauer Kreisblatt vom 3. Dezember 1918, S. 2.

[342] Vgl. Groß-Gerauer Kreisblatt vom 10. Dezember 1918, S. 2.

[343] Nach Hummel; Entwicklungen und Folgen der Revolution 1918/19 in Darmstadt und im Landkreis Groß-Gerau, unveröffentlichte wissenschaftliche Hausarbeit zur Erweiterungsprüfung für das Lehramt an Grund-, Haupt- und Realschulen, maschinenschriftlich, S. 75.

[344] Vgl. Gemeindearchiv Goddelau, Abt. XVIII, Konv. 35, Fasz. 7; zitiert nach: Hummel; Entwicklungen und Folgen der Revolution 1918/19 in Darmstadt und im Landkreis Groß-Gerau, unveröffentlichte wissenschaftliche Hausarbeit zur Erweiterungsprüfung für das Lehramt an Grund-, Haupt- und Realschulen, maschinenschriftlich, 1971, S. 75.

liche Arbeiter-, Bauern- und Soldatenräte sollten das Recht zur Kontrolle von Staats- und Gemeindebehörden haben, nicht jedoch die Befugnis, in die Tätigkeit der Behörden, insbesondere der Zentralbehörden, einzugreifen. Bis spätestens zum 05. August 1919 sollte ein Verzeichnis der bis Ende März 1919 von den Gemeindekassen gezahlten Kosten der Arbeiter- und Soldatenräte vorliegen, wobei Fehlanzeigen nicht anzugeben seien.

Von Königstädten ist bekannt, daß bei einer allgemeinen Volksversammlung, die für den 23. November 1918 von der MSPD einberufen wurde, die Wahl eines Arbeiterrats vorgenommen wurde. Der Arbeiter- und Bauernrat in Königstädten soll gerade so viel geleistet haben „..., als wenn er nicht dagewesen wäre“[345].

In Mörfelden wurde am 16. November 1918 ein Arbeiter- und Soldatenrat gegründet, der die Aufrechterhaltung der Ordnung in die Hand nehmen wollte[346].

In Rüsselsheim wurde am 20. November 1918 ein Arbeiterrat bei der Firma Opel gegründet[347]. Auch in Walldorf bildete sich ein Arbeiter- und Soldatenrat. Als bekannt wurde, daß die Franzosen die Räte auflösen würden, änderte der Rat seinen Namen in Arbeiter- und Bauernrat um. Trotzdem wurde er nach der Besetzung aufgelöst[348].

(3) Rechtliche Funktion

Anders als die Frage der von den Räten wahrgenommenen faktischen Aufgaben läßt sich die Frage der den Räten zuerkannten rechtlichen Stellung nicht so eindeutig beantworten. Der Arbeiter- und Soldatenrat der hessischen Republik übernahm mit seinen Proklamationen vom 09. und 10. November 1918 die verantwortliche Leitung der Bewegung und der Staatsgeschäfte[349]. Am 14. November schloß das Ministerium mit den Arbeiter- und Soldatenräten jedoch ein die Kompetenzabgrenzungen betreffendes Übereinkommen. Danach sollten für intern militärische Dinge die Soldaten-

---

[345] Vgl. Foßhag; Ortschronik (Königstädten) über den I. Weltkrieg, maschinenschriftlich, S. 9.

[346] Vgl. Hessischer Volksfreund vom 21. November 1918, S. 3.

[347] Vgl. Hessischer Volksfreund vom 21. November 1918, S. 3.

[348] Nach Hummel; Entwicklungen und Folgen der Revolution 1918/19 in Darmstadt und im Landkreis Groß-Gerau, unveröffentlichte wissenschaftliche Hausarbeit zur Erweiterungsprüfung für das Lehramt an Grund-, Haupt- und Realschulen, maschinenschriftlich, S. 77.

[349] Franz; Turbulenzen in Politik und Wirtschaft (1918–1932), in: Darmstadts Geschichte, S. 424 drückt sich hier folgendermaßen aus:„Träger der revolutionären Neuordnung Hessens sollte und wollte der nunmehrige Arbeiter- und Soldatenrat der hessischen Republik sein ...“.

räte allein zuständig sein, während alle Fragen des zivilen Lebens dem Ministerium unterstanden. Falls sich die Arbeiter- und Soldatenräte mit letzterem Bereich befassen würden, sollten sie die Angelegenheiten einem Ausschuß zuweisen, der im Falle der Zustimmung die Angelegenheit an das Ministerium zur endgültigen Regelung weiterzugeben hatte[350]. Wie jedoch die Realität hinsichtlich der Einflußmöglichkeiten der Arbeiter- und Soldatenräte aussah, läßt sich am Beispiel Offenbach erörtern.

Zwar hatten die Offenbacher Räte widerstandslos die Macht übernommen und ihre Arbeit mit Entschlossenheit begonnen; Unklarheit herrschte jedoch über ihre Kompetenzen[351]. Arbeiter-Aktionsausschuß und Soldatenrat bestanden nur kurz nebeneinander. Bereits einen Tag nach ihrer Gründung vereinigten sie sich und bildeten einen Arbeiter- und Soldatenrat unter Vorsitz des Sozialdemokraten Kaul. Angesichts der unterschiedlichen zu bewältigenden Aufgaben schuf man drei Sach-Ausschüsse: einen Sicherheitsausschuß zur Klärung von Polizeifragen, dem ebenfalls Kaul vorstand, einen Ernährungsausschuß unter Leitung des Mehrheitssozialdemokraten Neumann sowie einen Militärausschuß mit einem Feldwebel an der Spitze, der vornehmlich für die Kaserne und die sonstigen in der Stadt lebenden Militärpersonen zuständig war[352]. Doch obwohl der Arbeiter- und Soldatenrat ein eigenes ausführendes Organ ins Leben rief – Soldaten und Polizisten, die Armbinden mit dem Aufdruck „AUSR" trugen, handelten im Auftrag der neuen Institution –, blieb der Arbeiter- und Soldatenrat nur eine übergeordnete Behörde ohne Exekutive. Zwar wurden die überkommenen Ämter von den Räten kontrolliert, aber letztlich waren es ja die Beamten, die das erforderliche Fachwissen besaßen und die Verwaltungstätigkeit – weiterhin nach den alten Regeln – erledigten[353]. Auch die kommunale Verwal-

---

[350] Zur Erledigung seiner Aufgaben bildete der Arbeiter- und Soldatenrat besondere Deputationen. Beispielsweise forderte die Schulabteilung des Rats am 12. November zum pünktlichen Schulbesuch auf, vgl. Frankfurter Zeitung Nr. 315 vom 13. 11. 1918, 2. Morgenblatt.

[351] Das folgende nach Schlander; a.a.O., S. 19 ff.

[352] Zum Vergleich: In Gießen beispielsweise wurden ein Militär-, ein Aktions- und ein Ernährungsausschuß eingesetzt. Während der Ernährungsausschuß mit den aus der Zeit der Kriegswirtschaft erlassenen Verordnungen und Gesetzen arbeitete und sich um Arbeitskräfte für landwirtschaftliche Arbeiten kümmerte, übernahm der Aktionsausschuß die Hausdurchsuchungen und Beschlagnahmungen und ordnete an, daß andere Personen nicht befugt seien, diese Maßnahmen durchzuführen, Seelbach; a.a.O., S. 47.

[353] Vgl. z.B. auch Oberhessischer Anzeiger und Friedberger Zeitung Nr. 186 vom 11. August 1919, S. 2 über die „9. ordentliche Landessynode": „Die Zugehörigkeit der vom Großherzog ernannten Mitglieder zur Synode wird nach dem Vorschlag des Geh. Justizrats Wahl-Schlitz einstimmig anerkannt, da *auch die übrigen Beamten trotz der Staatsumwälzung in ihren Aemtern verblieben sind.*"

tungsspitze bestand im Amt des Oberbürgermeisters fort. Daneben existierte die Stadtverordnetenversammlung weiter.

Bei diesem Nebeneinander in der Leitung war fraglich, ob der Arbeiter- und Soldatenrat überhaupt die rechtliche sowie die faktische Möglichkeit besaß, die traditionellen Institutionen hinreichend zu kontrollieren oder gar umzugestalten. Immerhin unterstellte sich ihm das Kreisamt am 12. November[354]. Andererseits hatten die Räte bei wichtigen Entscheidungen keine Einflußmöglichkeiten. So waren es die Stadtverordneten, die in ihrer Sitzung am 21. November 1918 beschlossen, die Schutzmannschaft um 30 Kräfte zu verstärken. Auch der Schaffung der Bürgerwehr stimmte die Versammlung zu, welche Waffen und Ausrüstung von der Militärverwaltung übernahm, wobei die vermehrten Kosten von der Stadtkasse getragen werden mußten[355].

Da die Räte über keine eigenen Steuerquellen verfügten, wurde ihnen von den Stadtverordneten in zwei Sitzungen jeweils ein Betrag von Mk. 5.000,– bewilligt[356]; die Räte lebten also finanziell vom Stadtsäckel[357]. Obwohl sich die Stadtverwaltung in den Revolutionstagen den Räten unterstellt hatte, teilte der Oberbürgermeister den Stadtverordneten bereits am

---

354 Offenbacher Abendblatt vom 13. 11. 1918.

355 Fogel; Langen 1918–1945, S. 11 ff. Wie gering die Autorität der Räte war, zeigt auch das folgende Beispiel aus Gießen: Hier hatte der Arbeiter- und Soldatenrat die Behörden dazu ersucht, die rote Fahen am Regierungsgebäude (vermutlich ist damit das Kreisamt gemeint) anzubringen. Dem Ersuchen war jedoch erst nach einer Rückfrage beim Innenministerium stattgebeben worden, worauf der Rat am 26. 11. 1918 bekanntmachte, daß rote Fahnen als „Wahrzeichen der Republik" an allen öffentlichen Gebäuden aufgezogen werden sollten, vgl. Seelbach; a. a. O., S. 49 f. Seelbach; a. a. O., S. 65 erklärt den mangelnden Einfluß des Gießener Arbeiter- und Soldatenrats damit, daß dieser es versäumte, seine Macht bis in die ländlichen Gemeinden des Kreises auszubauen. Stattdessen blieben die Gemeinden sich selbst überlassen oder erhielten vom Rat Waffen zur Bildung einer Einwohnerwehr, die von der alten Verwaltung jederzeit zur Bekämpfung der Räte hätten eingesetzt werden können.

356 Vgl. Offenbacher Zeitung vom 12. 12. 1918.

357 Ähnlich verhielt sich die Situation in Gießen: Obwohl dort zwei Mitglieder des Arbeiter- und Soldatenrats am 21. November in der Stadtverordnetenversammlung erklärten, daß die Sitzungen der Stadtverordnetenversammlung von nun an der Kontrolle des Rates unterstünden (Gleichzeitig machten sie deutlich, daß sie in den Gang der Sitzungen nicht hinderlich eingreifen wollten.), wurde der vom Rat von der Stadtverordnetenversammlung erbetene Kredit über 3.000 M für Personalkosten nur unter Vorbehalt bewilligt. Zudem wandte sich der Stadtverordnete und Oberbibliothekar Dr. Karl Ebel gegen die Kontrolle durch den Arbeiter- und Soldatenrat mit der Begründung, dieser sei noch nicht gesetzlich legitimiert. Diese Sitzung stellte übrigens zugleich die letzte vom Arbeiter- und Soldatenrat kontrollierte Stadtverordnetensitzung dar, vgl. Seelbach; a. a. O., S. 49. Der Bauernrat in Hungen, der ebenfalls über keine finanziellen Mittel verfügte, erhielt von der Gemeinde dagegen überhaupt keine Zahlungen, Seelbach; a. a. O., S. 64.

21. November mit, daß die gesamte Verwaltung von nun an nach den Richtlinien der neuen provisorischen Regierung in Darmstadt arbeite[358]. Die Räte scheinen also unmittelbar nach den Tagen des Umsturzes nicht mehr als eine Überbrückungsfunktion wahrgenommen zu haben[359].

Im Ergebnis können die Arbeiter- und Soldatenräte daher lediglich als Exekutive der Regierung zur Aufrechterhaltung der Sicherheit und Ordnung sowie der Lebensmittelversorgung etc. bezeichnet werden[360], die jedoch weder einen eigenständigen noch einen dauerhaften Machtfaktor bilden sollten.

---

[358] Vgl. Offenbacher Zeitung vom 28. 12. 1918 und vom 02. 01. 1919; auch Kittel; Novemberumsturz 1918; a.a.O., S. 42 (69) kommt in seiner vergleichenden Darstellung der Revolutionsgeschichte der deutschen Länder zu der Einschätzung, daß „im ganzen" schon am 25. November 1918 die Arbeiter- und Soldatenräte hinter den Regierungen an politischer Bedeutung zurücktraten.

[359] Franz; Turbulenzen in Politik und Wirtschaft, in: Darmstadts Geschichte, S. 424: „Mit der formellen Auflösung des Landtags durch Präsident Heinrich Köhler ... gingen am 16. November formell auch dessen Befugnisse bis zur bereits angekündigten Neuwahl einer verfassungsgebenden Volkskammer auf den Rat über ...". Auch der Gießener Arbeiter- und Soldatenrat stellte am 01.12.1918 seine Machtbefugnisse dahingehend klar, daß von ihm ergangenene Verordnungen und Bekanntmachungen bis zur Einführung der Nationalversammlung rechtsgültig seien, wobei er sich auf einen Erlaß der Reichsregierung der Volksbeauftragten stützte, GA vom 02.12.1918; Seelbach; a.a.O., S. 50, FN 36 erläutert, die Regierung der Volksbeauftragten sei aus je drei MSPD und USPD-Vertretern in Berlin gebildet und vom Berliner- und später vom Reichs-Rätekongreß bestätigt worden. Bzgl. des Gießener Arbeiter- und Soldatenrats wurde auch in der GA vom 06.12.1918 festgestellt: Bis zur Nationalversammlung „liegt die Macht in den Händen der A.- und S.-Räte." So kommt Seelbach; a.a.O., S. 66 ebenfalls zu der Einschätzung, daß die Räte nur eine Art „Übergangsform" gewesen seien, die in ‚geordnete Verhältnisse' überleiten sollten.

[360] So eine Danksagung des Gießener Anzeigers an den Gießener Soldatenrat:„... als ausführendes Organ der Volksregierung", das die Aufgabe habe, „für Ruhe und Ordnung zu sorgen", GA vom 11. 01. 1919. Seelbach; a.a.O., S. 55. meint, diese Aufgaben dienen, „wenn sie nicht von konsequent die Machtverhältnisse ändernden Maßnahmen begleitet werden, dazu, den alten Organen die Aufgabenerledigung zu erleichtern." Franz; Turbulenzen in Politik und Wirtschaft, in: Darmstadts Geschichte, S. 424 (425) schätzt die Bedeutung des Arbeiter- und Soldatenrats sogar noch geringer ein. So weist er darauf hin, daß ein Versuch der provisorischen Regierung in Darmstadt, den Arbeiter- und Soldatenrat von vornherein auf militärische Belange zu begrenzen, zwar gescheitert sei, die Lösung der akuten Versorgungsprobleme, der Unterbringung der demobilisierten Soldaten etc. aber dennoch den alten Behörden vorbehalten blieb. Vgl. in diesem Zusammenhang auch Kolb; Die Arbeiterräte in der deutschen Innenpolitik 1918–1919, S. 106, der die Aktivität der örtlichen Arbeiterräte in Hessen als sehr gering einschätzt, weil das Archiv des Berliner Zentralrats keinen einzigen umfangreichenSchriftwechsel mit einem hessischen Arbeiterrat enthält. Dieses Argument wird jedoch von Kittel; Novemberumsturz 1918; a.a.O., S. 42 (72) für fragwürdig gehalten.

bb) Weitere Rätegruppierungen

(1) Die Bauernräte

(a) Entstehung

In den landwirtschaftlich dominierten Gebieten begannen die Bauern, eigene Interessenvertretungen zu bilden. Es entstanden nicht nur reine Bauernräte, sondern auch kombinierte Bürger- und Bauernräte oder Arbeiter- und Bauernräte[361].

(aa) Gießen

Die Bildung der Provinzial- und Kreisbauernräte läßt sich am Beispiel des Gießener Kreises anschaulich machen[362]. Am 13. November 1918 wurde auf einer von Gießener Landwirten einberufenen Versammlung ein Gießener Bauernrat gebildet. Dieser strebte die Bildung von Bauernräten im Kreis und in der Provinz Oberhessen an, deren Aufgabe vor allem in der Versorgung mit Lebensmitteln bestehen sollte. Außerdem wurde eine Zusammenarbeit mit dem Arbeiter- und Soldatenrat sowie mit dem im Aufbau befindlichen Bürgerrat beabsichtigt. Schließlich rief man noch zur Kooperation mit der Regierung der Volksbeauftragten auf.

Einen Tag darauf wurden ein vorläufiger Kreisbauernrat[363] sowie ein vorläufiger Provinzbauernrat ins Leben gerufen[364]. Ziel war es, in den Gemeinden Bauernräte, denen nicht ausschließlich Landwirte, sondern auch andere Bevölkerungsgruppen angehören sollten, aus ca. drei bis vier Mitgliedern zu bilden. Der vorläufige Kreisbauernrat wurde am 27. November 1918 durch einen Rat ersetzt, der „fast alle Gemeinden" vertrat, wobei die Festsetzung der Preise für Nahrungsmittel durch den Rat selbst gefordert wurde. Auf der Tagung des Provinzbauernrats in Gießen am 29. November kamen als Programmpunkte die Aufteilung der kirchlichen Ländereien unter Kleinbauern und die Beseitigung der feudalen Vorrechte der Jagd und Fischerei hinzu[365].

---

361 GA vom 16. 11. 1918.

362 Das folgende nach Seelbach; a. a. O., S. 56.

363 GA vom 14. und 15. 11. 1918. Es war der Gießener Bauernrat, der sich zum vorläufigen Kreisbauernrat ernannte.

364 GA vom 16. 11. 1918.

365 GA vom 02. 12. 1918. Zur Ausbreitung der Räte im Kreis Gießen siehe Seelbach; a. a. O., S. 60 ff.

(bb) Alsfeld

Georg Bücking VIII. hatte für den 22. November 1918 im Gasthof ‚Zum Deutschen Kaiser' zu einer Bürgerversammlung nach Alsfeld eingeladen, in der ein Bürger- und Bauernrat gewählt wurde. Man bezweckte die Wahrung der Gleichberechtigung des Bürger- und Bauernstands und wollte einen Verhandlungspartner für die zuständigen Stellen erschaffen. Jeder Bürger habe die Pflicht, bei dem Aufbau des Volksstaats mitzuarbeiten. Alle wahlberechtigten Männer und Frauen sollten der Versammlung beiwohnen[366].

Im vollbesetzten Saal des ‚Deutschen Kaisers' sprach zunächst der Landtagsabgeordnete Justizrat Reh über die jüngsten Ereignisse, ohne die Gründe des militärischen Zusammenbruchs zu nennen. Dafür zeigte er die angebahnte Entwicklung vom alten Obrigkeitsstaat zum gesunden Volksstaat auf. Es wurde einstimmig ein viel diskutiertes Programm angenommen, das die gesetzgebende Gewalt der Ständekammer, die Umbildung der Ersten Kammer in eine berufsständische Vertretung, die Beseitigung der Steuer- und Portofreiheit des Fürsten, freies Wahlrecht zum Landtag, die Einführung der Verhältniswahl, die Ernennung der Minister auf Vorschlag der Zweiten Kammer, Maßnahmen gegen die Fideikommisse, das Wahlrecht für Frauen, die Aufhebung der Kulturkampf- und Ordnungsgesetze sowie die Errichtung eines Landesarbeits- und Ernährungsamts umfaßte[367].

In der Versammlung wurde betont, daß das Bürgertum, als Rückgrat des Staats, Stellung zu den Ereignissen nehmen müsse. Ruhe und Ordnung müßten aufrecht erhalten und die Verpflegung gesichert werden. Raub und Plünderung bedeuteten Bürgerkrieg, was zum Einmarsch der Feinde führen könnte. Jedermann habe seine Pflicht zu erfüllen. Eine Diktatur, wie sie die Leipziger Proklamation der Spartakusgruppe forderte, wäre ein Unglück. Die Vorherrschaft einer einzelnen Klasse oder Gruppe dürfe nicht wieder in veränderter Gestalt eintreten. Heute heiße die Frage: Demokratie oder Diktatur. Eine Einigung aller bürgerlichen Parteien sei notwendig. Das Bürgertum müsse demonstrieren, daß es handlungsfähig und zur Mitarbeit bereit sei. Die Alsfelder Bürger, Handwerker, Bauern und Angestellten müßten sich wie die Arbeiterschaft zur Wahrung ihrer Interessen zusammenfinden[368]. Der Reichstagsabgeordnete Ökonomierat Heck behandelte sodann die ähnliche Entwicklung im Reich und sprach über den sogenannten ‚Sechsmännerrat' in Berlin, in dem der Einfluß der bürgerlichen Parteien

---

[366] Vgl. Jäkel; Das Rätewesen in Alsfeld – Zur Geschichte der „Revolution" im November 1918, in: Mitteilungen des Geschichts- und Museumsvereins Alsfeld, 11. Reihe, Oktober 1969, S. 173 (178).

[367] Vgl. Jäkel; Das Rätewesen in Alsfeld – Zur Geschichte der „Revolution" im November 1918, in: Mitteilungen des Geschichts- und Museumsvereins Alsfeld, 11. Reihe, Oktober 1969, S. 173 (178 f.).

völlig ausgeschaltet sei. Ebert gebe sich alle Mühe, eine Radikalisierung der Regierung zu verhindern und einer kleinen Gruppe die Herrschaft zu überlassen. Dieser würde dies aber gelingen, wenn sich das Bürgertum beiseite schieben lasse. So beginne sich dieses zu regen, um mitzuarbeiten. Bürger- und Bauernräte seien nötig, um bei der Neugestaltung mitreden zu können. Äußerstes Pflichterfüllung gehe über Empfindungen[369].

Der Vorsitzende Georg Bücking VIII. brachte schließlich eine Vorschlagsliste mit 15 Vertretern aller Stände zur Kenntnis. Bankvorstand Dopheide hielt die Liste nicht für ausreichend, vermißte den Reichstagsabgeordneten Heck sowie Vertreter des Handwerksstands, der Detaillisten und der Lehrerschaft und hatte Bedenken gegen die hohe Zahl der im Bürgerrat vertretenen Gemeinderatsmitglieder. Otto Diegel beanstandete ebenfalls die Wahl von fünf Gemeinderäten. Nachdem Reh und Kahn nochmals zu einstimmiger Annahme und Geschlossenheit der bürgerlichen Kreise gemahnt hatten, erklärten sich zwei Gemeinderatsmitglieder zum eventuellen Rücktritt bereit. Da doch noch weitere fünf Vertreter auf die Liste kamen, nahm man diese nun einstimmig an[370].

In seiner ersten Sitzung am 23. November konstituierte sich der Bürger- und Bauernrat Alsfeld[371]. Vorsitzender wurde Georg Bücking VIII., sein Stellvertreter Reh. In den geschäftsführenden Ausschuß kamen Braun, Raab und Kalkbrenner. Ferner bildete man einen Militärausschuß, einen Auschuß für Arbeitsnachweise und einen Ernährungsausschuß. Auf den Vorschlag, auch den Arbeiterstand aufzunehmen, wählte man Werner Bindewald und Johannes Krug einstimmig[372]. Als Ziele setzte man auf:

---

368 Vgl. Jäkel; Das Rätewesen in Alsfeld – Zur Geschichte der „Revolution" im November 1918, in: Mitteilungen des Geschichts- und Museumsvereins Alsfeld, 11. Reihe, Oktober 1969, S. 173 (179).

369 Vgl. Jäkel; Das Rätewesen in Alsfeld – Zur Geschichte der „Revolution" im November 1918, in: Mitteilungen des Geschichts- und Museumsvereins Alsfeld, 11. Reihe, Oktober 1969, S. 173 (179).

370 Vgl. Oberhessische Zeitung vom 23. November 1918, S. 2.

371 Die 20 gewählten Mitglieder des Bürger- und Bauernrats in Alsfeld waren: Ökonomierat Friedrich Heck, Justizrat Heinrich Reh, Glasermeister Ernst Lenth, Seifensiedermeister Gustav Duchardt, Metzgermeister Philipp Duchardt, Uhrmachermeister Georg Weber, Bäckermeister Jakob Müller VI., Schmiedemeister Jakob Kalkbrenner, Kaufmann August Lang, Kaufmann Georg Bücking VIII., Kaufmann Hermann Rothschild, Färbereibesitzer Karl Weitz, Kommerzienrat Gustav Ramspeck, Bankvorstand Wilhelm Metzger, Prokurist Wilhelm Wilmers, Kreisstraßenmeister Heinrich Braun, Lehrer Karl Zoll, Landwirt Georg Lang III., Landwirt Friedrich Karl Planz, Landwirt und Fabrikant Ludwig Raab; vgl. Stadtarchiv Alsfeld.

372 Vgl. Jäkel; Das Rätewesen in Alsfeld – Zur Geschichte der „Revolution" im November 1918, in: Mitteilungen des Geschichts- und Museumsvereins Alsfeld, 11. Reihe, Oktober 1969, S. 173 (179).

1. Wahrung der Rechte der gesamten Bürgerschaft.
2. Unterstützung der bestehenden Behörden bei Aufrechterhaltung der Ordnung.
3. Schutz von Personen und Eigentum.
4. Sicherstellung der Volksernährung, insbesondere Unterstützung der örtlichen Behörden bei Unterbringung und Verköstigung der durchziehenden Truppen.
5. Zuweisung und Beschaffung von Arbeit und Arbeitsgelegenheit.
6. Alsbaldige Einberufung der Nationalversammlung unter Hinweis auf die Ausübung des Wahlrechts.[373]

Ferner wurde der geschäftsführende Ausschuß beauftragt, unverzüglich mit dem Arbeiterrat Verbindung aufzunehmen, da man bereit sei, auf gemeinsamer Grundlage zu arbeiten. Am 25. November 1918 fand die gemeinsame Sitzung mit dem Arbeiterrat im ‚Darmstädter Haus' statt[374].

(cc) Worms

Eine Mitteilung des Kreisamts Worms an die Bürgermeistereien der Landgemeinden des Kreises vom 18. November 1918 verdeutlicht, mit welchem Nachdruck von bürokratischer Seite her zur Bildung von Bauernräten aufgefordert wurde:

> Nachdem sich in allen Städten Arbeiter- und Soldatenräte gebildet haben, empfiehlt es sich, um die unmittelbare Verbindung zwischen der Landbevölkerung und der Stadtbevölkerung aufrecht zu erhalten und die engste Fühlungnahme bei der unerläßlichen Durchführung der gesetzlichen Maßnahmen zur Volksernährung zu gewährleisten, unverzüglich in sämtlichen Landgemeinden Bauernräte zu bilden. Im Einvernehmen mit dem Soldaten- und Arbeiterrate für den Kreis Worms weisen wir Sie deshalb an, sofort eine öffenliche Versammlung aller volljährigen Landwirtschafttreibenden Gemeindeangehörigen einschließlich der landwirtschaftlichen Arbeiter anzuberaumen, die die Bildung eines Bauernrates zum Zwecke hat. Ratsam wird es sein, den Bauernrat aus nicht allzuvielen Mitgliedern bestehen zu lassen. Die einzelnen Bauernräte der Gemeinden wählen je einen Vertreter, die dann zusammengeschlossen ihrereseits den Kreisbauernrat bilden können. Die Fühlungnahme zwischen dem Arbeiter- und Soldatenrat Worms und den Bauernräten, bzw. dem Kreisbauernrat, wird von uns nach dem Zusammentritt der Räte sofort veranlaßt werden. Es ist keine Zeit zu verlieren ... Zweck der Bauernräte ist, die Ernährung der Bevölkerung auf Grund der gesetzlichen Bestimmungen zu gewährleisten, Ordnung, Sicherheit und Ruhe im ganzen Lande zu schützen[375].

---

[373] Vgl. Oberhessische Zeitung vom 28. November 1918, S. 2.

[374] Vgl. Jäkel; Das Rätewesen in Alsfeld – Zur Geschichte der „Revolution" im November 1918, in: Mitteilungen des Geschichts- und Museumsvereins Alsfeld, 11. Reihe, Oktober 1969, S. 173 (180).

[375] Abschrift aus dem Bestand Hohen-Sülzen, Stadtarchiv Worms.

(dd) Ginsheim

In Ginsheim wurde bei einer vom Bauernbund veranstalteten Bürgerversammlung am 10. November 1918 ein Bauernrat gewählt, der die Verpflegung der durchziehenden Truppen regeln sollte. Zudem fand eine Parteiversammlung statt, in der beschlossen wurde, für die nächsten Tage eine öffentliche Versammlung abzuhalten. Es wurde dazu ein Agitationskomitee von sechs Personen gewählt[376]. Daneben wurde am 23. November 1918 gegen Ende einer Volksversammlung, an der auch ein Mitglied des Darmstädter Arbeiter- und Soldatenrats teilnahm, ein Arbeiter- und Soldatenrat gewählt[377].

(b) Aufgaben und Ziele

Die Bauernräte stellten eigentlich nicht mehr als Standesvertretungen dar. So wandte sich der Gießener Provinz- und Kreisbauernrat in seiner Sitzung vom 04. Januar 1919 gegen die Abschaffung der Zwangsbewirtschaftung, welche eine geregelte Nahrungsmittelproduktion, den Bauern Mindestpreise und den Verbrauchern Höchstpreisgrenzen gewährleistete. Zwar sprach man den bisher zuständigen Landesstellen das Vertrauen aus. Jedoch wurde die Einführung des Achtstundentags in der Landwirtschaft als „ein Unding“ kritisiert[378]. Zwar übernahmen die Bauernräte auch sonstige Forderungen der Zeit wie z. B. die Abschaffung des Zwischenhandels, Kampf gegen Wucher und Schleichhandel, Konfiszierung der kirchlichen Güter und Abschaffung der Privilegien des Adels. Jedoch strebten sie weder die Abschaffung des Großgrundbesitzes noch irgendwelche sozialistischen Ziele an[379]. Ihre Bemühungen konzentrierten sich also im wesentlichen auf die Verbesserung der Lage der Arbeiter und der Bauern – insbesondere der Kleinbauern und der Landarbeiter[380].

[376] Vgl. Hessischer Volksfreund vom 20. November 1918, S. 3.

[377] Vgl. Hessischer Volksfreund vom 27. November 1918, S. 3.

[378] GA vom 11. 01. 1919.

[379] Seelbach; a. a. O., S. 58.

[380] Nach Seelbach; a. a. O., S. 65 sollten dazu die Verkürzung des Arbeitstags und die Zuteilung von Land dienen. Diese Vorstellungen stammen wohl vom Arbeiter- und Soldatenrat, denn die Mitglieder des Provinz- und Kreisbauernrats hatten ja den Achtstundentag in der Landwirtschaft als „Unding“ bezeichnet, a. a. O., S. 57.

(2) Die Bürgerräte

Das Bürgertum begann, sich zu organisieren, um ein Gegengewicht gegen die Soldaten-, Arbeiter- und Bauerräte zu bilden[381]. Zur Darstellung der Bürgerräte sei Gießen exemplarisch herausgegriffen[382].

(a) Entstehung

Der Vorsitzende des Oberhessischen Viehhandelsverbandes, Prof. Dr. Rosenberg, kündigte am 13. November 1918 anläßlich der Bildung des vorläufigen Bauernrates[383] einen Bürgerrat an. Kommerzienrat Adolf Klingspor, Zigarrenfabrikant und Vorsitzender des Verbands Mitteldeutscher Industrieller, empfahl auf einer zwei Tage später von Vereinen des Bürgertums veranstalteten Versammlung die Bildung eines Bürgerrats für Gießen und für den Kreis Gießen, dessen Aufgabe es sein sollte, „die Rechte des Bürgertums zu bewahren“ und dessen „volle Gleichberechtigung bei allen staatlichen Maßnahmen“ zu erreichen. Daraufhin wurde ein Rat aus Kleinbürgern, Unternehmern, höheren Angestellten sowie Beamten gebildet[384].

(b) Aufgaben und Ziele

Der Bürgerrat gab in seiner dritten Sitzung Ende November seine Absicht zur Zusammenarbeit mit dem Arbeiter- und Soldatenrat bekannt. Seine Ziele waren ganz offensichtlich eigennütziger Natur, denn er stellte fest: „Die Aufgabe der Bürgerräte ist nicht die, Ausgangspunkt oder Grundlage einer Gegenrevolution zu bilden ...“. Vielmehr wollte man „das gesamte Bürgertum, ohne Ansehung der Partei, zusammen ... fassen, um die Rechte des Bürgertums den gegenwärtigen Machthabern gegenüber zu vertreten“ und dafür sorgen, „daß die wirtschaftlichen Interessen des Bürgertums gewahrt und nicht durch die Herrschaft einer einzelnen Klasse oder eines einzelenen Standes gefährdet werden“. Insbesondere der vom Arbeiter- und Soldatenrat eingeführte Acht-Stunden-Tag wurde vom Bürgerrat

---

[381] Vgl. die Rede mit dem Titel „Was wir wollen?“ von Dr. Curt Köhler, Vorsitzender der konstituierenden Versammlung des Bürgerrates für Groß-Berlin in der Philharmonie zu Berlin am 19. November 1918 (Stadtarchiv Worms), in der allerdings hervorgehoben wird, daß die Betonung des Gegensatzes zwischen dem Bürgertum auf der einen und den Soldaten, Arbeitern und Bauern auf der anderen Seite nichts „Feindliches in sich schließen“ solle. Köhler stellt in seiner Rede außerdem fest: „Wir wollen nicht die Reaktion!“.

[382] Das folgende ebenfalls nach Seelbach; a. a. O., S. 58 f.

[383] GA vom 15. 11. 1918.

[384] GA vom 16. 11. 1918.

angefeindet und dessen Wirksamkeit aufgrund mangelnder gesetzlicher Grundlage in Frage gestellt[385].

Die Aktionen des Bürgerrats bestanden darin, Zigaretten an die heimkehrenden Soldaten zu verschenken, eine Auskunftsstelle für entlassene Kriegsteilnehmer einzurichten und diese finanziell zu unterstützen[386]. Außerdem berief er am 13. Januar 1919 eine Protestversammlung gegen die Waffenstillstandsbedingungen ein[387]. In einer Entschließung vom 28. März forderte der Bürgerrat die Gleichstellung mit den Arbeiterräten, wollte aber gleichzeitig nur eine beratende Funktion einnehmen und „gegen jede willkürliche Verletzung der Interessen des Bürgertums" eintreten[388].

Nachdem der Bürgerrat zunächst opportunistisch, aber loyal mit dem Arbeiter- und Soldatenrat zusammengearbeitet hatte[389], ging er zur Unterstützung der alten Verwaltungen über[390], als sich die Macht zuungunsten der Räte verschob. Die Funktion als Abwehrinstrument gegen ein Weitertreiben der Revolution mußte er nicht erfüllen, weil die Verschiebung der Kräfteverhältnisse im Reich den Interessen des Bürgertums entgegenkam.

cc) Die provisorische Regierung

Ulrich sagte in seinem Aufruf an das hessische Volk vom 12. November 1918, daß die neue provisorische Regierung auch das Vertrauen der nichtsozialdemokratischen Bevölkerungskreise besitzen sollte[391].

> Darum ist sie bereit, bei der Bildung der neuen Regierungsgewalt auch Vertreter anderer Parteien, falls diese zu aufrichtiger Mitarbeit gewillt sind, in die Regierung mit aufzunehmen. Die Regierung soll ein Kollegialministerium sein und aus verantwortlichen Ministern, sowie Direktoren der einzelnen Ministerialabteilungen bestehen[392].

---

385 GA vom 29. 11. 1918.

386 GA vom 09. 12., 13. 12. und 14. 12. 1918.

387 GA vom 15. 01. 1919. Seelbach; a.a.O., S. 59 führt hierzu weiter aus: „Nachdem eine Entschließung an die Reichsregierung angenommen worden war, ‚durchbrauste der Gesang *Deutschland, Deutschland über alles* den Raum des Theaters'. Unter ‚laute(r) Zustimmung' der Anwesenden forderte Oberst Spohr, ‚einen Diktator zu berufen. Kein besserer Mann könne dafür gefunden werden als Hindenburg'."

388 GA vom 29. 03. 1919.

389 Scheinbar wurden die Zugeständnisse an die Räte nur gemacht, „um Schlimmeres zu verhüten", vgl. Seelbach; a.a.O., S. 67.

390 In diesen wirkten teilweise dieselben Personen mit wie im Bürgerrat.

391 Vgl. Hessischer Volksfreund vom 12. November 1918, S. 1.

392 Vgl. Hessischer Volksfreund vom 12. November 1918, S. 1.

Nationalliberale und Bauernbündler lehnten das Angebot ab und verweigerten einen Eintritt in die Regierung[393]. Demgegenüber akzeptierten von Brentano (Zentrum), Henrich und Urstadt (Demokraten) die Offerte und traten in die Regierung ein.

Die Unterzeichneten sind trotz der Bedenken, die sie gegen den revolutionären Ursprung der gegenwärtigen politischen Lage haben, im Interesse einer ruhigen und geordneten Erledigung der Geschäfte des Landes bereit, in der neuen Regierung an verantwortlicher Stelle unter folgenden Voraussetzungen mitzuarbeiten:

1. Die neue Regierung ist keiner anderen Stelle verantwortlich als der demnächst zu wählenden hessischen Volksvertretung.
2. Die Unterzeichneten sind bei ihren Entschließungen nicht an alle Einzelheiten des vom Arbeiter- und Soldatenrat veröffentlichten Programms gebunden. Sie sind der Ansicht, daß die letzte Entscheidung über die Umgestaltung Hessens zum Volksstaat bei der auf breitester Grundlage zu wählenden Landesversammlung ruht[394].

In seiner Programmrede verkündete der hessische Staatsminister, daß Hessen eine soziale Republik wäre und bleiben würde, eine Republik der Arbeiter, Bauern und Soldaten. In Zukunft würde nach dem geheimen, direkten und gleichen Wahlrecht gewählt; die Frau würde dem Mann gleichgestellt sein und ganz Hessen würde einen Wahlkreis bilden[395]. Am 14. November 1918 stand die Regierungszusammensetzung fest. Es wurde eine aus sieben Mitgliedern bestehende Regierung gebildet[396]:

- *Carl Ulrich*[397] (MSPD) als Ministerpräsident (Staatsminister) und Minister des Äußeren,
- *Dr. Heinrich Fulda*[398] (MSPD) als Direktor der Ministerialabteilung des Inneren,
- *Justizrat Otto von Brentano*[399] (Zentrum) als Direktor der Ministerialabteilung der Justiz,
- *Beigeordneter Konrad Henrich*[400] (Demokraten) als Direktor der Ministerialabteilung der Finanzen,

---

393 Nach Ulrich; Erinnerungen des ersten hessischen Staatspräsidenten, S. 124.

394 Vgl. Darmstädter Zeitung vom 14. November 1918, S. 3; Hessischer Volksfreund vom 14. November 1918, S. 1.

395 Nach: Hessischer Volksfreund vom 14. November 1918, S. 1.

396 Vgl. Ulrich; Erinnerungen des ersten hessischen Staatspräsidenten, S. 124.

397 Vgl. zum Lebenslauf von Carl Ulrich Fußnote Nr. 179 auf Seite 96.

398 *Heinrich Fulda* (1860–1943), Dr. iur., Rechtsanwalt in Darmstadt, MdLGH 1904–1918, MdLVH 1919–1921 (MSPD), 1918–1921 Innenminister, umgekommen im KZ Auschwitz.

399 *Otto von Brentano* (1858–1927), Rechtsanwalt in Friedberg dann in Offenbach, ab 1896/97 Stadtverordneter in Offenbach und MdLGH, als Führer der Zentrumsfraktion 1918 Mitglied des Staatsrats, MdLVH 1919–1927 (Zentrum), Justizminister, 1921 zugleich Innenminister.

- *Prof. Otto Urstadt*[401] (Demokraten) als Direktor der Ministerialabteilung für das Bildungswesen,
- *Georg Raab*[402] (MSPD) als Direktor der Ministerialabteilung für das Landes-, Arbeits- und Wirtschaftsamt,
- *Hermann Neumann*[403] (MSPD) als Direktor der Ministerialabteilung für das Landes-Ernährungsamt.

Abb. 21: Otto v. Brentano (*1855–†1927)

Abb. 22: Georg Raab (*1869–†1932)

---

[400] *Konrad Henrich* (1864–1928), Finanzbeamter, 1898–1917 Staatsschuldbuchführer, Stadtverordneter in Darmstadt, MdLGH 1911–1918, Mitglied des Staatsrats, MdLVH 1919–1925 (DDP), 1918–1928 hess. Finanzminister.

[401] *Otto Urstadt* (1868–1945), Gymnasiallehrer in Gießen, ab 1911 Stadtverordneter und MdLGH, 1918/19 Direktor der Ministerialabteilung für das Bildungswesen, 1920 Gymnasialdirektor, 1921–1932 Präsident bzw. Ministerialdirektor des Landesamts für das Bildungswesen, ab 1931 des hess. Kultusministeriums, MdLVH 1919–1925 (MSPD).

[402] *Georg Raab* (1869–1932), Zigarrenarbeiter in Pfungstadt, 1896 Vorsitzender des Gewerkschaftskartells, 1907 SPD-Parteisekretär in Darmstadt, MdLGH 1905–1908, MdLVH 1919–1931 (MSPD), 1918–1928 hess. Minister für Arbeit und Wirtschaft.

[403] *Hermann Neumann* (1882–1933), gelernter Drucker, SPD-Parteisekretär in Offenbach, 1919 Präsident des hessischen Landesernährungsamts, 1920–1933 der hessischen Landesversicherungsanstalt, MdLVH 1919–1924 (MSPD).

Abb. 23: Konrad Henrich (*1864–†1928)

Es ist festzustellen, daß die MSPD sehr schnell regulierend in die Entwicklung der Revolution eingriff, um sie zu ihren Gunsten zu instrumentalisieren. Nach dem oben Dargestellten ging sie sogar so weit, anderen Parteien, deren Haltung teilweise kritisch gegenüber der Revolution eingestellt war, die Regierungsmitverantwortung anzubieten. Die auf diese Weise an der Regierung beteiligten Vertreter des bürgerlichen Lagers, die sich öffentlich gegen eine Bindung an die Beschlüsse des Arbeiter- und Soldatenrats ausgesprochen hatten, drängten den Darmstädter Arbeiter- und Soldatenrat mit Duldung der MSPD ins politische Abseits.

Carl Ulrich entkoppelte bereits nach sechs Tagen den weiteren Fortgang der Revolution in Hessen von den Entscheidungen der Arbeiter- und Soldatenräte. Weder war die provisorische Regierung durch kompetenzbegrenzende Beschlüsse der Räte in ihrem Handeln limitiert, noch sollten offensichtlich die bisher von den Räten getroffenen Entscheidungen eine rechtlich verbindliche Wirkung für zukünftige Entscheidungen der provisorischen Regierung entfalten.

Das Ministerium war somit niemals nur das Exekutivorgan der Arbeiter- und Soldatenräte. Durch Erlaß einer Amnestie und Niederschlagung des gerichtlichen Verfahrens bei leichteren Straftaten griff es auch in die Rechtsprechung ein, vor allem aber fiel dem Ministerium die Gesetzgebung zu, auf die der Arbeiter- und Soldatenrat keinen Einfluß besaß[404]. Da nun die

[404] Vgl. Gmelin; Verfassungsentwicklung und Gesetzgebung in Hessen von 1913 bis 1919, in: Jahrbuch des öffentlichen Rechtes der Gegenwart, Bd. IX (1920), S. 204 ff. (207).

Gesetze im Verordnungswege ergingen, flossen diese auch mit den eigentlichen Verordnungen zusammen. Das einzige Unterscheidungsmerkmal bildete nunmehr der Schlußsatz „Diese Verordnung hat Gesetzeskraft". Jedoch nicht alle gesetzvertretenden Verordnungen wurden dergestalt gekennzeichnet, so die Verordnung über die Einführung der Öffentlichkeit der Gemeinderatssitzungen vom 16. Dezember 1918[405] und die Verordnung über das Verbot des Waffentragens vom 17. Dezember 1918[406]. Letztere wurde unter Berufung auf Art. 73 der faktisch nicht mehr geltenden Verfassung von 1820 von der provisorischen Regierung erlassen – vermutlich, damit die Verordnung nicht mit einer gesetzvertretenden verwechselt, sondern als eine gewöhnliche Ausführungsverordnung angesehen wurde[407].

Die Arbeiter- und Soldatenräte verloren durch die provisorische Regierung nicht nur ihre legislative Gewalt, sie waren nunmehr die faktischen Exekutivorgane der Revolutionsregierung des Volksstaats Hessen. Lediglich für interne militärische Angelegenheiten behielten sie sich die alleinige Zuständigkeit vor, so daß ihre Autonomie im Kern bewahrt blieb.

Daß an dem inhaltlich revolutionären Charakter der provisorischen Regierung Zweifel erwachsen können, drängt sich nach dem oben Gesagten auf. Diese Bedenken teilten jedoch die Arbeiter- und Soldatenräte nicht. Interessanterweise unternahmen sie nichts gegen die Art und Weise der Regierungsbildung durch Carl Ulrich. Entweder fehlte den Räten eine eigene Programmatik oder sie waren mit dem Handeln Ulrichs einverstanden und sahen in ihm – sowie in der provisorischen Regierung – die Fortführung ihrer revolutionären Arbeit.

Letzteres ist angesichts der aufgezeigten Quellenlage anzunehmen. Die Umwälzungen in Hessen entsprachen von Anfang an der gemäßigten Richtung der MSPD. Der Arbeiter- und Soldatenrat beschränkte sich nach der ‚heißen Revolutionsphase' freiwillig auf seine faktische Überbrückungsfunktion. Er strebte für Hessen kein dauerhaftes Rätesystem an und wollte lediglich die neue Rätestruktur im Militär beibehalten. Dies wird dadurch verdeutlicht, daß die lokalen Arbeiter- und Soldatenräte nicht alle ‚konkurrierenden' zivilen Behörden und Institutionen beseitigt, ersetzt oder in ihren Kompetenzen beschränkt hatten. Diese existierten oftmals in kurioser Form nebeneinander, wobei zum Beispiel die Finanzhoheit bei den alten Behörden verblieb und jene die Finanzierung der Räte überwachten, während diese wiederum die Arbeit der Behörden kontrollierten[408].

---

405 Inhaltlich wurde Art. 111 der Landgemeindeordnung aufgehoben (RegBl. S. 283).

406 Vgl. RegBl. 1919 S. 1.

407 Vgl. Gmelin; Verfassungsentwicklung und Gesetzgebung in Hessen von 1913 bis 1919, in: Jahrbuch des öffentlichen Rechtes der Gegenwart, Bd. IX (1920), S. 204 ff. (208).

II. Der Weg ins Provisorium und die Entstehung der Hessischen Verfassung

1. Die Verordnung über die Wahlen zur verfassungsgebenden Volkskammer

Von der unterschwellig drohenden Abhängigkeit von dem in ‚Volksrat'[409] umbenannten Arbeiter- und Soldatenrat konnte sich die Regierung am besten lösen, wenn sie möglichst rasch den Zusammentritt einer verfassungsgebenden Landesversammlung herbeiführte. Daher kam das Ministerium dem im Aufruf des Darmstädter Arbeiter-, Bauern- und Soldatenrats vom 11. November 1918 enthaltenen Auftrag, ein Gesetz zur Wahl einer hessischen Landesversammlung zu erlassen, ohne Zögern nach[410]. Ministerpräsident Ulrich verkündete am 11. November 1918, die „Wahlen zur konstituierenden Volkskammer" würden „sobald als möglich" in die Wege geleitet[411].

Das nach Billigung des Arbeiter- und Soldatenrats von Ulrich sodann am 03. Dezember 1918 erlassene Wahlgesetz[412] für die verfassungsgebende Volkskammer schloß sich im wesentlichen dem Wahlrecht zur Weimarer Nationalversammlung an. Nach Art. 3 erhielten das Wahlrecht, wie im Reich, alle deutschen Männer und Frauen, einschließlich der Personen des Soldatenstands, die zur Zeit der Wahl das 20. Lebensjahr vollendet hatten und in Hessen wohnten. Die im ursprünglichen Entwurf enthaltene Beschränkung des Wahlrechts auf hessische Staatsangehörige wurde auf Veranlassung des Arbeiter- und Soldatenrats gestrichen. Wählbar waren alle Wahlberechtigten, die seit einem Jahr die deutsche Staatsangehörigkeit besaßen.

Der ursprüngliche Entwurf sah auch die Wahlpflicht vor, sie wurde aber wieder gestrichen, da die Mehrheitssozialdemokraten von der erhofften Lähmung des Bürgertums profitieren wollten[413].

---

408 Das identische Problem bestand auch beim Zentralrat der Deutschen Sozialistischen Republik in Berlin; vgl. Kolb/Rürup; Der Zentralrat der Deutschen Sozialistischen Republik 19.12.1918–8.4.1919, Quellen zur Geschichte der Rätebewegung in Deutschland 1918/19, Bd. I, S. 474 ff.

409 Vgl. dazu unter Kapitel B.II.3.c), B.II.3.c)aa) auf den S. 154, 155.

410 Der Entwurf lag schon Ende November vor; Vgl. Gmelin; Verfassungsentwicklung und Gesetzgebung in Hessen von 1913 bis 1919, in: Jahrbuch des öffentlichen Rechtes der Gegenwart, Bd. IX (1920), S. 204 ff. (208).

411 Ulrich; Erinnerungen des ersten hessischen Staatspräsidenten, S. 123.

412 Vgl. RegBl. S. 245.

413 Vgl. Gmelin; Verfassungsentwicklung und Gesetzgebung in Hessen von 1913 bis 1919, in: Jahrbuch des öffentlichen Rechtes der Gegenwart, Bd. IX (1920), S. 204 ff. (208).

Die im Entwurf entsprechend der früheren 2. Kammer auf 58 festgelegte Zahl der Abgeordneten wurde im Gesetz auf Vorschlag des Arbeiter- und Soldatenrats auf 70 erhöht, Art. 1. Im Unterschied zu den Abgeordneten der Nationalversammlung, deren Mandat nicht begrenzt war, wurde das Mandat der Abgeordneten der hessischen Volkskammer nach Art. 7 auf 3 Jahre begrenzt. Die problematische Frage, wann die Aufgabe der verfassungsgebenden Versammlung als beendet zu betrachten ist, konnte somit dahingestellt bleiben. Die Wahlen hatten gemäß Art. 7 nach dem Prinzip der Verhältniswahl zu geschehen. Das ganze Land bildete dabei einen einzigen Wahlkreis. Zur Sicherung einer unparteiischen Feststellung des Wahlergebnisses war bestimmt worden, daß die Beisitzer der Landeswahlkommission den verschiedenen Parteien zu entnehmen waren, die Wahlvorschläge eingereicht hatten, Art. 27.

Das Wahlgesetz enthielt auch einige für das Verhältnis zwischen der Regierung und der Volksvertretung wichtige Bestimmungen. So erhielt die Volkskammer ein weiteres Untersuchungsrecht und das den hessischen Kammern bis dahin nicht zustehende Recht der Autonomie. Um zu verhüten, daß nach Münchener Vorbild die Regierung unter dem Druck der Unabhängigen die Berufung der Volkskammer hinauszögerte, wurde der Volkskammer ein Selbstversammlungsrecht verliehen. Gemäß Art. 71 hatte die Volkskammer nach acht Tagen zusammenzutreten.

Etwaigen Versuchen des Volksrats[414], auch nach den Volkskammerwahlen ein Aufsichtsrecht gegenüber der Regierung zu beanspruchen und sich erneut in die Exekutive zu drängen, begegnete die Schlußbestimmung des Art. 72 dadurch, daß die provisorische Regierung allein die Vollzugsgewalt ausüben und nach dem Zusammentritt der Volkskammer ausschließlich dieser verantwortlich sein sollte[415].

Aus diesen beiden Schlußbestimmungen ist erkennbar, daß sich die Regierung unter Ulrich als eigentlicher Machtfaktor in Hessen durchgesetzt hatte. Wie bereits erörtert, war der Machtübergang von den Arbeiter- und Soldatenräten auf die provisorische Regierung jedoch ein auch von der Mehrheit der Räte angestrebter Vorgang.

---

[414] In dem der neutralen Zone zugewiesenen Darmstadt wandelte sich der Hessische Arbeiter- und Soldatenrat angesichts des in diesem Gebiet befohlenen Truppenabzugs am 09. Dezember 1918 in den Hessischen Landesvolksrat um. Vgl. hierzu unter Kapitel B.II.3.c), B.II.3.c)aa) auf den S. 154, 155.

[415] Vgl. Gmelin; Verfassungsentwicklung und Gesetzgebung in Hessen von 1913 bis 1919, in: Jahrbuch des öffentlichen Rechts der Gegenwart, Tübingen, Bd. IX (1920), S. 201 (204).

2. Die Wahl der Hessischen Volkskammer

Nachdem das Staatsministerium am 16. November 1918 die bisherige Volksvertretung in Übereinstimmung mit dem Hessischen Arbeiter- und Soldatenrat aufgelöst hatte[416], fand die Volkskammerwahl mit Rücksicht auf die Entwicklung im Reich erst am 26. Januar 1919 – eine Woche nach den Wahlen zur Weimarer Nationalversammlung – statt[417].

Versuchen der Spartakisten, Organisationen zu schaffen, welche die Wahlen zur Nationalversammlung und der hessischen Volkskammer unmöglich machen sollten, war Ulrich mit der Aufforderung an die Arbeiter-, Bauern- und Soldatenräte des Landes entgegengetreten, alle derartigen Versuche energisch abzuweisen[418].

Dies zeigte deutlich, daß die Regierung nicht daran dachte, auch nur ein wenig von ihren politischen Zielvorstellungen abzurücken. Die Ablösung des Volksrats durch die Volkskammer hatte sich ohne jede Erschütterung vollzogen. Der Hessische Volksrat ließ mitteilen, daß er sich mit dem 12. Februar 1919 auflöse, um der Volkskammer die gesetzgebende Gewalt zu übergeben. Nur die lokalen Arbeiter- und Soldatenräte bestanden noch bis zu den Provinzial- und Kreistagswahlen fort, sanken aber aufgrund des Fehlens gesetzlicher Funktionen zu völliger Bedeutungslosigkeit herab.

Mit dem im Dezember 1918 beginnenden Wahlkampf bewegten sich die alten Parteien auf vertrautem Terrain und waren hier den Räten aufgrund ihrer größeren Erfahrung überlegen, zumal die Räte als solche nicht zur Wahl anstanden[419]. Fast täglich wurden nun Parteiversammlungen angekündigt[420]. Tonangebend waren zunächst die Parteien der vorläufigen Regierungskoalition, die Mehrheitssozialdemokraten, die freiheitlichen Demokraten und das Zentrum, das den schon in den 1860er Jahren geführten Namen ‚Christliche Volkspartei' neu zu beleben versuchte. Auch die überkommenen Parteien traten dabei teilweise mit neuen Bezeichnungen auf: So hatte sich die Fortschrittliche Volkspartei bereits am 19. November in ‚Demokratische Partei' umbenannt und wandte sich vornehmlich an das freiheitliche Bürgertum. Spöttisch notierten Demokraten und MSPD, daß auch die nur zögerlich neuformierten Mitte-Rechts-Parteien mit dem neuen Etikett ‚Volkspartei' zu werben suchten[421]. Aus den Nationalliberalen wurde die

---

416 Kittel; Novemberumsturz 1918; a.a.O., S. 42 (72).

417 Franz/Köhler; Parlament im Kampf um die Demokratie, S. 29.

418 Ulrich; Erinnerungen des ersten hessischen Staatspräsidenten, S. 135.

419 Schlander; a.a.O., S. 25 f., S. 30 f.

420 In einer Rede drückte der Zentrumspolitiker von Brentano die Stimmung dieser Tage mit den Worten aus: „Durch den Sturz der Militärpartei und des reinen Beamtenstaates [sind wir] von einer schweren Last befreit.", Offenbacher Zeitung vom 03. 01. 1919.

‚Deutsche Volkspartei', und das Zentrum trat von nun an als ‚Demokratische' auf. Der frühere Bauernbund schließlich hieß jetzt ‚Hessische Volkspartei'[422].

Der Wahlkampf wurde mit einem bis dahin ungewohnten publizistischen Aufwand geführt. Vor allem an die Arbeiter und die Jugend richteten sich zahllose Plakate[423], Flugblätter[424] und Zeitungsanzeigen[425]. Da erstmals Frauen wählen durften, entwickelten die Parteien auch besondere Aktivitäten, um diese anzusprechen[426]. Besonders auf den zahlreichen Versammlungen propagierten die neuformierten Parteien ihre jeweiligen politischen Vorstellungen und warben intensiv um die neuen Wählergruppen.

Parteieigene Zeitungen besaßen vor allem die Mehrheitssozialdemokraten mit dem ‚Hessischen Volksfreund' in Darmstadt, der ‚Mainzer' und ‚Offenbacher Volkszeitung' sowie der ‚Oberhessischen Volkszeitung' in Gießen[427]. Die im Staatsverlag gedruckte ‚Darmstädter Zeitung' brachte in die-

---

421 Vgl. Franz; Alle Staatsgewalt geht vom Volke aus; in: Eichel/Möller (Hrsg.); 50 Jahre Verfassung des Landes Hessen, S. 38 (41).

422 Franz; Turbulenzen in Politik und Wirtschaft (1918–1932); in: Darmstadts Geschichte, S. 424 (426). Vgl. dagegen für Offenbach Schlander; a. a. O., S. 30: „Das Zentrum behielt seinen alten Namen, fügte aber den weniger bekannt gewordenen Zusatz Christliche Volkspartei hinzu ... Ein Sammelbecken weiter rechts stehender Kräfte wollte die Deutsch-Nationale Volkspartei (DNVP) sein, die im hessischen Bereich als Hessische Volkspartei (HVP) auftrat. Noch nicht zur Wahl angetreten waren die Kommunisten. Sie hatten zur Stimmenthaltung aufgefordert."

423 Franz; Turbulenzen in Politik und Wirtschaft (1918–1932), in: Darmstadts Geschichte, S. 425 f.

424 Vgl. z. B. das Flugblatt der Deutschen Volkspartei (früher: Nationalliberale Partei) „An die Landwirte in Hessen!", Stadtarchiv Friedberg: „Die Zeiten bleiben trostlos. Die so herrlichen Tage, denen uns die Revolution entgegenführen wollte, sind nicht gekommen und werden nicht kommen. Im Gegenteil: wir treiben dem völligen wirtschaftlichen Zusammenbruch entgegen ...". In Mainz wollte die Zentrumspartei ein Flugblatt an die Truppen verteilen lassen, das sich gegen Klassendiktatur und den Kommunismus der radikalen Sozialdemokraten richtete, was jedoch vom dortigen Arbeiter- und Soldatenrat verboten wurde, Wiesbadener Zeitung Nr. 338 vom 06. 12. 1918, 1. Morgenblatt und Nr. 340 vom 08. 12. 1918, 2. Morgenblatt. Vgl. hierzu auch unter Kapitel B.I.3.a)cc) auf S. 82.

425 Vgl. z. B. die Anzeigen der Deutschen Volkspartei (früher: Nationalliberale Partei) in ‚Oberhessischer Anzeiger und Friedberger Zeitung' vom 18. Januar 1919, in denen gegen die Demokratische Partei gehetzt wurde.

426 Schlander; a. a. O., S. 27 spricht in diesem Zusammenhang von einer einsetzenden „Versammlungswelle" und nennt beispeilsweise den ‚Ausschuß für die politische Schulung der Frau' des Verbands der Offenbacher Frauenvereine und eine Kundgebung des ‚Katholischen Frauenbundes'. Seiner Ansicht nach stand fest, daß die große Gruppe der Frauen, die in der Kaiserzeit vom Wahlrecht ausgeschlossen gewesen war, die Wahlen entscheiden konnte, wenn sie nur einigermaßen geschlossen abstimmte.

427 Vgl. hierzu unter Kapitel B.I.3.a)cc) auf S. 82.

ser Wahl ausschließlich Annoncen für die Hessische Volkspartei der Rechten, das ‚Mainzer Journal' für die Zentrumspartei, während im ‚Darmstädter Tagblatt' Anzeigen der Demokraten, der DVP und der Deutschnationalen miteinander konkurrierten. Bei den erhaltenen Plakaten überwiegen die Textplakate, vielfach regelrechte Wandzeitungen. Bildplakate wurden zumeist von den Parteizentralen geliefert.

Die Wahlen selbst verliefen „abgesehen von kleinen Streitigkeiten, durchaus ruhig". So kam es trotz vorangegangener Drohungen der Spartakisten zu keinen „ernsthaften blutigen Exzessen". Die Wahlen zur Hessischen Volkskammer fanden am 26. Januar 1919 statt. Die Wahlbeteiligung an der Hessischen Volkskammerwahl war um 6% niedriger als bei den Wahlen zur Nationalversammlung.

Das Ergebnis der Wahlen sah folgendermaßen aus:

Partei	Ergebnisse der Wahlen zur Hessischen Volkskammer vom 26.01.1919		Ergebnisse der Wahlen zur Nationalversammlung vom 19.01.1919	
	Mandate	Stimmen	Mandate	Stimmen
MSPD	31	273.468	165	11.509.000
USPD	1	9.077	22	2.317.000
Demokraten*	13	116.252	75	5.641.000
Zentrum	13	108.539	91	5.980.000
Konservative *	7	62.072	19	1.345.000
Nationale*	5	45.785	44	3.121.000
Sonstige	–	–	7	483.000

* = Demokraten = Deutsche Demokratische Partei; Konservative = Deutsche Volkspartei; Nationale = Hessische Volkspartei (Hessen) und Deutschnationale Volkspartei (Reich)[428]

Als Ergebnis der Landtagswahlen von 26. Januar erhielt die SPD 31, die Deutsche Demokratische Partei und das Zentrum je 13, die Deutsche Volkspartei 7 und die Hessische Volkspartei 5 Mandate; die USPD kam lediglich auf ein Mandat[429]. Wenn man die Ergebnisse der Hessischen Volkskammer-

---

[428] Die Ergebnisse der Wahl zur Weimarer Nationalversammlung basieren auf: Bracher/Funke/Jacobsen; Die Weimarer Republik 1918–1933, Anhang Nr. 2, S. 630 f.; Kolb; Die Weimarer Republik, Grundriß der Geschichte, Bd. 6, S. 252 f.; die Ergebnisse zur Landtagswahl basieren auf: Knöpp, Friedrich; Der Volksstaat Hessen. 1918–1945, in: Heinemeyer, Walter (Hrsg.); Das Werden Hessens, S. 705.

wahlen mit den Wahlen zur Nationalversammlung vergleicht, so ist festzustellen, daß es in Hessen verhältnismäßig viele Wähler gab, die die Deutsche Volkspartei wählten, aber nur sehr wenige, die die USPD wählten.

3. Die Entwicklung der Rätebewegung

a) Die verschiedenen Abspaltungen

In Darmstadt hatte die revolutionäre Bewegung in der Nacht vom 09. auf den 10. November 1918 zunächst einen Arbeiter- und Soldatenrat hervorgebracht, dem neben Soldaten und Vertretern der SPD sowie der Gewerkschaften als einziger Repräsentant der bürgerlichen Demokratie der Lehrer Wilhelm Loos[430] angehörte. Doch schon bald wurden andere Gruppen, die Bauernschaft, der Handelsverein und sozialdemokratische sowie sonstige Frauenverbände zur Entsendung von Delegierten aufgefordert[431]. Daraufhin wandelte sich das ursprüngliche Gremium in den Hessischen Arbeiter-, Bauern- und Soldatenrat. Bereits am 15. November 1918 wurde jedoch der Hessische Bürger- und Bauernausschuß konkurrierend ins Leben gerufen, welcher die Gleichberechtigung des Bürger- und Bauernstandes bei allen staatlichen Maßnahmen anstrebte und dazu aufforderte, überall örtliche Bürger- und Bauernausschüsse zu gründen. Aus diesem bildete sich wiederum ein spezieller Landesbauernrat[432]. Am 19. November 1918 schlossen sich alle hessischen Arbeiter- und Soldatenräte zu einem Landesverband mit je einem Vertreter der fünf Städte und drei Provinzen zusammen[433]. Im Januar

---

429 Frankfurter Zeitung Nr. 81 vom 31. Januar 1919, 2. Morgenblatt, S. 1; Hessischer Volksfreund vom 30. Januar 1919, S. 2; Ulrich; Erinnerungen des ersten hessischen Staatspräsidenten, S. 136; Adelung; a.a.O., S. 192; vgl. auch: Franz/Köhler; Parlament im Kampf um die Demokratie, S. 40 f.

430 *Wilhelm Loos* (1885–1948), Lehrer in Darmstadt, 1918 Mitglied des Arbeiter- und Soldatenrats, Leiter der Reichszentrale für Heimatdienst/Hessen, MdLVH 1919–1921 (DDP), 1922 Rektor in Gießen, 1929–1933 Kreisschulrat in Groß-Gerau, 1945 desgl. in Heppenheim.

431 Nach Kittel; Novemberumsturz 1918; a.a.O., S. 42 (67, 72) gehörten dem Darmstädter Arbeiter- und Soldatenrat ab Mitte November 1918 auch Vertreter der Fortschrittlichen Volkspartei an.

432 Franz; Turbulenzen in Politik und Wirtschaft (1918–1932), in: Darmstadts Geschichte, S. 424. Nach Seelbach; a.a.O., S. 63 wurde der Hessische Bürger- und Bauernausschuß am 14. November 1918 ins Leben gerufen. Demgegenüber datiert Struck; a.a.O., S. 405 die Bildung des Darmstädter Ausschusses auf den 17. November 1918 unter Berufung auf die Frankfurter Zeitung Nr. 319 vom 17. 11. 1918, 2. Morgenblatt. Hummel; Entwicklungen und Folgen der Revolution 1918/19 in Darmstadt und im Landkreis Groß-Gerau, unveröffentlichte wissenschaftliche Hausarbeit zur Erweiterungsprüfung für das Lehramt an Grund-, Haupt- und Realschulen, maschinenschriftlich, S. 124 geht vom 15. November 1918 aus.

433 Kittel; a.a.O., S. 42 (67).

1919 sonderte sich schließlich vom Landesvolksrat der Volksrat der Landeshauptstadt Darmstadt ab, der jedoch noch vor Juni des Jahres wieder verschwunden war[434].

b) Die Reaktion der alten Mächte

Schon bald nach den Revolutionsereignissen versuchten die Anhänger der alten Ordnung, die Stellung der Arbeiter- und Soldatenräte zu untergraben. So wurden beispielsweise in Gießen „unlautere Gerüchte über die Tätigkeit der A- und S-Räte" laut[435]. Dort mußte sich der Rat am 14. Dezember 1918 gegen das Gerücht wehren, er wolle sich selbst auflösen[436]. Außerdem beschlagnahmte er dem Gießener Anzeiger beigelegte Flugblätter der ‚Deutschen Vereinigung Berlin', in denen die Arbeiter- und Soldatenräte verleumdet wurden, und verbot deren Verbreitung[437].

Die Entfernung von Personen aus ihren Ämtern, die gegen die Revolution arbeiteten, wurde allerdings nur verbal geäußert und nicht in die Tat umgesetzt[438]. Eine Konterrevolution der Anhänger der alten Mächte konnte hier schon deshalb nicht stattfinden, weil den Reaktionären zu wenige zuverlässige Truppen zur Verfügung gestanden hätten[439].

c) Die Entwicklung der Räte während der französischen Besetzung

Die Stellung der Arbeiter- und Soldatenräte in Rheinhessen wurde ab Ende November 1918 zusätzlich durch die herannahenden Franzosen stark erschüttert[440]. Da das französische Oberkommando anscheinend befürchtete, eine derartige revolutionäre Institution könnte sich auch in ihren eige-

---

434 Franz; Turbulenzen in Politik und Wirtschaft (1918–1932), in: Darmstadts Geschichte, S. 426.

435 GA vom 06. 12. 1918. Nach Seelbach; a.a.O., S. 50, FN 37 waren Inhalt dieser Gerüchte die Bereicherung der Mitglieder des Rats aus Heeresgutbeständen, willkürliche Hausdurchsuchungen und Selbstauflösungsabsichten.

436 GA vom 14. 12. 1918.

437 GA vom 15. 01. 1919.

438 Seelbach; a.a.O., S. 55.

439 Vgl. Seelbach; a.a.O., S. 55; vgl. auch die Feststellung von Kittel; Novemberumsturz 1918; a.a.O., S. 42 (62), „daß sich wohl Kämpfer für das Neue, aber nicht mehr zur Erhaltung des Alten fanden."

440 Einheiten der französischen Armee hatten am 23. Dezember Langen besetzt; die Grenze zum unbesetzten Gebiet verlief durch die Gemarkung von Neu-Isenburg und Sprendlingen. Weitere Ausführungen zur französischen Besetzung bei: Knöpp, Friedrich; Der Volksstaat Hessen. 1918–1945, in: Heinemeyer, Walter (Hrsg.); Das Werden Hessens, S. 708 ff.

nen Truppen bilden, ordnete es an, daß die Arbeiter- und Soldatenräte in der neutralen Zone, die sich an das Besatzungsgebiet nach Osten hin anschloß, aufzulösen seien[441].

Nachdem dies am 06. Dezember 1918 geschehen war[442], trat an deren Stelle zur Verbindung mit der Hessischen Regierung der ‚Fünfzehnerausschuß', eine Vertretung aus allen Kreisen des besetzten Gebiets[443].

aa) Der Landesvolksrat der Republik Hessen

In dem der neutralen Zone zugewiesenen Darmstadt wandelte sich der Hessische Arbeiter- und Soldatenrat angesichts des in diesem Gebiet befohlenen Truppenabzugs[444] am 09. Dezember 1918 in einen Hessischen Landesvolksrat[445]. In der betreffenden Sitzung wurde der Antrag Knoblauchs einstimmig angenommen[446]. Eine entsprechende Änderung wurde auf örtlicher Ebene veranlaßt[447].

---

441 Die Besatzungsmacht drohte sogar an, die Räte gefangenzunehmen, falls diese ihre Arbeit fortsetzten, Offenbacher Zeitung vom 06. 12. 1918. Vgl. auch Adelung; a.a.O., S. 190, nach dessen Erinnerungen in dem seit dem 06. Dezember 1918 besetzten Mainz die Existenz des Arbeiter- und Soldatenrats von den Franzosen schlichtweg ignoriert worden sein soll; ähnlich übrigens Struck; a.a.O., S. 398 FN 159.

442 In Wiesbaden löste sich der Soldatenrat am 07. Dezember auf, weil die Besatzungszone von deutschen Truppen geräumt werden mußte, während der Arbeiterrat zunächst noch weiterbestand, vgl. Wiesbadener Zeitung Nr. 623 vom 07. 12. 1918. Für den zum Brückenkopf Mainz gehörenden Teil des Regierungsbezirks Wiesbaden befahl der französische Präfekt, Arbeiter- und Soldatenräte als Zentralinstanzen der Behörden nicht weiter zu dulden, vgl. Stadtarchiv Wiesbaden XIII b 78 Bl. 56.

443 Kittel; Novemberumsturz 1918; a.a.O., S. 42 (72).

444 Im Gegensatz hierzu schreibt Struck; a.a.O., S. 398 unter Berufung auf HStAW 419, 59, ein vom Armeeoberkommando 5 weitergegebener Befehl, daß die Entente Arbeiter- und Soldatenräte in der neutralen Zone nicht dulde, da sie sich dort das Kontrollrecht vorbehalten habe, und daß die Arbeiter- und Soldatenräte daher dort sofort aufzulösen seien, habe sich als unzutreffend herausgestellt. Nach Struck; a.a.O., S. 398 und HStAW 405, 6336 mußten lediglich die Soldatenräte ihre Tätigkeit wegen der Entmilitarisierung einstellen, während die Arbeiter- und Bauernräte fortbestanden, wobei deren Organisation jedoch schnell in reine Berufsvertretungen übergingen.

445 Franz; Turbulenzen in Politik und Wirtschaft (1918–1932); in: Darmstadts Geschichte, S. 424 (425).

446 Vgl. Darmstädter Tagblatt vom 10. Dezember 1918, S. 2; Darmstädter Täglicher Anzeiger vom 10. Dezember 1918, S. 3; Darmstädter Zeitung vom 10. Dezember 1918, S. 2; Hessischer Volksfreund vom 10. Dezember 1918, S. 2.

447 Schlander; a.a.O., S. 28. Der Arbeiter- und Soldatenrat von Offenbach nannte sich Mitte Dezember in ‚Volksrat' um, unterstellte sich jedoch wenig später dem Landesvolksrat in Darmstadt, welcher fortan den örtlichen Räten Aufgaben zuteilte. Vgl. auch Frankfurter Zeitung Nr. 343 vom 11. 12. 1918, 1. Morgenblatt; Franz;

Die örtlichen Arbeiter-, Bauern- und Soldatenräte wurden aufgefordert, sich ebenfalls aufzulösen und ihre Aufgaben neu zu bildenden Volksräten zu übertragen. Arthur Wolff bemerkte in diesem Zusammenhang, daß der frühere Großherzog immer noch nicht abgedankt hätte und forderte von ihm nun seine endgültige Abdankung sowie seine Ausreise aus Hessen[448].

Schon am 04. Dezember war in einer Vertreterversammlung von siebzig Arbeiter- und Soldatenräten aus Rheinhessen ein Bürgerausschuß zur Wahrnehmung der Lebensmittelversorgung gebildet worden, der dem künftigen Volksrat angegliedert werden sollte. Man beabsichtigte, auf diese Weise die Ausschüsse unter der fremden Besatzung aufrechterhalten zu können[449]. Dem Landesvolksrat, der sich „völlig auf die Seite der Reichs- und Landesregierung" stellte[450], war jedoch keine lange Existenz beschieden, da er lediglich eine beratende und kontrollierende Position bis zum Zusammentritt der neuen Volkskammer einnahm[451].

Bei der am 18. Dezember stattfindenden Sitzung, die nur schwach besucht war, wurde mitgeteilt, daß die Stelle des Stadtkommandanten ab sofort wegfallen würde. Es wurde auf Antrag Wolffs[452] der Fortbestand des Revolutionstribunals beschlossen[453]. Carl Ulrich protestierte als Staatsminister gegen diesen Beschluß. Er betonte, daß die Aufrechterhaltung des Re-

---

Turbulenzen in Politik und Wirtschaft (1918–1932); in: Darmstadts Geschichte, S. 424 (425). Struck; a.a.O., S. 405 datiert die Auflösung des Hessischen Arbeiter-, Bauern- und Soldatenrats auf den 10. 12. 1918. Trotz der Bildung des Landesvolksrats als Vertretung aller hessischen Arbeiter- und Soldatenräte behielt – wohl wegen der Autorität des Staatspräsidenten Ulrich – das Staatsministerium das politische Übergewicht, Kittel; Novemberumsturz 1918; a.a.O., S. 42 (72).

[448] Vgl. Darmstädter Tagblatt vom 10. Dezember 1918, S. 2; Darmstädter Täglicher Anzeiger vom 10. Dezember 1918, S. 3.

[449] Frankfurter Zeitung Nr. 337 vom 05. 12. 1918, 2. Morgenblatt.

[450] Ulrich; Erinnerungen des ersten hessischen Staatspräsidenten, S. 134 f. Am 07. 01. 1919 beschloß der Volksrat ein Telegramm an die Reichsregierung, in dem der Ergebenheits- und Zustimmungswille zu deren Handlungen ausgesprochen wurde.

[451] Kittel; Novemberumsturz 1918; a.a.O., S. 42 (72).

[452] *Dr. Arthur Wolff,* Arzt in Darmstadt, 1918/19 Mitglied des Landesvolksrats (zuerst MSPD dann USPD).

[453] Vgl. Darmstädter Täglicher Anzeiger vom 19. Dezember 1918, S. 2; Hessischer Volksfreund vom 19. Dezember 1912, S. 2. Daneben wurden folgende Anträge angenommen: Zutritt zu Vollversammlungen sollten nur noch Delegierte haben, die von den zuständigen Organisationen und noch vorhandenen Truppenteilen gewählt, von der Vollversammlung anerkannt würden und eine beglaubigte Vollmacht vorlegen könnten. Jeder Delegierte hätte seine Anwesenheit in Vollversammlungen und in Ausschußsitzungen in einer im Geschäftszimmer ausgelegten Liste persönlich einzutragen. So könnten auch Sitzungsgelder nur dann ausgezahlt werden, wenn die Anwesenheit in den Vollversammlungen und Ausschußsitzungen beglaubigt wäre. Zudem hätten die Delegierten des Volksrats keinerlei Handlungen

volutionstribunals gegen die Berliner Anordnung verstoßen würde. Zudem verwahrte er sich dagegen, „... daß vom Nachrichtenausschuß des Volksrates unter Umgehung der Regierung Verhandlungen mit einer feindlichen Macht angeknüpft werden, um eine regelmäßige Verbindung zwischen dem besetzten und dem übrigen Gebiet aufrecht zu erhalten, wie es durch die Funkenstation versucht worden sei“[454].

Wolff erklärte darauf, daß Ulrich wohl verkannt hätte,

> „... daß der Volksrat und nicht das Staatsministerium die oberste Regierung sei. Das Ministerium sei lediglich die Exekutive. Wenn der Volksrat seine Maßnahmen treffe, habe er auch die Macht, sie durchzuführen, einerlei, ob die Exekutive damit einverstanden sei oder nicht. Auch habe man in diesem Falle das Recht, sie zu stören“[455].

In dieser Frage läßt sich beispielhaft die Macht- und Kompetenzfrage im Volksstaat Hessen demonstrieren. Dr. Arthur Wolff, der zu diesem Zeitpunkt noch Mitglied der MSPD war[456], wollte in der Sitzung des Volksrats vom 18. Dezember für den Volksrat seine Führungsrolle gegenüber der provisorischen Regierung anhand des vom Arbeiter- und Soldatenrats eingeführten Revolutionstribunals beweisen. Er scheute sich nicht, in dieser Frage einen offenen Konflikt mit der Regierung zu provozieren. Schließlich war das Revolutionstribunal ein zentrales Organ der Räte und ihr wichtigstes Symbol für die oberste Trägerschaft der Staatsgewalt. Wolff war sich bewußt, daß die selbständige Auflösung des Revolutionstribunals das nach außenhin dokumentierte Eingeständnis der faktischen Machtlosigkeit der Räte bedeuten würde. Als innerparteiliche Opposition versuchte er den Initiator der Revolution zu bewahren und die Übermacht des alten Staatsapparats zu vermeiden.

Während die Auffassung Wolffs noch am 18. Dezember 1918 bei den Mitgliedern des Volksrats eine Mehrheit fand, bröckelte diese schon erheblich bei der nächsten Sitzung des Volksrats am 20. Dezember 1918. Nachdem die verschiedenen Ausschüsse Bericht darüber erstattet hatten, daß An-

---

ohne die Genehmigung der zuständigen Ausschüsse oder des Plenums zu unternehmen. Vgl. Darmstädter Tagblatt vom 19. Dezember 1918, S. 2.

454 Vgl. Darmstädter Täglicher Anzeiger vom 19. Dezember 1918, S. 2.

455 Vgl. Darmstädter Täglicher Anzeiger vom 19. Dezember 1918, S. 2.

456 Wolff wurde als Mitglied der MSPD und als Vorsitzender des Reichsbundes der Kriegsgeschädigten in den Volksrat gewählt. Er war schon vorher für einen entschiedeneren Kurs des Rats eingetreten, z. B. Ende November für die Durchführung von Kriegsverbrecherprozessen gegen Wilhelm II., Reichskanzler Bethmann-Hollweg, Admiral Tirpitz oder auch verschiedene Industrielle, und setzte sich auch in dieser Sitzung für ein härteres Vorgehen gegen Beamte, Geheimräte und Exzellenzen ein, die im alten Stil weiterarbeiteten. Am 07. Januar 1919 erklärte er, daß er zur USPD übergewechselt sei. Daraufhin verlor er sein Mandat und somit seine politischen Einflußmöglichkeiten im Volksrat.

ordnungen von Ländern über die Volksgerichtshoffrage nicht rechtsgültig seien, wurde die Frage des Fortbestands des hessischen Revolutionstribunals erneut diskutiert. Eine Entscheidung des Volksrats war indes nicht notwendig. Das Staatsministerium verfügte bereits an sämtliche unterstellten Behörden, die Volksgerichte aufzuheben. Widersprüche von Seiten des Volksrats regten sich nicht gegen diese Entscheidung der Regierung. Im Volksrat wurde mitgeteilt, daß die Meinungsverschiedenheiten zwischen Regierung und Volksrat beigelegt seien[457]. Die Machtfrage zwischen der Regierung und den Räten war somit eindeutig geklärt. Die provisorische Regierung war nunmehr der alleinige oberste Träger der Staatsgewalt, der Landesvolksrat besaß faktisch keine eigenständige Rolle in der Landespolitik mehr.

Am 23. Dezember 1918 wurde ein Antrag Heyds, Beamte „..., die den Forderungen des Volkswohls nicht gerecht werden, abzusetzen und neue Beamte nur auf Vertrag, nicht mit Pension, anzustellen, abgelehnt, nachdem sich u.a. auch Staatsminister Ulrich dagegen ausgesprochen hatte“[458]. Zwei Mitglieder erstatteten als Delegierte Bericht über die Sitzung des Zentralrats der Arbeiter- und Soldatenräte in Berlin[459].

Am 03. Januar 1919 sollte die erste Landesausschußsitzung im neuen Jahr stattfinden. Die Tagesordnung umfaßte die Großherzogs- und Theaterfrage. Ob diese Sitzung tatsächlich stattfand, ist unbelegt; jedenfalls forderte dieser auch zur Umwandlung der lokalen Räte in Volksräte auf, worauf sich am 04. Januar 1919 der Provinz- und Kreisbauernrat Gießen gegen eine derartige Veränderung aussprach[460].

---

457 Vgl. Darmstädter Täglicher Anzeiger vom 21. Dezember 1918, S. 3; Darmstädter Zeitung vom 21. Dezember 1918, S. 4.

458 Vgl. Darmstädter Täglicher Anzeiger vom 24. Dezember 1918, S. 3.

459 Vgl. Darmstädter Täglicher Anzeiger vom 24. Dezember 1918, S. 3. Es konnten nur die Sitzungen des Zentralrats am 20. und 21. Dezember 1918 gemeint sein. Der Zentralrat der Deutschen Sozialistischen Republik konstituierte sich am 20. Dezember. Wilhelm Knoblauch kam als hessischer Delegierter auch in den Zentralrat und nahm an seinen Sitzungen teil. Zum Inhalt der Sitzungen vgl. Kolb/Rürup; Der Zentralrat der Deutschen Sozialistischen Republik 19.12.1918–8.4.1919, Quellen zur Geschichte der Rätebewegung in Deutschland 1918/19, Bd. I, S. 24 ff. In der Nachmittagssitzung des Zentralrats am 21. Dezember 1918 wurde Knoblauch beauftragt, mit einem Mitglied des Staatsministeriums nach Hanau zu fahren, um Streitigkeiten zu schlichten. Der unter linksradikaler Führung stehende Arbeiter- und Soldatenrat Hanau hinderte den Ende Oktober 1918 als kommissarischen Landrat eingesetzten Regierungsrat Schmid an der Ausübung seines Amts und setzte seinerseits einen Arzt Dr. Wagner als provisorischen Landrat ein. Daraus entstanden langwierige Auseinandersetzungen, die in einer Besprechung mit Vertretern des Preußischen Innenministeriums am 28. Dezember beigelegt werden sollte. Vgl. Kolb/Rürup; Der Zentralrat der Deutschen Sozialistischen Republik 19.12.1918–8.4.1919, Quellen zur Geschichte der Rätebewegung in Deutschland 1918/19, Bd. I, S. 53; vgl. dazu auch unter Kapitel B.I.2.c) auf S. 74.

Die Landesausschußsitzung des Hessischen Volksrats am 07. Januar 1919 brachte den endgültigen Bruch zwischen Dr. Wolff, der einen entschiedenen Kurs der Räte forderte, und den übrigen, regierungsnahen Volksratsmitgliedern. Die Tagesordnung beinhaltete ursprünglich die Aussprache über die Landesmilch- und Fettstelle sowie eine Aussprache über die Viehverteilungsstelle[461]. Die Sitzung verlor ihre Routine, als ein Schreiben der MSPD mit dem Inhalt verlesen wurde, daß durch den Austritt Wolffs aus der MSPD und seinen Wechsel zur USPD sein Mandat im Volksrat erloschen sei[462]. Wolff behauptete „..., daß er nicht nur als Mitglied der Sozialdemokratischen Partei, sondern auch als Revolutionär dem Volksrat angehöre, außerdem wurde er als Vorsitzender des Reichsbundes der Kriegsverletzten gewählt und hatte als solcher den Auftrag, diese im Volksrat zu vertreten"[463]. Der Vorsitzende stellte jedoch fest, daß Wolff nur als Mitglied der MSPD gewählt wäre[464]. Nur das Plenum des Darmstädter Volksrats hätte das Recht, darüber zu befinden, ob Wolff noch als Mitglied des Plenums anerkannt werden sollte oder nicht. Die Entscheidung betreffe die Handlungsweise Wolffs: Im Plenum hätte er die Grundsätze des Volksrats anerkannt und vertreten, draußen aber hätte er stets anders gesprochen.

Der Beschluß des Landesvolksrats lautete dahingehend, daß Wolff bis zur gegenteiligen Entscheidung des Darmstädter Volksrats an den Sitzungen teilnehmen könne. Allerdings wurde Wolff beschuldigt, die Unruhen in Erbach unterstützt zu haben[465]. Daraufhin verließen er und die verbündeten Delegierten Dehn und Kolmann den Saal, nachdem Wolff noch erklärt hatte, daß ihm eine Verteidigung unmöglich gemacht worden sei und für ihn daher sowohl der Landesvolksrat als auch der Darmstädter Volksrat erledigt seien[466].

Wolff verlor somit sein Mandat[467] und seine Einflußmöglichkeiten. Schließlich wurde vom Volksrat noch beschlossen, ein Telegramm nach Berlin zu senden, mit dem Inhalt, daß der Volksrat als oberster Träger der revolutionären Gewalt in der Republik Hessen hinter der Regierung Ebert und Scheidemann sowie dem Zentralrat stehe. Der Volksrat billige das entschlossene Vorgehen der Reichsleitung gegen den Terror der Berliner Straße:

---

460 Seelbach; a.a.O., S. 56, FN 67.

461 Vgl. Darmstädter Täglicher Anzeiger vom 6. Januar 1919, S. 3.

462 Vgl. Darmstädter Tagblatt vom 8. Januar 1919, S. 2; Darmstädter Zeitung vom 8. Januar 1919, S. 3; Hessischer Volksfreund vom 8. Januar 1919, S. 2.

463 Vgl. Darmstädter Zeitung vom 8. Januar 1919, S. 3.

464 Vgl. Darmstädter Zeitung vom 8. Januar 1919, S. 3.

465 Vgl. Darmstädter Tagblatt vom 8. Januar 1919, S. 2.

466 Vgl. Darmstädter Tagblatt vom 8. Januar 1919, S. 2.

467 Ulrich; Erinnerungen des ersten hessischen Staatspräsidenten, S. 135.

Der Volksrat für die Republik Hessen ist bereit, gegen jeden Versuch einer Gewaltherrschaft mit allen Mitteln einzuschreiten.[468]

Am 10. Januar 1919 tagte der Landesausschuß erneut und behandelte nun die Tagesordnungspunkte von der Sitzung am 07. Januar 1919. Es wurde auch beschlossen, daß der Landesvolksrat in der Frage des Erlasses des Hessischen Staatsministeriums über Putschversuche hinter dieser stünde[469].

Bei der Sitzung des Bundes der Kriegsbeschädigten und ehemaligen Kriegsteilnehmer am 11. Januar 1919 nahm Wolff als amtierender Vorsitzender nicht mehr teil. Rauck[470] stellte fest, daß durch die Agitation Wolffs der Bund der Kriegsbeschädigten als Nachläufer oder Verfechter der USPD angesehen würde. Er hielt dies für sehr schlecht und war der Überzeugung „..., daß uns in der Person des Herrn Dr. Wolff als Vorsitzender sowohl als auch Vertreter zum Volksrat kein Vorteil entsteht [und] beantrage in beiden Fällen die Entziehung des Vertrauens“[471]. Der Antrag wurde einstimmig angenommen[472].

In den Sitzungen des Landesauschusses vom 14. und 23. Januar 1919 sollten die Wirtschaftslage der Staatsbeamten und die Teuerungsquote diskutiert werden. Ein Antrag von Loos „..., die Regierung zu ersuchen, Straßendemonstrationen zu verbieten, um die Wahlen zu sichern, wurde zugunsten eines Antrages Bastians, der die Regierung ersuchte, gegen jede Störung der Wahlhandlungen mit allen Machtmitteln einzuschreiten und die Behörden anzuweisen, darauf vorbereitet zu sein, zurückgezogen. Der genannte Antrag wurde einstimmig angenommen“[473]. Am. 23. Januar wurde beschlossen, daß mit dem Zusammentritt der Hessischen Volkskammer der Landesausschuß des Hessischen Volksrats sich auflösen, daß aber bis zur Neuwahl der Gemeindevertretungen die örtlichen Volksräte als Kontrollorgane bestehen bleiben sollten[474]. In der öffentlichen Landesausschußsitzung des Hessischen Volksrats vom 06. Februar 1919 kam es zu einer Aussprache mit der Regierung. Man einigte sich, daß nach der Auflösung des Landesvolksrats als Zentralstelle für die bestehenbleibenden Volksräte das Präsi-

---

468 Vgl. Darmstädter Tagblatt vom 8. Januar 1919, S. 2; Darmstädter Zeitung vom 8. Januar 1919, S. 3; Hessischer Volksfreund vom 8. Januar 1919, S. 2.

469 Vgl. Darmstädter Tagblatt vom 11. Januar 1919, S. 2 f.; Darmstädter Täglicher Anzeiger vom 11. Januar 1919, S. 4.

470 Zur Lebensgeschichte der für die Darmstädter Sozialdemokratie bedeutenden Familie *Rauck* siehe: Langer; Zwölf vergessene Frauen. Die weiblichen Abgeordneten im Parlament des Volksstaates Hessen. Ihre politische Arbeit – ihr Alltag – ihr Leben, S. 33 ff.

471 Vgl. Hessischer Volksfreund vom 15. Januar 1919, S. 2.

472 Vgl. Hessischer Volksfreund vom 15. Januar 1919, S. 2.

473 Vgl. Darmstädter Täglicher Anzeiger vom 15. Januar 1919, S. 3.

474 Vgl. Hessischer Volksfreund vom 24. Januar 1919, S. 2; Darmstädter Tagblatt vom 24. Januar 1919, S. 3; Darmstädter Zeitung vom 24. Januar 1919, S. 3.

dium des Darmstädter Volksrats gelten sollte[475]. Am 11. Februar schließlich fand in den Räumen des darmstädtischen Rathauses die letzte Sitzung des Volksrats der Rebublik Hessen statt. Der feierlich aufgelöste Rat gab seine Vollmachten endgültig an den inzwischen neugewählten Landtag, die Volkskammer, – zwei Tage vor Zusammentritt des Parlaments – mit der folgenden Resolution zurück[476]:

> „Der Volksrat der Republik Hessen löst sich mit dem heutigen Tage auf, um der aus den freien Wahlen hervorgegangenen Volkskammer die gesetzgebende Gewalt zu übergeben"[477].

In der Resolution wurde außerdem der gewählten Volkskammer das Vertrauen ausgesprochen, und „alle, die guten Willens, (wurden) für die Mitarbeit aufgerufen"[478]

Am 19. Februar 1919 wurde die Wirtschaftsrechnung des Finanzausschusses des Volksrats für den Zeitraum vom 09. November 1918 bis zum 27. Januar 1919 vorgelegt. Die Ausgaben für Gebührnisse der Delegierten und Funktionäre nach der beschlossenen und vom Staatsministerium gebilligten Gebührenordnung betrug Mk. 31.020,15. Der Aufwand für die Angestellten betrug Mk. 4.092,26; die Sachausgaben einschließlich der Mk. 1.600,00 Abschlagszahlung für stenographische Protokolle ergaben eine Summe von Mk. 4.849,34. Dazu kamen noch Auslagen zur demnächstigen Verrechnung von Mk. 6.390,99. Für den größten Teil der Ausgaben würde der Reichsfiskus in Anspruch genommen werden[479].

---

475 Vgl. Darmstädter Tagblatt vom 7. Februar 1919, S. 3; Darmstädter Täglicher Anzeiger vom 7. Februar 1919, S. 4.

476 Vgl. Darmstädter Tagblatt vom 12. Februar 1919, S. 2 f.; Darmstädter Täglicher Anzeiger vom 12. Februar 1919, S. 3; Darmstädter Zeitung vom 12. Februar 1919, S. 3; Frankfurter Zeitung vom 12. Februar 1919, 2. Morgenblatt, S. 2; Hessischer Volksfreund vom 12. Februar 1919, S. 2; Knöpp; Großherzogtum – Volksstaat – Land Hessen, in: Hessen. Der Regierungsbezirk Darmstadt, S. 35 (44); Storck; Staatspräsident Carl Ulrich. Aus seinem Leben und Wirken, S. 94 f.; Franz; Turbulenzen in Politik und Wirtschaft (1918–1932), in: Darmstadts Geschichte, S. 425. Schlander; a.a.O., S. 31 meint, daß der Rat angesichts der Wahlen zur hessischen Volkskammer nun vollends entbehrlich war, weshalb es folgerichtig zur Verabschiedung des Volksrats in Darmstadt kam. In Offenbach blieb der Volksrat allerdings weiterhin bestehen.

477 Zitiert nach Kittel; Novemberumsturz 1918, in: Blätter für die deutsche Landesgeschichte 104 (1968), S. 42 (91).

478 Ulrich; Erinnerungen des ersten hessischen Staatspräsidenten, S. 137.

479 Vgl. Darmstädter Zeitung vom 19. Februar 1919, S. 4.

bb) Der Volksrat der Stadt Darmstadt

Bedingt durch die sich abzeichnende Auflösung des Volksrats der Republik Hessen und den Fortbestand der lokalen Volksräte, gewann der Volksrat der Stadt Darmstadt ab Januar 1919 eine eigenständige Bedeutung.

Die Auseinandersetzungen hinsichtlich der politischen Handlungsweise von Dr. Arthur Wolff setzten sich auch in der Plenarsitzung des Darmstädter Volksrats am 09. Januar 1919 fort[480]. Es wurde bekanntgegeben, daß Wolff, der Führer der dortigen Ortsgruppe der USPD und Spartakisten, als Folge seines Austritts aus der MSPD sein Mandat als Delegierter zum Volksrat niedergelegt habe[481]. Dehn verlangte auch die Vertretung der USPD im Volksrat[482]. Zudem wurde gegen Ende der Sitzung festgestellt, daß kein Beweis zwischen dem Handeln Wolffs und dem Geschehen in Erbach vorhanden wäre[483]. Eine Mehrheit für die Zulassung von Delegierten der USPD im Darmstädter Volksrat fand sich jedoch nicht. Bei der gut besuchten Plenarsitzung am 13. Januar 1919 wurde der Antrag Dehns abgelehnt[484].

In der am 22. Januar 1919 stattfindenden Plenarsitzung wollte man über die kommunalen Einrichtungen und die Notlage der Kriegsbeschädigten diskutieren[485]. Es wurden Beschwerden der Insassen städtischer Anstalten zur Sprache gebracht, die sich besonders auf die Kost bezogen[486]. Jedoch wurden hauptsächlich die zusätzlichen Funktionen des Rats nach dem 26. Januar 1919 erörtert[487]. Tatsächlich wichen die Aufgabengebiete nicht von den bisherigen ab. Der Darmstädter Volksrat behandelte ab Februar 1919 sogar weniger politisch relevante Themen als örtliche Probleme. In seiner Sitzung vom 06. Februar wurde über den Schleichhandel und dessen Be-

---

480 Für die Sitzung waren folgende Tagesordnungspunkte vorgesehen: 1. Aussprache über kommunale Einrichtungen, 2. Die Wirtschaftsfrage der Staatsbeamten und 3. Der Abbau der Preise; vgl. Darmstädter Täglicher Anzeiger vom 8. Januar 1919, S. 6. Die Tagesodnung wurde jedoch aufgrund des aktuellen Geschehens nicht aufgerufen und die Tagesordnungspunkte auf die nächste Sitzung verschoben.

481 Vgl. Darmstädter Täglicher Anzeiger vom 11. Januar 1919, S. 4; Darmstädter Zeitung vom 10. Januar 1919, S. 3; Hessischer Volksfreund vom 11. Januar 1919, S. 2.

482 Vgl. Darmstädter Zeitung vom 10. Januar 1919, S. 3.

483 Vgl. Darmstädter Tagblatt vom 10. Januar 1919, S. 3.

484 Vgl. Darmstädter Tagblatt vom 14. Januar 1919, S. 3; Darmstädter Täglicher Anzeiger vom 14. Januar 1919, S. 3. Die Tagesordnungspunkte lauteten: 1. Antrag Dehn um Zulassung von Delegierten der USPD, 2. Wirtschaftslage der Staatsbeamten, 3. Der Abbau der Preise; vgl. Darmstädter Tagblatt vom 12. Januar 1919, S. 3.

485 Vgl. Darmstädter Tagblatt vom 21. Januar 1919, S. 2; Darmstädter Zeitung vom 21. Januar 1919, S. 4.

486 Vgl. Darmstädter Täglicher Anzeiger vom 24. Januar 1919, S. 4.

487 Vgl. Hessischer Volksfreund vom 23. Januar 1919, S. 2.

kämpfung sowie über die Ernährungsfrage gesprochen[488]. Am 14. März 1919 nahmen die Delegierten Stellung zur Wahlkonferenz für den 2. Rätekongreß in Berlin[489]. In der Sitzung am 19. März besprach man ausschließlich örtliche Probleme[490], am 26. März wurden 17 Delegierte für die Konferenz nach Offenbach gewählt[491], und am 16. April diskutierten die Delegierten erneut örtliche Vorkommnisse[492]. Am 30. April 1919 berichtete der Delegierte Loos über den 2. Rätekongreß[493]. Am 16. Mai wurde ein Antrag, daß die früheren Soldatenratsvertreter aus dem Volksrat ausscheiden sollten, angenommen. Politische Gruppen und bisher zugelassene Interessenvertretungen behielten ihren bisherigen Sitz.

Zwar sollte noch am 22. Mai eine weitere Sitzung des Darmstädter Volksrats stattfinden[494]; Aufzeichnungen über diese existieren jedoch nicht. Es ist nicht erkennbar, ob diese Sitzung überhaupt nicht stattfand oder ob der Volksrat nun als so unwichtig angesehen wurde, daß es die Presse nicht mehr für notwendig erachtete, über seine Sitzungen zu berichten. Weiteres zum Darmstädter Volksrat ist nicht bekannt.

cc) Die Volksräte im Bereich des XVIII. Armeekorps

Die lokalen Arbeiter- und Soldatenräte waren nicht nur durch den Hessischen Arbeiter- und Soldatenrat in Darmstadt verbunden, sie organisierten ebenfalls Konferenzen, in denen ihre Vertreter die Aufgaben der Ratsarbeit diskutierten und koordinierten.

Eine derartige Konferenz der hessischen Arbeiter- und Soldatenräte fand am 14. November 1918 statt. Es waren Vertreter aus ganz Hessen anwesend[495], die u.a. den Beschluß faßten, daß alle hessischen Arbeiter- und

488 Vgl. Darmstädter Täglicher Anzeiger vom 8. Februar 1919, S. 4; Darmstädter Tagblatt vom 8. Februar 1919, S. 2 f.; Darmstädter Zeitung vom 8. Februar 1919, S. 3.

489 Vgl. Hessischer Volksfreund vom 18. März 1919, S. 5. Der Zentralrat der Deutschen Sozialistischen Republik rief am 1. März 1919 zum 2. Rätekongreß am 26. März 1919 auf. Hessen besaß hiefür 5 Delegierte, vgl. Kolb/Rürup; Der Zentralrat der Deutschen Sozialistischen Republik 19.12.1918–8.4.1919, Quellen zur Geschichte der Rätebewegung in Deutschland 1918/19, Bd. I, S. 748 ff. und FN 4.

490 Themen waren die Straßenbeleuchtung, der Schleichhandel etc., vgl. Hessischer Volksfreund vom 21. März 1919, S. 5.

491 Vgl. Hessischer Volksfreund vom 27. März 1919, S. 5.

492 Vgl. Hessischer Volksfreund vom 19. April 1919, S. 5.

493 Vgl. Hessischer Volksfreund vom 5. Mai 1919, S. 5.

494 Vgl. Hessischer Volksfreund vom 20. Mai 1919, S. 2.

495 Vertreter der Arbeiter- und Soldatenräte waren aus folgenden Gemeinden anwesend: Bad Nauheim, Butzbach, Friedberg, Neu-Isenburg, Langen, Groß-Zimmern, Groß-Gerau, Michelstadt, Gießen, Heppenheim, Vilbel, Erbach, Erzhausen, Ober-

Soldatenräte in politischen Fragen nur den Anweisungen aus Darmstadt Folge leisten sollten. Dieser Beschluß war als Reaktion auf die Situation in Frankfurt zu verstehen. Wie bereits erörtert, traute man dem dort agierenden Arbeiter- und Soldatenrat für den Bezirk des XVIII. Armeekorps nicht. Zudem wurden je ein Vertreter der vier großen Städte und je ein Vertreter der drei Provinzen in den Hessischen Arbeiter- und Soldatenrat delegiert[496].

Am 19. November 1918 fand eine überörtliche Vertreterversammlung der Arbeiter- und Soldatenräte im Bezirk des XVIII. Armeekorps im Bürgersaal des Rathauses in Frankfurt am Main statt[497]. Es wurde scharf kritisiert, „... daß die Versammlung ihren eigentlichen Zweck, den Versammelten Richtlinien zu geben, verfehlt habe ..."[498].

Eine Landesversammlung der hessischen Volksräte wurde für den 16. März 1919 nachgewiesen. Die Versammlung war jedoch nur schwach besucht. Es wurde eine fünfköpfige Abordnung[499] zu der am 08. April stattfindenden Versammlung der deutschen Arbeiter- und Soldatenräte gewählt[500]. Die Versammlung der hessischen Volksräte sollte am 29. März 1919 in Offenbach fortgesetzt werden[501].

d) Der Offenbacher Karfreitagsputsch

In Offenbach kam es am 18. April 1919 zu blutigen Kämpfen, als eine von den Kommunisten einberufene Versammlung zur Kaserne zog, um den dort noch bestehenden Volksrat abzusetzen[502]. Ziel der Linksradikalen war es, einen Umschwung in Richtung einer von den Kommunisten bestimmten Räteherrschaft herbeizuführen[503]. Angesichts der herrschenden Arbeitslosigkeit und Hungersnot sowie der Unfähigkeit der Behörden, „die Dinge ... in den Griff" zu bekommen, erschien dieser Plan nicht völlig aussichtslos. Au-

---

Ramstadt, Bürstadt, Bensheim, Worms, Osthofen, Gernsheim, Mainz, Offenbach, Babenhausen und Wixhausen.

496 Vgl. Hessischer Volksfreund vom 15. November 1918, S. 3.

497 Vgl. Darmstädter Zeitung vom 20. November 1918, S. 2.

498 Vgl. Hessischer Volksfreund vom 20. November 1918, S. 2.

499 Die Abordnung bestand aus drei Mitgliedern der MSPD, ein Demokrat und ein Mitglied der USPD.

500 Vgl. Darmstädter Tagblatt vom 18. März 1919, S. 3; Darmstädter Täglicher Anzeiger vom 18. März 1919, S. 3; Darmstädter Zeitung 17. März 1919, S. 2; Hessischer Volksfreund vom 18. März 1919, S. 5.

501 Vgl. Hessischer Volksfreund vom 21. März 1919, S. 5.

502 Ulrich; Erinnerungen des ersten hessischen Staatspräsidenten, S. 140.

503 Anführer des Karfreitagsputsches war der Schlosser Willi Eisenreich, der schon 1910 eine „Anarchistische Vereinigung Offenbach a. M. und Umgebung" gegründet und zudem die Offenbacher Ortsgruppe des Spartakusbunds ins Leben gerufen hatte, Schlander; a. a. O., S. 33.

ßerdem galt die dem Volksrat unterstellte Volkswehr nicht mehr als vollkommen zuverlässig[504]. Bereits Ende 1918 hatte der Offenbacher Volksrat, in welchem die Sozialdemokraten ein deutliches Übergewicht besaßen, vor den Aktivitäten der Spartakisten gewarnt[505].

Am Morgen des 17. April erfuhr der Volksrat, daß für Karfreitag ein Putsch geplant sei; auch die Regierung in Darmstadt war über die Geschehnisse in Offenbach informiert und entsandte daher den der MSPD angehörenden Ministerialdirektor Neumann[506] als Regierungskommissar nach Offenbach. Dieser sollte gemeinsam mit dem Volksrat und den dortigen Behörden für die Aufrechterhaltung der Ordnung sorgen. Von ihnen wurde auf einer Sitzung am Abend des Gründonnerstags eine Proklamation verfaßt, in der man die Bevölkerung zu Ruhe und Ordnung aufforderte. Die Vertreter der USPD, die verspätet hinzukamen, da sie zuvor noch mit den Kommunisten verhandelt hatten, lehnten die Unterzeichnung des Aufrufs ab. Die Putschisten hatten bereits eine eigene Sicherheitswehr gegründet und verteilten am Freitagmorgen Flugblätter mit einer Einladung zur geplanten Demonstration auf dem Wilhelmsplatz. Währenddessen tagte im Kreisamt ohne Unterbrechung der Volksrat gemeinsam mit dem Regierungskommissar, dem hessischen Justizminister v. Brentano, dem Kreisdirektor Spamer, Oberbürgermeister Dr. Dullo und dem leitenden Polizeikommissar. Aus Darmstadt wurden Truppen auf Lastwagen herbeigeholt, die am frühen Nachmittag in Begleitung des Vorsitzenden des Volksrats zur Kaserne an der Bieberer Straße marschierten. Nach gewalttätigen Auseinandersetzungen endete die Aktion mit der Verhängung des Belagerungszustands und der Verhaftung der KPD-Führer. Außerdem wurde die Volkswehr aufgelöst[507]. Die Machtübernahme durch die Kommunisten war demnach gescheitert.

e) Der schrittweise Abbau der Befugnisse

Die nach der Auflösung des Landesvolksrats vereinzelt weiterbestehenden lokalen Volksräte konnten sich auf Dauer nicht behaupten. „Die Unfähigkeit des Arbeiter- und Soldatenrats, seine real vorhandene Macht gegen die Verwaltung auszuspielen[508]", hatte nämlich von Anfang an dazu ge-

504 Schlander; a.a.O., S. 32 f.

505 Offenbacher Abendblatt vom 28. 12. 1918.

506 *Hermann Neumann* (1882–1933), gelernter Drucker, MSPD-Parteisekretär in Offenbach, 1919 Präsident des hessischen Landesernährungsamtes, 1920–1933 der hessischen Landesversicherungsanstalt, MdLVH 1919–1924 (MSPD).

507 Schlander; a.a.O., S. 34 f.; Struck; a.a.O., S. 406; Kolb; Die Arbeiterräte in der deutschen Innenpolitik 1918–1919, S. 318.

508 Seelbach; a.a.O., S. 55.

führt, daß dessen Befugnisse nach und nach durch verwaltungsorganisatorische Akte begrenzt wurden. So gab z.B. das Kreisamt von Gießen schon am 19. Dezember 1918 bekannt, daß nicht mehr der Arbeiter- und Soldatenrat die Lohn- und Arbeitsverhältnisse regele, sondern dies die von Unternehmern und Arbeitervertretern gebildeten Arbeitsgemeinschaften tun sollten[509]. Darüberhinaus übernahm das Kreisamt die bis dahin vom Rat ausgeübte Funktion des Weiterleitens und der Bekanntgabe der Erlasse der Regierung[510]. Einen weiteren Machtverlust mußte der Arbeiter- und Soldatenrat am 27. Januar 1919 hinnehmen: Er fügte sich indirekt der Anweisung, daß Beschlagnahmungen und Durchsuchungen durch den Arbeiter- und Soldatenrat nur noch in Zusammenarbeit mit den Behörden angeordnet werden dürften[511]. Am 03. Februar wurde dem Rat schließlich die Gültigkeit der von ihm ausgestellten Freifahrtscheine für die Eisenbahn abgesprochen[512]. Diese kontinuierliche Machtverringerung veranlaßte das Ratsmitglied Beckmann auf einer Kriegsbeschädigtentagung zu der Feststellung, daß dem Arbeiter- und Soldatenrat „die Exekutivgewalt bereits entzogen ist“[513]. So war es dann konsequenterweise das Kreisamt, welches am 10. März 1919 bekanntgab, daß und auf welche Weise zum II. Kongreß der Arbeiter-, Bauern- und Soldatenräte (08. bis 14. April) gewählt werden solle[514]. Den Bauern- und Landarbeiterräten war bereits im Februar 1919 durch den Staatssekretär verboten worden, Personen in ihre Gremien aufzunehmen, die nicht in der Landwirtschaft tätig waren. So wurde den Bauernräten aufgetragen, sich lediglich landwirtschaftlich, nicht jedoch politisch zu betätigen. Lohn- und Arbeitsverhältnisse durften von ihnen nicht geregelt werden; Eingriffe in die Tätigkeit der Behörden wurden für unzulässig erklärt[515]. Im Gegenzug wurde auf der am 03. Mai 1919 tagenden „Konfe-

---

509 GA vom 19. 12. 1918.

510 GA vom 20. 12. 1918.

511 GA vom 27. 01. 1919.

512 GA vom 03. 02. 1919.

513 GA vom 10. 02. 1919. Seelbach; a.a.O., S. 53, FN 54 merkt hierzu an: „Daß die AS-Räte dennoch, auch ohne rechtliche Befugnisse ein Gefahrenpotential darstellten, läßt sich an dem Wunsch des Zentrumspolitikers Dr. Schmitt in der hessischen Volkskammer, daß die Räte ‚hoffentlich bald beseitigt würden‘, erkennen (zitiert nach GA 15. 12 1919).“

514 GA vom 11. 03. 1919. Dabei trennte das hessische Innenministerium im Aufruf zur Wahl die (Land-) Arbeiterräte von den Bauernräten; in letzteren durften nur Besitzer oder Pächter eines Bauernhofs und deren Angehörige sitzen, GA vom 11. 03. 1919.

515 GA vom 06. 02. 1919; Seelbach; a.a.O., S. 57. Entsprechend beschieden sich die Tagesordnungspunkte auf der Sitzung des Gießener Kreisbauernrats vom 18. 02. 1919 auf die Versorgung und die Lebensmittelpreise. Allerdings wurde ein Telegramm an Ebert mit der Aufforderung, die Waffenstillstandsbedingungen, nicht zu akzeptieren, abgeschickt, GA vom 21. 02. 1919.

renz der Arbeiter-, Bauern- und Volksräte Oberhessens“ die Exekutive für die Arbeiter- und Bauernräte gefordert[516]. Reichswehrminister Noske von der MSPD befahl jedoch am 20. Mai, daß die Arbeiterräte von den Soldatenräten in ihrer Tätigkeit gänzlich getrennt werden sollten und untersagte den Soldatenräten, eigene Zeitungen zu haben[517]. Dies bedeutete für die meisten Arbeiter- und Soldatenräte in Deutschland das faktische Ende[518].

4. Die provisorische Verfassung

Am 13. Februar 1919 wurde die Hessische Volkskammer von Alterspräsident Ulrich eröffnet und der Abgeordnete Adelung zum Präsidenten gewählt. Letzterer verlas ein Schreiben des ehemaligen Großherzogs vom 12. Februar, in welchem dieser die tatsächlich vollzogene Änderung der Staatsform und Verfassung anerkannte und somit persönlich abdankte:

> Sehr geehrter Herr Ulrich! Die Eröffnung der hessischen Volkskammer am morgigen Tage gibt mir die Veranlassung, der neuen Volksvertretung meine aufrichtigsten Wünsche für eine gesegnete und gedeihliche Arbeit zum Besten unseres Vaterlandes auszusprechen.
>
> Wie mein Herz immer nur für das Wohl Hessens und seines Volkes geschlagen hat, wie ich nie eigennützige Bestrebungen gekannt habe, so soll auch fernerhin unter der Regierung der vom Volkswillen Beauftragten all mein Bestreben und mein Denken nur dem Glück, der Wohlfahrt und der Entwicklung des Vaterlandes dienen.
>
> Nehmen Sie zu dieser Versicherung noch den Dank entgegen, den mit mir jeder wohlmeinende Hesse fühlen wird, den Dank für die würdige Art und Weise, mit der Sie unter den schwierigen Verhältnissen der sich vielfach durchkreuzenden Strömungen des Volkswillens, das Steuer des Staates geführt und es zu vermeiden gewußt haben, daß sich die ernsteste Wandlung in der Geschichte Hessens ohne andere Härten, als die durchaus notwendigen, vollziehen konnte.
>
> Unter der Versicherung meiner ausgezeichneten Hochachtung gez. Ihr Ernst Ludwig[519].

Einen Tag darauf brachte Ulrich den „Entwurf einer vorläufigen Verfassung für die Republik Hessen“ namens der provisorischen Regierung in der zweiten Sitzung der Volkskammer ein[520]. Anders als die Anfang Januar 1919 gewählten Landtage in Baden und Württemberg, die bereits im März

[516] Dies hatte bereits ein Mieglied des Gießener Arbeiter- und Soldatenrats und Abgeordneter der USPD, Kiel, in der Sitzung der hessischen Volkskammer vom 03. April verlangt, vgl. den Nachweis bei Seelbach; a.a.O., S. 53, FN 57 und S. 57.

[517] GA vom 21. 05. 1919.

[518] Seelbach; a.a.O., S. 54. Die Funktions- und Existenzaufgabe der Räte im Kreis Gießen datiert Seelbach auf den Tag der Durchführung der Gemeindewahlen, den 01. 06. 1919, vgl. S. 61.

[519] Ulrich; Erinnerungen des ersten hessischen Staatspräsidenten, S. 137 f.

und April des gleichen Jahres – also noch vor der Weimarer Reichsverfassung – endgültige Staatsverfassungen verabschiedeten, wählte die Darmstädter Regierung demnach eine Übergangslösung, die eine gesicherte rechtliche Grundlage für die Zeit bis zur Ausarbeitung einer mit der künftigen Reichsverfassung abgestimmten Konstitution schaffen sollte[521].

Daß es sich bei diesem Verfassungswerk lediglich um ein Provisorum handelte, läßt sich – außer an der Überschrift – anhand zweier Äußerungen zu ihrem Inhalt verdeutlichen: Während Ulrich die vorläufige Verfassung selbstkritisch als „ein Gemisch von Programm und Verfassungsfragen" bezeichnete[522], bemerkte der an der Vorbereitung nicht beteiligte Finanzminister Konrad Henrich[523], sie enthalte „zu viel, und ... zu wenig. Zuviel ist ... alles was programmatischer Natur ist", während vor allem die Gesetzgebung auch in einem Provisorium präzise geregelt werden müsse[524]. Der Erlaß einer vorläufigen Verfassung rechtfertigte sich zum einen dadurch, daß es der ruhigen Weiterentwicklung nur förderlich sein konnte, wenn die aus Rechtsbrüchen hervorgegangene revolutionäre Gewalt auf eine rechtliche Grundlage gestellt wurde. Zum anderen erschien es ratsam, die Fertigstellung der Reichsverfassung, von der eine wesentliche Beeinflussung des einzelstaatlichen Verfassungsrechts anzunehmen war, abzuwarten, bevor man an die Ausarbeitung der endgültigen Verfassung herantrat[525].

Aber zweifellos spielten auch parteipolitische Gesichtspunkte eine entscheidende Rolle[526]. Die Regierung wollte zwar nicht dem Vorbild von Eisner in Bayern folgen und eine Notverfassung erlassen, die eine endgültige Verfassung ad calendas graecas vertagen sollte, sie benötigte jedoch die Notverfassung, um verschiedene politische Grundsätze schnell zu determinieren.

Der angeblich von Carl Ulrich selbst und dem MSPD-Abgeordneten Bornemann[527] verfaßte Entwurf[528] war in seinem organisatorischen Teil unvoll-

---

520 Franz/Köhler, Parlament im Kampf um die Demokratie, S. 29. Beachte hierzu Ulrich; Erinnerungen des ersten hessischen Staatspräsidenten, S. 138, der über die Beratung der Verfassungsvorlage lediglich berichtet: „Die Vorlage wurde einem Sonderausschuß überwiesen und von diesem fertiggestellt."

521 Franz/Köhler; Parlament im Kampf um die Demokratie, S. 29.

522 VLVH 1 (1919–1921), Prot. 2, S. 13. Text des Entwurfs: VLVH 1, Drucks. 1.

523 *Konrad Henrich* (1864–1928), Finanzbeamter, 1898–1917 Staatsschuldbuchführer, Stadtverordneter in Darmstadt, MdLGH 1911–1918, Mitglied des Staatsrats, MdLVHV 1919–1925 (DDP), 1918–1928 hessischer Finanzminister.

524 VLVH 1, Prot. 2, S. 16.

525 Vgl. Franz; Alle Staatsgewalt im Volksstaat Hessen geht vom Volke aus; in: Eichel/Möller (Hrsg.); 50 Jahre Verfassung des Landes Hessen. Eine Festschrift, S. 38 (42).

526 Vgl. Gmelin; Verfassungsentwicklung und Gesetzgebung in Hessen von 1913 bis 1919, in: Jahrbuch des öffentlichen Rechtes der Gegenwart, Bd. IX (1920), S. 204 ff. (209).

ständig und nur wenig systematisch. Er war nicht, wie vergleichbare Gesetze in Baden und Württemberg, von Fachleuten beraten, sondern in Regierungskreisen aufgesetzt worden. Der Entwurf gliederte sich in folgende Teile: Artikel 1 bis 7 enthielten grundlegende Bestimmungen zur Staatsform, zum Staatsaufbau und zum Wahlrecht. Danach sollte alle Staatsgewalt in der Republik Hessen, die gleichzeitig als ein Freistaat innerhalb des Deutschen Reichs definiert war, vom Volk ausgehen. Für alle Wahlen und Abstimmungen galt das allgemeine, gleiche und geheime und direkte Verfahren, wobei alle „Volksgenossen" beiderlei Geschlechts sowohl wahlberechtigt als auch wählbar waren. Über die Wahlen konstituierte sich die Volkskammer, die den Ministerpräsidenten wählte. Er bildete wiederum ein Gesamt- oder Staatsministerium. Das Ministerium war die oberste vollziehende Gewalt und mußte das Vertrauen des Volkes besitzen. Der Ministerpräsident war zugleich der erste Beauftragte und Repräsentant des Volkes. Zusätzlich zum repräsentativen Wahlrecht waren in Art. 8 zwei Formen direkter Demokratie vorgesehen: die Volksinitiative und das Referendum. Der zweite Teil des Entwurfs, Art. 9 bis 16, enthielt die Festlegung der wichtigsten Grundrechte der „Volksgenossen". Es wurde die Aufhebung aller Vorrechte der Geburt, des Standes und des Besitzes bzw. die Gleichheit aller Hessen vor dem Gesetz, die Unverletzbarkeit der Person, die Freiheit des Glaubens und der Meinung, Freiheit der Lehre, Wissenschaft und Kunst sowie das Recht auf Versammlung und Vereinigung und die Unverletzlichkeit des Eigentums garantiert. Schließlich wurden auch Regelungen zur sozialen Ausgestaltung der Republik getroffen. Es sollte hier die Möglichkeit zur Enteignung von Vermögen und zur Vergesellschaftung der Wirtschaft zum Zwecke des Gemeinwohls eingeräumt, die Trennung von Kirche und Staat, die Festsetzung der Arbeitszeit auf acht Stunden und der gleiche Zugang aller zu den öffentlichen Ämtern nach dem Grundsatz „Freie Bahn dem Tüchtigen" gewährleistet werden. Die Realisierung einiger wichtiger Prinzipien, wie die Sozialisierung oder die Regelung der Arbeitsverhältnisse, war wiederum abhängig gemacht von der noch ausstehenden Reichsgesetzgebung.

Der Entwurf litt an zahlreichen Schwächen und ‚technischen' Fehlern. Zum Beispiel sprach Art. 2 die Ausübung der Staatsgewalt den stimmberechtigten Einwohnern des Landes zu. Die Ausübung der gesetzgebenden Gewalt durch die Volkskammer wurde jedoch überhaupt nicht erwähnt, die

---

[527] *Karl Heinrich Bornemann* (1874–1963), Journalist, 1918 Chef der hessischen Staatskanzlei, Ministerialrat, MdLVH 1919–1927 (MSPD).

[528] VLVH 1, Prot. 2, S. 13. Text des Entwurfs: VLVH 1, Drucks. 1. Von Hans Gmelin wird bezweifelt, daß der Entwurf von Carl Ulrich verfaßt wurde, vgl. Ders.; Verfassungsentwicklung und Gesetzgebung in Hessen von 1913 bis 1919, in: Jahrbuch des öffentlichen Rechtes der Gegenwart, Bd. IX (1920), S. 204 ff. (210).

gesetzgebende Gewalt fand nur mittelbar in Art. 8 im Zusammenhang mit dem Referendum und der Volksinitiative Erwähnung, wurde dort aber den Stimmberechtigten selbst zuerkannt. Der zweite Teil des Entwurfs, der das Verhältnis zwischen Staat und Bürger betraf, wiederholte in der Hauptsache lediglich schlagwortartig das Parteiprogramm und beinhaltete somit zahlreiche zur Reichsgesetzgebung konkurriende Normen.

Rasche Einigkeit wurde bei der Beratung des Entwurfs durch die Volkskammer am 14. Februar 1919 darüber erzielt, daß die provisorische Verfassung eine detaillierte Festlegung der Grundrechte, Einzelregelungen für die künftige Wirtschafts- und Arbeitsordnung, das Schulwesen oder auch die Zuständigkeit für die Ortspolizei nicht enthalten solle[529].

Der eingebrachte Entwurf fand deshalb bei der Volkskammer keine Zustimmung, selbst die Abgeordneten der MSPD befürworteten diesen nicht[530]. Redner aller Parteien vertraten die Auffassung, daß dieser fehlerhaft und vorgreiflich sei[531]. Selbst Finanzminister Henrich kritisierte, der Entwurf enthalte zuviel Parteiprogrammatik und zu wenig zum normalen Gesetzgebungsverfahren[532].

Für die rechte Opposition bemängelte der Vorsitzende der liberalkonservativen DVP, Eduard Dingeldey[533], die soziale Ausrichtung des Entwurfs. Er erklärte zwar feierlich für seine Partei, daß sie sich auf den von der Revolution geschaffenen Boden stelle, aber er hatte andere Vorstellungen über die Ausgestaltung der Republik, wie z.B. seine Forderung nach Einrichtung einer zweiten, berufsständisch gegliederten Kammer erkennen ließ[534].

Diese Vorstellung wies der Fraktionssprecher der MSPD, Georg Kaul[535], in einer farblosen Rede zwar als inakzeptabel zurück, den Enwurf unter-

---

529 Franz/Köhler; Parlament im Kampf um die Demokratie, S. 29 weisen in diesem Zusammenhang darauf hin, daß Sätze wie die als Artikel 12 vorgeschlagene Formulierung „Die Vergesellschaftung der Wirtschaft nach dem Stande ihrer Entwicklung ist Aufgabe des Reichs bzw. des Staates." im Vorfeld der Reichsverfassung ohnehin nur deklamatorischen Charakter gehabt hätten. Allerdings meinte der SPD-Fraktionsvorsitzende Kaul, die programmatischen Ansätze böten eine begrüßenswerte Gelegenheit, in einer ersten Parteien-Diskussion „zu einzelnen großen und schwerwiegenden Fragen der kommenden Gestaltung unserer Verfassung Stellung zu nehmen", VLVH 1, Prot. 2, S. 32 f.

530 Vgl. Köhler; Im Sinne der allgemeinen Gerechtigkeit. Die Verfassung des Volksstaates Hessen von 1919, in: Heidenreich/Böhme (Hrsg.); Hessen. Verfassung und Politik, Schriften zur politischen Landeskunde Hessens, Bd. 4, S. 223 (240).

531 VLVH 1, Prot. 2, S. 7 ff.

532 VLVH 1 (1919–1921), Prot. 2, S. 16 f.

533 *Eduard Dingeldey* (1886–1942), Regierungsassessor am Kreisamt Worms, ab 1918 Rechtsanwalt in Darmstadt, MdLVH 1919–1928 (DVP), 1928–1933 MdR, ab 1930 DVP-Reichsvorsitzender.

534 VLVH 1 (1919–1921), Prot. 2, S. 20 ff.

stützte jedoch auch er nicht. Die Revolution habe Demokratie und die Republik erkämpft, sie sei damit beendet. Die Sozialisierung werde ein Ergebnis der weiteren Entwicklung sein[536]. Kaul machte deutlich, daß die vorläufige Verfassung die revolutionär errungene Staatsform formal legitimieren, ihre politische Ausgestaltung jedoch nicht durch sie determiniert werden sollte. Allerdings begrüßte er die programmatischen Ansätze als Anlaß für eine erste Parteien-Diskussion „zu einzelnen großen und schwerwiegenden Fragen der kommenden Gestaltung unserer Verfassung".

Aufgrund der scharfen Kritik setzte die Volkskammer einen Sonderausschuß ein[537], welcher den in der nächsten Sitzung vom 20. Februar 1919 vorgelegten Entwurf auf fünf Kernpunkte beschränkte: 1. Staatsform, 2. Staatsgebiet, 3. Staatsgewalt, 4. Gesetzgebung und 5. Staatsleitung[538]. Der neue Entwurf füllte einerseits die bedenklichen Lücken des organisatorischen Teils zum Gesetzgebungsverfahren aus und ließ andererseits die oberflächliche und einseitige Regelung der Bürgerrechte sowie der plebiszitären Elemente weg. Er war jetzt auf die Hälfte geschrumpft und umfaßte nur noch 10 Artikel.

Als jedoch der USPD-Abgeordnete Alfred Kiel[539] als erster Redner bei der Beratung am 20. Februar 1919 den Verzicht auf den im ersten Entwurf wirksamen „Geist des Sozialismus", auf grundsätzliche Festlegungen zu Fragen wie Einheitsschule und Sozialisierung bedauerte und zugleich das Fortbestehen der Arbeiter- und Soldatenräte als eigentliche „Träger der Revolution" und die Mitwirkung eines von ihnen zu wählenden „Zentralrats" durch das „Parlament der Arbeiter" an der Gesetzgebung verlangte[540], kam es entgegen der Absichten der Regierungsparteien, die durch den Abgeordneten Leonhard Eißnert[541] lediglich erklärten, daß sie der Vorlage unter

---

535 *Georg Kaul* (1873–1933); geb. Schlesien, Studium in Breslau und Dresden (Theologie, Chemie, Volkswirtschaft); 1898 Journalist und Redakteur, seit 1910 Redakteur des ‚Offenbacher Abendblatts', Stadtverordneter, 1918/19 Vorsitzender des Arbeiter- und Soldatenrats, dann Landesvolksrats, MdLVH 1919–1932 (MSPD).

536 VLVH 1 (1919–1921), Prot. 2, S. 31 f.

537 Für diesen berichtete der DDP-Abgeordnete Reh, der Vorsitzender des Sonderausschusses war. Vgl. Franz; Alle Staatsgewalt im Volksstaat Hessen geht vom Volke aus; in: Eichel/Möller (Hrsg.); 50 Jahre Verfassung des Landes Hessen. Eine Festschrift, S. 38 (42).

538 VLVH 1 Prot. 3, S. 35 mit Drucks. 21.

539 *Alfred Kiel* (1878–1954), Zigarrenarbeiter, Gauleiter des Tabakarbeiterverbands, Stadtverordneter in Gießen, MdLVHZ 1919–1927 (USPD), dann Gewerkschaftssekretär in Bremen, nach 1945 Neuaufbau der Gewerkschaften im Kreis Friedberg, Stadtrat in Butzbach.

540 VLVH 1, Prot. 3, S. 38 f.

541 *Leonhard Eißnert* (1866–1949), gelernter Schreiner, Gewerkschafter, 1898 Stadtverordneter, 1906 Beigeordneter in Offenbach, MdLGH 1911–1918, MdLVH 1919–1921 (MSPD), 1928–1932 Bürgermeister in Offenbach.

Abb. 24: Alfred Kiel (*1878–†1954)

Abb. 25: Leonhard Eißnert (*1866–†1949)

dem Vorbehalt weiterer Änderungsanträge bei der Beratung der endgültigen Verfassung zustimmen werden[542], erneut zu einer Generaldebatte.

Dingeldey, Vorsitzender der DVP, wandte sich gegen das Rätesystem und stellte die Grundsatzfrage nach den „freiheitlichen Errungenschaften" der Revolution, die er als „in ihrer Bedeutung für das freiheitliche Leben nicht wesentlich, in ihrer Bedeutung für unser wirtschaftliches und nationales Leben als verhängnisvoll" bezeichnete. Außerdem stellte er fest, daß der auch von Ministerpräsident Ulrich vorgezeichnete „Weg von der Demokratie zum Sozialismus" keinesfalls dem Weg seiner Partei entspreche[543]. Von Bedeutung für die konkrete Verfassungsplanung war die Aussage Dingeldeys, daß auch seine Partei die „republikanische Staatsform" als geschaffene Tatsache anerkenne, wobei jedoch Inhalt dieser Staatsform „nicht notwendigerweise der Parlamentarismus sein" müsse. Er verlangte das plebiszitäre Korrektiv der Volksabstimmung, um der Gefahr einer auf die Parlamentsmehrheit gestützten Parteiregierung vorzubeugen. Bauernbund-Sprecher Wilhelm Dorsch[544] unterstützte diese Forderung nachdrücklich, da er angesichts der

---

542 VLVH 1 (1919–1921), Prot. 3, S. 39.

543 VLVH 1, Prot. 3, S. 39–42.

544 *Wilhelm Dorsch* (1868–1939), Landwirt in Wölfersheim, MdLVH 1919–1921 (HVP/Bauernbund), 1920–1928 MdR.

bereits mit der ersten Volkskammerwahl eingeführten Verhältniswahl auf Listenbasis eine „Parteiherrschaft in Reinkultur" befürchtete[545].

Die massive Kritik zwang die MSPD zum Eintritt in die Debatte. So brachte Bernhard Schildbach[546] zunächst seine Verwunderung darüber zum Ausdruck, daß das Referendum nunmehr als „Geschenk der Rechten" doch noch in die vorläufige Verfassung aufgenommen werden solle. Sodann widersprach er entschieden der Meinung, daß die MSPD die Revolution gemacht habe, wie es der Abgeordnete Dingeldey unterstellt habe. Die Revolution sei „einfach wie ein Naturereignis" losgebrochen, nachdem das Vertrauen der Mehrheit in das alte System vernichtet war. Die MSPD habe niemals den gewaltsamen Umsturz beabsichtigt, sondern den evolutionären Übergang von der kapitalistischen in die sozialistische Produktionsordnung. Mit dem Sieg der Revolution seien nunmehr die Bedingungen geschaffen, daß dieser evolutionäre Weg weiterbeschritten werden könne. Deshalb lehne seine Partei auch die Vorstellungen und Anträge der USPD ab. Das Rätesystem sei politisch überholt, es behalte lediglich als Instrument der innerbetrieblichen Mitbestimmung eine Bedeutung. Als solches müsse es, ebenso wie die Gewerkschaften, in die bestehende Gesellschaftsordnung eingepaßt werden[547].

In diesem Teil der Rede rechtfertigte Schildbach ausdrücklich das Bündnis der Berliner Regierung mit dem alten Militär und ihre Anwerbung von Freikorpsverbänden zur Unterdrückung weitergehender Revolutionsbestrebungen, deretwegen die USPD kurz zuvor den Rat der Volksbeauftragten verlassen hatte[548]. Schildbach erklärte, noch immer tobe „eine Handvoll Anarchisten in Deutschland herum", die „die öffentliche Ordnung, Sicherheit und Ruhe" gefährdeten[549].

Ministerpräsident Carl Ulrich beendete die nunmehr entgleitende Diskussion mit dem Vorwurf an die Abgeordneten, daß von ihnen die vorrangigen Probleme zu wenig beachtet würden. Entscheidend sei die schnelle Verabschiedung einer gültigen vorläufigen Verfassung. Zu diesem Zweck übernahm er wohl auch aus eigener Zustimmung kurzerhand die Vorlage des Ausschusses und den Dingeldeyschen Zusatzantrag, so daß eine Abstimmung en bloc erfolgen konnte. Sie ergab nur eine Gegenstimme. Volksbe-

545 VLVH 1, Prot. 3, S. 45–49.

546 *Bernhard Schildbach* (1876–1944), gelernter Buchbinder, seit 1907 Redakteur der Mainzer ‚Volkszeitung', 1914 Stadtverordneter in Mainz, MdLVH 1919–1924 (MSPD), 1924–1928 Redakteur des ‚Volkswille' in Singen, dann wieder in Mainz.

547 VLVH 1 (1919–1921), Prot. 3, S. 43 f.

548 Vgl. hierzu Rojahn (Bearb.); Wilhelm Dittmann. Erinnerungen, Quellen und Studien zur Sozialgeschichte, Bd. 14, S. 607 ff.; Winkler; Weimar 1918–1933. Die Geschichte der ersten deutschen Demokratie, S. 42 ff.

549 VLVH 1 (1919–1921), Prot. 3, S. 43 f.

gehren und Volksbestimmung wurden nunmehr sozusagen als „Geschenk von der Rechten“[550] zumindest programmatisch eingefügt und die provisorische Regierung in ihren Ämtern bestätigt[551].

Art. 1 erklärte Hessen zum Freistaat als selbständigen Bundesstaat des Deutschen Reichs. Damit änderte sich die faktische Umwandlung aus der Monarchie in eine Republik in eine rechtliche. Nach Art. 2 bestand das Staatsgebiet aus allen zum seitherigen Großherzogtum gehörigen Landesteilen und kann nur durch Gesetz geändert werden. Da in den von den französischen Truppen besetzten Landesteilen Loslösungsbestrebungen im Gange waren, war die Festlegung des Gebietsbestandes ebensowenig überflüssig wie die Betonung der Zugehörigkeit zum Reich. Art. 3 ließ die Staatsgewalt vom Volk ausgehen, ohne – wie der Regierungsentwurf – dem Volk auch die Ausübung zuzuweisen. Art. 4 sprach – was im Regierungsentwurf übersehen wurde – die Gesetzgebung der Volkskammer zu. Von der übereilten Einführung der unmittelbaren Volksgesetzgebung nahm die vorläufige Verfassung Abstand. Das Volksbegehren und die Volksabstimmung waren nach Art. 7 Abs. 2 einem besonderem Gesetz vorbehalten. Die Staatsleitung lag gem. Art. 6 in den Händen des Gesamtministeriums, dessen Bestellung nach den Grundsätzen der parlamentarischen Regierung geschehen sollte. Der Ministerpräsident wurde von der Volkskammer gewählt, die übrigen Minister wurden vom Ministerpräsidenten berufen, bedurften aber der Bestätigung durch die Volkskammer. Nebeneinander bestand eine Einzelverantwortlichkeit der Minister und die Gesamtverantwortlichkeit des Kabinetts. Für den Fall, daß das Gesamtministerium das Vertrauen der Volkskammer verlieren sollte, trat es nach Art. 7 Abs. 1 entweder zurück oder löste die Volkskammer auf. Im übrigen war die ministerielle Verantwortlichkeit gem. Art. 7 Abs. 4 durch ein Gesetz zu regeln. Die Befugnisse des bisherigen Großherzogs wurden auf das Gesamtministerium übertragen, das sie auf seine Mitglieder weiter delegieren durfte. Daher wurde im Eingang zu den Verordnungen des Gesamtministeriums sowohl das Großherzogliche Verordnungsrecht[552] wie auch Art. 9 der vorläufigen Verfassung als Rechtsgrundlage erwähnt[553].

---

[550] Vgl. hierzu auch VLVH 1, Prot. 3, S. 43.

[551] Abdruck des „Gesetzes über die vorläufige Verfassung für den Freistaat (Republik) Hessen“ vom 20. 02. 1919 in: HRegBl 4/1919, S. 23–25 sowie in: Franz/Murk (Hrsg.); Verfassungen in Hessen 1807–1946, Verfassungstexte der Staaten des 19. Jahrhunderts, des Volksstaats und des heutigen Bundeslandes Hessen, Dok. 35, S. 387 ff. Nach der Abstimmung legte die provisorische Regierung, wie zuvor die Arbeiter-, Bauern- und Soldatenräte, ihre Machtbefugnisse in die Hände des Parlaments zurück; vgl. VLVH 1 (1919–1921), Prot., S. 66 f. Dies war jedoch nur ein förmlicher Akt, denn schon am nächsten Tag wurde die Regierung, jetzt als reguläre, in ihren Ämtern bestätigt; vgl. VLVH 1 (1919–1921), Prot. 4, S. 64.

Nach der vorläufigen Verfassung blieben die bisherigen Gesetze sowie die seit Ausbruch der Revolution ergangenen Verordnungen in Kraft, soweit sie nicht gegen die Inhalte der vorläufigen Verfassung verstießen. Davon waren auch die Verordnungen der vorläufigen Regierung betroffen. Denn diese wurden nach Art. 5 als „Gesetze im Sinne dieser Vorschrift" bezeichnet. Mit dem Begriff „Gesetz" wurde auf die materielle Allgemeingültigkeit der verabschiedeten Regelungen abgestellt und nicht auf ihren formellen Gesetzescharakter.

Die vorläufige Verfassung sollte keinesfalls den Charakter einer dauernden Einrichtung erhalten. Art. 10 sah deshalb vor, daß sie mit der Verkündung der endgültigen Verfassung, spätestens aber mit dem 01. Januar 1920, außer Kraft treten sollte. Durch die Verabschiedung der vorläufigen Verfassung wurde die revolutionäre Wandlung des Großherzogtums Hessen in den Volksstaat Hessen abgeschlossen. Das nun errichtete Provisorium basierte auf einem verfaßten demokratischen Staatsverständnis, dessen endgültiger Charakter vorgezeichnet war.

5. Die erste Regierung des Volksstaats Hessen

Aus der provisorischen Staatsregierung ging die erste hessische Staatsregierung in identischer personeller Zusammensetzung und Ressortverteilung hervor[554]. Obwohl nach der Sitzverteilung auch eine verkleinerte Koalition aus MSPD und DDP eine ausreichende Mehrheit besessen hätte[555], konnten sich die Demokraten mit ihrer Forderung auf Fortsetzung der Zusammenarbeit mit dem Zentrum durchsetzen[556]. Der Inhalt etwaiger Koalitionsabspra-

---

552 Art. 73 der Verfassung von 1820, abgedruckt in: Franz/Murk (Hrsg.); Verfassungen in Hessen 1807–1946, Verfassungstexte der Staaten des 19. Jahrhunderts, des Volksstaats und des heutigen Bundeslandes Hessen.

553 Gmelin bestreitet in diesem Zusammenhang die Rechtmäßigkeit der Verordnungen des Gesamtministeriums. Insbesondere hält er die Verordnung vom 22. April 1919 für rechtwidrig, die die Verpachtung fideikommissarisch gebundenen Grundbesitzes im Wege der Versteigerung verbot. Die Verordnung greife in das Gebiet der Gesetzgebung über. Das Ministerium sei sich dessen offenbar bewußt gewesen, da der Eingang der Verordnung die Worte enthalte: „wird ... mit Gesetzkraft verordnet". Gemelin vertritt hierzu die Auffassung, das Ministerium hätte die Regelung nur als Notverordnung erlassen dürfen, die dann der Volkskammer zur Genehmigung hätte vorgelegt werden müssen. Vgl. Ders.; Verfassungsentwicklung und Gesetzgebung in Hessen von 1913 bis 1919, in: Jahrbuch des öffentlichen Rechtes der Gegenwart, Bd. IX (1920), S. 204 ff. (211).

554 Vgl. hierzu unter Kapitel B.I.3.c)cc) auf S. 143.

555 Vgl. hierzu unter Kapitel B.II.2. auf S. 152.

556 So der MSPD-Abgeordnete Heinrich Delp in einer Darmstädter Parteiversammlung am 2. Juni 1923; vgl. Hessischer Volksfreund vom 6. Juni 1923, 129/ 1923, Beilage S. 1.

chen ist nicht überliefert. Vor allem für die anstehende Verfassungsarbeit schien eine möglichst breite parlamentarische Grundlage wünschenswert, auch wenn sie Kompromisse unvermeidlich machte. Nach der vorläufigen Verfassung wählte die Volkskammer am 21. Februar 1919 den Ministerpräsidenten, wobei lediglich 57 Abgeordnete votierten, 11 weitere sich mit Zetteln enthielten, so daß Ulrich nur 46 gültige Stimmen erhielt. Die vom Ministerpräsidenten berufenen Mitglieder des Gesamtministeriums, drei weitere Minister für Finanzen, Inneres und Justiz – Henrich (DDP), Fulda (MSPD) und v. Brentano (Zentrum) –, dann vier Ministerialdirektoren als Leiter der Landesämter für Bildungswesen, Ernährung, Arbeit und Wirtschaft und des Landesschuldenamts[557] wurden in der gleichen Sitzung „mit übergroßer Mehrheit" bestätigt. Statt der sonst üblichen Regierungserklärung hielt Finanzminister Henrich eine Rede zur Einbringung des Landeshaushalts.

6. Die Entwicklung bis zur Verabschiedung der endgültigen Verfassung des Volksstaats Hessen vom 12. Dezember 1919

Bereits zwei Wochen nach Verabschiedung der vorläufigen Verfassung leitete die neue und alte Landesregierung die Erarbeitung der endgültigen Verfassung ein. Am 05. März 1919 wurde unter dem Vorsitz des späteren Ministerialdirektors im Justizministerium, Staatsrat Daniel Lorbacher, einem erfahrenen Verwaltungsjuristen, der seit fast zwei Jahrzehnten in leitender Funktion im großherzoglichen Innen- und Justizministeriums gewirkt hatte, eine Expertenkommission eingesetzt, der leitende Beamte aller Regierungsressorts angehörten.

Grundlage der Kommissionsarbeit waren die Verfassungsberatungen in den südwestdeutschen Staaten, die bereits sehr viel weiter vorangeschritten waren und sich schon kurz vor dem Abschluß befanden. An den Verfassungstexten orientierte sich der hessische Kommissionsentwurf in Aufbau und Einzelformulierungen deutlich[558]. Maßgeblich für den grundsätzlichen Aufbau und für viele Einzelformulierungen war vor allem die am 21. März 1919 endgültig verabschiedete badische Verfassung. Aus dem am 20. Mai 1919 verabschiedeten Württemberger Entwurf wurde der Abschnitt über die

---

[557] Vgl. VLVH 1 (1919–1921), Prot. 4, S. 64 f.

[558] Vgl. Gmelin; Verfassungsentwicklung und Gesetzgebung in Hessen von 1913 bis 1919, in: Jahrbuch des öffentlichen Rechtes der Gegenwart, Bd. IX (1920), S. 204 ff. (211). Hierzu auch die erhaltenen Akten des Hessischen Ministeriums der Justiz mit den dazugehörigen *Handakten Lorbacher,* Hessisches Staatsarchiv Darmstadt G 21 A Nr. 3/1–2, in denen sich auch die herangezogenen Unterlagen der übrigen Länder befinden.

Religionsgemeinschaften in dem Abschnitt IV des Kommissionsentwurfs übernommen.

Der hessische „Vorentwurf" wurde am 08. Mai 1919 in der ‚Darmstädter Zeitung' mit der Hoffnung veröffentlicht[559], daß dieser von einer breiteren Bevölkerung rege diskutiert werde[560]. Diese Erwartung erfüllte sich jedoch nicht[561].

Bereits zuvor hatte die Kommission ihren Entwurf dem Gießener Verfassungsrechtler Hans Gmelin[562] zugeleitet, der auch schon das Wahlgesetz vom Dezember 1918 und die vorläufige Verfassung entscheidend beeinflußt hatte. Sein Gutachten zur endgültigen Verfassung brachte wesentliche substantielle Veränderungen. Es regte eine Reihe von Umstrukturierungen, sprachlichen Änderungen und Präzisierungen an, denen die Regierung in allen wesentlichen Punkten folgte[563]. Im grundlegenden zweiten Abschnitt „Von der Staatsgewalt" fuhr der Entwurf nach dem Kernsatz *„Alle Staatsgewalt im Volksstaat Hessen geht vom Volke aus"* in Anlehnung an die badische Verfassung fort: *„Sie wird ... durch die Gesamtheit der stimmberechtigten hessischen Staatsangehörigen ausgeübt"*. Für Gmelin war dies „genauso falsch wie der Satz der früheren Verfassungen, der die Staatsgewalt dem Monarchen zusprach". Der endgültige Text besagt seinem Vorschlag entsprechend: *„Sie wird ausgeübt teils unmittelbar durch die stimmberechtigten reichsdeutschen Männer und Frauen, die in Hessen wohnen, teils mittelbar durch die Volksvertretung und die Behörden"*.

Obwohl das Gutachten von Gmelin bereits Ende April 1919 vorlag, wurde das Verfassungsvorhaben von der Regierung bis in den Herbst 1919 verschoben[564]. Sie wartete zunächst die am 11. August 1919 erfolgte Ver-

---

[559] Vgl. Darmstädter Zeitung vom 8. Mai 1919, S. 2; VLVH 1 (1919–1921) Drucks. 237, S. 22 ff., Anlage 1.

[560] Die Regierung beabsichtigte eine breite und öffentliche Diskussion, um den Verfassungsinhalt schnell mit Leben zu erfüllen. Vgl. die regierungsamtliche Begründung des Entwurfs, die dem Landtag zuging, VLVH 1 (1919–1921), Drucks. 237, S. 11.

[561] Vgl. Franz; Alle Staatsgewalt im Volksstaat Hessen geht vom Volke aus; in: Eichel/Möller (Hrsg.); 50 Jahre Verfassung des Landes Hessen. Eine Festschrift, S. 38 (43).

[562] *Hans Gmelin* (1878–1941), Professor für Staats- und Verwaltungsrecht der Landesuniversität Gießen. Vgl. Steiger; Hans Gmelin (1878–1941)/Jurist, in: Gundel/Moraw/Press (Hrsg.); Gießener Gelehrte in der ersten Hälfte des 20. Jahrhunderts, Erster Teil, S. 309 ff.

[563] Vgl. die regierungsamtliche Begründung des Entwurfs, die dem Landtag zuging, VLVH 1 (1919–1921), Drucks. 237, Anlage 2.

[564] Vgl. Gmelin; Verfassungsentwicklung und Gesetzgebung in Hessen von 1913 bis 1919, in: Jahrbuch des öffentlichen Rechtes der Gegenwart, Bd. IX (1920), S. 204 ff. (211).

abschiedung der Weimarer Reichsverfassung ab. Jene regelte in Art. 13 Abs. 1, daß Reichsrecht Landesrecht breche. Die hessische Landesregierung legte diese Bestimmung sehr eng aus und war der Ansicht, daß „die Landesgesetzgebung nicht nur nicht bestimmen darf, was der Reichsgesetzgebung widerspricht, sondern nicht einmal wiederholen darf, was das Reichsrecht ausspricht". Aus diesem Grund nahm die Landesregierung davon Abstand, den bereits ausgearbeiteten Grundrechtskatalog und den Teil über Kirche und Schulen in die hessische Verfassung aufzunehmen[565] und folgte damit der Empfehlung Gmelins, der den dritten und vierten Abschnitt des Kommissionsentwurfs für überflüssig und mit der Reichsgesetzgebung in Widerspruch stehend bezeichnete[566]. Trotz dieser Vorsicht wurden Konflikte zwischen dem hessischen Verfassungsrecht und dem Reichsrecht vermutet. So war fraglich, ob es sich mit der Verantwortlichkeit gegenüber der hessischen Volkskammer in Einklang bringen ließ, daß der Finanzminister zugleich die Stelle eines Präsidenten des hessischen Landesfinanzamts, also eines Reichsbeamten, bekleidete[567].

Der Entwurf, den die Landesregierung am 09. Oktober dem Landtag kurz vor dem Ende der sorgsam eingehaltenen Sommerpause des Parlaments zuleitete, umfaßte neun Abschnitte und 65 Artikel[568]. Im ersten Abschnitt, „Vom Volksstaat Hessen und seinen Grenzen", wird das Land nicht mehr als Republik oder Freistaat, sondern gem. Art. 1 als „Volksstaat" bezeichnet. Diese Korrektur basiert nicht auf einer inhaltlichen, sondern auf einer sprachlichen Überarbeitung.

Der zweite Abschnitt, „Von der Staatsgewalt", befaßt sich mit der Staatsgewalt und formuliert durch Art. 3 den demokratischen Grundsatz, daß sie in jedem Fall vom Volke ausgehe, durch alle Stimmberechtigten unmittelbar und durch die Volksvertretung und die Behörden mittelbar ausgeübt werde. Art. 4 besagt, daß die Gesetzgebungsgewalt teils durch das Volk im Wege des Volksbegehrens und der Volksabstimmung, teils durch die vom Volke gewählte Volksvertretung ausgeübt werde. Gmelin hatte in seinem Gutachten angemerkt, „daß Gesetze doch nicht nur von den gesetzgebenden Organen erlassen werden, sondern – in der Form von Verordnungen – auch von Organen der Verwaltung"[569]. Die Volkskammer und ihr Verfassungs-

---

565 Vgl. die regierungsamtliche Begründung des Entwurfs, die dem Landtag zuging, VLVH 1 (1919–1921), Drucks. 237, S. 11.

566 Vgl. Franz; Alle Staatsgewalt im Volksstaat Hessen geht vom Volke aus; in: Eichel/Möller (Hrsg.); 50 Jahre Verfassung des Landes Hessen. Eine Festschrift, S. 38 (43).

567 Vgl. Gmelin; Verfassungsentwicklung und Gesetzgebung in Hessen von 1913 bis 1919, in: Jahrbuch des öffentlichen Rechtes der Gegenwart, Bd. IX (1920), S. 204 ff. (212).

568 Vgl. die regierungsamtliche Begründung des Entwurfs, die dem Landtag zuging, VLVH 1 (1919–1921), Drucks. 237, Hauptteil.

auschuß haben das bewußt nicht aufgegriffen, obwohl die Verfassung nach Art. 44 neben der üblichen Zuständigkeit des Ministeriums oder auch nachgeordneter Behörden zum Erlassen der „zur Ausführung der Gesetze notwendigen Verordnungen“ sogar ein Notverordnungsrecht kannte. Nach Art. 9 der Verfassung können, solange der Landtag noch nicht versammelt ist, Anordnungen, die sonst der Gesetzesform bedürften, durch das Gesamtministerium erlassen werden, wenn außergewöhnliche Ereignisse ein sofortiges Eingreifen erforderlich machten. Diese „dürfen der Verfassung nicht zuwiderlaufen und sind dem Landtag bei seinem Zusammentritt sofort zur Bestätigung vorzulegen. Wird die Bestätigung verweigert, so sind sie unverzüglich aufzuheben“. Von größerer Bedeutung ist jedoch die plebiszitäre Komponente des Artikel 4 der hessischen Verfassung, die bereits ausführlich in der Februar-Debatte diskutiert wurde. Das Volksbegehren konnte nach Artikel 12 „auf Erlaß, Aufhebung oder Abänderung eines Gesetzes gerichtet sein“. Der Kommissionsentwurf sah eine Mindestanzahl von 50.000 Unterschriften vor. Die Volkskammer billigte die von Gmelin vorgeschlagene Herabsetzung dieser Zahl, zwar nicht auf die Hälfte, aber auf „ein Zwanzigstel der bei der letzten Wahl Stimmberechtigten“, was nach den Zahlen von 1919 rund 38.000 Unterschriften ergab[570]. Unverändert blieb dagegen die Voraussetzung, daß ein Begehren „nur in der Form eines ausgearbeiteten Entwurfs gestellt werden“ konnte, obwohl Gmelin die Auffassung vertrat, dies schließe mindergebildete Volkskreise aus oder führe zumindest zu „dilettantisch abgefaßten“ Entwürfen. Bei einem erfolgreichen Volksbegehren wurde eine Volksabstimmung obligatorisch, falls der Landtag den vorgelegten Entwurf nicht oder nur in abgeänderter Form annahm. Auch vom Landtag angenommene Gesetze konnten auf Regierungsbeschluß der Volksabstimmung unterworfen werden. Vorgeschrieben waren Volksabstimmungen weiterhin für Verfassungsänderungen, sofern sie vom Landtag nicht mit 80% aller Stimmen beschlossen worden waren. Hier war schon der Verfassungsausschuß von den ursprünglichen Vorschlägen abgewichen, die grundsätzlich jede Verfassungsänderung von einem Plebiszit abhängig machen wollten.

Im dritten Abschnitt, „Von der Gesetzgebung“, wurden zunächst „Allgemeine Regeln“, dann unter „2. Das Volk“ das Stimmrecht und Volksbegehren und Volksabstimmung, schließlich unter „3. Die Volksvertretung“ Bildung, Zusammentritt, Vertagung, Auflösung, Geschäftsbehandlung und Zuständigkeit des Landtags normiert. Der dritte Abschnitt ist der umfangreichste. Im ersten Teil wird durch Art. 7 geregelt, daß „Allgemeinverbindliche Anordnungen der Staatsgewalt, durch die Rechte und

---

[569] Vgl. VLVH 1(1919–1921), Drucksache Nr. 237, S. 30.

[570] Vgl. VLVH 1 (1919–1921), Drucksache 237, S. 31; dazu: VLVH 1 (1919–1921), Drucksache 253, S. 4 f.

Pflichten begründet, geändert oder aufgehoben werden", grundsätzlich der Gesetzesform bedurften. „Zum Zustandekommen eines Gesetzes", so der letzte Satz des Artikels, „gehört die Zustimmung des Landtags oder des Volkes".

Im zweiten Teil bestimmt Art. 10, daß alle im Lande wohnenden deutschen Staatsbürger stimmberechtigt sind. Der Verfassungsentwurf verzichtete somit auf ein eigenes hessisches Staatsbürgerrecht, wie es zum Beispiel die badische Verfassung vorsah. Im Gegensatz zur Wahlverordnung vom Dezember 1918, nach der man auch mit 20 wählbar gewesen war, wurde das passive Wahlrecht gem. Art. 19 nun durch die Heraufsetzung auf das vollendete 25. Lebensjahr verschärft, während das aktive Wahlrecht bei dem 20. Lebensjahr belassen wurde. Ausführlicher sind nunmehr die plebeszitären Elemente geregelt. Die Volksabstimmung ist nach Art. 12 Abs. 1 und 4, 24 für die Auflösung des Landtags und nach Art. 13 für Verfassungsänderungen vorgesehen. Das Volksbegehren kann gem. Art. 12 Abs. 2 und 3 auf Erlaß, Aufhebung oder Abänderung eines Gesetzes gerichtet sein.

Im dritten Teil wird durch den Grundsatzartikel 36 die „Zuständigkeit des Landtags" nur knapp bestimmt:

> „Der Landtag übt nach Art. 7 die Gesetzgebung aus; er wirkt nach Art. 53–58 bei der Finanzverwaltung mit und übt durch Anfragen, Mitwirkung bei der Bildung des Ministeriums und Ministeranklage die Aufsicht über die Staatsleitung und Verwaltung. Der Landtag kann sich mit allen von ihm selbst zu seiner Beratung für geeignet erachteten Gegenständen beschäftigen."

Die im letzten Satz enthaltene pauschale ‚Kompetenzen-Kompetenz' machte eine weitere Aufzählung möglicher Aufgaben entbehrlich. Zur Regierungsbildung übernahm der Verfassungstext die Regelung der provisorischen Verfassung, wonach der nunmehr als Staatspräsident bezeichnete Regierungschef „von jedem neugewählten Landtag aus der Zahl der zum Landtag gewählten Staatsangehörigen in öffentlicher Sitzung mit absoluter Mehrheit gewählt" werden mußte, um dann seinerseits die Mitglieder des Gesamtministeriums zu berufen, die wiederum der Bestätigung durch den Landtag bedurften. Auch die Zahl der Regierungsmitglieder hatte der Landtag nach Art. 37 zu bestimmen. Der Landtag konnte durch Verweigerung des Vertrauens den Rücktritt des Gesamtministeriums erzwingen und darüberhinaus „jederzeit die Abberufung einzelner Mitglieder verlangen". Entfallen war jedoch das Recht der Regierung, die Vertrauensverweigerung durch Auflösung des Landtags zu beantworten, die bis zur Verfassungsänderung von 1930 vorzeitig nur durch Volksabstimmung möglich war.

Der vierte Abschnitt, „Die Staatsleitung", regelt neben der Wahl des Staatspräsidenten die Bildung, Zuständigkeit und Verantwortlichkeit des Gesamtministeriums sowie die neu eingeführte Möglichkeit, Anklagen gegen seine Mitglieder zu erheben. Ein solches Recht sollte der Landtag nach

Art. 47 für den Fall besitzen, daß Minister gegen die Verfassung, gegen verfassungsmäßige Rechte oder gegen die Sicherheit oder Wohlfahrt des Staates verstießen oder solche Verstöße zuließen. Die Anklage war gem. Art. 50 gegebenenfalls beim neu einzurichtenden Staatsgerichtshof zu erheben. Dieser setzte sich zusammen aus dem Oberlandesgerichtspräsidenten als Vorsitzenden und vier aus der Richterschaft des Landes gewählten Berufsrichtern sowie acht Landtagsabgeordneten. Für Ministeranklagen war die auch für Verfassungsänderungen erforderliche Stimmenmehrheit von 80% erforderlich.

Der fünfte Abschnitt regelt das „Finanzwesen und Staatseigentum", insbesondere die Steuerbewilligung (Art. 53, 54) und das Budgetrecht als ursprünglicher Kern der parlamentarischen Mitbestimmung (Art. 54–57), bestimmt aber auch, daß das Familieneigentum des vormaligen großherzoglichen Hauses zu vollem Staatseigentum erklärt werden solle. „Landessteuern und sonstige Auflagen können nur mit Zustimmung des Landtags erhoben werden", lautet Art. 53. Der „Staatsvorschlag" mußte durch das jährliche Finanzgesetz festgelegt werden. Eine vorläufige Geschäftsführung aufgrund des vorangegangenen Finanzgesetzes war höchstens für sechs Monate zulässig. Staatsanleihen konnten grundsätzlich nur „auf Grund eines Gesetzes aufgenommen werden", doch waren in dringenden Fällen interimistische „Staatskredite" möglich, die dem Landtag nachträglich vorzulegen waren. Auch staatseigene Grundstücke sollten nicht ohne ausdrückliche Zustimmung des Landtags veräußert oder belastet werden, wobei allerdings gesetzliche Sonderregelungen vorbehalten blieben. Das in unmittelbarem Zusamenhang mit der Verfassung am 17. Dezember 1919 erlassene „Gesetz über die Veräußerung staatlichen Grundeigentums"[571] sah entsprechende Ausnahmegenehmigungen für die Veräußerung von Bau- und Siedlungsland und für sonstige Veräußerungen zu „öffentlichen und gemeinnützigen Zwecken" vor, aber auch für die Abschiebung „entbehrlicher" Grundstücke und Gebäude sowie für Grundstücke, deren Eigenverwaltung als unzweckmäßig angesehen wurde, so daß die Regierung hier einen relativ breiten Ermessensspielraum besaß.

Die Abschnitte sechs bis neun sind wiederum relativ kurz und behandeln ihre Inhalte nur marginal. Abschnitt sechs normiert die Rechtspflege, wobei insbesondere das Begnadigungsrecht definiert wird. Abschnitt sieben handelt von den Gemeinden und öffentlichen Kommunalverbänden und Abschnitt acht von den Patronaten. In Abschnitt neun, den Schluß- und Übergangsbestimmungen, wurde schließlich die noch immer gültige Verfassung von 1820 aufgehoben und die Wahl des ersten regulären Landtags auf November 1921 festgelegt.

---

[571] Gesetz vom 17. Dezember 1919, RegBl. 37/1919 vom 20. Dezember 1919, S. 452 f.

Die Debatte um die Verfassung begann im Landtag am 04. Dezember 1919 und wurde nach nur drei Plenarsitzungen abgeschlossen. Eine solche kurze Dauer war absehbar, nachdem schon im Ausschuß keine echten Kontroversen aufgetreten waren[572].

Es gab nur wenige Änderungen. Sie betrafen u.a. die Bestimmungen für Volksbegehren und Volksentscheidung[573] sowie die Streichung der im Abschnitt „Vom Finanzwesen und von Staatseigentum" vorgesehenen Bestimmung, wonach die Erklärung des „Familieneigentums des vormaligen Großherzoglichen Hauses ... zu vollem Staatseigentum" und die Abfindung des Fürstenhauses gesetzlich geregelt werden sollte. „Gestrichen, weil diese Bestimmung nicht in die Verfassung gehört", hieß es im Ausschußbericht. Die Übernahme der in der Verfassung von 1820 zum „Familieneigentum des Großherzoglichen Hauses" erklärten Domänen in Staatseigentum wurde dementsprechend durch ein parallel zur Verfassung verabschiedetes Gesetz über die „Veräußerung staatlichen Grundeigentums" geregelt[574].

Ministerpräsident Ulrich, der den Entwurf der endgültigen Verfassung in den Landtag[575] einbrachte, bedauerte in seiner Einleitungsrede[576], daß einzelne Länderverfassungen nur noch Ausführungsbestimmungen zur Reichsverfassung seien. Deshalb sei die vorgelegte Landesverfassung als „eine Art Ausführungsgesetz" nur im Kontext der Reichsverfassung zu verstehen. Ulrich erläuterte, daß der Volksstaat Hessen als „selbständiges Land", dessen unteilbares Staatsgebiet mit ausdrücklichem Hinweis auf linksrheinische Separationsbestrebungen festgeschrieben wurde, „Bestandteil", also „Gliedstaat" des Reiches und damit fester eingebunden als die früheren „Bundesstaaten" sei. „Grundrechte und Grundpflichten" der Deutschen seien in der Reichsverfassung festgelegt. Diese habe für die Wirtschaftsordnung die Forderung aufgestellt, daß sie den „Grundsätzen der Gerechtigkeit mit dem Ziel der Gewährleistung eines menschenwürdigen Daseins für alle"[577] entsprechen müsse[578]. Diese Forderung sei in ihrer sozialen Zielsetzung ein-

---

572 Der Ausschußbericht ist in VLVH 1 (1919–1921), Drucksache Nr. 253 abgedruckt.

573 Vgl. hierzu unter Kapitel B.II.6. auf S. 176.

574 Vgl. Gesetz vom 12. Dezember 1919 (RegBl. 37/1919 vom 20. Dezember 1919, S. 452 f.); hierzu auch: Franz; Alle Staatsgewalt im Volksstaat Hessen geht vom Volke aus; in: Eichel/Möller (Hrsg.); 50 Jahre Verfassung des Landes Hessen. Eine Festschrift, S. 38 (44).

575 Der Verfassungsausschuß hatte ebenfalls empfohlen, die ‚Volkskammer' wieder als ‚Landtag' zu bezeichnen.

576 Vgl. VLVH 1 (1919–1921), Prot. 39. S. 993 ff.

577 Ulrich zitiert in seiner Rede Art. 151 WRV; vgl. hierzu Huber; Dok. III, S. 150; Anschütz; Die Verfassung des Deutschen Reichs vom 11. August 1919, S. 695 f.

578 Vgl. VLVH 1 (1919–1921), Prot. 39. S. 994.

malig auf der Welt, könne aber nur dann Realität werden, wenn sie „im Sinne der allgemeinen Gerechtigkeit, auch denjenigen gegenüber, die als Lohnarbeiter leben müssen, ausgebaut wird“[579]. Das alte Wort von Johann Jakoby[580], *„Die Demokratie wird sozialistisch sein oder sie wird nicht sein“*, habe sich in der Revolution als richtig erwiesen und werde auch der Gedanke sein, der der Republik Kraft zum Leben geben werde[581].

Entgegen der Hoffnungen der Regierungsparteien war bei der nachfolgenden Debatte ein Hervortreten von Gegensätzen der Weltanschauung nicht zu vermeiden. Die Sprecher der drei Koalitionsparteien stellten erwartungsgemäß das große Potential der Verfassung als Möglichkeit des demokratischen Neubeginns in den Vordergrund. Für den Gießener MSPD-Abgeordneten Friedrich Vetters[582] stellte sie die Mitwirkungs- und Mitbestimmungsmöglichkeiten des Volkes auf die breiteste Grundlage, womit sie insbesondere den arbeitenden Schichten die Beteiligung am Staatsleben sichere, von dem sie vorher gänzlich ausgeschlossen waren[583].

Für den Darmstädter Liberaldemokraten Heinrich Reh[584] hatte die Revolution die Überlegenheit der Demokratie über die Monarchie erwiesen. Die Volkssouveränität sei der alleinige Träger der Staatsgewalt, weil nur sie eine richtige Verteilung der im Staat zur Geltung kommenden Gewalten gewährleiste[585].

Skeptischer war dagegen der Mainzer Zentrums-Abgeordnete Georg Lenhart[586]. Er stimmte zwar der Einschätzung des Ministerpräsidenten zu, daß die „torsomäßige“ Landesverfassung „mehr den Charakter von Ausführungsbestimmungen zu Reichsverfassung“ habe, interpretierte dies aber im Gegensatz zu Ulrich als bedauerlichen „Beweis rettungslos dahinsinkender Ländersouveränität“. Lenhart gab sich aber schließlich der „guten Hoff-

---

579 Vgl. VLVH 1 (1919–1921), Prot. 39. S. 994.

580 *Johann Jakoby* (1805–1877), demokratischer Paulskirchenabgeordneter, der in der Revolution von 1848/49 radikaldemokratische Positionen vertrat, im Alter dann zur Sozialdemokratie überging; vgl. Neue Deutsche Biographie, Bd. 10, S. 254 f.

581 Vgl. VLVH 1 (1919–1921), Prot. 39. S. 995.

582 *Friedrich Vetters* (1861–1932), gelernter Schreiner, Gewerkschafter und ab 1900 Redakteur der ‚Mitteldeutschen Sonntagszeitung‘, ab 1906 bei der ‚Oberhessischen Volkszeitung‘ in Gießen, seit 1910 Stadtverordneter, MdLVH 1919–1921 (MSPD).

583 Vgl. VLVH 1 (1919–1921), Prot. 39. S. 1004 ff.

584 *Heinrich Reh* (1860–1946), Rechtsanwalt und Justizrat in Alsfeld, MdLVH 1919–1921 (DDP).

585 Vgl. VLVH 1 (1919–1921), Prot. 40, S. 1009 ff.

586 *Georg Lenhart* (1869–1941), Oberlehrer und Professor am katholischen Lehrerseminar in Bensheim, 1920 Domkapitular und geistlicher Rat in Mainz, MdLVH 1919–1927 (Zentrum).

Abb. 26: Heinrich Reh (*1860–†1946)

nung" hin, daß mit ihr als Fundament „ein wohnliches Haus für alle" geschaffen werden könne[587].

Generelle Zustimmung zum Entwurf der endgültigen Verfassung wurde zwar auch von den beiden rechten Oppositionsparteien signalisiert, wenn sie ihm auch in manchen Einzelfragen widersprachen. Der DVP-Vorsitzende Dingeldey lobte ausdrücklich die konstruktive Arbeit der Kommission und erklärte die Bereitschaft der DVP, „in verfassungsmäßiger Weise am Ausbau unseres Staates mitzuarbeiten". Er entgegnete aber Ulrich, daß die grundsätzliche politische Überzeugung seiner Partei in den wesentlichsten Fragen von der Haltung der amtierenden Staatsleitung, auch von der in den Grundrechtsartikeln der Reichsverfassung eingeschlagenen Richtung, abweiche. So sei der Grundsatzartikel der Wirtschaftsordnung der Weimarer Verfassung keineswegs sozialistischer, sondern ganz allgemeiner Natur. Dingeldey unterstrich, daß wesentliche Elemente – etwa die Grundzüge der Ministeranklage – „an die alte Verfassung" des Großherzogtums „organisch" anschlossen. Konkrete Bedenken erhob Dingeldey vor allem gegen die Souveränität der Volkskammer, des demokratischen Einkammerparlaments. Er wiederholte seine Forderung nach einer ausschließlich für Wirtschaftsfragen zuständigen zweiten Kammer, die als reines Berufsparlament sämtliche wirtschaftlichen Schichtungen des Volkes vertreten und bei der Beratung und Beschlußfassung über alle Wirtschaftsfragen mitberaten solle, um gegebenenfalls durch Parteipolitik bedingte Fehlentscheidungen korrigieren zu können[588], eine Forderung, die zehn Jahre später von den Deutsch-

---

[587] Vgl. VLVH 1 (1919–1921), Prot. 40. S. 1012 ff.

nationalen noch einmal aufgegriffen wurde[589]. Der Sprecher der Hessischen Volkspartei, Wilhelm Dorsch[590], äußerte sich ebenfalls kritisch. Er befürchtete, daß die neue Verfassung bzw. das Listenwahlrecht eher die Artikulation des Parteiwillens als die des Volkswillens begünstigen werde. Zudem wandte er sich gegen die Fortdauer der Legislaturperiode bis ins Jahr 1921 und verlangte Neuwahlen. Die Arbeit des jetzigen Landtags sei „mit der Fertigstellung der Verfassung ... erledigt"[591].

Eine grundsätzlich ablehnende Haltung zum Verfassungsentwurf nahm die USPD ein. Der Abgeordnete Alfred Kiel[592] argumentierte, daß er ebenso wie mit der Weimarer Verfassung auch nicht mit der hessischen einverstanden sei. Ihm fehlten insbesondere Bestimmungen zur Einheitsschule, zur Sozialisierung, zur Verstaatlichung des Grund und Bodens, zur Überprüfung aller Produktionsmittel in Staatseigentum, aber auch zur Demokratisierung der Justiz. Die Realisierung dieser Ziele sei nur durch das Rätesystem möglich. Kiel setzte sich aber gleichzeitig von der Vorstellung einer gewaltsamen Eroberung der Staatsmacht ab. „Wir wollen die Welt erobern durch geistige Revolutionierung der Köpfe, aber nicht durch Handgranaten und Maschinengewehre"[593].

Einer der wenigen Punkte, die konkret diskutiert wurden, war das Wahlalter, das in der Volkskammer-Wahlverordnung vom 03. Dezember 1918 für das aktive Stimmrecht, aber auch für das passive Wahlrecht der Abgeordneten einheitlich auf 20 Jahre festgelegt worden war. Die in Übereinstimmung mit den entsprechenden Regelungen in Baden und Württemberg wie auch mit der Reichsverfassung schon im ersten Kommissionsentwurf vorgenommene Erhöhung des Mindestalters der Abgeordneten auf 25 Jahre[594] wurde nur von der MSPD-Fraktion angefochten, für die der Abgeordnete Vetters das passive Wahlrecht mit 21 Jahren forderte, da „begabte Leute ihre Pflicht als Volksvertreter auch in diesem jugendlichen Alter ausgezeichnet" ausfüllen könnten[595]. Fand dies bei den anderen Parteien keinen Anklang, so hielten an der 20-Jahre-Regelung für das aktive Stimm-

---

588 Vgl. VLVH 1 (1919–1921), Prot. 39. S. 998 ff.

589 Vgl. Antrag der DNVP-Abgeordneten Böhm und Heraeus vom 7. November 1930, VLVH 4, Drucksache 783. Zur bemerkenswerten Biographie der Abgeordneten *Julie Heraeus* siehe: Langer; Zwölf vergessene Frauen. Die weiblichen Abgeordneten im Parlament des Volksstaates Hessen. Ihre politische Arbeit – ihr Alltag – ihr Leben, S. 368 ff.

590 *Wilhelm Dorsch* (1868–1939), Landwirt in Wölfersheim, MdLVH 1919–1921 (HVP/Bauernbund), 1920–1928 MdR.

591 Vgl. VLVH 1 (1919–1921), Prot. 40. S. 1014 ff.

592 Vgl. zum Lebenslauf des Abgeordneten Alfred Kiel Fußnote Nr. 539 auf S. 171.

593 Vgl. VLVH 1 (1919–1921), Prot. 40. S. 1016 ff.

594 Vgl. hierzu unter Kapitel B.II.6. auf S. 180.

595 Vgl. VLVH 1 (1919–1921), Prot. 39. S. 1004 ff.

recht mit der MSPD und USPD auch der demokratische Sprecher Reh fest und – mit ausdrücklichem Hinweis auf die Regelung der Reichsverfassung – auch Lenhart für das Zentrum, der an sich 21 vorgezogen hätte[596]. Der Abgeordnete Dingeldey hatte mit dem Hinweis auf die Mündigkeit des bürgerlichen Rechts für 21 Jahre, der Abgeordnete Dorsch sogar für 25 Jahre plädiert, da eine unterschiedliche Festlegung für Aktiv- und Passivwahlrecht „dem natürlichen Volksempfinden" widerspreche[597].

Zum eigentlichen Streitpunkt der Debatte entwickelte sich die Forderung Dingeldeys, die Amtszeit des Verfassungsgebenden Landtags alsbald nach Verabschiedung der Verfassung zu beenden und Neuwahlen nicht erst im November 1921, wie in den Schlußbestimmungen des Verfassungsentwurfs vorgesehen, sondern bereits im Frühjahr 1920 durchzuführen[598]. Dingeldey wurde dabei von den rechten und linken Flügelparteien des Landtags unterstützt. Durch seine ultimative Drohung, die Zustimmung zur Verfassung von der vorzeitigen Auflösung des Landtags abhängig zu machen, zwang er zur Wiederaufnahme der eigentlich abgeschlossenen Debatte[599]. Sie wurde nunmehr mit einer bis dahin nicht bekannten Schärfe geführt[600]. Während Dorsch für die Deutschnationalen, aber auch Kiel für die USPD die vorzeitige Auflösung befürworteten, plädierten die Regierungsparteien dafür, die aus der Verfassung folgende Gesetzgebungsarbeit mit dem Verfassungs-Landtag zu Ende zu führen. In der namentlichen Abstimmung über die Schlußbestimmungen setzte sich die Regierungsmehrheit mit 44 gegen 11 Stimmen eindeutig durch. Daraufhin stimmten die Vertreter der beiden Rechtsparteien, deren überwiegende Mehrheit die Einzelartikel mitgetragen hatten, am Ende gegen die Verfassung als Ganzes. Allerdings konnten sie damit die Annahme der Verfassung nicht verhindern[601]. Daß sie erst am 12. Dezember 1919 in Kraft gesetzt werden konnte, lag an einer technischen Panne, der notwendigen Nachbesserung eines nebensächlichen Paragraphen, dessen Formulierung mit einem Änderungsantrag verwechselt worden war.

Die Intention hinter dem Verlangen nach einer frühzeitigen Auflösung des Verfassungsgebenden Landtags war das Streben nach geänderten Mehrheitsverhältnissen im Landtag. Der Abgeordnete Kiel stellte dies unmißver-

---

596 Vgl. VLVH 1 (1919–1921), Prot. 40. S. 1012 ff.

597 Vgl. VLVH 1 (1919–1921), Prot. 40. S. 1014 ff.

598 Vgl. Köhler; Im Sinne der allgemeinen Gerechtigkeit. Die Verfassung des Volksstaates Hessen von 1919, in: Heidenreich/Böhme (Hrsg.); Hessen. Verfassung und Politik, Schriften zur politischen Landeskunde Hessens, Bd. 4, S. 223 (248).

599 Vgl. VLVH 1 (1919–1921), Prot. 39. S. 1004.

600 Vgl. VLVH 1 (1919–1921), Prot. 41. S. 1039 ff.

601 Vgl. VLVH 1 (1919–1921), Prot. 41. S. 1031 ff. Die namentliche Schlußabstimmung ist auf Seite 1056 f. verzeichnet.

ständlich klar. Die Volksstimmung habe sich gegenüber der Zeit der ursprünglichen Wahl völlig verändert[602]. Die Richtigkeit der Annahme bestätigte die am 17. November 1921 durchgeführte Wahl. Die Regierungskoalition erlebte einen erheblichen Einbruch, verlor fast ein Viertel ihrer Stimmen, wovon die MSPD fast 12% einbüßte. Währenddessen konnten die Oppositionsparteien ihren Anteil deutlich steigern. Dies war ein klares Mißtrauensvotum gegen die Regierungspolitik, auch wenn die Koalition die Regierungsmehrheit behielt.

Abb. 27: Wappen des Volksstaats Hessen
Im blauen Schild ein von Silber und Rot zehnfach gestreifter, golden bewehrter Löwe. Auf dem Schild ruht ein Gewinde aus goldenem Laubwerk mit von Perlen gebildeten Früchten. Der Entwurf stammt von Otto Hupp.

7. Die Gesetzgebung seit dem Zusammentritt der Volkskammer

Den Verhältnissen des Landes entsprechend besaß Hessen als Zentralverwaltung ursprünglich nur vier Ministerien, das Staatsministerium und drei Fachministerien für Inneres, Justiz und Finanzen einschließlich der untergeordneten Behörden. Durch die Einführung der parlamentarischen Regierung waren eine Vermehrung der Ministerstellen und einige Änderungen im Bereich der öffentlichen Verwaltung bedingt. Dies beruhte auf der Überle-

602 Vgl. VLVH 1 (1919–1921), Prot. 40. S. 1018.

gung, daß einerseits der im Mittelpunkt der parlamentarischen Regierung stehende Ministerrat ein größeres Kollegium benötigte und andererseits aufgrund der Regierungskoalition eine nicht geringe Anzahl von Parteiführern zu versorgen waren. So wurden die vier Ministerien noch durch vier Ministerialdirektoren für das Landesamt für Bildungswesen, das Landesernährungsamt, das Arbeits- und Wirtschaftsamt und das Landesschuldenamt ergänzt. Auch wurden diverse Änderungen in den untergeordneten Verwaltungen vorgenommen.

a) Die Gemeinde- und Provinzverwaltung

Durch drei Gesetze vom 15. April 1919[603] wurde das neue Wahlrecht für die Lokalvertretungen eingeführt. Das Wahlrecht besaßen nun alle Männer und Frauen deutscher Staatsangehörigkeit, die am Wahltag das 20. Lebensjahr vollendet hatten und am Tag der Offenlegung der Wählerlisten drei Monate im Kreis oder in der Gemeinde wohnten. Nur durch die Bestimmung einer Wohnsitzdauer unterschied sich das lokale Wahlrecht vom politischen. Die Wählbarkeit besaß jeder Wahlberechtigte, der am Wahltag das 21. Lebensjahr vollendet hatte. Diese Regelung stand im Gegensatz zu Art. 19 der später verabschiedeten hessischen Verfassung, in der die Wählbarkeit für den Landtag ab Vollendung des 25. Lebensjahrs möglich war. Sie wich in diesem Aspekt aber auch von der Wahlordnung vom Dezember 1918 ab, nach der man mit 20 wählbar gewesen war. Das Wahlrecht für die Lokalvertretungen bildete hier einen Mittelweg. Seine Regelung grenzte einerseits die Wählbarkeit durch das höhere Alter gegenüber der damals gültigen Wahlordnung ein und war andererseits weiter, indem sie keinen einjährigen Besitz deutscher Staatsangehörigkeit erforderte.

Die Bildung der lokalen Vertretungen wurde nunmehr übersichtlicher gestaltet. Die Gemeindevertretung vertrat bisher als Stadt- und Landgemeinde je zur Hälfte die Gesamtheit der steuerpflichtigen Bürger und die Höchstbesteuerten. Der Kreistag repräsentierte zu zwei Dritteln die Gemeinden und zu einem Drittel die Höchstbesteuerten, und der Provinzialtag ging schließlich aus den Kreistagen hervor. Durch die Gesetzesänderungen wurden nun alle drei Körperschaften entsprechend der Volkskammer unmittelbar von den wahlberechtigten Bürgern beiderlei Geschlechts gewählt. Die Wahl erfolgte für drei Jahre, die Möglichkeit von Teilwahlen der Körperschaften wurde gestrichen. Ebenso fiel die Partialerneuerung beim Kreis- und beim Provinzialausschuß weg, deren Mitglieder ebenfalls für die Dauer von drei Jahren gewählt wurden.

---

[603] Gesetz über die Abänderung der Städteordnung (RgBl. S. 137), Gesetz über die Abänderung der Landgemeindeordnung (RgBl. S. 150), Gesetz über die Abänderung der Kreis- und Provinzialordnung (RgBl. S. 164).

Alle Wahlen fanden nach dem Verhältniswahlsystem statt, das dem der politischen Wahlen entsprach, bis auf die Ausnahme, daß bei nur einem einzigen Wahlvorschlag die auf ihm benannten Kandidaten auch ohne Wahl als gewählt galten[604]. Für die Wahl des Bürgermeisters und der Beigeordneten, die durch das Mehrheitswahlsystem ermittelt wurden, war künftig nicht mehr die hessische Staatsangehörigkeit erforderlich, sondern lediglich die deutsche. Auch wurde die Bestätigung des Bürgermeisters und der Beigeordneten aufgehoben.

b) Das Recht der Minister, Richter und Notare

Während die badische Verfassung bestimmte, daß die Minister weder Anspruch auf Ruhegehalt noch auf Hinterbliebenenversorgung hatten, regelte in Hessen schon Art. 8 der vorläufigen Verfassung die wirtschaftliche Sicherstellung der Minister nach ihrem Rücktritt. Es sollten die gewöhnlichen Regelungen über das Ruhegehalt nach Maßgabe besonderer Vereinbarungen Anwendung finden. Durch das Gesetz vom 16. Juli 1919[605] wurden die Versorgungsansprüche gesetzlich geregelt. Ansprüche von Ministern entstanden danach schon bei einer sechsmonatigen Amtszeit in Höhe von 50% der Besoldung. Die aus dieser Regelung resultierende starke Belastung des Staatshaushalts war den Parlamentariern (wohl auch noch heutzutage!) offenbar nicht ganz bewußt.

Durch das Gesetz vom 16. Juli 1919[606] wurden die Rechtsverhältnisse der Richter und Notare geändert. Während nach dem bisher geltenden Gesetz vom 31. Mai 1879 die Richter ein Nebenamt oder eine Nebenbeschäftigung, mit dem eine Vergütung verbunden war, überhaupt nicht annehmen durften, wurde jetzt den Richtern ein solches Nebenamt mit Genehmigung des Justizministeriums erlaubt. Im gleichen Gesetz wurde die Nebenbeschäftigung der Notare erleichtert. Es durfte die ministerielle Genehmigung zum Eintritt in den Vorstand, Verwaltungs- oder Aufsichtsrat einer auf Erwerb gerichteten Gesellschaft auch dann erteilt werden, wenn die Beteiligung mit einem Geldbezug verbunden war.

c) Die Siedlungsgesetzgebung

Am 01. September 1919 wurde das Landesgesetz[607] als Ausführungsgesetz zum Reichssiedlungsgesetz vom 11. August 1919 verabschiedet. Die

604 Vgl. Gesetz vom 22. Juni 1919, RegBl. S. 300.

605 Vgl. RegBl. S. 306 f.

606 Vgl. RegBl. S. 314 f.

607 Vgl. RegBl. S. 321 f.

Besonderheit ergibt sich aus dem Umstand, daß das Ausführungsgesetz schon vor dem Reichsgesetz inhaltlich vollendet wurde, was zu zahlreichen Konflikten führte.

In dem Landesgesetz wurde der Staat zu einem gemeinnützigen Siedlungsunternehmen im Sinn des § 1 des Reichsgesetzes erklärt. Die dem Siedlungsunternehmen zur Verfügung gestellten Mittel reichten jedoch weiter als die im Reichsgesetz genannten. Das Reichsgesetz kannte gem. § 4 das Vorkaufsrecht nur für landwirtschaftliche Grundstücke von über 25 Hektar, während das hessische Gesetz es in Art. 50 für allen unbewirtschafteten, landwirtschaftlich, forstwirtschaftlich oder als Garten genutzten Grundbesitz verlieh. Das Enteignungsrecht war im Reichsgesetz gem. § 3 nur für Moor- und Ödland eingeräumt, dagegen ließ das hessische Ausführungsgesetz durch Art. 57 die Enteignung gegenüber fideikommissarisch gebundenem Grundbesitz, gegenüber dem Grundbesitz anderer als natürlicher Personen, gegenüber dem forstwirtschaftlich genutzten und dem unbewirtschafteten Grundbesitz, gegenüber landwirtschaftlich oder als Garten genutzten Grundbesitz bis zu 50 Hektar und gegenüber Grundbesitz, der zur Förderung von Kleinwohnungsbau benötigt wurde, zu.

Die letztere Alternative bereitete beträchtliche Schwierigkeiten, denn das Enteignungsverfahren wich von dem ordentlichen Enteignungsverfahren ab. An Stelle von Lokalkommission und Provinzialausschuß trat der Landausschuß. Die Leistung oder Hinterlegung der Entschädigung bildete nicht die Voraussetzung der Besitzeinweisung, die lediglich vom Landausschuß gem. Art. 73 ausgesprochen werden mußte. Die Rechtsmittel gegen die Entscheidung des Landausschusses entschied nach Art. 73 der Spruchausschuß des Landessiedlungsamtes, kein ordentliches Gericht.

Eine wichtige Ergänzung des Landessiedlungsgesetzes bildete die gleichzeitig eingebrachte Vorlage über die Überführung fideikommissarisch gebundenen Grundbesitzes in den freien Verkehr[608]. Die Volkskammer verabschiedete diesen Gesetzesentwurf jedoch nicht.

d) Das Finanzwesen

Mit dem Gesetz vom 01. April 1919[609] wurde die bisherige ‚Zivilliste' des Großherzogs in Höhe von Mk. 1.410.000,00 aus dem Etat gestrichen. Gleichzeitig wurde die Regierung aber dazu ermächtigt, einstweilen die Bezüge der Hofbeamten und -bediensteten weiterzuzahlen. Die Steuervorrechte des Großherzogs und seiner Familie wurden aufgehoben.

---

608 Vgl. VLVH 1 (1919–1921), Drucksache 141.

609 Vgl. RegBl. S. 109 f.

Im Bereich der Steuergesetzgebung war nur eine außerordentliche Abgabe vom Einkommen zu verzeichnen, die von den Einkommen ab Mk. 5.000,00 an in progressiven Sätzen von 0,25 bis 8,5% erhoben wurde[610]. Durch ein Gesetz vom 27. Oktober 1919[611] wurde die Staatsschuldenverwaltung neu geregelt. Während nach dem früheren Gesetz vom 31. März 1897 die Staatsschuldenverwaltung aus einem Mitglied des Ministeriums der Finanzen als Vorsitzendem und zwei von den Kammern auf je sechs Jahre gewählten Kammermitgliedern bestand, setzte sie sich künftig aus einem von der Volkskammer für die Dauer einer Legislaturperiode zu wählenden Präsidenten und zwei vom Ministerium der Finanzen zu bestellenden Mitgliedern zusammen. Durch die Umstellung wurde die Aufsicht über den Schuldendienst kaum erschwert, wohl aber dadurch, daß der Präsident gleichzeitig Mitglied des Gesamtministeriums sein durfte, so daß Verwaltung und Kontrolle in einer Hand vereinigt werden konnten. Gegen diese Vermischung bot die parlamentarische Verantwortlichkeit des Ministers nur einen recht unsicheren Ausgleich. Das Gesetz erwies sich somit als kontraproduktiv und verfehlte den bezweckten Erfolg.

---

610 Vgl. Gesetz vom 1. April 1919, RegBl. S. 110 f.

611 Vgl. RegBl. S. 417 f.

C. Neue Machtverteilung oder Stabilisierung alter Machtstrukturen

Die der Geschichtswissenschaft, der juristischen Zeitgeschichte[1] sowie der neueren Rechtsgeschichte als Teil der Gesellschaftsgeschichte immanente Problematik, die aus der Spannung zwischen dem Anspruch des Erarbeitens eines objektiv wahren Geschichtsbildnisses und dem Wissen um die standortgebundene Sichtweise des jeweiligen Betrachters resultiert, läßt sich am Beispiel der Weimarer Revolution prägnant dokumentieren[2]. Unterschiedliche Auslegungen sind nicht nur Ausdruck für Forschungslücken oder Erkenntnisfortschritte, sondern spiegeln in ihren Schwerpunkten eben auch den gesellschaftlichen Hintergrund wider. Während aber die Forderung von Objektivität lange Zeit auf ungeteilte Zustimmung stieß, war die Verpflichtung zur Offenbarung der standortgebundenen Parteilichkeit umstritten[3]. Parteilichkeit und Objektivität stellen nicht zwangsläufig miteinander unvereinbare Gegenpole dar, sondern sie „... verschränken sich im Spannungsfeld von Theoriebildung und Quellenexegese"[4]. Zudem hat man sich daran gewöhnt, daß die einschlägigen Fragen als solche politischer Art von der Geschichtswissenschaft einerseits, den Vertretern des öffentlichen Rechts andererseits untersucht werden[5]. Diese Situation fordert geradezu heraus, über die scheinbare Grenze der rechtsgeschichtlichen Erkenntnis hinaus nachzudenken.

Dabei soll aufgezeigt werden, wie die Geschichtswissenschaft, die juristische Zeitgeschichte sowie die neuere Rechtsgeschichte ineinandergreifen können, welches weite Feld der Kooperation sich auftut und wie zahlreich, schwierig und lohnend die offenen Probleme sind. Zunächst ist jedoch die

---

1 Zu der Begriffsbildung ‚Juristische Zeitgeschichte' vgl. Stolleis; Juristische Zeitgeschichte, in: Stolleis (Hrsg.); Juristische Zeitgeschichte – Ein neues Fach?, S. 7 (8 ff.).

2 Willoweit; Ist eine Verfassungsgeschichte der Weimarer Republik als Rechtsgeschichte möglich?, in: ZNR 12 (1990), S. 186 f.

3 Koselleck; Standortbindung und Zeitlichkeit. Ein Beitrag zur historiographischen Erschließung der geschichtlichen Welt, in: ders.; Vergangene Zukunft. Zur Semantik geschichtlicher Zeiten, S. 176.

4 Koselleck; a.a.O., S. 207.

5 Willoweit; Ist eine Verfassungsgeschichte der Weimarer Republik als Rechtsgeschichte möglich?, in: ZNR 12 (1990), S. 186.

terminologische Klärung der beiden Schlüsselbegriffe geboten, die offenbar einen unterschiedlichen kategorialen Status besitzen[6].

Rechtsgeschichte wird allgemein als deskriptive Bezeichnung für die Summe aller Forschungsanstrengungen innerhalb der Wissenschaftsdisziplin der Jurisprudenz, mithin als eine der arbeitsteiligen Spezialisierung angemessene Sektorwissenschaft verstanden. Gesellschaftswissenschaft dagegen meint eine Synthese für weitgespannte historische Darstellungen und soll es ermöglichen, einer zeitgemäßen, gegenwärtigen Bedürfnissen entsprechenden Integration möglichst vielfältiger Realitätsbereiche mit Hilfe weniger wichtiger, aber besonders strukturfähiger Kategorien näherzukommen. Als Strukturierungsschema bietet sich die elastische Kombination von Max Webers grundlegenden, Gesellschaft stets konstituierenden und prinzipiell gleichberechtigten Dimensionen von Herrschaft, Arbeit, sozialer Ungleichheit und Kultur an. Dieses Strukturierungsschema, das sich primär durch seine Flexibilität und den Gewinn an analytischer Klarheit auszeichnet, hält zu einer möglichst genauen Gewichtung dieser „historischen Potenzen" an. Es soll die eigentümlichen Konstellationen, welche jeweils durch diese „Achsen" gebildet werden, präziser bestimmen helfen[7].

Max Webers Aussagen gelten auch für die ubiquitäre Präsenz des Rechts, welches sich bekanntlich nicht umstandslos der Herrschaftsdimension, geschweige denn allein dem vergleichsweise jungen Staat zuordnen läßt. Ökonomische Prozesse unterlaufen altes Recht und drängen zur Formalisierung neuer Rechtsformen. Die starren Strukturen sozialer Ungleichheit brechen gültige Rechtsnormen und erzwingen neue. Die spezifischen Leistungen der rechtlichen Regelfindung, der rechtlichen Hegung von Konflikten, des Respekts vor einer zivilisierenden Rechtskultur verweisen nicht nur auf rechthistorische Fragen im engeren Sinn, sondern auf einen unverzichtbaren allgemeinen Bestandteil jedenfalls der okzidentalen Kultur. In allen Dimensionen spielen unterschiedliche Formen und Elemente des Rechts eine Rolle.

In bezug auf die Revolutionsgeschichte der Jahre 1918/19 läßt sich feststellen, daß das Bemühen um historische Erkenntnis von der Suche nach Argumenten für den politischen Tageskampf überdeckt wird[8]. Dabei ermöglicht gerade die Quellenlage zur Entstehungsgeschichte der Landesverfassungen die Chance, diese Verknüpfung zu lösen und die Berechtigung politischer Aussagen gemäß dem bereits genannten Strukturierungsschema zu belegen oder zu überprüfen[9]. Außerdem kann die stärkere Konzentration

---

[6] Rückert; Juristische Zeitgeschichte, in: Stolleis (Hrsg.); Juristische Zeitgeschichte – Ein neues Fach?, S. 23 ff.

[7] Wehler; Gesellschaftsgeschichte und Rechtsgeschichte, in: Die Gegenwart als Geschichte, S. 61.

[8] Kolb; Vom Kaiserreich zur Weimarer Republik, Einleitung S. 12.

auf Detailfragen innerhalb des Revolutionsgeschehens demonstrieren, daß eine differenzierte historische Analyse zentraler Aspekte des Staates mit Hilfe einer staats- und wirtschaftsrechtlichen Interpretation von der Einbettung in einen weiten gesellschaftlichen Horizont abhängig ist und erst dieser fächerübergreifende Forschungsansatz zu einer weiterführenden Beurteilung der gesamten Revolution 1918/19 gelangt.

I. Differierende Interpretationen des Revolutionsgeschehens

1. Revolutionsinterpretationen während der Weimarer Republik

Das gesellschaftliche System des Kaiserreichs wurde vom Revolutionsgeschehen 1918/19 tief erschüttert, und seine Repräsentanten vermittelten zunächst ein Erscheinungsbild, das auf vollkommene Machtlosigkeit und Handlungsunfähigkeit hindeutete[10]. Diese „Paralysierung" der ehemals kaiserlichen Machteliten, die durch die unerwartete revolutionäre Dynamik und durch die Leichtigkeit, mit der sich in ganz Deutschland revolutionäre Erscheinungen durchsetzten[11], verursacht wurde, ließ anfänglich die Deutung der Revolution nur in einer Richtung zu. Charakteristisch kommt dies in der Aussage des linksliberalen Publizisten Theodor Wolff zum Ausdruck:

> Die größte aller Revolutionen hat wie ein plötzlich losbrechender Sturmwind das kaiserliche Regime mit allem, was oben und unten dazu gehörte, gestürzt. Man kann sie die größte aller Revolutionen nennen, weil niemals eine so fest gebaute, mit soliden Mauern umgebene Bastille so in einem Anlauf genommen worden ist.[12]

---

9 Diesen Forschungsansatz verfolgt auch Köhler in seiner letzten Veröffentlichung: Vgl. Ders.; Im Sinne der allgemeinen Gerechtigkeit. Die Verfassung des Volksstaates Hessen von 1919, in: Heidenreich/Böhme (Hrsg.); Hessen. Verfassung und Politik, Schriften zur politischen Landeskunde Hessens, Bd. 4, Stuttgart u. a. 1997, S. 223 ff. Der vorliegende Abschnitt versucht, einen vertieften und eigenständigen Beitrag zu den auch von Köhler aufgeworfenen Fragen zu leisten.

10 Die konservativen Kräfte nahmen nach dem Verlauf der ersten Revolutionstage „Urlaub" vom Zeitgeschehen. Dieser Ausdruck findet sich in einem Brief des Konservativen *Kuno Graf Westarps*; zitiert aus: Groh; Der Umsturz von 1918 im Erlebnis der Zeitgenossen, in: Schoeps (Hrsg.); Zeitgeist im Wandel, Bd. II: Zeitgeist der Weimarer Republik, S. 11. Vgl. hierzu auch Stolleis; Geschichte des öffentlichen Rechts, Bd. 3: Staats- und Verwaltungsrechtswissenschaft in Republik und Diktatur 1914–1945, S. 74 ff.

11 Groh; a. a. O., S. 11.Wichtig für den Aspekt der Überschätzung der revolutionären Dynamik war, daß insbesondere das Bürgertum die Differenzen innerhalb der revolutionären Bewegung zwischen MSPD, USPD und Spartakisten nur unvollständig wahrnehmen.

In eine ähnliche Richtung geht die Äußerung des Theologen und Historikers Ernst Troeltsch, der später ein ‚Vernunftrepublikaner' wurde[13]:

> Das einzig bis jetzt klare Ergebnis ist die Revolution. ... Im Augenblick kann die Klarheit, die wir gewinnen müssen, nur darin bestehen, daß wir uns klar werden über dasjenige, was unter allen Umständen und bei allen kommenden Zukunftsmöglichkeiten erledigt und zu Ende ist. Das ist der Militarismus, der Aufbau des Staates und der Gesellschaft auf der bisherigen preußischen Militärverfassung und dem ihr entsprechenden Geiste.[14]

Bei diesen situationsgebundenen, fast spontanen Äußerungen muß man berücksichtigen, daß sie unter dem Eindruck der kaum begreiflichen Ereignisse der Revolution gemacht wurden. Somit können sie auch als Versuch gewertet werden, das Revolutions-Erlebnis durch Übersteigerung erklärbar zu machen[15]. In dem Maße aber, in dem sich die Paralysierung der ehemaligen Machteliten löste und die Überschätzung der revolutionären Dynamik offensichtlich wurde, divergierten auch die Revolutionsdeutungen.

Besonders aufschlußreich kann dies bei Weimarer Historikern festgestellt werden. Anhand ihrer Stellungnahmen wird deutlich, daß der das Kaiserreich gesellschaftlich verbindende staatliche Wertkonsens zwar tief erschüttert war, aber nicht, wie Troeltsch dies sah, mit dem Ausbruch der Revolution ein Ende gefunden hatte. Vielmehr führten die das gesellschaftliche Klima des Kaiserreichs bestimmenden Wertvorstellungen ein zähes Nachleben[16]. Dies fand seinen Ausdruck in der Beurteilung des historischen Stellenwerts der Revolution ebenso wie auch in Ideenbewegungen, die sich während der Zeit der Weimarer Republik politisch als antidemokratisch auswirkten[17]. Entsprechend der Aussage von E. H. Carr,

> Es gibt keinen besseren Schlüssel zum Charakter einer Gesellschaft als die Art der Geschichte, die sie schreibt oder eben nicht schreibt.[18],

---

[12] Leitartikel von *Theodor Wolff* im Berliner Tageblatt vom 10. November 1918, in: Gräfin Wallwitz (Hrsg.); Panorama 1918, Ein Jahr im Spiegel der Presse, S. 120 f.

[13] Vgl. dazu die Ausführungen in: Faulenbach; Die Ideologie des deutschen Weges. Die Geschichte in der Historiographie zwischen Kaiserreich und Nationalsozialismus.

[14] Troeltsch; Spektator-Briefe. Aufsätze über die deutsche Revolution und die Weltpolitik 1918/22, S. 1 ff.

[15] Groh; Der Umsturz von 1918 im Erlebnis der Zeitgenossen, in: Schoeps (Hrsg.); Zeitgeist im Wandel, Bd. II: Zeitgeist der Weimarer Republik, S. 15.

[16] Mitscherlich; Die Unwirtlichkeit unserer Städte. Anstiftung zum Unfrieden, S.68: „Zusammenbrüche erzeugen selten einen Sinneswandel. Meist folgt ihnen eine Phase der Unansprechbarkeit, dann kehrt ein ungemindertes Bedürfnis zurück, das alte Selbstgefühl wieder aufzubauen. Und deshalb auch die Tendenz, im Wiederaufbau ein Wiedererstehen des Alten zu feiern."

[17] Sontheimer; Antidemokratisches Denken in der Weimarer Republik. Die politischen Ideen des deutschen Nationalismus zwischen 1918 und 1933, S. 32 ff.

ist die Stellungnahme der Weimarer Historiker zum Revolutionsgeschehen von besonderem Interesse. Als Angehörige des Bildungs- und Besitzbürgertums, das im Kaiserreich großes Ansehen und dementsprechenden Einfluß besessen hatte, übte ihre soziale Herkunft einen wesentlichen Einfluß auf ihre Stellung zur Revolutionsgeschichte aus.

Aus dem Ansehen und der kulturellen Bedeutung, die zudem ihrem Fachgebiet, der Geschichte als „... zentralem Bestandteil des Bildungswissens ..."[19] zukam, stellte sich im Selbstverständnis der Historiker außerdem die Aufgabe, zur historischen und politischen Standortbestimmung der Zeit beizutragen.

Diese Aufgabe wurde durch die schwerwiegende Umbruchsituation, die im Gefolge des Kriegs und der Revolution entstanden war[20], erheblich erschwert, zumal Neuorientierungsversuchen nur eine Berechtigung zugesprochen wurde, wenn sich der Nachweis ihrer historischen Verwurzelung in der deutschen Tradition[21] führen ließ. Mit dieser wesentlichen Einschränkung aber lief die Aufgabe der Geschichtswissenschaft in dieser Zeit auf die Rehabilitierung des Wertgefüges des kaiserlichen Deutschlands hinaus. Da die Idee der ‚Kontinuität' und die des ‚Primats der Außenpolitik' zu Zentralbegriffen der Auseinandersetzung mit den Auswirkungen des Ersten Weltkriegs wie auch der Revolution wurden, wurde das 19. Jahrhundert indirekt zum „Maßstabjahrhundert" stilisiert. Abweichende Ideen oder Entwicklungserscheinungen von denen, die das „Maßstabjahrhundert" bestimmt hatten, wurden als Teilprozesse eines großen Kulturverfalls begriffen. Neben dem Versuch der Demokratisierung der Gesellschaft durch die Revolution und der damit verbundenen Machtstellung der politischen Parteien im Staat wurden Erscheinungen wie Industrialisierung, Urbanisierung und die Entstehung der ‚sozialen Frage' zum Prozeß des Kulturverfalls gezählt. Im Resultat liefen all diese Erscheinungen auf eine Entindividualisierung und die als negativ empfundene Vermassung der Gesellschaft hinaus. Zum Ge-

---

[18] Carr; Was ist Geschichte?, S. 43.

[19] Vgl. Faulenbach; Die Ideologie des deutschen Weges. Die Geschichte in der Historiographie zwischen Kaiserreich und Nationalsozialismus, S. 4 f.

[20] Viénot; Ungewisses Deutschland, S. 65: „Während Deutschland von 1914 selbstsicher, problemlos, ohne moralische Beunruhigung, mit einem Wort, im festen Gefühl der Ordnung lebte, schien im Deutschland nach 1918 alles möglich geworden zu sein. Das stabile Wertgefüge einer festgefügten Gesellschaft ist ins Wanken geraten; die Krise wurde offenbar als schwer zu beseitigender Mangel an kultureller und sozialer Einheit betrachtet." Das Schlagwort von der Kulturkrise war übrigens nicht aus Gründen literarischer Mode im Munde all derer, die sich zur ‚geistigen Situation der Zeit' vernehmen ließen. Die Kulturkrise wurde weithin als ernsthafte Bedrohung des geistigen Daseins des Menschen wie der Nation empfunden.

[21] Faulenbach; Die Ideologie des deutschen Weges. Die Geschichte in der Historiographie zwischen Kaiserreich und Nationalsozialismus, S. 21.

neralisierungsbegriff des Kulturverfalls wurde der Begriff „Amerikanisierung“ gewählt[22]. Die Tatsache der Revolution schien den Historikern der deutlichste Beweis für die Richtigkeit ihrer Anschauungen.

Obwohl das politische Spektrum innerhalb der zeitgenössischen Historiker von den zur nationalen Opposition tendierenden Historikern bis zu den ‚Vernunftrepublikanern‘ reichte, waren ‚Kontinuität‘ und ‚Primat der Außenpolitik‘ Grundpfeiler im Denken aller Gruppierungen. Beiden Ideen kam dabei eine Doppelfunktion zu. Sie waren sowohl historischer Wertmaßstab als auch anzustrebendes politisches Ideal[23]. Das kommt in beschwörenden Appellen an die öffentliche Meinung zum Ausdruck, die dazu aufforderten „... die existentielle Bedeutung der national- und machtpolitischen Elemente im Staaten- und Völkerverhältnis gegenüber den Parteien-, Interessen- und Klassenauseinandersetzungen zu beachten“[24]. Der liberale Wilhelm Mommsen bezeichnete es sogar als die Pflicht der Historiker, „... jedem deutschen Hirn den Satz vom ‚Primat der Außenpolitik‘ einzuhämmern“[25].

Damit standen sie aber im Widerspruch zu der von Friedrich Ebert 1919 in seiner Ansprache zur Eröffnung der Verfassungsgebenden Nationalversammlung als wünschenswert erklärten programmatischen Neuorientierung deutscher Politik. Er führte aus:

> „... so müssen wir hier in Weimar die Wandlung vollziehen vom Imperialismus zum Idealismus, von der Weltmacht zur geistigen Größe. ... Jetzt muß der Geist von Weimar, der Geist der großen Philosophen und Dichter, wieder unser Leben erfüllen.“[26]

Die Weimarer Historiker stützten diese kulturelle Neubesinnung Deutschlands nicht. Konkret unterschieden sich allerdings die Haltungen der verschiedenen Gruppierungen der Historiker in der Frage nach der Legitimität der Revolution und damit der Weimarer Republik. Die zur nationalen Op-

---

[22] Laqueur; Weimar. Die Kultur der Republik, S. 53 f. Die wachsende Bedeutung der Technik, zunehmende Popularität des Sports und andere Seiten der Massenkultur waren deutliche Zeichen für die veränderte Gemütslage der Menschen gegenüber der Vorkriegszeit. ‚Tempo‘ und ‚Rastlosigkeit‘ waren die Signaturen der Zeit. Laquer zitiert E. Kästner mit den Worten: „Die Zeit fährt Auto, und kein Mensch kann lenken“, um die fieberhafte, aber doch ziellose Atmosphäre dieser Zeit zu verdeutlichen.

[23] Faulenbach; Die Ideologie des deutschen Weges. Die Geschichte in der Historiographie zwischen Kaiserreich und Nationalsozialismus, S. 117.

[24] Faulenbach; Die Ideologie des deutschen Weges. Die deutsche Geschichte in der Historiographie zwischen Kaiserreich und Nationalsozialismus, S. 25.

[25] Faulenbach; Die Ideologie des deutschen Weges. Die deutsche Geschichte in der Historiographie zwischen Kaiserreich und Nationalsozialismus, S. 25.

[26] Ritter/Miller; Die Deutsche Revolution 1918–1919, S. 210. Ansprache Eberts zur Eröffnung der Verfassungsgebenden Nationalversammlung am 06. Februar 1919.

position tendierende Gruppe der Historiker betrachtete die Illegitimität der Revolution und des Weimarer Staates als erwiesen, weil durch sie die Kontinuitätslinien der deutschen Geschichtstradition zerschnitten worden seien. Für die ‚Vernunftrepublikaner' konstituierte dagegen das Vermögen, die revolutionäre Situation zu beenden, die historische Legitimität der Weimarer Nationalversammlung[27]. Die Leistung der Republikaner bestand aber ihrer Meinung nach nicht in der Verwirklichung neuer staatlicher Ordnungsprinzipien, sondern in der Abwehr größerer, nämlich bolschewistischer Gefahrenmomente[28].

Diese Argumentation stand der prinzipiellen Bejahung der Republik entgegen[29]. Die Mehrheit der Historiker maß die gewandelten Verhältnisse an kaiserlichen Vorstellungen von staatlicher Macht, von imperialistischer Politik und einer dementsprechenden Sozialordnung. Sie gaben ihre subjektiven Folgerungen als wissenschaftliche Erkenntnisse aus[30]. Gleiches galt auch für ihre publizistischen Beiträge zu Zeitfragen[31]. Für die Mehrheit der Historiker waren diese eminent politischen Stellungnahmen mit ihrem unpolitischen Selbstverständnis durchaus vereinbar, weil es sich ihres Erachtens um die Ergebnisse ihres eigenen historischen Forschens und Denkens handelte[32].

---

[27] Faulenbach; Die Ideologie des deutschen Weges. Die deutsche Geschichte in der Historiographie zwischen Kaiserreich und Nationalsozialismus, S. 248.

[28] Meinecke; Autobiographische Schriften, hrsg. u. eingel. von Kessel, Erlebtes 1862–1919, S. 339 f.: „Ferner müssen die sozialdemokratischen Minister im Innern die Massen bei der Stange halten und dem Radikalismus und Bolschewismus wehren." Damit war teilweise die spätere Revolutionsinterpretation durch Erdmann, der in der Abwehr des Bolschewismus die große historische Leistung der die Revolution führenden Mehrheitssozialdemokraten postulierte, vorweggenommen.

[29] Faulenbach; Die Ideologie des deutschen Weges. Die deutsche Geschichte in der Historiographie zwischen Kaiserreich und Nationalsozialismus, S. 249. Faulenbach nennt das Bemühen, mit der Hilfe des Kontinuitätsnachweises auch die Republik zu stützen, charakteristisch für die ‚Vernunftrepublikaner'. Die Bejahung der Republik kam dabei allerdings eher ein pragmatischer Stellenwert zu, da die republikanische Ordnung zunächst in der Umbruchstimmung das Interesse der Nation am besten vertreten konnte. Iggers; Deutsche Geschichtswissenschaft. Eine Kritik der traditionellen Geschichtsauffassung von Herder bis zur Gegenwart, S. 281. Iggers weist darauf hin, daß zum Beispiel Meinecke zum aufrichtigen Verteidiger der Weimarer Republik wurde, obschon seiner politischen Haltung nunmehr die ideologische Begründung in seinen wissenschaftlichen Werken fehlte, die seiner vormaligen Bestätigung des Bismarckreiches zugrunde lag.

[30] Weisz; Die Revolution von 1918 im historischen Denken Münchener Historiker der Weimarer Zeit, in: Bosl (Hrsg.); Bayern im Umbruch. Die Revolution von 1918, ihre Voraussetzungen, ihr Verlauf und ihre Folgen, S. 537–578.

[31] Weisz;, a.a.O., S. 546. Beiträge wurden nicht nur mit Namen, sondern auch mit akademischen Titel gezeichnet. Dies war als direkter Verweis auf ihre Fachqualifikation als Historiker zu verstehen und damit als Anspruch auf die ‚richtige' Einschätzung politischer Vorgänge.

Wichtiger Aufgaben, die sich die Historiographie im veränderten gesellschaftlichen Klima der Weimarer Republik stellte, wie z.B. die Erforschung der Kriegsschuldfrage und die Forschung nach den Ursachen des militärischen Zusammenbruchs, nahm sich nur eine Minorität der Historiker an[33]. Die Mehrheit dagegen lehnte die Behandlung dieser Fragenkomplexe als mit ihrem unpolitischen Selbstverständnis unvereinbare Aufforderung zum Eingreifen in politische Auseinandersetzungen ab[34]. Damit leisteten sie aber einer verhängnisvollen politischen Entwicklung Vorschub, nämlich der Verbreitung der ‚Dolchstoßlegende'[35] und ihrer Funktionalisierung im politischen Tageskampf. Die ‚Dolchstoßlegende' konnte während der Zeit der Weimarer Republik zu einem bedeutenden Deutungsmuster der Revolution 1918/19 avancieren. Das war um so einfacher möglich, als in Deutschland nach 1918 ein stabiles Wertgefüge der Gesellschaft verlorengegangen und der Mangel an kultureller und sozialer Einheit offensichtlich war[36]. Der Befund einer gesamtgesellschaftlichen Zerrissenheit[37] wird komplettiert durch die ‚Revolutionsdemagogie', die zu politischen Verwirrungen beitrug[38]. Zudem rückten die Mehrheitssozialisten von ihrem Bekenntnis zur Revolution

---

32 Abendroth; Das Unpolitische als Wesensmerkmal der deutschen Universität, in: Nationalsozialismus und die deutsche Universität, S. 189 (190 ff.).

33 Fischer-Baling; Der Untersuchungsausschuß für die Schuldfragen des Ersten Weltkrieges, in: Festschrift für Ludwig Bergsträsser. Aus Geschichte und Politik, hrsg. im Auftrag der Kommission für die Geschichte des Parlamentarismus und der politischen Parteien von Herrmann, S. 117–137. Fischer-Baling hebt besonders Bergsträsser hervor, der wesentlichen Anteil an der Erarbeitung eines Ergebnisses im 4. Unterausschuß (Thema: Über die unmittelbaren Ursachen des militärischen Zusammenbruchs Deutschlands am Ende des Ersten Weltkriegs) hatte.

34 Vgl. Kolb; Die Weimarer Republik, S. 144: „So unterließen es die etablierten Historiker sogar – und dies ist sicherlich eines der schwerwiegenden Versäumnisse der Weimarer Historiographie –, die ‚Dolchstoßlegende' wissenschaftlich zu widerlegen, obwohl das bereits damals zur stehende Quellenmaterial dies erlaubt hätte."

35 Fries-Thiessenhussen; Politische Kommentare deutscher Historiker 1918/19 zu Niederlage und Staatsumsturz, in: Kolb (Hrsg.); Vom Kaiserreich zur Weimarer Republik, S. 349 ff.

36 Sontheimer; Antidemokratisches Denken in der Weimarer Republik. Die politischen Ideen des deutschen Nationalismus zwischen 1918 und 1933, S. 59 f.

37 Conze; Die Weimarer Republik 1918–1933, in: Rassow (Hrsg.); Deutsche Geschichte im Überblick, S. 638. Conze erwähnt als prägnantes Beispiel für die gesellschaftliche Zerrissenheit der Weimarer Republik den Flaggenstreit. Die neuen schwarz-rot-goldenen Farben des Deutschen Reiches hatten an ‚Leuchtkraft' eingebüßt. Eine wachsende Masse des deutschen Bürgertums bewahrten dagegen die schwarz-weiß-rote Fahne als Symbol der glanzvollen Zeiten des Kaiserreichs. Vgl. dazu auch Kolb; a.a.O., S. 82; Kotowski; Die deutsche Novemberrevolution. Warum der 09. November 1918 nicht zum Staatsfeiertag erklärt wurde, in: Aus Politik und Zeitgeschichte, Beilage zur Zeitschrift „Das Parlament", 49/1960. Die Ursache der inneren Schwäche der Republik sieht er in der Unvereinbarkeit der politischen und sozialen Grundvorstellungen, die bei den mächtigsten und wichtigsten Gruppen und Parteien in Deutschland vorherrschten.

ab, als deren Träger sie zunächst aufgetreten waren. In dem Sammelband „Zehn Jahre deutsche Geschichte 1918–1928", der von der Reichsregierung unter Hermann Müller als offizielle Selbstdarstellung herausgegeben wurde, tauchte nicht einmal mehr der Begriff der ‚Revolution' auf. Es war von „... Deutschlands tiefster Not ..." und den „... Tagen des völligen Zusammenbruchs ..."[39] die Rede.

Unter dem Druck der inneren Verhältnisse in Weimar hatte sich die Perspektive der Auseinandersetzung mit der Revolution 1918/19 verzerrt. Die Weimarer Historiker trugen zu dieser Entwicklung wesentlich bei, so daß die These von Faulenbach berechtigt erscheint,

> „... daß die Problematik der wissenschaftlichen Historie in der Weimarer Zeit vorrangig in ihrer engen sozialen und politischen Standortgebundenheit zu sehen ist, ..."
>
> So konnte es geschehen, daß die Geschichtswissenschaft 1918–1933 an einem tendenziell gegenüber der sozialen Realität ‚verspäteten' Bewußtsein partizipierte und nicht nur an der Aufgabe der kritischen Aufarbeitung der jüngeren deutschen Geschichte im wesentlichen scheiterte, sondern zum Teil sogar als Produzent oder doch als Vehikel von Ideologien fungierte.[40]

2. Interpretationen während des Nationalsozialismus

Die Revolutionsdeutungen während der Zeit des nationalsozialistischen Regimes resultierten weitgehend aus Argumentationen, die schon während der Weimarer Republik verwendet worden waren. Zu nennen sind die ‚Dolchstoßlegende' sowie die Propagierung der späteren „konservativen" und „nationalen" Revolution[41].

Diese im Resultat antidemokratischen Ideenbewegungen wurden durch die Tatsache begünstigt, daß die Gesellschaft der Weimarer Republik hin-

---

[38] Geiss; Zur Vorgeschichte des Dritten Reichs, in: ders.; Studien über Geschichte und Geschichtswissenschaft, S. 80 f.

[39] Rürup; Probleme der Revolution in Deutschland 1918/19, S. 4 f.

[40] Vgl. Faulenbach; Die Ideologie des deutschen Weges. Die Geschichte in der Historiographie zwischen Kaiserreich und Nationalsozialismus, S. 315.

[41] Sontheimer; Antidemokratisches Denken in der Weimarer Republik. Die politischen Ideen des deutschen Nationalismus zwischen 1918 und 1933, besonders die Kapitel über die „konservative" und „nationale" Revolution. Rürup; Probleme der Revolution in Deutschland 1918/19, S. 5 f. In bezug auf die ‚Dolchstoßlegende' bemerkt Rürup: „Ihre unbestreitbare Breiten- und Tiefenwirkung erreichte diese Deutung nicht zuletzt deshalb, weil sie weniger genuin nationalsozialistisch war, als man zunächst annehmen möchte; sie bündelte und verschärfte lediglich die Thesen eines antidemokratischen Geschichtsbildes, das im nationalgesinnten Bürgertum schon vor 1933 weit verbreitet war und auch nach 1945 erst allmählich abgebaut werden konnte."

sichtlich ihres Wertgefüges zersplittert, ja zerrissen war, so daß es der konterrevolutionären Rechtsbewegung mühelos gelang, „... sich mit ihrer ‚deutschen Revolution' von 1933 den Mantel revolutionären Pathos überzustreifen"[42].

Die Beurteilungskriterien ‚Kontinuität' und ‚Primat der Außenpolitik' wurden zur Legitimation der Machtübernahme durch den Nationalsozialismus herangezogen. Dies wird besonders drastisch aus den Worten Hermann Onckens deutlich: Er meinte 1934, daß die aus dem internationalen Kommunikationszusammenhang erwachsene Revolution von 1918 auf die Realisierung innerer Freiheit gezielt habe, während die Revolution von 1933

> ... aus einer tiefen Bewegung im inneren aufgestiegen, auf die starke Betonung des nationalen Daseins, vor allem auf Freiheit nach Außen gerichtet ...

sei und in der Betonung des ‚Primats der äußeren Politik' die Kontinuität der preußisch-deutschen Staatstradition wiederherstelle[43].

Das bedeutet die vollständige Negierung des aus der Revolution von 1918/19 hervorgegangenen Wertesystems. Alle politischen Parteien hatten einer solchen Entwicklung insofern vorgearbeitet, als sie während der Weimarer Republik permanente Ressentiments gegenüber den Versailler Friedensbestimmungen pflegten. Die nationale Existenz Deutschlands schien dadurch wesentlich eingeengt zu sein. Dieser kleinste gemeinsame Nenner aller politischen Parteien in Weimar schlug nach 1933 in einen extremen und gewalttätigen Chauvinismus um[44]. Die hemmungslose Diffamierung[45] führender Sozialdemokraten, die in Verbindung mit der Revolution 1918/19 gestanden hatten, wurde nach 1933 zur offiziellen Staatsdoktrin. Gleichzeitig setzte die sozialdemokratische Selbstkritik über ihre historische Leistung im November 1918 ein. Karl Kautsky äußerte sich in einem Brief vom 23. September 1933:

> Unsere Politik in Deutschland war seit 1923 sicher im großen und ganzen durch die Situation erzwungen und konnte nicht viel anders sein. In diesem Zeitpunkt hätte auch eine andere Politik kaum ein anderes Resultat gehabt. Aber in der Zeit

---

[42] Geiss; Zur Vorgeschichte des Dritten Reichs, in: ders.; Studien über Geschichte und Geschichtswissenschaft, S. 80; Schleier; Zur Diskussion des Revolutionsbegriffes in der deutschen bürgerlichen Geschichtsschreibung während der Weimarer Republik, in: Zeitschrift für Geschichtswissenschaft 13/1965, S. 152 (171). Der Begriff der Revolution gehörte innerhalb der Publizistik der NSDAP zu den strapaziertesten Schlagworten. Der inflationären Verwendung dieses Begriffes entsprach eine zunehmende inhaltliche Unschärfe.

[43] Zitiert nach Faulenbach; Die Ideologie des deutschen Weges. Die Geschichte in der Historiographie zwischen Kaiserreich und Nationalsozialismus, S. 255.

[44] Geiss; Zur Vorgeschichte des Dritten Reichs, in: ders.; Studien über Geschichte und Geschichtswissenschaft, S. 82.

[45] Rürup; Probleme der Revolution in Deutschland 1918/19, S. 5.

vor 1914 und erst recht von 1918 bis zum Kapp-Putsch war die Politik plastisch, und in dieser Zeit sind die schlimmsten Fehler gemacht worden.[46]

Genauer analysierend äußerte sich der Exilvorstand der SPD im Prager Manifest vom 28. Januar 1934 mit dem Titel „Kampf und Ziel des revolutionären Sozialismus“:

> ... Der politische Umschwung von 1918 vollzog sich am Abschluß einer konterrevolutionären Entwicklung, die durch den Krieg und die nationalistische Aufpeitschung von Volksmassen bedingt war. Nicht durch den organisierten, vorbereiteten, gewollten revolutionären Kampf der Arbeiterklasse, sondern durch die Niederlage auf den Schlachtfeldern wurde das kaiserliche Regime beseitigt. Die Sozialdemokratie als einzig intakt gebliebene organisierte Macht übernahm ohne Widerstand die Staatsführung, die sie sich von vornherein mit den bürgerlichen Parteien, mit der alten Bürokratie, mit dem reorganisierten militärischen Apparat teilte. Daß sie den alten Staatsapparat fast unverändert übernahm, war der schwerste historische Fehler, den die während des Krieges desorganisierte deutsche Arbeiterbewegung beging.[47]

Die Diffamierung der Revolutionsgeschichte 1918/19 im Nationalsozialismus trug offensichtliche ideologische Züge. Mit dem projezierten Bild einer harmonisch zusammenlebenden Volksgemeinschaft war die Darstellung eines historischen Geschehens unvereinbar, in dem Klassenkampfgedanken unübersehbar waren. Die rückblickend selbstkritische Haltung des Exilvorstands der SPD bildete zu dieser um gesellschaftliche Harmonie bemühten Darstellung der Nationalsozialisten den Gegenpol, da sie eindeutig Klassenantagonismen im gesellschaftlichen Leben thematisierte. Wesentlich bei dieser Selbstkritik war, daß man sich indirekt den Vorwurf machte, 1918/19 Opfer einer Vorstellung von gesellschaftlicher Harmonie geworden zu sein.

3. Interpretationen seit dem Ende des Zweiten Weltkriegs

Die sozialen und politischen Bedingungen der Anfangsjahre der Bundesrepublik bildeten den Hintergrund, vor dem sich eine Veränderung der Beurteilung der Revolution von 1918/19 vollzog. Das Bedürfnis, die durch den Nationalsozialismus vernichteten demokratischen Elemente ins politische Leben wieder aufzunehmen und zu betonen, führte zu einer positiven Interpretation der Politik führender Sozialdemokraten während der Anfangsphase der Weimarer Republik[48]. Damit verbunden war auch der Versuch, stellvertretend für die Nation die Sozialdemokratie zu rehabilitieren[49].

---

[46] Zitiert nach Kolb; Die Arbeiterräte in der deutschen Innenpolitik 1918–1920, S. 7.

[47] Matthias/Link; Mit dem Gesicht nach Deutschland. Eine Dokumentation über die sozialdemokratische Emigration aus dem Nachlaß F. Stampfers und anderen Zeugen, S. 215 f.

Der sich seit dem Kriegsende stärker abzeichnende Ost-West-Konflikt ließ zudem eine nationale Positionsbestimmung in diesem Spannungsfeld als notwendig erscheinen. Dies fand seinen entsprechenden Ausdruck in der Darstellung der antibolschewistischen Akzentuierung der SPD-Politik während der Revolution[50]. Eine starre Dogmatisierung des parlamentarisch-demokratischen Systems in der Anfangsphase der Bundesrepublik verhinderte die Darstellung jeglicher Parlamentarismus-Kritik – sowohl in der damaligen Gegenwart wie auch in die Vergangenheit zurückprojeziert[51]. So vertrat Karl-Dietrich Erdmann im Jahr 1955 die Meinung, daß sich der Entscheidungsspielraum der mehrheitssozialistischen Führer eingeengt habe „... auf die Wahl zwischen einem konkreten Entweder-Oder: die soziale Revolution im Bund mit den auf eine proletarische Diktatur drängenden Kräften oder die parlamentarische Republik im Bunde mit konservativen Elementen wie dem alten Offizierskorps“[52].

---

[48] Geiss; Die Fischer-Kontroverse. Ein kritischer Beitrag zum Verhältnis zwischen Historiographie und Politik in der Bundesrepublik, in: ders. (Hrsg.); Studien über Geschichte und Geschichtswissenschaft, S. 122. In der Auseinandersetzung mit dem Nationalsozialismus nach dem Zweiten Weltkrieg erschien Geiss das Dritte Reich als ‚lästiges Krebsgeschwür‘, das aus der deutschen Geschichte herausoperiert werden muß. In Distanzierung von dieser Zeit entstand in der Geschichtswissenschaft der 50er Jahre die Konstruktion einer neuen Art von Kontinuität. Preußen-Deutschland erschien darin als Staatsgebilde, das sich bereits seit Ende des 19. Jahrhunderts auf dem Weg zum Parlamentarismus und zu demokratischen Verhältnissen befunden habe.

[49] Grebing; Konservative Republik oder soziale Demokratie?, in: Kolb (Hrsg.); Vom Kaiserreich zur Weimarer Republik, S. 386. Er vertritt die Meinung, daß der Rehabilitierung der Sozialdemokratie und der Würdigung sozialdemokratischer Politik in der Anfangsphase der Weimarer Republik angesichts der hemmungslosen Diffamierung der SPD durch die Nationalsozialisten große Bedeutung zukam.

[50] Lehnert; Sozialdemokratie und Novemberrevolution. Die Neuordnungsdebatte 1918/19 in der politischen Publizistik von SPD und USPD, S. 12. Lehnert spricht von „ideologischer Blickverengung“ im Zeichen des Kalten Krieges, die sowohl der Revolutionsforschung der BRD als auch die der DDR geprägt hat. Die BRD-Historiographie überzeichnete den Einfluß der Spartakusgruppe maßlos. Insgesamt ergab sich ein komplementäres gesamtdeutsches Revolutionsbild.

[51] Rürup; Rätebewegung und Revolution in Deutschland 1918/19, in: Neue Politische Literatur 12/1967, S. 306.

[52] Erdmann; Die Weimarer Republik als Problem der Wissenschaft, in: Vierteljahreshefte für Zeitgeschichte, Nr. 3/1955; S. 7. Der Begriff ‚Bolschewismus‘ fällt zwar bei Erdmann nicht, dagegen werden die Räte aber wie selbstverständlich mit Sowjetsystem gleichgesetzt. Dazu auch: Kotowski; Die deutsche Novemberrevolution. Warum der 09. November 1918 nicht zum Staatsfeiertag erklärt wurde, in: Aus Politik und Zeitgeschichte, Beilage zur Zeitschrift „Das Parlament“, 49/1960; Köhler; Im Sinne der allgemeinen Gerechtigkeit. Die Verfassung des Volksstaates Hessen von 1919, in: Heidenreich/Böhme (Hrsg.); Hessen. Verfassung und Politik, Schriften zur politischen Landeskunde Hessens, Bd. 4, Stuttgart u.a. 1997, S. 223 (223).

Erdmanns These ging aus einer knappen Auseinandersetzung mit Rosenbergs Werk[53] über die Entstehung und Geschichte der Weimarer Republik hervor[54]. Dabei setzte er sich kurz mit Rosenbergs Auffassung auseinander, daß der Weimarer Staat zugrunde gehen mußte, weil die soziale Revolution unterblieb[55], und vor allem auch, weil keine allgemeine Volksbewaffnung als Gegengewicht zu den Freikorpsverbänden durchgeführt worden war[56]. Während aber Erdmann die subjektive Haltung Rosenbergs ausdrücklich hervorhebt und damit indirekt einen Ideologieverdacht äußert, nimmt er für sich eine Interpretation in Anspruch, die den Revolutionsverlauf „... von einer echten geschichtlichen Entscheidungssituation aus beurteilt, die als solche primär gekennzeichnet ist nicht durch die menschlichen Qualitäten oder das Versagen der in ihr Handelnden, in der es auch nicht um das Erreichen oder Verfehlen eines idealen Zieles geht“[57]. Seine Interpretation postuliert, daß gerade der Fehlschlag der sozialen Revolution die Vorbedingung für das „historische Phänomen“ der Weimarer Republik geschaffen habe[58]. Da aber die „... Bedingung ihres Entstehens die Niederwerfung der sozialen Revolution durch eine Zusammenwirkung sozialistisch-demokratischer und konservativ-militärischer Kräfte ...“[59] war, erscheint nicht die Revolution, „... sondern die der Revolution abgerungene Kontinuität [als] die Basis der Weimarer Republik“[60]. Die These von den „Novemberverbrechern“ erhielt dadurch nur eine einschränkende Nuancierung, ohne daß ihre Gültigkeit grundsätzlich in Zweifel gezogen wurde. Im eingeschränkten Sinn traf die Bezeichnung nun auf den Linksradikalismus (USPD, Spartakusbund und Rätebewegung) zu[61].

Die Beschwörung der bolschewistischen Gefahr und die gleichzeitige Bagatellisierung restaurativer Gefahrenmomente können in bezug auf die Revolution 1918/19 als repäsentativ für die westdeutsche Geschichtswissenschaft in den 50er Jahren gelten. Obwohl die apodiktischen Äußerungen Erdmanns nicht auf Quellenforschungen beruhten[62], markierten sie einen

---

53 Rosenberg; Entstehung der Weimarer Republik; ders.; Geschichte der Weimarer Republik.

54 Erdmann; a.a.O., S. 6.

55 Erdmann; a.a.O., S. 6 f.

56 Erdmann; a.a.O., S. 7.

57 Erdmann; a.a.O., S. 7.

58 Erdmann; a.a.O., S. 7.

59 Erdmann; a.a.O., S. 14.

60 Rürup; Probleme der Revolution in Deutschland 1918/19, S. 5.

61 Kluge; Die deutsche Revolution 1918/19. Staat, Politik und Gesellschaft zwische Weltkrieg und Kapp-Putsch, S. 15.

62 Geiss; Die Fischer-Kontroverse. Ein kritischer Beitrag zum Verhältnis zwischen Historiographie und Politik in der Bundesrepublik, in: ders. (Hrsg.); Studien über Geschichte und Geschichtswissenschaft, S. 120. Die von den Alliierten be-

Wendepunkt in der wissenschaftlichen Beschäftigung mit der Anfangsphase der Weimarer Republik. Besonders seine Darstellung, die er 1959 in der achten Auflage des Gebhardtschen „Handbuch der deutschen Geschichte“[63] veröffentlichte und unter die verzerrende Antithese „Rätestaat oder parlamentarische Republik“ stellte, führte dazu, daß Erdmanns Sichtweise sich als dominierende und nahezu allgemein akzeptierte Revolutions-Interpretation durchsetzte. Erdmann hatte eine zeitlich begrenzte „Offenheit der Situation“ konstatiert[64] und damit die Frage provoziert,

> „... ob sich die Eingrenzung des Handlungsspielraums tatsächlich reduzieren lasse auf eine so einfache und unausweichliche Alternative: Bolschewismus oder Bündnis der SPD mit Offizierskorps und alter Bürokratie.“[65]

Diese Frage wurde seit dem Ende der 50er Jahre im Zusammenhang mit einer partiellen Umorientierung im nationalen Bewußtsein in den Vordergrund gestellt. Dabei spielte das Bemühen eine wesentliche Rolle, die autoritären Züge des Kaiserreichs und die antidemokratische Mentalität der Führungsschichten während der Weimarer Republik offenzulegen. Sie kumulierte in einem zentralen Punkt: dem Abwehrkampf gegen den Bolschewismus; eine Interpretation, die sich als Produkt des „Kalten Krieges“ in die damalige politische Landschaft nahtlos einfügte. An dieser Sichtweise hielt Erdmann grundsätzlich auch fest, nachdem er in den 60er und 70er Jahren massiv ins Schußfeld der Kritik geraten war. Wer die demokratische Republik wollte, so entgegnete er seinen Gegnern pointiert, mußte das Bündnis nach rechts wollen und um der Stabilität der Verhältnisse willen auf gesellschaftliche Strukturveränderungen in der revolutionären Übergangszeit verzichten[66].

Die sich gegenüberstehenden Forschungsansätze fanden Ausdruck einerseits in der seit Beginn der 60er Jahre vehement geführten Fischer-Kontroverse um die deutsche Kriegszielpolitik im Ersten Weltkrieg[67] und andererseits in Anregungen, die von Brachers strukturgeschichtlicher Analyse der

---

schlagnahmten deutschen Akten kehrten erst ab 1956/57 nach Bonn, Potsdam und Merseburg zurück. Dazu auch Henke; Das Schicksal deutscher zeitgeschichtlicher Quellen in Kriegs- und Nachkriegszeiten, in: Vierteljahresschrift für Zeitgeschichte, 30/1982, S. 557–620.

[63] Vgl. Erdmann; Die Zeit der Weltkriege; in: Gebhardt (Hrsg.); Handbuch der deutschen Geschichte, Bd. 4, S. 85.

[64] Erdmann; Die Weimarer Republik als Problem der Wissenschaft, in: Vierteljahreshefte für Zeitgeschichte, Nr. 3/1955; S. 3.

[65] Kolb; Vom Kaiserreich zur Weimarer Republik, S. 24.

[66] Vgl. Erdmann; Rätestaat oder parlamentarische Demokratie. Neuere Forschungen zur Novemberrevolution 1918 in Deutschland, S. 4 ff.

[67] Geiss; Die Fischer-Kontroverse. Ein kritischer Beitrag zum Verhältnis zwischen Historiographie und Politik in der Bundesrepublik, in: ders. (Hrsg.); Studien über Geschichte und Geschichtswissenschaft, S. 108–198.

Weimarer Republik ausgingen[68]. Sie legte eine grundlegende Ausleuchtung der Kräfteverhältnisse während des Revolutionsverlaufs sowie eine Erforschung von Strukturschwächen des Weimarer Systems nahe, die auf die Anfangsphase der Republik zurückgingen.

In dieselbe Richtung wies die eingehende Rezeption der Exilliteratur, insbesondere die der bereits 1934 in Karlsbad erschienenen Schrift Rosenbergs[69]. Die fast zum Dogma gewordenen Auffassungen über die Bedingungen des Revolutionsverlaufs, die in einem engen Zusammenhang zu ideologischen Grundpositionen während der Anfangsjahre der Bundesrepublik Deutschland gestanden hatten, wurden nun einer eingehenden Überprüfung unterzogen. Dabei standen im Mittelpunkt des Forschungsinteresses Fragen nach dem politischen Charakter der Räteorganisationen und dem Handlungs- und Entscheidungsspielraum der Revolutionsregierung. Beide Gesichtspunkte sollten dazu beitragen, Möglichkeiten sichtbar werden zu lassen, die zu einer „... stärkeren Verankerung der Demokratie in Deutschland auf der Grundlage revolutionärer Veränderungen ...“[70] geführt hätten.

Das Gemeinsame aller ‚neuerer Forschung‘[71], „... die sich nicht mit der Zwangsläufigkeit der innenpolitischen Entwicklung von 1918/19 abfindet, sondern kritisch nach den Fehlern und Versäumnissen der Verantwortlichen fragt ...“, bestand in der Wiederentdeckung der Revolution[72]. Insgesamt wurden folgende Punkte der traditionellen Vorstellung durch die ‚neueren Forschungen‘ entschieden korrigiert. Durch die quellennahe Untersuchung der Rätebewegung stellte u.a. Kolb die direkte Verknüpfung von Bolschewismus und Rätebewegung in Frage. Vielmehr offenbarte sich, daß die Räte aufgrund ihrer Zusammensetzung zunächst ein entschieden demokratisches Potential bildeten[73]. Dies wurde u.a. auch aus der Tatsache ersichtlich, daß sich die Räte der Revolution 1918/19 in der Anfangsphase sowohl

---

[68] Bracher; Die Auflösung der Weimarer Republik. Eine Studie zum Problem des Machtverfalls in der Demokratie.

[69] Rosenberg; Entstehung der Weimarer Republik; ders.; Geschichte der Weimarer Republik.

[70] Rürup; Probleme der Revolution in Deutschland 1918/19, S. 9.

[71] Besonders zu erwähnen sind folgende Arbeiten: Tormin; Zwischen Rätediktatur und sozialer Demokratie; Matthias; Die Regierung der Volksbeauftragten 1918/19; Kolb; Die Arbeiterräte in der deutschen Innenpolitik 1918–1919; v. Oertzen; Betriebsräte in der Novemberrevolution; Sauer; Das Bündnis Ebert-Groener; Schieck; Der Kampf um die deutsche Wirtschaftspolitik nach dem Novemberumsturz 1918; Elben; Das Problem der Kontinuität in der deutschen Revolution. Die Politik der Staatssekretäre und der militärischen Führung vom November 1918 bis Februar 1919. Studien zur Militärpolitik in Deutschland 1918/19. U.a. leiteten diese Arbeiten die „revisionistische“ Neuinterpretation des Revolutionsgeschehens ein.

[72] Rürup; Probleme der Revolution in Deutschland 1918/19, S. 4.

[73] Kolb; Vom Kaiserreich zur Weimarer Republik, Einleitung, S. 24.

während der Versammlung der Berliner Arbeiter- und Soldatenräte am 10. November 1918 wie auch auf dem Reichsrätekongreß am 16. Dezember 1918 sehr rasch durch die Parteien mediatisieren ließen[74] und sich in ihrer überwältigenden Mehrheit grundsätzlich für ein parlamentarisches System aussprachen. Revolution und Demokratie bildeten nicht unvereinbare Gegensätze[75], und die hochstilisierte Auseinandersetzung ‚Nationalversammlung oder Rätesystem' bezeichnet Kolb als Scheinalternative[76]. Zudem hat Rürup darauf verwiesen, daß es sich bei den Räten der ersten Revolutionswochen nicht um Ergebnisse rätetheoretischer Vorentscheidungen gehandelt habe, sondern daß sie als „... spontane Zusammenschlüsse in Bewegung geratener Volksmassen ..." zu werten seien[77]. Oertzen[78] hatte in der Existenz der Rätebewegung den Ausdruck eines sozialen Konfliktpotentials gesehen. Der Wunsch, die Symbole der alten Ordnung im militärischen wie auch wirtschaftlichen und politischen Bereich zu zerstören, diente dazu, die Ernsthaftigkeit des Bestrebens nach gesamtgesellschaftlicher Neuorientierung zu unterstreichen[79]. Jesse und Köhler indes stellen das demokratische Potential der Räte deswegen in Frage[80], weil sich ihre Arbeit zugunsten des

---

[74] Kolb; Die Arbeiterräte in der deutschen Innenpolitik 1918–1920, S. 114 ff., S. 118 ff.

[75] Kluge; Die deutsche Revolution 1918/19. Staat, Politik und Gesellschaft zwischen Weltkrieg und Kapp-Putsch, S. 16; Kolb; 1918/19: Die steckengebliebene Revolution, in: Stern, Winkler (Hrsg.): Wendepunkte deutscher Geschichte 1848–1945, S. 102.

[76] Kolb; a.a.O., S. 102.

[77] Rürup; Demokratische Revolution und „dritter Weg". Die deutsche Revolution von 1918/19 in der neueren wissenschaftlichen Diskussion, in: Geschichte und Gesellschaft 9/1983, S. 278 (291).

[78] v. Oertzen; Betriebsräte in der Novemberrevolution, S. 330.

[79] Rürup; Demokratische Revolution und „dritter Weg". Die deutsche Revolution von 1918/19 in der neueren wissenschaftlichen Diskussion, in: Geschichte und Gesellschaft 9/1983, S. 278 (296). Rürup verweist darauf, daß die Forderungen nach Demokratisierung von Militär, Bürokratie, Sozialisierung des Kohlebergbaus und die Enteignung der Rittergutsbesitzungen populär waren. Seiner Einschätzung nach gab es keinen Grund, diese Eingriffe bis zur Wahl der verfassungsgebenden Nationalversammlung aufzuschieben. Eine ähnliche Meinung vertritt Winkler; Die Sozialdemokratie und die Revolution von 1918/19. Ein Rückblick nach 60 Jahren, S. 52.

[80] Jesse/Köhler; Die deutsche Revolution 1918/19 im Wandel der historischen Forschung. Forschungsüberblick und Kritik an der „herrschenden Lehre", in: Aus Politik und Zeitgeschichte, Beilage zur Zeitschrift „Das Parlament", 45/1978, S. 18. Dagegen äußert sich Rürup; a.a.O., S. 278 (295): „Tatsächlich ging es jedoch gar nicht darum, daß die Arbeiter- und Soldatenräte eigenständige Reformen durchführten oder als Strukturmodell für den Ausbau einer demokratischen Verwaltung und eines demokratischen Heeres dienten, sondern darum, daß die Regierungen damit begannen, die Machtpositionen der republikfeindlichen und antidemokratischen Kräfte dauerhaft zu brechen. Für eine solche Politik aber hätten die Regierungen die entschiedene Unterstützung der Arbeiter- und Soldatenräte gefunden."

Verwaltungsapparats und der Militärorganisation im Sinne einer Reorganisation ehemals tragender Säulen des kaiserlichen Systems ausgewirkt habe.

Demgegenüber vertreten Rürup und Hürten die Ansicht, daß die Räte sehr wohl für eine demokratische Neuorientierung hätten genutzt werden können, die Revolutionsregierung aber auf Zusammenarbeit mit den ehemaligen Herrschaftsträgern des Obrigkeitsstaats auf eine Politik der Kontinuitätswahrung in Verwaltung, Wirtschaft und Militär setzte[81].

> Selbst angesichts offenkundig antidemokratischer Äußerungen und Handlungen einzelner Beamter war man kaum einmal bereit, ein Exempel zu statuieren. Auf personelle und strukturelle Veränderungen verzichtete man vollständig.[82]

Unter diesen Bedingungen konnten die spontan entstandenen Räte keine größere Einflußmöglichkeit gewinnen, zumal die ehemals kaiserlichen Machteliten die offizielle Politik als Anregung auffassen konnten, ihre erschütterten Machtpositionen wieder zu festigen bzw. auszubauen[83]. Eine Rätebewegung mit programmatischem Charakter wurde erst im Frühjahr 1919 zur Massenerscheinung[84]. Der damit in den Vordergrund tretende Klassenkampfgedanke[85] führte zwangsläufig zu einem Polarisierungsprozeß zwischen den beiden sozialdemokratischen Parteien. Der Charakter der revolutionären Bewegung änderte sich in dem Maße, in dem sich Mehrheitssozialdemokraten und Gewerkschaftsanhänger aus der Bewegung zurückzogen. Er wandelte sich von einem überparteilichen spontanen Zusammenschluß, der wesentlich von der Kritik an den traditionellen Organisationsformen getragen war[86], immer stärker zur Angelegenheit der Partei[87].

---

[81] Wehler; Das Deutsche Kaiserreich 1871–1918, S. 225; siehe auch Hürten; Soldatenräte in der deutschen Novemberrevolution von 1918, in: Historisches Jahrbuch 90 (1970), S. 299 ff.

[82] Rürup; Probleme der Revolution in Deutschland 1918/19, S. 35 f.

[83] Rürup; a.a.O., S. 34.

[84] Rürup; Demokratische Revolution und „dritter Weg“. Die deutsche Revolution von 1918/19 in der neueren wissenschaftlichen Diskussion, in: Geschichte und Gesellschaft 9/1983, S. 278 (289ff.); dagegen Jesse/Köhler; Die deutsche Revolution 1918/19 im Wandel der historischen Forschung. Forschungsüberblick und Kritik an der „herrschenden Lehre“, in: Aus Politik und Zeitgeschichte, Beilage zur Zeitschrift „Das Parlament“, 45/1978, S. 18: „Kann denn eine amorphe Vielzahl einzelner Räte mit sehr unterschiedlichen politischen Vorstellungen und einem ‚systemlosen Charakter‘ in der Summierung zu einer geschlossenen ‚Bewegung‘ hochstilisiert werden?“

[85] Feldman/Kolb/Rürup; Die Massenbewegung der Arbeiterschaft in Deutschland am Ende des Ersten Weltkrieges (1917–1920), in: Politische Vierteljahresschrift 13, 1972, S. 98.

[86] Die Kritikpunkte waren: Bürokratisierung und Oligarchisierung der traditionellen Organisationen zur Vertretung der Interessen der Arbeiterschaft. Dazu Michels; Zur Soziologie des Parteiwesens in der modernen Demokratie. Untersuchungen über

Der Zugewinn an revolutionärer Dynamik konnte nur auf Kosten des Verlusts der politischen Breite innerhalb der Bewegung erkauft werden. Die Anhänger der revolutionären Rätebewegung befanden sich seit Ende Dezember 1918 in einer Frontstellung gegenüber einer Mehrheit der Arbeiterschaft. Insofern stellten die Räte seit Ende Dezember 1918 auch nicht das Potential an bolschewistischer Bedrohung dar, als welches sie zum Beispiel in den Autobiographien führender Sozialdemokraten erschienen[88].

Zusammenfassend erscheint es richtig, vom programmatischen Rätegedanken als einem „... Katalysator der aus enttäuschten Hoffnungen erwachsenen Entschlossenen zur Änderung der bestehenden Herrschaftsstruktur zu sprechen“[89].

Einen weiteren wesentlichen Bereich der Forschung umfaßt in diesem Zusammenhang die Analyse der Politik der Revolutionsregierungen zwischen November 1918 und Februar 1919, die auch für die provisorische Regierung des Volksstaats Hessen einen entsprechenden Ansatz bietet. Sie läßt sich an Hand der ‚neueren Forschung‘ aber nicht als Ergebnis einer „tragischen Zwangsläufigkeit“[90] interpretieren. Die Kategorie der „Tragik“[91], nach der nur der notwendige Abwehrkampf gegen den Bolschewismus zum zwangsweisen Wiedererstarken der obrigkeitsstaatlichen und antidemokratischen Kräfte führte, war nicht aufrechtzuerhalten[92]. Vielmehr trug der „... zum Programm erhobene ‚Übergang‘ von einem System ins andere ...“[93]

---

die oligarchischen Tendenzen des Gruppenlebens; Bock; Geschichte des ‚linken Radikalismus‘ in Deutschland. Ein Versuch, S. 74 ff.

[87] Feldman/Kolb/Rürup; a.a.O., S. 96.

[88] Rürup; Probleme der Revolution in Deutschland 1918/19, S. 4. Aus dieser Einschätzung resultierte der folgenschwere Entschluß, die Massenbewegung militärisch systematisch zu zerschlagen.

[89] Kolb; Rätewirklichkeit und Räte-Ideologie in der deutschen Revolution von 1918/19, in: Kolb (Hrsg.); Vom Kaiserreich zur Weimarer Republik, S. 178.

[90] Rürup; Rätebewegung und Revolution in Deutschland 1918/19, in: Neue Politische Literatur 12/1967, S. 305.

[91] Rürup; Probleme der Revolution in Deutschland 1918/19, S. 6.

[92] Lösche; Der Bolschewismus im Urteil der deutschen Sozialdemokratie 1902–1920. Lösche weist auf die bewußte Instrumentalisierung des Bolschewismus durch die deutsche Sozialdemokratie hin. Siehe in diesem Zusammenhang auch Matthias; Die Rückwirkung der russischen Oktoberrevolution auf die deutsche Arbeiterbewegung, S. 91: „Doch auf keinen Fall läßt sich verkennen, daß die Volksbeauftragten ihre Politik nicht ausschließlich an wirklichen, sondern zu einem guten Teil auch an eingebildeten Gefahren orientiert haben, wobei nicht zuletzt auf ihre groteske Fehleinschätzung der Rätebewegung zu verweisen ist, die als solche keineswegs schon bolschewistische Tendenzen in sich verkörperte.“ Matthias verweist auf die lapidare Formel ‚Versailles und Moskau‘, die in der Emigration von Braun formuliert wurde. Sie diente weitgehend dazu, die eigene Verantwortung für Entwicklungen von sich zu weisen und das Scheitern der Weimarer Demokratie vornehmlich Kräften anzulasten, die von außen nach Deutschland hineinwirkten.

sowie die spezielle Handhabung von Kompromissen[94] zur wesentlichen Einengung des eigenen Handlungs- und Entscheidungsspielraums bei[95].

Diese Kritik unterscheidet sich wesentlich von der kommunistischen Kritik, welcher die ‚Verrat an der Arbeiterschaft-These' zugrundeliegt, wonach das Versagen der Revolutionsregierungen in der Nichtetablierung einer Diktatur des Proletariats besteht[96].

Bei der Beurteilung der Revolutionsregierungen hilft nach Ansicht Rürups die Unterscheidung zwischen einer ‚reformistischen' und einer ‚revolutionären' Politik nicht weiter. Grundlegend sollte eher die Erkenntnis sein, daß die Politik der Risikovermeidung erhebliche Risiken mit sich bringt, und eben „... auch Reformen nur im Rahmen einer entschlossenen, risikobereiten Politik möglich sind"[97]. Erfahrungen aus anderen europäischen Revolutionen besagen außerdem, daß eine parlamentarische Demokratie gesellschaftliche Bedingungen voraussetzt, „... die niemals nur mit parlamentarischen Mitteln hergestellt worden sind"[98]. Diese Erfahrungen

---

[93] Rürup; a.a.O., S. S. 27.

[94] Rürup; a.a.O., S. 28. Rürup erläutert unterschiedliche Möglichkeiten, Kompromisse zu handhaben. Während seiner Meinung nach die USPD und die Mehrheit der Arbeiter- und Soldatenräte dazu neigten, rein funktionale Kompromisse anzustreben, tendierte die MSPD-Führung von Anfang an stärker zu prinzipiellen Kompromissen. Die scharfe Abgrenzung zwischen ‚Kompromiss' und ‚Konsens' wurde durch die Politik der Revolutionsregierung zunehmend verwischt. Siehe auch Winkler; Die Sozialdemokratie und die Revolution von 1918/19. Ein Rückblick nach 60 Jahren, S. 39. Im zivilen wie auch im militärischen Bereich lag das Problem nicht so sehr in der Frage, ob überhaupt eine Zusammenarbeit mit den Repräsentanten des alten Regimes stattfinden sollte, sondern im Ausmaß und den Bedingungen dieser Zusammenarbeit. Das ‚Primat der Politik' wurde der Routine des Weitermachens geopfert, S.44. Kolb; Die Arbeiterräte in der deutschen Innenpolitik 1918–1920, S. 262 ff.

[95] Kolb; Internationale Rahmenbedingungen einer demokratischen Neuordnung in Deutschland 1918/19, in: Alberin/Link (Hrsg.); Politische Parteien auf dem Weg zur parlamentarischen Demokratie in Deutschland, S. 147–176. Kolb vertritt die Meinung, daß die internationalen Rahmenbedingungen die Möglichkeit entschiedener demokratischer Reformen nicht ausschlossen. Dagegen kommen Jesse/Köhler; Die deutsche Revolution 1918/19 im Wandel der historischen Forschung. Forschungsüberblick und Kritik an der „herrschenden Lehre", in: Aus Politik und Zeitgeschichte, Beilage zur Zeitschrift „Das Parlament" 45/1978, S. 21, zu dem Ergebnis: „Von der außenpolitischen Situation her ... fehlten also die Rahmenbedingungen, um politischen Experimenten in Form der Räte eine Chance einzuräumen. Vielmehr konnte auf diese Weise nur der Bestand des Gesamtstaates ernsthaft in Gefahr geraten." Ebenso: Schmidt; Effizienz und Flexibilität politisch-sozialer Systeme. Die deutsche und englische Politik 1918/19, in: Vierteljahreshefte für Zeitgeschichte 25/1977, S. 168 f.

[96] Kolb; Die Weimarer Republik, S. 155.

[97] Rürup; Arbeiter- und Soldatenräte im rheinisch-westfälischen Industriegebiet. Studien zur Geschichte der Revolution 1918/19, Einleitung, S. 16.

wurden von den führenden Sozialdemokraten in den Revolutionsregierungen nicht berücksichtigt.

Zusammenfassend läßt sich für die Beurteilung der Revolutionsregierungen nach der neueren Revolutionsforschung feststellen, daß „... eine breite Skala von Maßnahmen zur demokratischen Fundierung der Republik, die mit der Entscheidung zugunsten der Verfassungsform einer parlamentarischen Demokratie durchaus vereinbar waren ...“[99], notwendig gewesen wäre. Als erforderlich und vor allem auch als möglich wurde zudem das „... Ausschöpfen der Handlungsspielräume zur Sicherung einer demokratischen Entwicklung der Republik ...“[100] erklärt.

Die enge Verbindung zwischen Geschichtswissenschaft und juristisch-politischen Positionen im Gefolge der Ergebnisse der ‚neueren Forschung‘ ist in diesem Zusammenhang noch ausführlicher zu erläutern.

Kolb, als wichtiger Vertreter der Neuinterpretation der Revolution 1918/19, hat darauf hingewiesen, daß die Beschäftigung mit dem Problem der Rätebewegung aus einem „... genuin historischen, nicht aktuell-politischen Interesse resultierte ...“[101]. Mommsen sieht dagegen eine enge Verbindung zwischen der Suche nach alternativen Interpretationsmöglichkeiten der Revolution und dem „... Bemühen um die Legitimierung politischer Positionen, die von jener der ‚konstitutionellen Demokratie‘ westlich-parlamentarischen Typs mehr oder minder stark abweichen“[102]. Die Ergebnisse der ‚neueren Forschung‘ stellen für Mommsen partielle Antizipationen von Vorstellungen dar, die erst im Zusammenhang mit der Studentenbewegung ihre volle Bedeutung entfalteten[103]. Der Versuch der Studentenbewegung nach 1968, die Ergebnisse der Räteforschung zu funktionalisieren, sie in den Dienst einer „... historischen Verifikation möglicher Alternativkonzeptionen zur parlamentarischen Demokratie ...“[104] zu stellen, war allerdings eindeutig dem sozialromantischen Wunschbild einer Gesellschaftsharmonie entwachsen[105]. Er kann deshalb nicht in einen Zusammenhang mit dem innerwissenschaftlichen Diskurs über die Ergebnisse der ‚neueren Forschung‘ gestellt werden. Im Gegensatz zu der vehement geführten Fischer-Kontroverse um die Kriegszielpolitik im Ersten Weltkrieg rief die Neuinterpreta-

[98] Winkler; Die Sozialdemokratie und die Revolution von 1918/19. Ein Rückblick nach 60 Jahren, S. 64.

[99] Kolb; Die Weimarer Republik, S. 161.

[100] Kolb; a.a.O., S.161.

[101] Kolb; a.a.O., S. 162.

[102] Mommsen; Die deutsche Revolution 1918–1920. Politische Revolution und soziale Protestbewegung, in: Geschichte und Gesellschaft 4/1978, S. 363.

[103] Mommsen, a.a.O., S. 363.

[104] Mommsen; a.a.O.; S. 363.

[105] Wehler; Das Deutsche Kaiserreich 1871–1918, S. 225.

tion der Revolution 1918/19 keine nennenswerten Kritiken hervor[106]. Sie wurde nicht frontal attackiert, sondern eher beiläufig mit Fragezeichen versehen[107]. Diesem Befund entsprechend vermitteln Darstellungen in Handbüchern und allgemeine Darstellungen noch immer ein der Neubewertung entgegengesetztes Bild[108].

Insofern kann man der Meinung Lehnerts zustimmen, daß der Diskussionsverlauf bestimmt sei durch „... eine im krassen Mißverhältnis zum wissenschaftlichen Erkenntnisfortschritt stehende gespreizte Reideologisierung der Kontroversen ...“[109]. Neben Haffners Schrift über die Revolution[110] vertreten Jesse und Köhler[111] diese Tendenz für die wissenschaftliche Historiographie. Ohne eingehende und überzeugende Sachargumentation wurden die Ergebnisse der ‚neueren Forschung‘ in Frage gestellt. Das findet seinen Niederschlag in der durchgehenden Verwendung des Begriffs vom ‚Dritten Weg‘ zur polemischen Kennzeichnung der neueren Forschungsergebnisse[112] wie auch in der Tatsache, daß von der „Konstruktion einer Rätebewegung“[113] und einer Verharmlosung der „linksradikalen Bedrohung“[114] die Rede ist. Abschließend kommen beide Autoren in ihrer Schrift zu dem Urteil:

> Daß eine radikale Umwälzung nach dem 1. Weltkrieg zu einer gefestigten Demokratie geführt hätte, ist lediglich ein Glaubensbekenntnis[115].

---

[106] Kolb; Die Weimarer Republik, S. 159.

[107] Kolb; a.a.O., S. 159; Rürup; Demokratische Revolution und „dritter Weg“. Die deutsche Revolution von 1918/19 in der neueren wissenschaftlichen Diskussion, in: Geschichte und Gesellschaft 9/1983, S. 278 (279 f.): „Das Zögern bei der Übernahme der Ergebnisse der neueren Forschung in die allgemeinen Geschichtsdarstellungen läßt sich daher ... wohl in erster Linie aus teils bewußten, teils unbewußten politischen Ursachen erklären. ... Denn so wenig die politischen Meinungen des Historikers bei seinen Forschungen ausgeschaltet ... werden können, so wenig können die Resultate dieser Forschung mit dem Hinweis auf Unterschiede in den politischen Überzeugungen einfach vom Tisch gewischt werden.“

[108] Rürup; a.a.O., S. 278 (279); Kühnl (Hrsg.); Geschichte und Ideologie. Kritische Analysen bundesdeutscher Schulbücher, S. 97 ff.

[109] Lehnert; Sozialdemokratie und Novemberrevolution. Die Neuordnungsdebatte 1918/19 in der politischen Publizistik von SPD und USPD, S. 17.

[110] Haffner; Die verratene Revolution.

[111] Jesse/Köhler; Die deutsche Revolution 1918/19 im Wandel der historischen Forschung. Forschungsüberblick und Kritik an der „herrschenden Lehre“, in: Aus Politik und Zeitgeschichte, Beilage zur Zeitschrift „Das Parlament“, 45/1978.

[112] Rürup; Demokratische Revolution und „dritter Weg“. Die deutsche Revolution von 1918/19 in der neueren wissenschaftlichen Diskussion, in: Geschichte und Gesellschaft 9/1983, S. 278 (292).

[113] Jesse/Köhler; Die deutsche Revolution 1918/19 im Wandel der historischen Forschung. Forschungsüberblick und Kritik an der „herrschenden Lehre“, in: Aus Politik und Zeitgeschichte, Beilage zur Zeitschrift „Das Parlament“, 45/1978, S. 18.

[114] Jesse/Köhler; a.a.O., S. 18.

Für alle Zeitabschnitte ist zu konstatieren, daß die geschichtswissenschaftliche Forschung zu einem erheblichen Umfang von zeitbedingten und erkenntnisleitenden Interessen abhängig war und ist, die auch die Bewertungskriterien bestimmen. Damit kann die unterschiedliche Interpretation der Revolution 1918/19 „... in gewisser Hinsicht als Reflex der jeweils in der deutschen Gesellschaft vorherrschenden politischen Grundhaltung ...“[116] gelten.

II. Die politische Entwicklung im Volksstaat Hessen

Die Entstehung des Volksstaats Hessen, die durch die Diskrepanz zwischen revolutionären Neuordnungswünschen und tatsächlichen politischen Handlungen der Revolutionsregierung und auch der Arbeiter-, Bauern- und Soldatenräte bestimmt war, ist hier anhand von Quellenuntersuchungen aus dem gesamten Gebiet des Volksstaats dargestellt worden. Dabei standen jeweils die Fragen nach den Ursachen und Folgen dieser Diskrepanz für die Machtausübung durch die Revolutionsregierung und der gesellschaftlichen Machtverteilung im Staat im Vordergrund, denn auch von seiten der ehemals kaiserlichen Machteliten wurde die Regierung mit Forderungen und Erwartungen konfrontiert. Zwischen beiden politischen Fronten mußte sie entweder zu vermitteln suchen oder aber eindeutige Entscheidungen zugunsten der einen oder anderen Seite treffen.

Die Revolution im Großherzogtum Hessen besaß einen eigenständigen Charakter gegenüber Teilen des Deutschen Reichs, vor allem aber auch gegenüber den benachbarten preußischen Gebieten des XVIII. Armeekorps im Rhein-Main-Gebiet. Weder wurde diese – wie in Frankfurt am Main und Wiesbaden – durch eintreffende bewaffnete Kieler Matrosen und Werftarbeiter, noch – wie in Hanau – durch die bestehende lokale Vorherrschaft der USPD initiiert. Die hessische Revolution erwuchs aus lokalen Darm-

[115] Jesse/Köhler; a.a.O., S. 38. Dazu Wehler; Das Deutsche Kaiserreich 1871–1918, S. 225: „Bei vielen Fragen, die mit diesem Übergang vom Kaiserreich zur Weimarer Republik verknüpft sind, geht es natürlich um die kontrafaktische Abwägung von Entwicklungsmöglichkeiten: Was wäre gewesen, wenn ... Dem eignet unstreitig ein artifizieller Charakter, aber dennoch kann und darf der Historiker auf die Beurteilung möglicher Alternativen nicht verzichten. In diesem Fall geht es um die sozialen Kosten, mit denen die Weimarer Republik erkauft wurde und die nur zu bald sichtbar wurden ... Muß man nicht den Preis, den ein Neubeginn im Jahr 1918 gekostet hätte – die Ausschaltung der alten Führungsgruppen, die Funktionslähmung –, abwägen gegen die Opfer und Schrecken seit 1933 ... Daß Kontinuität in der Reichsbürokratie und im Heer, im Bildungs- und Parteiwesen, in Wirtschaft und Interessenverbänden usw. unleugbar überwog, bewirkte zumindest eines. Die traditionellen Machteliten konnten die Steigbügelhalter für Hitler stellen.“

[116] Mommsen; Die deutsche Revolution 1918–1920. Politische Revolution und soziale Protestbewegung, in: Geschichte und Gesellschaft 4/1978, S. 364.

städter Soldatenunruhen, die in kürzester Zeit zu anderen Bevölkerungsgruppen des Großherzogtums Hessen getragen wurden. Diese Entwicklung basierte zu einem wesentlichen Teil auf spezifisch hessischen Umständen, die sich bereits in den Debatten um eine Wahlrechtsreform und um sonstige tiefgreifende Staatsreformen seit April 1917 abzeichneten. Sicherlich wurde der Funke der Revolution nicht in Hessen gezündet[117], jedoch wurden bislang die spezifisch hessischen Elemente der Revolution nicht im gebotenen Maß gewürdigt.

Die Mitglieder des sofort gebildeten und überregional agierenden Darmstädter Arbeiter- und Soldatenrats wurden teilweise gewählt und teilweise kooptiert, da diese häufig wechselten. Der Teilnehmerkreis wurde immer mehr auf alle Bevölkerungsschichten und auf Vertreter der vier großen Städte sowie der drei Provinzen ausgedehnt, so daß schließlich auch Männer vom Handelsverein, von der Industrie und Bauern zum Darmstädter Arbeiter- und Soldatenrat gehörten. Er besaß einzelne Ausschüsse, u.a. den Bekleidungs-, Finanz-, Rechts- und Schulausschuß, die jeweils in den Sitzungen über ihre Arbeit berichteten. Die Sitzungen der Arbeiter- und Soldatenräte wurden in den lokalen Nachrichten und im Anzeigenteil der Zeitungen angekündigt. Offizielle Protokolle sind nicht mehr vorhanden, jedoch wurden in den einzelnen Zeitungen Sitzungsberichte veröffentlicht. Im ‚Hessischen Volksfreund' wurden diese ausführlich behandelt, während die bürgerlichen Zeitungen nur verkürzt über die Sitzungen berichteten.

Der ursprüngliche politische Zweck der Räte, neue Konzeptionen für eine zukünftige Regierungsform zu entwickeln und die Demokratisierung zu fördern, wurde nach und nach, zum großen Teil auch durch das eigene Unvermögen der Räte, vernachlässigt. Bei chronologischer Betrachtung der Sitzungen der Arbeiter- und Soldatenräte ist augenfällig, daß ihre jeweiligen Tagesordnungen zunehmend weniger politische Themen aufwiesen. Die Räte wurden immer mehr zu Organen umfunktioniert, die sich mit unerheblichen Verwaltungs- und Organisationsaufgaben befaßten und ihren Einfluß auf die Regierung verloren. So schrieb der Arbeiter- und Soldatenrat am 23. November 1918 an das Justizministerium:

> Seinerzeit ist an das Ministerium das Ersuchen gerichtet worden, den Beamten, die sich dem Arbeiter- und Soldatenrat zwecks Mitarbeit zur Verfügung gestellt haben, keine Schwierigkeiten zu bereiten und sie eventuell zu beurlauben. Wie uns mitgeteilt wird, tritt man fortgesetzt seitens der Vorgesetzten an die in Betracht kommenden Personen heran, augenscheinlich zu dem Zwecke sie von der Mitarbeit bei dem Arbeiter- und Soldatenrat abzuhalten. Wir bitten das Ministerium die ihm unterstellten Dienststellen entsprechend zu instruieren.[118]

---

[117] Vgl. Franz/Köhler; Parlament im Kampf um die Demokratie, S. 11.

[118] Vgl. die erhaltenen Akten des Hessischen Ministeriums der Justiz, StAD G 21 A Nr. 3, Abt. I, Konv. 4, Fasz. 5.

Konsequenterweise nutzten die hessische MSPD und die Gewerkschaften die revolutionäre Rätebewegung zur Sicherung und zum Ausbau ihrer Machtstellung. Sie griffen aktiv in die Bildung und in die Aktionen der Räte ein, indem sie ihre Mitglieder wählen ließen und gemeinsam weiter links stehende Kräfte – wie zum Beispiel Dr. Arthur Wolff, der radikalere Ansichten vertrat und einsah, daß die politische Funktion des Volksrats immer mehr an den Rand gedrängt wurde – erfolgreich abwehrten. In Hessen wurden die Räte von Anfang an nur als vorübergehende Organe bis zur ordnungsgemäßen Wahl der hessischen Volkskammer angesehen.

Die Arbeiter-, Bauern- und Soldatenräte besaßen aus ihrem eigenen Selbstverständnis heraus keinen Anspruch, die Räte längere Zeit bestehen zu lassen oder sie als permanentes Staatsorgan zu betrachten, wie dies in Berlin oder Hanau gefordert wurde. Es wurden weder langfristige Programme entwickelt, noch wurden Überlegungen angestellt, ein Rätesystem zu etablieren. Der Darmstädter Arbeiter- und Soldatenrat trat seine faktische Machtposition bereits am 09. November 1918 an die etablierten Institutionen ab, indem er der MSPD-Fraktion den Auftrag zur Regierungsbildung erteilte. Daß der Darmstädter, später der Hessische Arbeiter- und Soldatenrat in seinen Sitzungen stets seine oberste Autorität betonte, war wohl mehr eine politische Wunschvorstellung, die der eigenen Rechtfertigung dienen sollte. Grundsätzlich entsprach der Hessische Arbeiter- und Soldatenrat der politischen Zielsetzung der MSPD. Dies ist auch daran ersichtlich, daß er schon am 15. November 1918 den Antrag zur Beauftragung der hessischen Regierung, die konstituierende Nationalversammlung in Berlin zu verlangen, annahm, ohne überhaupt diese Institution in Frage zu stellen und darüber zu diskutieren, welche alternativen Möglichkeiten einer Regierungsform noch entwickelt werden könnten.

Allerdings bestand zwischen den Räten und der provisorischen Regierung nicht immer politische Übereinstimmung. Dies zeigte sich in der Forderung der Räte vom 15. November 1918 nach einem Revolutionstribunal, das am 20. November 1918 gegen den Willen Carl Ulrichs auch bewilligt wurde. In diesen Konfliktsituationen verdeutlichten sich die Handlungsmöglichkeiten und -spielräume der Regierung Ulrich, die fast ausschließlich zum Nachteil der Räte genutzt wurden. Am 21. Dezember 1918 wurde von Ulrich eine Verfügung erlassen, das – niemals in Aktion getretene – Revolutionstribunal abzuschaffen. Keine Quelle deutet darauf hin, daß der Darmstädter und der Hessische Volksrat gegen diese Maßnahme der Regierung protestiert hätten. Allerdings durften Mitglieder der Arbeiter- und Soldatenräte weiterhin an öffentlichen Sitzungen der Amtsgerichte teilnehmen. Eine Einflußnahme „auf die Disziplinargewalt der Richter“ war jedoch „ebenso unzulässig wie jeder Versuch, in die Unabhängigkeit der Gerichte einzugreifen oder gar ein Veto oder sonstige Einwendungen gegen richterliche Urteile oder Verfügungen einzulegen"[119].

Erschwerend für eine durchgreifendere Revolution im Großherzogtum Hessen war auch das gute Verhältnis der Bevölkerung zum Großherzog[120]. So wurden die Mißstände und die politischen Fehler weniger dem Großherzog als dem Kaiser und dessen Politik zugerechnet. Auch deshalb wurden die Gegner der Revolution, die monarchische Machtelite, in Hessen nur für kurze Zeit gelähmt und konnten schnell wieder in ihren bisherigen Positionen aktiv werden.

Der Zeitraum ab Januar 1919, der in der Literatur als zweite – klassenkämpferische – Phase bezeichnet wird und der eine eher demokratisch orientierte Phase ablöste, führte in Hessen im Gegensatz zum Geschehen in der Reichshauptstadt, wo es zu starken Spannungen und Kämpfen zwischen linksradikalen Kräften und der MSPD kam, zu keiner Radikalisierung. Es fällt bereits schwer, eine derartige zweite Phase in Hessen überhaupt zu erkennen. Ein Echo auf die Berliner Ereignisse gab es nur insofern, als die hessische Regierung der Reichsregierung versicherte, daß sie voll und ganz hinter den Maßnahmen gegen das Geschehen auf den Berliner Straßen stünde und daß der Darmstädter und der Hessische Volksrat versuchten, ihr wohl radikalstes Mitglied auszuschließen, Dr. Wolff aber durch seinen Austritt dem Ausschluß zuvorkam.

Das revolutionäre Geschehen in den ländlich strukturierten Teilen Hessens besaß einen eigenartigen Charakter. In nur ungefährer Kenntnis der revolutionären Vorgänge fand in den Landgemeinden lediglich eine verspätete ‚Revolutionsimitation' statt. Örtlich bildeten sich Arbeiter- und Bauernräte, jedoch nicht aus revolutionärer Überzeugung heraus, sondern mehr aus Gehorsamkeit gegenüber der neuen Landesführung. Die Arbeiter- und Bauernräte setzten sich überwiegend aus den konservativ-ländlichen Führungsschichten zusammen. Die Landbevölkerung identifizierte sich nicht mit den Ideen der Revolution und lehnte sie teilweise offen ab. Es verwundert deshalb nicht, daß die Arbeiter- und Bauernräte nicht mehr als ein verlängerter Arm der Gemeinde-, Stadt- oder Kreisverwaltung zur Lösung organisatorischer Fragen und Bewahrung der Sicherheit und Ordnung waren.

Anhand der Untersuchungen zu den Themenschwerpunkten ergeben sich die Grundlagen für eine Gesamtbeurteilung von Handlungsmöglichkeiten

---

[119] Vgl. die erhaltenen Akten des Hessischen Ministeriums der Justiz, StAD G 21 A Nr. 3, Abt. I, Konv. 4, Fasz. 5.

[120] Vgl. in diesem Zusammenhang auch Stieniczka; Die Vermögensauseinandersetzung des Volksstaates Hessen und seiner Rechtsnachfolger mit der ehemals großherzoglichen Familie 1918–1953, S. 255 (257 ff.), Archiv für hessische Geschichte und Altertumskunde, NF 56. Band 1998.

und -spielräumen der Revolutionsregierung. Dabei unterstützt das vorliegende Forschungsergebnis grundsätzlich die Auffassung der ‚neueren' Forschung, die in Anlehnung an die These von K. D. Erdmann[121] Handlungsspielräume und ungenutzte Gestaltungsmöglichkeiten während der revolutionären Übergangszeit für die Regierung gegeben sah. Die vorliegende Untersuchung geht aber insofern darüber hinaus, als sie in einem bisher nicht durchgeführten Umfang die Offensichtlichkeit belegt, mit der machtpolitische Entscheidungszwänge durch die alten kaiserlichen Eliten an die Regierung herangetragen wurden. Die offen vorgetragenen Machtansprüche hätten schon deshalb zu eindeutig ablehnenden Handlungen der Regierung führen können, ja müssen, da sie häufig zusätzlich mit persönlichen Angriffen und Zumutungen für Regierungsmitglieder verbunden waren. Die These von der ‚unabwendbaren Entwicklung' und den notwendigen und zwangsläufigen, angeblich situationsadäquaten Bündnissen mit den konservativen Kräften, die in jüngster Zeit wieder verstärkt im Rahmen der „Reideologisierung" der historischen Kontroverse ins Feld geführt wird, ist auch deshalb abzulehnen, weil sich dahinter eine ‚mythologisierte' Auffassung von Politik und vor allem von Machtausübung verbirgt. Die Herrschaftsansprüche der kaiserlichen Eliten wurden eben nicht, wie die These von der ‚zwangsläufigen Entwicklung' nahelegt, in einem schwer zu durchschauenden, gesellschaftlichen Beziehungsgeflecht gestellt, sondern sie traten, wie die Arbeit belegt, in jeder nur denkbaren Deutlichkeit zu Tage. Indem die Revolutionsregierung aber die Ansprüche der kaiserlichen Eliten nur ausweichend oder gar zustimmend behandelte, erreichte sie hinsichtlich ihrer ursprünglichen Zielsetzung das genaue Gegenteil und trug damit wesentlich dazu bei, daß der junge Volksstaat mit schweren strukturellen Problemem belastet wurde und die MSPD leichtfertig die Möglichkeit vergab, eine prägende gesellschaftliche Kraft zu bleiben.

Die Enttäuschung in weiten Teilen der Arbeiterschaft darüber, daß die MSPD wesentliche politische Entscheidungen nicht traf und durchsetzte, führte dazu, daß man ihrer Entscheidungsfähigkeit mißtraute und der Partei im parlamentarischen System nicht mehr die uneingeschränkte Machtausübung ermöglichte. Die MSPD kam in allen Wahlen in der Weimarer Republik und des Volksstaats Hessen nicht an das Stimmenergebnis vom Januar 1919 heran, und gleichzeitig verhinderte die endgültig vollzogene Spaltung der Arbeiterbewegung eine gemeinsame Politik zur Stützung der Republik und der demokratischen Errungenschaften der Revolution.

Durch die nicht erfolgte Bewußtmachung von Machtpositionen und damit Verantwortlichkeiten der alten Machteliten ließ die Revolutionsregierung es zu, daß nicht ihnen, sondern den demokratischen Kräften die Bürde der

[121] Siehe dazu unter Kapitel C.I.3. auf S. 203 ff. in dieser Arbeit.

Folgen der Kriegsniederlage und des Versailler Friedensvertrages aufgeladen werden konnte. Friedrich Ebert selbst hatte zudem während der Revolutionszeit merkwürdig anmutende Vorformen der ‚Dolchstoßlegende' öffentlich gemacht[122]. Die außer Kontrolle geratenen militärischen Strukturen und das Nichteinschreiten der Regierung gegen antidemokratische Kräfte zogen wesentliche negative Auswirkungen für die innenpolitische Stabilität der gesamten Weimarer Republik nach sich.

Die Wirtschaftspolitik des Demobilmachungsamts führte mit zu den Inflationserscheinungen Anfang der 20er Jahre mit den enormen Auswirkungen und Begünstigungen von Sachmittelbesitzern und somit zu einer zusätzlichen Umverteilung von Besitz und Macht zugunsten der Machteliten des Kaiserreichs, die am Ende der Republik auch zu den ‚Steigbügelhaltern' Hitlers zählten.

Im ‚Gesetz über die vorläufige Reichsgewalt' vom 10. Februar 1919 lag die Grundstruktur der Machtverteilung in der neuen Republik schon fest, bevor die eigentlichen Verfassungsberatungen in der Nationalversammlung und den Landesparlamenten auch nur begonnen hatten, und das, obwohl der Rat der Volksbeauftragten und die provisorischen Landesregierungen nach dem eigenen Selbstverständnis keine präjudizierenden Entscheidungen im Hinblick auf die zukünftigen politischen Verhältnisse treffen wollten. Insbesondere spielte dabei die Konkurrenz zwischen den plebiszitär legitimierten Verfassungsorganen, den Parlamenten und dem Reichs- bzw. den Ministerpräsidenten eine gewichtige Rolle. In dem verfassungsrechtlich stark ausgestatteten Amt des Präsidenten wurde das Bestreben deutlich, ‚monarchistische Elemente' in eine parlamentarische Demokratie hinüberzuretten. Von der Person des Reichspräsidenten (Ministerpräsidenten) war es wesentlich abhängig, welche Bedeutung dem Dualismus zwischen den Verfassungsorganen bei der politischen Weichenstellung innerhalb der Republik zukam. Während unter der Präsidentschaft Eberts eher die republikstabilisierende Komponente des Amts wirksam war, zeigte die Rolle, die Paul von Hindenburg am Ende der Republik spielte, die ambivalenten Machtmöglichkeiten dieser Position.

Die Unfähigkeit schon während der revolutionären Übergangszeit, mit alten Traditionen vollständig zu brechen und ein neues demokratisches Wertesystem und eigene Macht- und Herrschaftsvorstellungen zu etablieren, setzte sich in der gesamten Weimarer Republik fort und führte letztlich zum fatalen politischen Untergang.

---

[122] Ritter/Miller; Die Deutsche Revolution 1918–1919, S. 136 ff.: „Kein Feind hat Euch überwunden!" rief Ebert den Truppen beim Einzug in Berlin am 10. Dezember 1918 entgegen.

Daß Demokratie auch ihrerseits Herrschaft, und zwar eine starke Herrschaft sein muß, nur eben auf Volksvertrauen und nicht auf Militär und Standesprivilegien gestützt, das will oben und unten den Leuten nicht in den Sinn, ja, das erscheint ihnen in seltsamer Verblendung über das Wesen aller Herrschaft und aller Differenzierungen der sozialen Leistungen geradezu als undemokratisch.

... In Wahrheit aber kann nur Herrschaftsgrund und Herrschaftsmittel verändert sein, nicht Notwendigkeit und Wesen der Herrschaft selbst.[123]

[123] Troeltsch; Aristokratie, in: Kunstwart, Ausgabe vom 02. Oktober 1919, S. 51.

Zeittafel

29. Oktober 1918	Meuterei der Mannschaft der deutschen Hochseeflotte in Wilhelmshaven.
04. November 1918	Als erste Stadt wird Kiel von einem Arbeiter- und Soldatenrat kontrolliert. In den nächsten Tagen ergreift die Revolution das ganze Reich.
08.–09. November 1918	Soldaten des Griesheimer Lagers (Truppenübungsplatz) bilden Soldatenräte. In der Nacht revoltieren 5.000–7.000 Soldaten in Darmstadt. Sie besetzen die Verwaltungsgebäude und ziehen vor das Neue Palais, um den Großherzog gefangenzunehmen. Die Erstürmung des Neuen Palais bleibt aus.
	Der Offiziers-Stellvertreter *Elsäßer* sowie die SPD-Politiker *Delp* und *Knoblauch* erklären *Großherzog Ernst Ludwig von Hessen und bei Rhein* für abgesetzt.
09. November 1918	Der Hessische Arbeiter-, Bauern- und Soldatenrat konstituiert sich. Im Hessischen Volksfreund erscheint sein erster Aufruf „An das hessische Volk! Volksgenossen!" mit der Schlagzeile „Hessen sozialistische Republik".
	Der Vorsitzende der SPD-Landtagsfraktion *Carl Ulrich* trifft in Darmstadt ein. Er fordert die Errichtung eines Volksstaats und die Abdankung des Großherzogs. Dieser lehnt eine formelle Abdankung ab.
	Das seitherige Großherzogtum Hessen wird vom Arbeiter-, Bauern- und Soldatenrat zur Freien Sozialistischen Republik erklärt. Gleichzeitig beauftragt dieser die sozialdemokratische Landtagsfraktion mit der Neubildung einer provisorischen republikanischen Regierung.
	In Berlin wird die Abdankung von *Kaiser Wilhelm II.* bekanntgegeben; *Philipp Scheidemann* ruft die Republik aus.
10. November 1918	Auf einer Versammlung des Hessischen Arbeiter-, Bauern- und Soldatenrats proklamiert *Carl Ulrich* offiziell die Hessische Republik.
	Am selben Tag übernimmt der Rat der Volksbeauftragten, dem Mitglieder von SPD und USPD angehören, die Regierung des Reichs.
11. November 1918	Unterzeichnung des Waffenstillstands in Compiègne. U.a. muß daraufhin das linke Rheinufer geräumt werden. Das

	bedeutet für die junge hessische Republik, daß Teile der Provinz Starkenburg und ganz Rheinhessen von französischen Truppen besetzt werden.
	Der Arbeiter-, Bauern- und Soldatenrat veröffentlicht in einem Aufruf seine bereits am 09. November verabschiedeten sieben Programmpunkte.
	Carl Ulrich tritt als neuer Ministerpräsident mit einer Proklamation offiziell die provisorische Regierung an.
13. November 1918	Die großherzoglichen Minister werden formell in den Ruhestand versetzt.
14. November 1918	Das neue Staatsministerium wird gebildet; zu ihm gehören neben dem Ministerpräsidenten zwei Vertreter der SPD und je ein Mitglied des Fortschritts und des Zentrums.
03. Dezember 1918	Die Verordnung über die Wahlen zur verfassungsgebenden Volkskammer der Republik Hessen wird erlassen.
09. Dezember 1918	Der Arbeiter-, Bauern- und Soldatenrat wird zum Hessischen Landesvolksrat umgewandelt.
19. Januar 1919	Wahl zur Weimarer Nationalversammlung
26. Januar 1919	Wahl zur verfassungsgebenden Hessischen Volkskammer
11. Februar 1919	Der Landesvolksrat löst sich noch vor dem Zusammentritt der verfassungsgebenden Volkskammer auf und überträgt seine gesetzgebende Gewalt auf die neu gewählte Volksvertretung.
13. Februar 1919	Im Reich wird die Regierung unter *Philipp Scheidemann* von der sog. Weimarer Koalition aus SPD, Zentrum und DDP gebildet.
	Im Darmstädter Ständehaus wird die Hessische Volkskammer durch den Alterspräsidenten *Carl Ulrich* feierlich eröffnet.
14. Februar 1919	Ministerpräsident *Carl Ulrich* legt namens der provisorischen Regierung in der zweiten Sitzung der Volkskammer den Entwurf einer vorläufigen Verfassung vor.
20. Februar 1919	Annahme der provisorischen Verfassung durch die Volkskammer mit einer Gegenstimme. Der neue Staat wird in der Verfassung als Freistaat (Republik) Hessen bezeichnet.
	Die provisorische Regierung erklärt ihr Mandat für beendet.
21. Februar 1919	Personell praktisch unverändert wird die Staatsregierung in ihrem Amt bestätigt.
05. März 1919	Beauftragung einer Expertenkommission zur Ausarbeitung eines Entwurfs zur definitiven Verfassung des Volksstaates Hessen. Vorsitz: Staatsrat *Daniel Lorbacher*.

21. März 1919	Verabschiedung der badischen Verfassung.
30. April 1919	Der Gießener Staatsrechtler Prof. Dr. *Hans Gmelin* legt sein Gutachten zur Umstrukturierung, Präzisierung und Änderung des Kommissions-Entwurfs vor, dem die Staatsregierung in allen wesentlichen Punkten folgt.
08. Mai 1919	Der Vorentwurf wird in der Darmstädter Zeitung publiziert.
20. Mai 1919	Verabschiedung des Stuttgarter Entwurfs.
11. August 1919	Verabschiedung der Weimarer Reichsverfassung.
09. Oktober 1919	Die hessische Staatsregierung legt dem Verfassungsausschuß der Volkskammer einen überarbeiteten Entwurf vor.
27. Oktober 1919	Der Verfassungsausschuß legt seinen Bericht vor. Er stimmt dem Regierungsentwurf in allen wesentlichen Teilen zu, allerdings werden einzelne Formulierungen kontrovers diskutiert.
04.–09. Dezember 1919	Verfassungsdebatte der Volkskammer.
12. Dezember 1919	Die hessische Verfassung wird von der Volkskammer als letzte der südwestdeutschen Verfassungen verabschiedet.

Anhang I: Dokumente

Dokument 1:

Die Hessische Verfassung

vom 12. Dezember 1919

Nach der amtlichen Handausgabe von 1921

Herausgegeben von der Landesabteilung Hessen
der Reichszentrale für Heimatdienst

Die hessische Verfassung.

Aus dem Regierungsblatt Nr. 37 vom 20. Dezember 1919.

Das Hessische Volk hat durch die am 26. Januar 1919 gewählte verfassunggebende Volkskammer in Ausführung des Artikels 10 der vorläufigen Verfassung für den Freistaat (Republik) Hessen die nachstehende

Verfassung vom 12. Dezember 1919

beschlossen.

I. Abschnitt.

Vom Volksstaat Hessen und seinen Grenzen.

Artikel 1. Der Volksstaat Hessen bildet als selbständiges Land einen Bestandteil des Deutschen Reiches.

Die Landeshoheit unterliegt nur den aus der Verfassung und den sonstigen Gesetzen des Deutschen Reichs sich ergebenden Beschränkungen.

Artikel 2. Alle Landesteile Hessens in ihrem gegenwärtigen Bestande bilden das Staatsgebiet des Volksstaates Hessen. Veränderungen im Bestande des Staatsgebiets unterliegen den für Verfassungsänderungen vorgesehenen Vorschriften.

II. Abschnitt.

Von der Staatsgewalt.

Artikel 3. Alle Staatsgewalt im Volksstaat Hessen geht vom Volke aus. Sie wird ausgeübt teils unmittelbar durch die stimmberechtigten reichsdeutschen Männer und Frauen, die in Hessen wohnen, teils mittelbar durch die Volksvertretung und die Behörden.

Artikel 4. Die Gesetzgebungsgewalt wird ausgeübt teils durch das Volk im Wege des Volksbegehrens und der Volksabstimmung, teils durch die vom Volke gewählte Volksvertretung.

Artikel 5. Die Vollziehungsgewalt wird ausgeübt durch das Gesamtministerium und innerhalb ihrer Zuständigkeit durch die Verwaltungsbehörden.

Artikel 6. Die Gerichtsgewalt wird ausgeübt durch die nach den Gesetzen des Deutschen Reichs und den Landesgesetzen bestellten Gerichte.

Die Gerichte sind innerhalb der Grenzen ihrer Zuständigkeit unabhängig.

III. Abschnitt.

Von der Gesetzgebung.

1. Allgemeine Regeln.

Artikel 7. Allgemeinverbindliche Anordnungen der Staatsgewalt, durch die Rechte und Pflichten begründet, geändert oder aufgehoben werden, bedürfen grundsätzlich der Gesetzesform.

Staatsverträge bedürfen zu ihrer Gültigkeit ebenfalls der Gesetzesform.

Zum Zustandekommen eines Gesetzes gehört die Zustimmung des Landtags oder des Volkes und die Ausfertigung und Verkündigung durch das Gesamtministerium.

Artikel 8. Die Ausfertigung eines Gesetzes muß, vorbehaltlich der Bestimmungen in den Artikeln 13, 14, erfolgen, sobald der Landtag oder das Volk einem Gesetze zugestimmt hat. Das Gesetz ist von dem Staatspräsidenten und mindestens der Hälfte der übrigen Minister zu unterzeichnen. Die Veröffentlichung erfolgt im Regierungsblatt.

Die Gesetze erlangen Gesetzeskraft mit dem 7. Tage nach dem Tage der Ausgabe des Regierungsblattes, sofern nicht in dem Gesetze selbst ein anderer Zeitpunkt ausdrücklich bestimmt ist.

Artikel 9. Solange der Landtag nicht versammelt ist, können Anordnungen, die sonst der Gesetzesform bedürfen, durch das Gesamtministerium erlassen werden, wenn außergewöhnliche Ereignisse ein sofortiges Eingreifen erforderlich machen. Sie dürfen der Verfassung nicht zuwiderlaufen und sind dem Landtag bei seinem Zusammentritt sofort zur Bestätigung vorzulegen. Wird die Bestätigung verweigert, so sind sie unverzüglich aufzuheben.

2. Das Volk.

A. Das Stimmrecht.

Artikel 10. Stimmberechtigt sind alle Reichsdeutschen ohne Unterschied des Geschlechts, die das 20. Lebensjahr vollendet haben und im Lande wohnen.

Für alle auf Grund dieser Verfassung vom Volke vorzunehmenden Abstimmungen gilt das allgemeine, geheime, gleiche, unmittelbare Stimmrecht.

Ueber Ausschluß und Ruhen des Stimmrechts bestimmt das Nähere das Wahlgesetz.

Artikel 11. Die Abstimmungen finden an gesetzlichen Ruhetagen, mit Ausnahme der höchsten Festtage, statt.

B. Volksbegehren und Volksabstimmung.

Artikel 12. Eine Volksabstimmung hat stattzufinden, wenn ein Zwanzigstel der bei der letzten Wahl zum Landtage Stimmberechtigten das Begehren nach Vorlage eines Gesetzes stellt.

Das Begehren kann auf Erlaß, Aufhebung oder Abänderung eines Gesetzes gerichtet sein und nur in der Form eines ausgearbeiteten Entwurfs gestellt werden. Das Begehren ist an das Gesamtministerium oder während der Tagung des Landtags an diesen zu richten.

Das Gesamtministerium hat den bei ihm eingereichten Entwurf dem Landtage vorzulegen.

Wird dem Volksbegehren von dem Landtag nicht entsprochen, so findet, ausgenommen die Fälle des Artikels 14, eine Volksabstimmung statt. Diese ist entscheidend.

Wird ein von dem Volksbegehren ausgegangener Entwurf von dem Landtag mit Abänderungen angenommen, so findet über den Volksentwurf und über den Entwurf des Landtags Volksabstimmung statt.

Artikel 13. Ein von dem Landtag angenommenes und im Regierungsblatte noch nicht verkündetes Gesetz ist binnen zweier Monate zur Volksabstimmung zu bringen, wenn das Gesamtministerium es beschließt. Die Volksabstimmung ist notwendig, wenn durch das Gesetz die Verfassung abgeändert werden soll, es sei denn, daß der Landtag die Verfassungsänderung mit einer Mehrheit von acht Zehntel der Stimmen beschlossen hat.

Artikel 14. Ueber das Finanzgesetz und den Staatsvoranschlag findet keine Volksabstimmung statt. Gesetze über Steuern und sonstige Auflagen sowie Besoldungsgesetze können der Volksabstimmung nur unterworfen werden, wenn es das Gesamtministerium nach Artikel 13 beschließt.

Artikel 15. Die Volksabstimmung kann nur bejahend oder verneinend sein. Es entscheidet die einfache Mehrheit der Stimmen; für Gesetze, die eine Verfassungsänderung enthalten, bedarf es einer Mehrheit von $^2/_3$ der bei der Volksabstimmung abgegebenen Stimmen.

Artikel 16. Das Verfahren bei der Volksabstimmung wird durch Gesetz geregelt.

3. Die Volksvertretung.

A. Bildung des Landtags.

Artikel 17. Der Landtag besteht aus 70 Abgeordneten des hessischen Volkes.

Artikel 18. Die Abgeordneten werden nach den Grundsätzen der Verhältniswahl gewählt; das Nähere bestimmt das Wahlgesetz.

Artikel 19. Wählbar zum Abgeordneten ist jeder Stimmberechtigte, der zur Zeit der Wahl das 25. Lebensjahr zurückgelegt hat und vom Stimmrechte nicht ausgeschlossen ist.

Artikel 20. Die Abgeordneten werden, unbeschadet der Vorschrift in Artikel 24 Absatz 4, gleichzeitig auf einen am Wahltage beginnenden Zeitraum von 3 Jahren gewählt (Landtagsdauer).

Artikel 21. Ein Gewählter kann die Wahl ablehnen oder nachträglich auf die Mitgliedschaft in dem Landtag verzichten. Der Verzicht ist dem Präsidenten des Landtags schriftlich mitzuteilen; er ist unwiderruflich.

Lehnt ein Gewählter die Wahl ab oder scheidet er durch Tod, Verzicht oder Verlust der Wählbarkeit aus dem Landtag aus, so hört die Mitgliedschaft des zum Ersatz in den Landtag Eingetretenen in dem Zeitpunkt auf, in dem die Eigenschaft des Ausgeschiedenen als Abgeordneter nach Vorschrift des Artikels 20 erloschen wäre.

B. Zusammentritt, Vertagung und Auflösung des Landtags.

Artikel 22. Der Landtag tritt kraft eignen Rechts am achtzehnten Tage nach der Wahl am Sitze der Landesregierung zusammen.

Artikel 23. Der Landtag hat sich mindestens einmal im Jahre zu versammeln. Er beschließt über seine Vertagung und bestimmt die Zeit seines Wiederzusammentritts. Er tritt schon vor dem von ihm bestimmten Zeitpunkte wieder zusammen, wenn der Präsident des Landtags ihn beruft. Der Präsident des Landtags muß ihn unverzüglich berufen, wenn es mindestens ein Drittel der Mitglieder verlangt.

Artikel 24. Der Landtag kann vor Ablauf seiner Dauer nur durch Volksabstimmung aufgelöst werden. Die Frage der Auflösung ist dem Volke unverzüglich vorzulegen, wenn das Gesamtministerium es beschließt oder wenn ein Zwanzigstel der bei der letzten Wahl zum Landtage Stimmberechtigten das Begehren stellt.

Mit der Auflösung verlieren die Wahlen für den Landtag ihre Gültigkeit und die Gewählten ihre Eigenschaft als Abgeordnete.

Die Neuwahlen finden spätestens am 60. Tage nach dem Tage der Auflösung statt.

Die Dauer des nach Auflösung neugewählten Landtags wird vom ersten Sonntag des November des Jahres berechnet, in dem die Auflösung erfolgte.

Artikel 25. Alle Vorlagen, Anträge, Anfragen, Gesuche und Beschwerden sind mit dem Ablaufe der Landtagsdauer oder der Auflösung des Landtags, in dem sie eingebracht sind, für erledigt zu erachten, auch wenn über sie noch nicht endgültig beschlossen ist.

C. Geschäftsbehandlung des Landtags.

Artikel 26. Der Landtag wählt für seine Dauer seinen Präsidenten, die Stellvertreter des Präsidenten und die Schriftführer.

Artikel 27. Der Landtag stellt das Recht der Mitgliedschaft fest.

Ist eine Wahl angefochten worden, oder wird streitig, ob ein Mitglied des Landtags das Recht der Mitgliedschaft verloren hat, so entscheidet der Staatsgerichtshof.

Artikel 28. Der Landtag gibt sich eine Geschäftsordnung.

Artikel 29. Die Mitglieder des Landtags haben nach Maßgabe der Geschäftsordnung das Recht zum Vorschlage von Gesetzen.

Artikel 30. Zu einem Beschlusse des Landtags ist die Abstimmung von mindestens der Hälfte der gesetzlichen Zahl seiner Mitglieder erforderlich.

Der Landtag beschließt mit Stimmenmehrheit.

Der Landtag gilt solange als beschlußfähig, bis das Gegenteil durch namentliche Abstimmung oder durch eine auf Antrag eines Mitglieds stattfindende Auszählung festgestellt ist. Der Antrag auf Auszählung kann nur unmittelbar vor Beginn der Abstimmung gestellt werden.

Artikel 31. Änderungen der Verfassung können nur beschlossen werden, wenn wenigstens zwei Drittel der gesetzlichen Zahl der Mitglieder des Landtags anwesend sind und wenigstens zwei Drittel der Anwesenden zustimmen.

Artikel 32. Die Mitglieder des Gesamtministeriums und ihre Vertreter haben jederzeit zu den Sitzungen des Landtags und seiner Ausschüsse Zutritt und müssen zu den Gegenständen der Tagesordnung gehört werden, so oft sie es verlangen. Die Mitglieder des Gesamtministeriums müssen auch außerhalb der Tagesordnung gehört werden.

Auf Verlangen des Landtags und seiner Ausschüsse müssen die Mitglieder des Gesamtministeriums und ihre Vertreter zu den Sitzungen erscheinen, um Auskunft zu geben.

Artikel 33. Die Verhandlungen des Landtags sind öffentlich. Sie werden geheim auf Begehren der anwesenden Vertreter des Gesamtministeriums bei Eröffnungen, für die sie die Geheimhaltung für notwendig erachten, oder auf Begehren von wenigstens zehn Mitgliedern des Landtags, wenn dem Begehren nach vorläufigem Abtreten der Zuhörer die Mehrheit des Landtags zustimmt.

D. Rechte der Abgeordneten.

Artikel 34. Die Abgeordneten sind Vertreter des gesamten Volkes. Sie stimmen nach freier Überzeugung und sind an Aufträge und Weisungen nicht gebunden. Sie üben ihre Rechte in Person aus.

Artikel 35. Die Abgeordneten erhalten Entschädigung nach einem besonderen Gesetz.

E. Zuständigkeit des Landtags.

Artikel 36. Der Landtag übt nach Artikel 7 die Gesetzgebung aus; er wirkt nach Artikel 53—58 bei der Finanzverwaltung mit und übt durch Anfragen, Mitwirkung bei der Bildung des Ministeriums und Ministeranklage die Aufsicht über die Staatsleitung und Verwaltung. Der Landtag kann sich mit allen von ihm selbst zu seiner Beratung für geeignet erachteten Gegenständen beschäftigen.

IV. Abschnitt.

Von der Staatsleitung.

1. Bildung, Zuständigkeit und Verantwortlichkeit des Ministeriums.

Artikel 37. Die Staatsleitung liegt in den Händen des Gesamtministeriums. Sein Vorsitzender ist der Ministerpräsident mit der Amtsbezeichnung Staatspräsident.

Der Staatspräsident wird von jedem neugewählten Landtag aus der Zahl der zum Landtag wählbaren Staatsangehörigen in öffentlicher Sitzung mit absoluter Stimmenmehrheit gewählt. Er beruft die Mitglieder des Gesamtministeriums und aus deren Zahl seinen Stellvertreter; die Berufung bedarf der Bestätigung durch den Landtag. Im Falle des Ausscheidens des Staatspräsidenten ist unverzüglich der Landtag zur Wahl des Staatspräsidenten zu berufen.

Die Zahl der Mitglieder des Gesamtministeriums wird durch den Landtag bestimmt.

Artikel 38. Die Mitglieder des Gesamtministeriums bedürfen gemäß Artikel 17 Absatz 1 der Reichsverfassung zu ihrer Amtsführung des Vertrauens des Landtags. Versagt der Landtag durch einen ausdrücklichen Beschluß dem Gesamtministerium das Vertrauen, so tritt es zurück.

Wenn das Gesamtministerium zurücktritt, so muß es die Staatsgeschäfte solange fortführen, bis der Landtag den Staatspräsidenten neu gewählt und die von ihm berufenen Mitglieder des Gesamtministeriums bestätigt hat.

Der Landtag kann jederzeit die Abberufung einzelner Mitglieder des Gesamtministeriums verlangen.

Artikel 39. Die Mitglieder des Gesamtministeriums dürfen während ihrer Amtsdauer ein anderes besoldetes Amt, einen besonderen Beruf oder ein Gewerbe ohne Zustimmung des Landtags nicht ausüben.

Die Ansprüche der Mitglieder des Gesamtministeriums auf Ruhegehalt und Hinterbliebenenversorgung werden durch Gesetz geregelt.

Artikel 40. Die allgemeine Regierung wird durch das Gesamtministerium und unter gemeinsamer Verantwortung der Mitglieder geführt. Im übrigen führt jedes Mitglied die Geschäfte seines Verwaltungszweiges unter eigener Verantwortlichkeit.

Artikel 41. Der Staatspräsident vertritt das Land nach außen. Der Abschluß von Staatsverträgen bedarf der Zustimmung des Gesamtministeriums.

Artikel 42. Die Mitglieder des Gesamtministeriums beraten und entscheiden in kollegialer Form mit einfacher Mehrheit. Der Staatspräsident leitet die Verhandlungen.

Artikel 43. Das Gesamtministerium ist berechtigt, Gesetzesvorschläge bei dem Landtag einzubringen.

Artikel 44. Das Gesamtministerium oder nach Maßgabe der Geschäftsverteilung die einzelnen Ministerien und die durch Gesetz für zuständig erklärten Staatsbehörden erlassen die zur Ausführung der Gesetze notwendigen Verordnungen sowie die sonst erforderlichen Verwaltungsanordnungen.

Artikel 45. Die Zuständigkeit des Gesamtministeriums, die Form der Beratung und Beschlußfassung und die Verteilung der Geschäfte auf die einzelnen Ministerien und sonstigen obersten Staatsbehörden werden, soweit nichts anderes durch die Verfassung, durch Gesetz oder Beschluß des Landtags bestimmt wird, durch Verordnung des Gesamtministeriums geregelt.

Artikel 46. Der Staatspräsident und die übrigen Mitglieder des Gesamtministeriums sowie sämtliche Beamten, sofern letztere nicht auf ausdrückliche Anordnung des Gesamtministeriums handelten, sind für die genaue Befolgung der Verfassung verantwortlich.

2. Anklagen gegen die Mitglieder des Gesamtministeriums.

Artikel 47. Der Landtag hat das Recht, die Mitglieder des Gesamtministeriums wegen einer durch Handlungen oder Unterlassungen wissentlich oder aus grober Fahrlässigkeit begangenen Verletzung der Verfassung oder anerkannt verfassungsmäßiger Rechte oder schweren Gefährdung der Sicherheit oder Wohlfahrt des Staates förmlich anzuklagen.

Ein solcher Beschluß erfordert die für Verfassungsänderungen vorgeschriebene Stimmenzahl; seine Zurücknahme kann mit einfacher Stimmenmehrheit erfolgen.

Artikel 48. Das Anklagerecht des Landtags wird durch die Amtsniederlegung oder Abberufung des Beschuldigten vom Dienste, mag sie vor oder nach erhobener Anklage erfolgen, nicht aufgehoben.

Artikel 49. Im Falle der Verurteilung ist auf die Entlassung aus dem Staatsdienste, sofern der Verurteilte nicht schon vorher ausgeschieden war, zu erkennen und festzustellen, worin die im Artikel 47 genannte Handlung oder Unterlassung gefunden wird. Hat der Verurteilte einen Anspruch nach Artikel 39 Absatz 2 oder einen Anspruch auf Gehalt, Ruhegehalt oder Hinterbliebenenversorgung gegen den Staat, eine andere hessische Körperschaft öffentlichen Rechts oder einen unter staatlicher Verwaltung stehenden Vermögensstock, so ist zugleich zu erkennen, ob und inwieweit dieser Anspruch aufrecht zu erhalten ist.

Artikel 50. Die Anklage ist beim Staatsgerichtshof zu erheben.

Der Staatsgerichtshof besteht aus dem Präsidenten des Oberlandesgerichts als Vorsitzenden sowie aus 4 Mitgliedern, die vom Oberlandesgericht aus den Mitgliedern der Kollegialgerichte des Landes, und 8 Mitgliedern, die von dem Landtag aus seiner Mitte nach Verhältniswahl gewählt werden. Er wird für jede Landtagsdauer neu gewählt.

Das Nähere über die Bildung des Staatsgerichtshofs sowie das Verfahren vor demselben wird durch Gesetz geregelt.

Artikel 51. Nach Ablauf der Landtagsdauer oder im Falle der Auflösung des Landtags bleibt der Staatsgerichtshof bis zu seiner Neubildung im Amte.

Artikel 52. Das Recht der Anklage erlischt drei Jahre nach dem Zeitpunkte, zu dem die verletzende Handlung in dem Landtage zur Sprache gebracht worden ist, und jedenfalls nach Ablauf von fünf Jahren seit der Begehung.

V. Abschnitt.

Vom Finanzwesen und vom Staatseigentum.

Artikel 53. Landes-Steuern und sonstige Auflagen können nur mit Zustimmung des Landtags erhoben werden.

Artikel 54. Der Staatsvoranschlag, in den die Einnahmen und Ausgaben des Staates für jedes Rechnungsjahr einzustellen sind, ist vor Beginn des Rechnungsjahres durch das Finanzgesetz festzustellen.

Ausnahmsweise kann der Staatsvoranschlag durch besonderes Gesetz auf das folgende Rechnungsjahr oder auf einen kürzeren Zeitraum erstreckt werden; dieser Zeitraum ist in das neue Rechnungsjahr einzurechnen.

Artikel 55. Wenn das neue Finanzgesetz nicht rechtzeitig zustande kommt, dürfen die Steuern und sonstigen Auflagen noch für 6 Monate nach Ablauf des Rechnungsjahres erhoben werden.

In diesem Falle dürfen bis zum Inkrafttreten des neuen Finanzgesetzes alle Ausgaben geleistet werden, die zur Erfüllung rechtlich begründeter Verpflichtungen des Staates oder zur Erhaltung gesetzlich bestehender Einrichtungen oder zur Durchführung gesetzlich beschlossener Maßnahmen erforderlich sind; ferner dürfen Bauten, Beschaffungen und sonstige Leistungen, für die durch den Staatsvoranschlag eines Vorjahres bereits Bewilligungen stattgefunden haben, fortgesetzt und unter den gleichen Voraussetzungen Beihilfen zu Bauten, Beschaffungen oder sonstigen Leistungen weiter gewährt werden. Soweit die laufenden Einnahmen zur Leistung der vorgenannten Ausgaben nicht ausreichen, dürfen die erforderlichen Mittel durch Ausgabe von Schatzanweisungen oder Staatswechseln beschafft werden.

Artikel 56. In dringenden Fällen kann die Regierung von dem zuständigen Ausschuß (Finanzausschuß) des Landtags zu Ausgaben ermächtigt werden, wenn die Einberufung des Landtags unmöglich ist oder der Bedeutung der Angelegenheit nicht entsprechen würde. Die Beschlußfassung des Ausschusses bedarf in diesem Falle einer Mehrheit der Stimmen von ³/₄ der anwesenden Mitglieder. Dem Landtage ist bei seinem nächsten Zusammentreten Vorlage zu machen.

Artikel 57. Staatsanleihen können nur auf Grund eines Gesetzes aufgenommen werden.

Wenn drohende Gefahr die Aufnahme von Geldern dringend erfordert und die Einberufung des Landtags oder eine Beratung mit dem zuständigen Ausschuß unmöglich ist, können die nötigen Mittel ohne Zustimmung des Landtags auf dem Wege des Staatskredits flüssig gemacht werden. Dem Landtage ist in diesem Falle bei seinem nächsten Zusammentreten Vorlage zu machen.

Die gesamte Staatsschuld genießt den Schutz der Verfassung.

Artikel 58. Über die Einnahmen und Ausgaben ist jährlich Rechnung zu stellen. Die Rechnungen sind von einer unabhängigen Stelle zu prüfen und abzuschließen; das Ergebnis ist dem Landtage mitzuteilen.

Artikel 59. Grundstücke des Staates dürfen ohne Zustimmung des Landtags nicht veräußert oder mit Hypotheken, Grundschulden, Rentenschulden, Reallasten oder dinglichen Vorkaufsrechten belastet werden. Die Ausnahmen von diesem Grundsatze werden durch Gesetz bestimmt.

Der Erlös veräußerter Grundstücke ist wieder in Grundstücken anzulegen oder zur Ablösung von Lasten der Staatskasse zu verwenden, sofern der Landtag nicht einer anderen Verwendung zu Vermögenszwecken zustimmt. Er kann vorübergehend verzinslich angelegt werden.

Rechte, für welche die sich auf Grundstücke beziehenden Vorschriften des Bürgerlichen Gesetzbuchs gelten, stehen Grundstücken im Sinne vorstehender Vorschriften gleich.

über alle Veräußerungen und Belastungen, die im Laufe eines Rechnungsjahres erfolgen, und über die Wiederanlage des Erlöses ist dem Landtage im nächsten Rechnungsjahre eine Nachweisung vorzulegen.

VI. Abschnitt.

Von der Rechtspflege.

Artikel 60. Der Staat nimmt in allen öffentlich- und privatrechtlichen Streitigkeiten Recht vor den zuständigen Gerichten.

Artikel 61. Das Gesamtministerium oder das von ihm beauftragte Ministerium kann im Gnadenwege die rechtskräftig erkannten Strafen mildern oder ganz nachlassen, aber nicht verschärfen.

Zu einer Niederschlagung anhängiger Strafverfahren bedarf das Gesamtministerium der Zustimmung des Landtags.

VII. Abschnitt.

Von den Gemeinden und öffentlichen Kommunalverbänden.

Artikel 62. Die Gemeinden werden in ihrem dermaligen Bestande gewährleistet. Die Vereinigung einer Gemeinde mit einer anderen, sowie die Auflösung einer Gemeinde kann durch Vereinbarung mit Genehmigung des Gesamtministeriums oder durch Gesetz erfolgen. Die Bildung einer neuen Gemeinde kann nur auf dem Wege des Gesetzes geschehen.

Für die Abtrennung von Teilen einer Gemarkung und ihre Vereinigung mit einer anderen Gemarkung gelten die besonderen hierfür erlassenen gesetzlichen Vorschriften.

VIII. Abschnitt.

Von den Patronaten.

Artikel 63. Die ehemals landesherrlichen, die standesherrlichen und grundherrlichen Patronate sind, soweit sie nicht nachweislich Privatpatronate sind, aufgehoben.

Die Aufhebung oder Ablösung der Privatpatronate erfolgt durch besonderes Gesetz bis spätestens 31. Dezember 1924.

Präsentationen auf Schulstellen finden auch bei Privatpatronaten nicht mehr statt; die Leistungen des seitherigen Präsentationsberechtigten übernimmt bei dessen Weigerung bis zu anderweitiger Regelung der Staat.

IX. Abschnitt.

Schluß- und Übergangsbestimmungen.

Artikel 64. Die erste regelmäßige Neuwahl des Landtags auf Grund dieser Verfassung findet im November 1921 statt.

Bis zu dieser Neuwahl bleibt die auf Grund der Verordnung über die Wahlen zur verfassunggebenden Volkskammer der Republik Hessen vom 3. Dezember 1918 gewählte Volkskammer bestehen.

Artikel 65. Mit dem Inkrafttreten dieser Verfassung sind, soweit dies nicht bereits früher geschehen ist, folgende Gesetze aufgehoben:

1. die Verfassungsurkunde des Großherzogtums Hessen vom 17. Dezember 1820;
2. das Gesetz über die Verantwortlichkeit der Minister und obersten Staatsbeamten vom 5. Juli 1821 und das Gesetz, die Verantwortlichkeit der höchsten Staatsbehörden betreffend, vom 8. Januar 1824;
3. alle die Verfassungsurkunde von 1820 abändernden und ergänzenden Bestimmungen, die ein Bestandteil der Verfassungsurkunde bilden.

Im übrigen bleiben die bisherigen Gesetze und Verordnungen in Kraft, soweit ihnen dieses Gesetz nicht entgegensteht.

Diese Verfassung wird hiermit als Gesetz verkündet.

Darmstadt, den 12. Dezember 1919.

Hessisches Gesamtministerium.

Ulrich. Henrich. Dr. Fulda. v. Brentano.

Dokument 2:

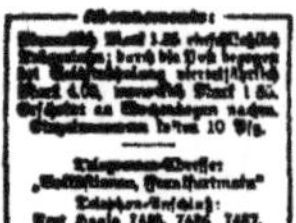

Volksstimme

Sozialdemokratisches Organ für Südwestdeutschland.

Nummer 264 — Frankfurt a. M., Samstag den 9. November 1918. — 29. Jahrgang

Voran zur deutschen Republik!

Abdankung Wilhelms, Thronverzicht des Kronprinzen, Ebert Reichskanzler, Wahlen zur Konstituante.

Wilhelm, der letzte Hohenzoller, als Persönlichkeit.

An die Soldaten!

Für den Frankfurter Soldatenrat:

Mitbürger und Soldaten!

Die Lage in Frankfurt.

Nummer 254 — Hauptblatt der „Volksstimme“ — 9. November 1918

[illegible]

Soldatenrat Darmstadt.

[illegible]

Mecklenburg eine auf den Grundsätzen des parlamentarischen Systems beruhende Landesverfassung eingeführt werden, die eine Vertretung unseres Volkes durch eine Kammer, welche auf Grund des allgemeinen, gleichen, geheimen und unmittelbaren Wahlrechtes gewählt wird, vorsieht.“

Wie die „Mecklenburgische Zeitung“ hört, erhielt der fortschrittliche Reichstagsabgeordnete Sivkovich vom Arbeiter- und Soldatenrat den Auftrag zur Weiterführung der Verhandlungen. Es sei in Aussicht genommen, dem Großherzog ein vorläufiges Ministerium, das in den nächsten Wochen ergänzt werden soll, vorzuschlagen. Für dieses Ministerium werden in Vorschlag gebracht: Die anwesenden Reichstagsabgeordneten, ein Vertreter der Mehrheitssozialisten aus Mecklenburg, je ein Vertreter des Arbeiter- und Soldatenrates.

Soldatenrat für Oldenburg.

[illegible]

Soldatenrat Rostock.

[illegible]

Provisorische Regierung für Schleswig-Holstein.

[illegible]

Landesväter a. D.

[illegible]

Foch lehnt Waffenruhe ab.

[illegible]

[illegible] Der deutsche Vorschlag zu sofortigem Abschluß einer vorläufigen Waffenruhe wurde von Foch abgelehnt. Die Waffenstillstandsbedingungen sind durch Kurier nach dem deutschen Hauptquartier gebracht worden.

Berlin, 9. Nov. (W. B. Amtlich.) Der mit der Ueberbringung der Waffenstillstandsbedingungen beauftragte Kurier funkte nachts durch den Eiffelturm, daß er die Linien nicht passieren könne, da die Deutschen das Feuer noch nicht eingestellt hätten. Zu dieser Annahme wurde er anscheinend durch den Umstand veranlaßt, daß auf deutscher Seite ein Munitionsdepot in Brand geraten war und mit fortgesetzten Detonationen in die Luft flog. Der Kurier wurde durch Funkspruch hierüber aufgeklärt und erhielt die Weisung, die Linien sofort zu überschreiten. — Das Eintreffen der Waffenstillstandsbedingungen in Berlin kann stündlich erwartet werden.

Rückzugskämpfe.

Großes Hauptquartier, 9. Nov. (W. B. Amtlich.)

Westlicher Kriegsschauplatz.

[illegible]

Amerika.

Wilsons Wahlniederlage.

[illegible]

Professor Unrat

oder

Das Ende eines Tyrannen.

Roman von Heinrich Mann.

(Fortsetzung.)

[illegible]

XVI.

[illegible]

Dokument 3:

An die Soldaten!

Kameraden und Brüder! Die in der Nacht vom 8. auf 9. November versammelten unterzeichneten Soldaten sämtlicher Frankfurter Truppenteile haben einen provisorischen Ausschuß gebildet, um am 9. 11. durch allgemeine Soldatenwahl einen Zentralausschuß mit alleiniger ausführender Gewalt zu wählen. Die Mitglieder des provisorischen Ausschusses veranlassen am 9. 11. bis spätestens 8 Uhr vormittags die Wahl von 2 bis 3 Vertretern jeder Kompanie, Batterie usw. zum Frankfurter Soldatenrat.

Die gewählten Vertreter finden sich nach der Wahl im „Frankfurter Hof" zu weiteren Besprechungen zusammen. Die Richtlinien des provisorischen Ausschusses sind:

1. Errichtung der sozialen deutschen Republik.
2. Freiheit und soziale Gleichstellung sämtlicher Staatsangehörigen.
3. Sofortige Freilassung aller politischen Gefangenen.

   Außerdem folgende Veränderungen der soldatischen Dienstvorschriften:

   a) Freiheit und Aufhebung des Grußzwanges nach dem Dienst;
   b) Bessere Regelung der Verpflegungsfrage.
   c) Erleichterung und Vereinfachung der Beurlaubungen und Entlassungen.
4. Der Soldatenrat übernimmt die Kontrolle über die gesamte militärische Gewalt.
5. Er sorgt für Ruhe und Ordnung. Plündern und Straßenraub wird strengstens bestraft, unter Umständen mit dem Tode.
6. Offiziere und Militärbeamte verbleiben im Dienst, sofern sie sich den Anordnungen des Soldatenrats fügen.
7. Der Soldatenrat erklärt sich solidarisch mit dem durch Beschluß in der Nacht vom 8. zum 9. ds. begründeten Arbeiterrat und teilt sich mit ihm in die verordnende und ausführende Gewalt.

Für den Frankfurter Soldatenrat:

Inf.-Regt. 81 Reinhardt.

Landw.-Inf.-Regt. 81 Schmidt.

[illegible]-Regt. [illegible] [illegible]

[illegible]

[illegible]

Dokument 4:

An die Bevölkerung von Mainz!

Aus der Mitte der Mainzer Garnison und der Arbeiterschaft hat sich gestern ein Arbeiter- und Soldatenrat gebildet, der einen Ausschuß beauftragte, folgende Beschlüsse der Bevölkerung zur Kenntnis zu bringen:

Der Ausschuß des Arbeiter- und Soldatenrats übernimmt die vollziehende Gewalt.

Er sorgt für Ruhe und Ordnung und gewährleistet die Sicherheit der Bevölkerung und des Eigentums. Plünderungen und Straßenraub werden mit dem Tode bestraft.

Alle militärischen und zivilen Behörden üben ihre bisherige Verwaltungstätigkeit weiter aus. Sie werden im Einvernehmen mit dem Ausschuß alle Maßnahmen treffen, die im Interesse der Bevölkerung, namentlich zur Aufrechterhaltung der Ordnung und Ruhe und zur Sicherung der Ernährung notwendig sind.

Vorgesetzte und Soldaten haben ihre Abzeichen zu tragen. Das Vorgesetztenverhältnis besteht nur im Dienst.

Der militärische Dienst wird wie bisher weiter ausgeübt.

Urlauber haben sofort zu ihren Truppenteilen zurückzukehren. Es wird den Soldaten zur heiligen Pflicht gemacht, ihre Ausrüstung im besten Zustand zu erhalten.

Nach 10 Uhr abends dürfen weder Militär- noch Zivilpersonen ohne Ausweis auf der Straße weilen.

Patrouillen werden die Durchführung dieser Anordnung überwachen.

Der Ausschuß hält es für nötig, sich an die Bevölkerung mit der Bitte zu wenden, ihren bisherigen Berufs- und häuslichen Obliegenheiten ungestört weiter nachzugehen. Kinder sind in den nächsten Tagen nach Möglichkeit von der Straße zu halten.

Der Arbeiter- und Soldatenrat erwartet von der Einsicht der Bürger und Soldaten, daß sie in diesen schweren Tagen sich allen Anordnungen fügen, um einen sicheren Uebergang in eine bessere und glücklichere Zukunft zu gewährleisten.

Mainz, in der Nacht zum 10. November 1918.

Für den Arbeiter- und Soldatenrat:

Adelung, Landtagsabg.; Wirth, Leutnant, Vorsitzende

Engelmann, Arbeitersekretär; Heß, [illegible] im Inf.-Reg. 88; Ibing, Redakteur; Klee, Feldwebel im Inf.-Reg. 117; Plank, Gefreiter im Fußart.-Reg. 3; Rädel, Leutnant 1. Ers.-Masch.-Gewehr-Komp.; Schaller, Gefreiter im Landst.-Inf.-Ers.-Batl. 18/38; Seel, Stadtverordneter; Stöber, Landsturmmann im Inf.-Ers.-Batl. 87; Thomas, Gewerkschaftssekretär; Treffe, Gewerkschaftssekretär; Weiß, Stadtverordneter.

[illegible]

Dokument 5:

Kameraden!

Die deutsche Revolution hat den Willen frei gemacht [illegible] Frieden, zu Freiheit und Recht für alle. Es sind [illegible] Minderheiten am Werke, die mit ihren unreifen Experimenten Deutschland ins Herz treffen und an den Abgrund des [illegible] Falles und Verfalles führen.

Kameraden! In dieser Zeit — wo das [illegible] aufs schwerste gefährdet ist — will der Arbeiter- und Soldatenrat für Ruhe und Ordnung, für Sicherheit und Schutz des persönlichen Eigentums sorgen. Nur so gelangen wir zu Frieden, Recht und gesetzmäßigen Zuständen.

Kameraden! Wer Euch etwas anderes über den Zweck und die Haltung der Soldatenräte sagt, der belügt Euch! Erfüllt also die Anordnung Hindenburgs, der enges Hand in Handarbeiten Eurer Soldatenräte mit denen der Heimat fordert. Schickt Eure Führer sofort nach Eintreffen zu uns, damit alle Fragen allgemeiner und lokaler Art nach bestem Wissen und Gewissen geregelt werden!

Für die Heimat ist die Grußpflicht abgeschafft. Mißbräuche waren bei Untergebenen und Vorgesetzten unvermeidlich. Stänkerungen und Belästigungen waren an der Tagesordnung. Um sie zu vermeiden, ist Euch der Gruß außer Dienst freigestellt, aber nicht Zwang.

Kameraden! Große Aufgaben stellte uns die [illegible] Massenquartiere sind unvermeidlich; Entlausung und die Wohltat des Bades wird nicht immer möglich sein, trotz unserer Arbeit und unseres Willens. Kameraden! Versteht die Schwierigkeiten der deutschen Heimat. Begeht keine Eigenmächtigkeiten! Ihr dürft Euch nicht auf eigene Faust einquartieren!

Kameraden! Wir haben die Helden der Vorzeit gehabt. Aber sie haben nicht in stinkigen, mit Gas erfüllten Löchern ausgehalten und haben nicht Tage und Wochen im schwersten Trommelfeuer Not und Tod ausgehalten. Wir, die wir als lebendige Mauer von Leibern die Heimat geschützt haben, wir werden auch jetzt Ruhe und Ordnung halten!

Arbeiter- und Soldatenrat Friedberg i. H.

Heidenreich. Meurer. Repp.

Dokument 6:

An die Landwirte in Hessen!

Die Zeiten bleiben trostlos. Die so herrlichen Tage, denen uns die Revolution entgegenführen wollte, sind nicht gekommen und werden nicht kommen. Im Gegenteil: wir treiben dem

völligen wirtschaftlichen Zusammenbruch

entgegen. Kohlennot, Verkehrsnot, Arbeitslosigkeit, Arbeitsunlust, sittliche Verwilderung, das sind die Zeichen, unter denen wir stehen. Das durch Krieg Revolution und Friedensvertrag geschwächte Wirtschaftsleben unseres Volkes soll nun auch noch

Steuern von ungeheurem Umfange

aufbringen, um das Reich vor dem Bankerott zu bewahren. Dieser Staatsbankerott aber muß eintreten, wenn die Regierung nicht endlich Sparsamkeit walten läßt. Im Kriege betrugen die Monatsausgaben des Reiches bis zum Jahre 1916 2 Milliarden, jetzt im Frieden werden sogar 8 Milliarden im Monat verausgabt. Diese Mißwirtschaft sollte endlich aufhören. Statt dessen sehen wir, wie immer noch Milliarden für Arbeitslose ausgegeben werden, während im Bergbau die Arbeitskräfte fehlen, wie das Heer der Beamten immer vergrößert wird, ohne daß die Ordnung besser wird. Die demokratisch-sozialistische Parteiwirtschaft sucht ihre Günstlinge überall in gute Stellungen und Posten zu „schieben".

Wie lange sollen wir das noch ansehen?

Bürger und Bauern, Stadt und Land, alle wirtschaftlich schaffenden Kräfte sind die Leidtragenden dieser Zustände. Unsere Rechte werden verkürzt und verkümmert, nur noch die Interessen der Lohnarbeiter sind maßgebend. Zahlen aber dürfen wir, solange wir noch können.

Während die Regierung vor jeder Forderung der Massen kapituliert, bleibt die einmütige Forderung der Bauern nach dem

Abbau der Zwangswirtschaft

wirkungslos. Der Bauer weiß sehr gut, daß er die Pflicht hat, so viel als nur irgend möglich für die Versorgung der Städte zu leisten. Er hat es getan und wird es auch weiter tun. Er erwartet aber von den Arbeitern in den Städten, daß auch sie für die notwendigen Bedarfsartikel sorgen, daß er vor allem Kohlen und Kleidung beschaffen kann. Der Bauer will aber

wieder Herr in eigenem Haus und Hof

sein. Diese ewige Kontrolle ist ihm widerwärtig. Ohne die Zwangswirtschaft für Getreide und Vieh wird es in nächster Zeit nicht gehen, das sieht der Landmann ein. Aber ihren Abbau soll man ins Auge fassen. Für Kartoffeln, Gerste, Milch, Gemüse und Obst verlangt er den freien Handel. Er fordert die Beseitigung der Kontrolleure und der Revisoren. Die nötige Aufsicht können Vertrauensleute aus dem Bauernstande selbst ausüben. Die Ration für Selbstversorger muß erhöht werden. Mit diesen Forderungen stimmt die Deutsche Volkspartei durchaus überein.

Die Kommunalverbände und deren Handelsgesellschaften sind eine Quelle immerwährenden Verdrusses. Sie haben enorme Ueberschüsse gemacht. Milchkontrolleure usw. haben in einem Jahre Tausende von Mark ohne Mühe verdient. Die Produktion wird durch all diese Vorschriften und Schikanen vom grünen Tisch gehindert. Die Freude an der eignen Wirtschaft genommen. Der Viehstand ist gesunken, der Mangel an künstlichem Dünger und Maschinen macht sich schwer fühlbar. — Es ist deshalb natürlich, daß der Ruf erschallt:

Bauern organisiert Euch!

Nehmt Euch ein Beispiel an den Lohnarbeitern. Wahrt Eure Interessen. Rücksichtslos gegenüber der Volkswirtschaft und der Allgemeinheit haben jene ihre Forderungen durchgesetzt. Bauern und Bürger sind nicht so egoistisch. Aber leben wollen sie auch. Alle schaffenden Stände in Stadt und Land, große und kleine Bauern, Handwerker und Kaufleute müssen sich fest zusammenschließen. Es geht ums Ganze. Eine Reihe ländlicher Organisationen ist entstanden oder zu neuem Leben erwacht: der Hessische Bauernbund und im Odenwald die Landwirtschaftlichen Vereinigungen. Auch ein Demokratischer Bauernbund hat sich aufgetan. Da aber die Landleute ebenso wie die Stadtbewohner von den 10 Monaten demokratischer und sozialistischer Herrschaft genug haben, so wird letzterer keinen besonderen Anhang gewinnen.

Wirtschaftlich gehört der Bauer zu einer seiner Organisationen, die ihrerseits parteipolitisch neutral sein wollen. Politisch gehört er zu einer solchen Partei, die die Lebensinteressen der schaffenden Stände stets vertreten hat und auch in Zukunft vertritt. Das ist für die hessische Bauernschaft in erster Linie die

Deutsche Volkspartei.

Sie tritt ein:
für die Erhaltung des Privateigentums,
für die Erhaltung und Sicherung eines kraftvollen Bauernstandes,
für den Abbau und Aufhebung der Zwangswirtschaft,
für wirtschaftlichen Schutz aller deutschen Produktion,
für steuerliche Gerechtigkeit.

Sie kämpft:
gegen die Sozialisierung und Kommunalisierung,
gegen die Bevormundung der freien Betätigung auf wirtschaftlichem Gebiete,
gegen den Bodenwucher.

Durch ihre Mitarbeit ist es in erster Linie gelungen, in der hessischen Volkskammer

das Landgesetz

so zu gestalten, daß es keine Gefahr mehr für den Bauernstand darstellt. — Während die demokratisch-sozialistische Regierung keine Mindestgröße für Enteignung festgesetzt hatte, gelang es, den Antrag der Deutschen Volkspartei durchzusetzen, daß die Grenze für Bauernland auf 200 Morgen festgelegt wurde. Die Nationalversammlung in Weimar ging noch weiter und bestimmte, daß Besitzer unter [illegible] Morgen überhaupt nicht angetastet werden dürfen. — Ebenso wichtig war die Mitarbeit der Deutschen Volkspartei bei

den Steuergesetzen

in der Nationalversammlung in Weimar. Sie war bereit, für die Erbschaftssteuer auch in ihrer Ausdehnung auf Kinder und Ehegatten zu stimmen, nachdem sie es durchgesetzt hatte, daß neben der im der Regierungsvorlage vorgesehenen Besteuerung des landwirtschaftlichen und gewerblichen Inventars auch das in kostbaren Möbeln, Juwelen, Bildern usw. angelegte Vermögen besteuert werde. Die Deutsche Volkspartei setzte es ferner durch, daß der

landwirtschaftliche Grundbesitz

nicht nach dem gemeinem Wert, wie es ebenfalls die Vorlage der demokratisch-sozialistisch-zentrümlichen Regierung vorsah, sondern nach seinem Ertragswert geschätzt werden muß. Nachdem aber die Steuersätze auch für die Erbanfälle von Kindern und Ehegatten so verschärft worden waren, daß aus ihrer Anwendung die schwersten Gefahren für das wirtschaftliche Leben befürchtet werden müssen, konnte sie eine Mitverantwortung für solche Folgen nicht übernehmen, sondern lehnte das ganze Gesetz ab. — Die

Grunderwerbssteuer

soll einheitlich 4 % betragen. Die Abgeordneten unserer Partei beantragten niedrigere Sätze für kleine Ankäufe durch Minderbemittelte unter besonderem Hinweis darauf, daß sich ein Arbeiter, der sich ein Häuschen, der kleine Bauer, der sich ein Grundstück kaufe, mehrere Hundert Mark Stempel zahlen müsse. Sozialdemokratie und Zentrum lehnten diese sozial gewiß gerechtfertigte Vergünstigung im trauten Verein mit ihrer Regierung ab! In dritter Lesung brachten sie einen in gleicher Richtung laufenden Antrag, der dann natürlich angenommen wurde, ein Beweis dafür, wie nötig die Anregung der Deutschen Volkspartei gewesen war.

Dies sind nur kleine Beispiele. Noch größere Belastungen werden kommen, bei denen es die Aufgabe der Deutschen Volkspartei sein wird, nach wie vor, die Interessen des ländlichen und städtischen Mittelstandes zu vertreten. — Stadt und Land haben in dieser Zeit einen gemeinsamen Feind: den Sozialismus und Anarchismus. Sie müssen deshalb gemeinsam in der Abwehr stehen.

An Alle ergeht aber der Ruf:

Bauern organisiert Euch!

Wirtschaftlich in Euren Fachverbänden, politisch aber in der

Deutschen Volkspartei

Landesverband Hessen. — Ortsgruppen in allen Städten und in vielen Landgemeinden.

Zuschriften: an die Landesgeschäftsstelle Darmstadt, Wilhelminenstraße 5. Nur eine große Partei, die alle wirtschaftlich und geistig führenden Kräfte des Landes umfaßt, kann unser Vaterland vor dem völligen Zusammenbruch bewahren.

Landwirtschaftlicher Ausschuß der Deutschen Volkspartei Hessens:

Starkenburg. Jakob Bert, Kirchbrombach. Wilh. Berg, Ebersberg. Friedrich Brenner, [illegible]. [illegible] Dietz, Wixhausen. Gg. Martin Eckert, Dietzenbach. Mich. Eberle II., [illegible]. [illegible]. [illegible] Fritsch, Dilshofen. Bürgermeister Hartmann, Mitlechtern. Bürgermeister [illegible]. [illegible]. Gg. Wilh. Knieß, Eberstadt. Jak. Mart. Kärcher II., Lampertheim. [illegible] Menges, [illegible]. [illegible] Müller, Goddelau. Seb. Michel II., Wald-Michelbach. Veterinärrat [illegible]. Beigeordneter [illegible]. [illegible] Römer, Zotzenbach. Bürgermeister Schwinn, Schöllenbach. Bürgermeister [illegible]. [illegible] Schneider, Schlierbach. Rechner Steinmann, Gras-Ellenbach. Wilh. Trautmann, [illegible]. Geh. Oekonomierat Walter, Lengfeld. Georg Weber VIII., Groß-Umstadt.

Rheinhessen. Jakob Allenz, Ingelheim. Becker, Gensingen. [illegible]. [illegible], Dom-Dürkheim. Karl Brand, Gau-Odernheim. Ad. Dahlem, Dexheim. Otto Dettweiler, Baubenheim. Otto Dettweiler, Wintersheim. Philipp Eisele, Gutsinspektor, Westerhaus. Emil H. Fuchs, [illegible]. [illegible]. Jak. Phil. Hahn, Nierstein. Jean Huff VI., [illegible]. Joh. Ludw. [illegible]. Ober-Ingelheim. Ferd. Immel, Dexheim. Gg. Kessel, Selzen. Georg Kraus, Gau-Algesheim. [illegible]. Bürgermeister Menger, Eich. Wilh. Naab, Schwabsburg. [illegible], Harxheim. [illegible], Hornheim. [illegible]. Chr. Schmitt, Guntersblum. Georg Schmahl, Schwabenheim. [illegible]. Bürgermeister Schott, Uffhofen. Herm. Stallmann, Wald-Uelversheim. Karl Würth, [illegible]. [illegible]. Joh. Zimmer, Bubenheim.

Oberhessen. Oekonomierat Andrä, Büdingen. Ph. Karl Brückmann, Dortelweil. Landwirt Joh. [illegible], Billertshausen. Oekonomierat Heck, Alsfeld. Vet.-Rat Dr. Hoffmann, Alsfeld. Bürgermeister Knecht, Mittel-Gründau. Altbürgermeister Lang, Odenhausen. Veterinärarzt Lang, Nieder-Mood. [illegible] Ludwig Loch, [illegible]. Altbürgermeister Möser, Büches. Oekonomierat Ott, Liederbach. Gast- und Landwirt [illegible], Ulrichstein. Bürgermeister Schaaf, Eichelsdorf. Gutspächter Schmidtmann, Marienborn. Fritz Schreiber, Langen-Bergheim. Bürgermeister Schäfer, Himbach. Beigeordneter Schwab, Lindsachsen. Oekonomierat Spieß, Friedberg. Landwirt [illegible]. Frau Oekonomierat Weitzel, Lich.

Dokument 7:

Grossherzogliches Ministerium
des Jnnern.

Darmstadt, den 27. März 1918.

Zu Nr. M.d.J. 5660.

Betreffend: Revolutionäre Umtriebe.

Geheim!

Die abschriftlich nachstehenden Mitteilungen des Herrn Reichskanzlers erhalten Sie zur vertraulichen Kenntnisnahme mit dem Auftrage, etwaige Beobachtungen die auf Vorbereitungen zum Streik hindeuten, ungesäumt hierher zu melden.

J.V.
gez. Hälsinger.

An
die Gr. Kreisämter.

Der Reichskanzler.
(Reichsamt des Jnnern)
I. M. 120 Geh.

Abschrift.

Berlin, W.8 den 23. März 1918.

Geheim.

Seit dem Abschluss der letzten Streikbewegung gehen sowohl in Berlin wie auch an anderen Orten die verschiedensten Gerüchte um, dass es sehr bald zu einem neuen grösseren und umfassenderen Streik kommen werde. Als Zeitpunkt ist zunächst Mitte Februar dann Anfang März und schliesslich der 18. März genannt worden, während man jetzt wieder von April und Mai spricht. Unzweifelhaft ist es wohl, dass wenigstens in den grossen Zentren, in denen der letzte Streik einen erheblichen Umfang angenommen hatte, nach wie vor eine erhebliche Agitation betrieben wird, zum Teil von Mund zu Mund, insbesondere aber durch Verbreitung von Flugblättern, um zum Massenstreik und zur Revolution nach russischem Muster aufzufordern. Als Gründe für einen neuen Streik werden zum Teil politische Forderungen angegeben, so die Bekämpfung der Bestrebungen der Vaterlandspartei und die Unzufriedenheit über die angebliche Verschleppung der Preussischen Wahlrechtsvorlage von anderer Seite wird behauptet, dass die ungünstigen Ernährungsverhältnisse einen allgemeinen Streik hervorrufen würden. Jnwieweit etwa politische Parteien und gewerkschaft-

/ liche

gewerkschftliche Organisationen an der Streikagitation beteiligt sind, hat sich nicht feststellen lassen. Es ist anzunehmen, dass die Mehrheitssozialisten und die Gewerkschaften dem Streik widerstreben oder wenigstens ~~we~~ eine abwartende Stellung einnähmen, während die Unabhangigen und die noch weiter linksstehenden Elemente einen wiederholten Ausstand als in ihrem Interessen liegend, schon mit Rücksicht auf das Misslingen des vorigen Ausstandes, freudig begrussen würden.

Wenn auch wohl aller Voraussicht nach in den nächsten Wochen mit einem Streik nicht zu rechnen sein wird, so erscheint es mir doch, zumal der vorige Streik auch unerwartet ausgebrochen ist, dringend geboten, alle Vorkommnisse auf diesem Gebiete zu bachten , um gegebenenfalls vorbeugende Massnahmen ergreifen zu können. Ich darf daher der Erwagung ergebenst anheimgeben, ob etwa, falls dies noch nicht geschehen sein sollte, die nachgeordneten Behörden entsprechend zu verstandigen sein werden. Im übrigen wurde ich besonders dankbar sein, wenn mir von irgendwelchen Beobachtungen due auf den Ausbruch eines allgemeinen Streiks hindeuten, in jedem Falle möglichst bald Mitteilung gemacht und auch etwa aufgefundene Flugblätter zur Kenntnisnahme mitgeteilt werden können.

gez. Wallraf.

Abschrift.

Kriegsministerium

Nr 1917/18 geh.A.I. Berlin W.66 den 11. Marz 1918.

Ein Vertrauensmann berichtet, dass er im Erzgebirge auf Leute gestossen sei, die sogenannte „Kettenbriefe" zum Zwecke der Aufreizung gegen die Regierung und zur Herbeiführung eines Friedens von unten herauf erhalten hätten. In den namenlosen Briefen werde gesagt, dass die Fortsetzung des Krieges das grösste Unglück für das Volk sei, und dass die jetzige Regierung nichtan seine Beendigung dachte. Frieden könne nur durch entsprechenden Druck der arbeitenden Volkskreise auf die regierenden und besitzenden Klassen herbeigeführt werden. Geschahe letzteres nicht, so würden die im Felde befindlichen Angehörigen noch alle fallen. Durch deren Tod in allernächster Zeit würden die Briefempfanger bestraft werden, wenn sie nicht umgehend der gleichen Brief an 9 andere Adressen weiter schickten.

Es wird um Ermittelungen gebeten, ob auch anderswo derartige Vorgänge festgestellt worden sind, und um Nachricht an den Stellvertretenden Generalstab der Armee, Abteilung IIIb Abwehr Gruppe X zu dessen T.B.V.Nr 2285 A 10 geh. V.13 sowie an das Kriegsministerium, Armeeabteilung, zu Nr 1717/18 geh. A 1. Mit Rücksicht darauf, dass ein solches Unwesen geeignet ist, auf abergläubische Personen der Bevölkerung stark beunruhigend zu wirken, erscheint nachdrückliche Bekämpfung dieser "Kettenbriefe" dringend erforderlich.

Jm Auftrage:

gez. v. Meiss.

Ju Abschrift

dem Herrn Oberbürgermeister der Stadt

Worms.

en

zur Kenntnis und gegebenfalls zum alsbaldigen Bericht.

Worms, den 2. April 1918.

Grossherzogliches Kreisamt Worms.

J.V.

-4. 4. 18 10V.

9352

Dokument 8:

Amtsverkündigungsblatt aller Behörden :: Gegründet im Jahre 1776

Wöchentlich 13 Ausgaben mit täglichem Unterhaltungsblatt „Luginsland", den Wochenblättern „Landwirtschaftliche Nachrichten", „Bote aus dem Wonnegau" und dem Bilderblatt „Wormser Woche", ferner dem Monatsblatt „Vom Rhein" des Wormser Altertumsvereins

Die „Wormser Zeitung" ist das erste Blatt am Platze und das einzige täglich 2mal — Sonntags 1mal — erscheinende Blatt dessen, wird in allen Kreisen gelesen und an eigenen Plakattafeln in der ganzen Stadt angeschlagen. Allgemein als bestes Anzeigenblatt anerkannt

Verlag der Buchdruckerei Eugen Kranzbühler Gebr. Cnyrim in Worms

Fernsprechanschlüsse Nr. 3 u. 735 Postscheck-Konto: Frankfurt a. M. Nr. 9114 für Wormser Zeitung. Gegründet im Jahre 1700

Worms, 18.November 1918

Oberbürgermeister WORMS ... 3895

An die

Stadtverwaltung

Worms

Wir behändigen Ihnen beigehend Rechnungen für die im Auftrag des Arbeiter -und Soldaten Rates aufgenommenen Inserate, im Gesamtbetrag von M 110.25

Die Aufnahme erfolgt gemäss der uns von dem Vorst des Arbeiter und Soldaten Rates zugegangenen Vorschrift in bes derer Form, fällt also nicht in den Rahmen der mit Ihnen abges senen Verträge aufzunehmenden städtischen Bekanntmachungen.

Wir bitten Sie, demzufolge uns den Betrag der Rechnungen baldmöglichst zukommen zu lassen und zeichnen

hochachtungsvoll

... ZEITUNG

Dokument 9:

W o r m s , den 27. November 1918.

Erklärung des Bürgerwehrrates der Stadt Worms.

Nachdem anzunehmen ist , dass mit Besetzung der Stadt Worms durch die Entente der Sicherheitsdienst durch eine Bürgerwehr in Frage gestellt ist , hat der Soldatenrat 18/43, der sich mit der Gründung einer solchen beschäftigte, beschlossen , die Sicherung der städt. Verhältnisse , wie sie seit dem 15. 11. 18 bereits geleistet wurden , wieder in die Hände der Stadt Worms zurückzulegen. Der Soldatenrat fühlt sich veranlasst die zur Zeit gestellten Wachen in den Augenblick einzuziehen , in dem der Stadt Worm. die polizeiliche Sicherung gewährleistet erscheint.

Der Soldatenrat wünscht im Jnterresse der materiellen Sicherstellung und mit Rücksicht auf die entstehende Arbeitslosigkeit , dass bei der Verstärkung der Städt. Polizeiorgane die seitherigen Bürgerwehrmitglieder in weitgehendstem Maasse berücksichtigt werden. Als selbstverständlich wird erachtet , dass wiederum in erster Reihe nur Wormser Bürger in Frage kommen.

Gleichzeitig bittet der Sold.Rat , auf Grund noch einzureichender Listen Herrn Zahlmstr. Hillebold die städt. Zuschüsse in Höhe von M 3,50 pro Kopf und Tag zur Auszahlung zu überweisen.

Fernerhin vertritt der Sold. Rat die Ansicht , dass die Stadt am 30. 11. 18 den seitherigen Bürgerwehrmitgliedern eine einmalige , angemessene Abfindung zahlt , im Hinblick darauf, dass fast alle Mitglieder nur ihren Eintritt bei den augenblicklich geringen Lohnverhältnissen darum erklärten , weil sie annahmen , nach dem 1. Dezember 1918 eine Bezahlung , die ihnen ein vorläufig einigermassen auskömmliches Leben gesichert hätte, zu erhalten.

Der Bürgerwehrrat Worms
(S.R. 18/43)
M Meinz

Dokument 10:

Betreffend: ~~Die~~ Kosten aus Anlass der politischen Ereignisse im Nov. 1918

1418 ¼

Für Aufnahme von Bekanntmachungen des Arbeiter- und Soldatenrats werden nach anliegenden Belegen rund Mk.560.- gefordert. Unter den Bekanntmachungen sind solche, die zweifellos öffentliche Interessen betreffen, die jedoch als unter den mit den Zeitungen abgeschlossenen Verträgen fallend zu betrachten sind und deren besondere Honorierung abgelehnt werden könnte.

Weiterhin sind anlässlich der Benutzung des städtischen Spiel- & Festhauses zu Versammlungen ca. Mk.300.- Kosten entstanden, die der Festhauskasse ersetzt werden müssen.

Weiter Anforderungen für Saalmiete, Druckkosten sind wahrscheinlich noch zu erwarten.

~~Es w~~ Es wäre Entschliessung zu treffen, ob und inwieweit diese Kosten aus städtischen Mitteln beglichen werden sollen.

Zustimmendenfalls wäre ein Credit zur Bestreitung der aus Anlass der politischen Ereignisse entstandenen Kosten etwa in Höhe von Mk.1500.- bereit zu stellen.

Beschluss:

Zur Sitzung des Finanzausschusses.

Worms, den 3. Dezember 1918

Der Oberbürgermeister.

I.V.

[Unterschrift]

17. XII. 18 13676

19. XII. 18 [Unterschrift]

Dokument 11:

Ministerium des Jnnern. Darmstadt, den 10. Dezember 1918.

Zu № M.d.J.22096.

Betreffend: Die Kosten des Arbeiter- und Soldatenrats.

Das Staatsministerium hat den vom hessischen Arbeiter- und Soldatenrat unterm 27. November ds.Js. in Nr.286 der Darmstädter Zeitung vom 6.Dezember ds.Js. veröffentlichen Beschlüssen über die an die Delegierten, Funktionäre und Angestellten der Arbeiter-Bauern- und Soldatenräten zu zahlenden Vergütungen sowie über die Verpflichtung des Staats, der Kreise und Gemeinden zur Tragung dieser Kosten seine Zustimmung erteilt. Wir beauftragen Sie, hiernach zu verfahren und die Jhnen unterstellten Bürgermeistereien unter Zustellung einer Abschrift des oben erwähnten Beschlusses nebst Vergütungstarif entsprechend anzuweisen.

An

die Kreisämter
und die Oberbürgermeister der Städte
Darmstadt, Mainz, Offenbach, Worms und Giessen.

Dokument 12:

zu. J. Nr. 1077/ K
Abschrift.

Ministerium des Innern. Darmstadt. den 10. Dezember 1918.

zu Nr. M. d. J. 22096.

Betreffend: Die Kosten des Arbeiter-und Soldatenrats.

Das Staatsministerium hat den vom hessischen Arbeiter-und Soldatenrat unterm 27. November ds. Js. in Nr. 286 der Darmstädter Zeitung vom 6. Dezember ds. Js. veröffentlichen Beschlüssen über die an die Delegierten, Funktionäre und Angestellten der Arbeiter Bauern-und Soldatenräten zu zahlenden Vergütungen sowie über die Verpflichtung des Staats, der Kreise, und Gemeinden zur Tragung dieser Kosten seine Zustimmung erteilt. Wir beauftragen Sie hienach zu verfahren und die Ihnen unterstellten Bürgermeistereien unter Zustellung einer Abschrift des obenerwähnten Beschlusses nebst Vergütungstarif entsprechad anzuweisen.

gez. Dr. Fulda.

An die Kreisämter
und die Oberbürgermeister der Städte
D. rmstadt, Mainz, Offenbach, Worms, und Giessen.

W. den 20. III. 19.
Die Angelegenheit kann hier beruhen.
Beschluss.
z. d. A.
J. V.
gez. Weber.

Dokument 13:

Gesch.-Nr. 538/[illegible] 4418 Worms, den 19. April 1919.

Betr. Benützung des Wasserwerkskraftwagens durch den Arbeiter- & Soldaten-Rat.

Bericht der Direktion der städt. Gas- und Wasserwerke. (Gtz/Gtr)

auf Verfgg. Nr.

vom

Oberbürgermeister WORMS 19. April 1919 1883

Am 24. & 25. November 1918 wurde der städtische Kraftwagen, im Auftrag des damaligen Arbeiter- und Soldaten-Rats, zum Schuheinkauf nach Pirmasens verwendet. Es fuhren mit die Herren Lebin und Lazar (Schuhhaus Wormatia). Einnahmeanweisungsentwurf samt Rechnung über ℳ 281,oo fügen wir zur Veranlassung des Weiteren bei.

Gelegentlich dieser Fahrt wurde die Hinterachse des Kraftwagens derart geschwächt, dass sie durchbrach. An Instandsetzungskosten werden nach Mitteilung der Firma Opel etwa ℳ 1000,oo entstehen. Sobald dieser Betrag feststeht werden wir entsprechend weiter berichten.

[Unterschrift] Karbe

An den Herrn Oberbürgermeister der Stadt Worms.

Anlagen: 2

Dokument 14:

an die Kreisämter.

Hier sind Kosten nicht entstanden.
W. den 27. VI. 19.
z. d. A.
I. V.
gez. Weber.

Hessisches Ministerium
des Innern.

Darmstadt, den 10. Juli 1919.

Zu Nr. M.d.J. 14022.

Betreffend: Kosten der Arbeiter- und Soldatenräte.

Eilt.

Anschliessend an unsere Verfügung vom 16. v. Mts. zu Nr. M.d.J. 10392 beauftragen wir Sie und möglichst umgehend ein Verzeichnis der bis Ende März 1919 von den Kreiskassen sowie den Gemeindekassen gezahlten Kosten der Arbeiter- und Soldatenräte vorzulegen. Weiter sehen wir Ihrem Bericht darüber entgegen, ob und in welchem Umfange Kassen auf Anweisung der Arbeiter- und Soldatenräte mit und ohne Zwang gezahlt haben und wie und in welchem Umfange sonst die Arbeiter und Soldatenräte sich in den Besitz von Geldmitteln gesetzt haben, sowie ferner zu welchen Zwecken das Geld verbraucht worden ist. Notwendige Rückfragen werden sich auf die grösseren oder sonst als beteiligt bekannten Gemeinden beschränken können damit sich die Verhandlungen nicht in die Länge ziehen.

Nein! wird vom Kr. Pol. Sekr. [illegible] bestätigt. W. 24/VII. 19 [Unterschrift]

An die Kreisämter.

R. v. dem Herrn Oberbürgermeister der Stadt
Worms.
zur gefälligen Aeusserung.

Dokument 15:

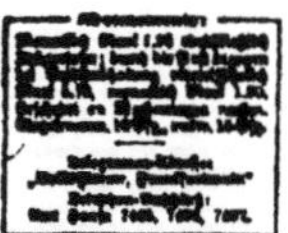

Volksstimme

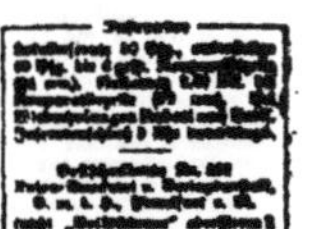

Sozialdemokratisches Organ für Südwestdeutschland.

Redaktion, Verlag, Druck und Haupt-Expedition: Frankfurt a. M., Großer Hirschgraben Nr. 17
Verlag und Druck: Union-Druckerei und Verlagsanstalt G.m.b.H., sämtlich in Frankfurt am Main.

Nummer 262 — Frankfurt a. M., Samstag den 8. November 1919 — 30. Jahrgang

Tragödie der Revolution – Jubelhymne der Freiheit

Revolutionsplakat

in Frankfurt a. M. angeschlagen vom Arbeiter- und Soldatenrat in den ersten Wochen der jungen Revolution. — Zeichnung von W. R. Heinisch.

Der Sozialismus als Wille.

Von Dr. Hugo Sinzheimer, M. d. N.

Der 9. November in Berlin.

Ein Beitrag zur Berliner Revolution.

Von Max Ed.-Troll.

(Nachdruck verboten.)

Die Weltrevolution.

Von J. Altmaier.

Anhang II: Biographische Daten

Adelung, Bernhard (*1876–†1943); geb. in Bremen, 1897 Buchdrucker in Mainz, 1902–1918 Redakteur der ‚Mainzer Volkszeitung', 1902–1904 MdLGH Stadtverordneter in Mainz, 1918 Vors. Arbeiter- Soldatenrat und Bürgermeister in Mainz, 1918–1928 Beigeordneter ebd. mit der Amtsbezeichnung ‚Bürgermeister', 1919–1933 MdLVH (MSPD), 1919–1928 Landtagspräsident, 1928–1933 Staatspräsident, 1931 zugleich Kultusminister.

Becker, Johann Baptist Dr. iur. (*1869–†1951); 1916–1918 hessischer Finanzminister, 1922–1923 Reichswirtschaftsminister (DVP).

Bergsträsser, Ludwig (*1883–†1960); geb. in Altkirch (Elsaß), Studium der Neueren Geschichte und Rechtswissenschaften in Heidelberg, München, Leipzig und Paris, 1906 Promotion, 1910 Privatdozent und 1916 Professor in Greifswald, nach dem Krieg Dozent an der Technischen Hochschule in Charlottenburg, 1919–1920 Herausgeber ‚Das demokratische Deutschland', 1920–1933 Archivrat am Reichsarchiv in Potsdam, 1924–1928 Mitglied des deutschen Reichstags, 1924–1937 Mitarbeit beim demokratischen Zeitungsdienst, ab 1928 Tätigkeit in der Außenstelle des Reichsarchivs in Frankfurt a.M., zuletzt als deren Leiter, 1930 Beitritt zur SPD, nach 1933 illegale Parteiarbeit, 1934 von den Nationalsozialisten in den Ruhestand versetzt, 1945–1948 Präsident der hessischen Provinz Starkenburg, ab 1945 Honorarprofessor an der Universität Frankfurt, 1946–1949 MdL Hessen, 1946 Mitglied der hessischen Verfassungsgebenden Versammlung, Vorsitzender des Verfassungsausschusses, 1948–1949 Mitglied des Parlamentarischen Rats, 1949 MdB, 1949–1953 diverse Forschungen zur Geschichte der politischen Forschungen zur Geschichte der politischen Parteien, Mitglied des PEN-Zentrums der Bundesrepublik und der deutschen Akademie für Sprache und Dichtung, Darmstadt.

Bornemann, Karl Heinrich (*1874–†1963); geb. in Alsfeld, stud. rer. pol. in Berlin, Journalist beim ‚BerlinerTageblatt', 1902 bis 1903 Sekretär des Handelsvertragsvereins für Südwestdeutschland, 1903 bis 1904 Hauptschriftleiter der Wormser Volkszeitung, 1918 Chef der hessischen Staatskanzlei, später Ministerialrat im Staatsministerium, 1919–1927 MdLVH (MSPD).

Brentano di Tremezzo, Otto Rudolf von (*1855–†1927); geb. in Darmstadt, stud. iur. in Gießen und München, Assessor in Mainz, ab 1884 Rechtsanwalt in Friedberg, ab 1891 in Offenbach, ab 1896/97 Stadtverordneter in Offenbach und MdLGH, als Führer der Zentrumsfraktion 1918 Mitglied des Staatsrats, 1919–1927 MdLVH (Zentrum), Justizminister, 1921–1927 zugleich Innenminister, Mitglied des Denkmalrats Hessen, Mitglied des Aufsichtsrats des Bankvereins Offenbach, der Kleinwohnungsbaugesellschaft und der Treuhand- und Hypotheken-Vermittlungs-Genossenschaft.

David, Eduard Heinrich Rudolf Dr. phil. (*1863–†1930); geb. in Edinger/Mosel, Sohn eines preußischen Beamten, Besuch des Gymnasiums in Gießen und Bielefeld, kaufmännische Lehre in Berlin, anschließend Abitur in Bielefeld. Während seines Germanistik-, Geschichte- und Philosophie-Studiums in Gießen näherte er sich der Sozialdemokratie. 1890–1894 Gymnasiallehrer in Gießen. Da sein offenes Bekenntnis zur SPD auch im Großherzogtum Hessen mit der Tätigkeit eines Staatsbeamten nicht vereinbar war, schied er 1894 aus dem Staatsdienst aus. 1893 Gründer der ‚Mitteldeutschen Sonntagszeitung' Gießen. 1896–1897 Redakteur der ‚Mainzer Volkszeitung'. Als Zeitungsherausgeber und -redakteur wurde er hauptamtlicher Funktionär der SPD, von 1896–1908 MdLGH, 1903–1930 MdR (SPD). 1905–1906 Landesparteisekretär für das Großherzogtum Hessen. Oktober 1918 bis Februar 1919 Unterstaatssekretär im Auswärtigen Amt. 1919/20 Mitglied der Nationalversammlung, Reichsminister ohne Portefeuille, dazwischen Juni bis Oktober 1919 des Innern. Er wurde mit sehr großer Mehrheit zum ersten Präsidenten der Nationalversammlung gewählt, behielt dieses Amt jedoch nur wenige Tage, da es nach einer Koalitionsvereinbarung auf Dauer dem Zentrum zufiel. Nach dem Ende der sozialdemokratisch geführten ‚Weimarer' Koalition im Juni 1920 blieb er weiter politisch aktiv. In den Jahren 1921–1927 war er Vertreter des Reichs in der hessischen Landeshauptstadt Darmstadt. Zu den Parteiführern im engeren Sinne konnte er in den letzten Jahrzehnten seines Lebens nicht mehr gerechnet werden.

Delp, Heinrich (*1878–†1945 KZ Dachau); 1892–1895 Maurerlehre, 1904 Gewerkschaftssekretär Deutscher Bauarbeiterverband, ab 1914 Stadtverordneter, Sozialdemokrat, 1919–26 Beigeordneter dann 1926–1933 Bürgermeister der Stadt Darmstadt, 1927–1931 Landtagspräsident.

Dingeldey, Peter Gustav Eduard (*1886–†1942); geb. in Gießen, Sohn eines Pfarrers, ging nach juristischem und volkswirtschaftlichem Studium Heidelberg, Berlin und Gießen in den hessischen Verwaltungsdienst und war während des Ersten Weltkriegs Regierungsassessor am Kreisamt Worms. Im Januar 1919 ließ er sich als Rechtsanwalt in Darmstadt nieder, heiratete eine Tochter aus der Industriellenfamilie *Merck* und wurde im gleichen Jahr Vorsitzender der Deutschen Volkspartei in Hessen, 1919–1928 MdLVH (DVP). Anläßlich der Ermordung Rathenaus wurde er von aufgebrachten Sozialisten auf offener Straße zusammengeschlagen, was auf seine künftige Einstellung zur MSPD nicht ohne Folgen blieb. Seit 1920 saß er im Geschäftsführenden Ausschuß, 1922–1928 im Parteivorstand der DVP auf Reichsebene. 1928–1933 MdR, ab 1930 DVP-Reichsvorsitzender. Er setzte sich an die Spitze einer Bewegung zur Schaffung einer ‚Staatsbürgerpartei'. Als seine Sammlungspläne scheiterten, vollzog er eine Schwenkung und beteiligte sich nicht mehr an der zweiten Regierung Brünings. Er vertrat nun eine ‚nationale Opposition', in der er sich von den Rechtsparteien nur noch durch stärkere Betonung der wirtschaftspolitischen Interessen bei einer Revisionspolitik unterschied. In diesem Zusammenhang suchte er ein Bündnis mit dem Stahlhelm und der NSDAP. Er hatte damit den Kurs Stresemanns völlig aufgegeben und Front gegen die parlamentarische Demokratie gemacht. Nach 1933 kehrte er wieder zur Tätigkeit als Rechtsanwalt zurück.

Dorsch, Wilhelm II. (*1868–†1939); geb. in Wölfersheim, Landwirt ebd., 1919–1921 MdLVH (HVP/Bauernbund), 1920–1928 MdR.

Eißnert, Leonhard (*1866–†1949); geb. in Reichenberg/Bayern, gelernter Schreiner, Zigarrenhändler in Offenbach, Gewerkschafter, 1898 Stadtverordneter, 1906 Beigeordneter in Offenbach, 1911–1918 MdLGH, 1919–1921 MdLVH (MSPD), 1928–1932 Bürgermeister in Offenbach, 1948 Ehrenbürger ebd.

Ewald, Carl von (*1852–†1932); nach beinahe zehnjähriger Tätigkeit am Reichsgericht 1905/06 zum Staatsminister und Justizminister des Großherzogtums Hessen ernannt, 1906–1918 hessischer Ministerpräsident. Bezeichnend für seine liberale Einstellung war der Antrag im Bundesrat, für die Beratung des Arbeitskammergesetzes nur Arbeiter zu ernennen.

Fulda, Dr. iur. Heinrich Hugo (*1860–†1943 KZ Auschwitz); stud. iur. in Heidelberg, Würzburg, Leipzig und Gießen, Dr. iur., Rechtsanwalt in Darmstadt, 1909 Stadtverordneter in Darmstadt, Mitglied des Kreistags ebd., 1904–1918 MdLGH, 1919–1921 MdLVH (MSPD), 1918–1921 Innenminister, umgekommen im KZ Auschwitz.

Gmelin, Hans (*1878–†1941); Professor für Staats- und Verwaltungsrecht der seit 1913 an der Landesuniversität Gießen lehrte. *Gmelins* eigentliches Arbeitsgebiet war das ausländische öffentliche Recht romanischer Länder. Er berichtete daneben kontinuierlich im Jahrbuch des öffentlichen Rechts über Verfassung und Gesetzgebung des Großherzogtums sowie des Volksstaats Hessen und betreute zahlreiche Dissertationen zum hessischen Landesrecht. Seit 1919 engagierte sich *Gmelin* als überzeugter Föderalist auch in der Verfassungsdebatte und plädierte entschieden für die Erhaltung Preußens.

Grönke, Wilhelm (*1896–† ?); der in Frankfurt am Main geborene Kaufmann, Kriegsfreiwilliger von 1914, wurde zu den 21er Pionieren in Mainz eingezogen und als einer der ersten Frankfurter mit dem Eisernen Kreuz ausgezeichnet. *Grönke* wurde 1915 durch einen Rohrkrepierer an Brust und Lungen schwer verwundet. Nach beendeten Lazarettaufenthalt teilte man ihn der Marineintendantur Wilhelmshaven als Applikanten zu. Zur weiteren Ausheilung seiner Verletzungen wurde ihm die Ausreise in die Schweiz gestattet, wo ein Verwandter in Davos-Dorf ein Hotel besaß. In der Schweiz suchte und fand *Grönke* Kontakt zu dort in der Emigration lebenden internationalen Sozialisten, darunter *Lenin* und *Trotzki*. Ob diese zufälliger Art waren, sei dahingestellt. Tatsache ist, daß *Grönke* einer Abwehrstelle der Marine angehörte. Die Erfahrungen, die er dort gewann, haben ihn für sein späteres Leben nachhaltig geprägt, genau wie die Kontakte, die er zu weltbekannten Sozialisten in der Schweiz gefunden hatte. Am 01. November 1918 erhielt *Grönke* aus Wilhelmshaven den Befehl zur Rückkehr, verbunden mit dem Marschbefehl nach Warschau. Als er endlich am 05. November in Frankfurt eintraf, um hier nach Berlin und Warschau umzusteigen, beschloß er, den Marschbefehl zu ignorieren und in seiner Heimatstadt zu bleiben.

Hardenberg, Kuno Graf von (*1871–†1938); 1917 Hofmarschall, später Chef der Großherzoglichen Vermögensverwaltung.

Harris, Leopold (*1874–† ?); Chemiker, nach schwerer Kriegsverwundung zuletzt beim Militärfuhramt in Frankfurt am Main. Mitglied der MSPD. Zunächst Mitglied des Soldatenrats, dann Vorsitzender des Arbeiter- und Soldatenrats, solange dieser bis zum Abzug der militärischen Dienststellen bestand. De facto ab

01. April 1919, de jure ab 24. April 1919 (kommissarischer) Polizeipräsident in Frankfurt, als er auf Druck seiner Partei am 10. November 1919 zurücktreten mußte, womit die Sprengung des Arbeiterrats durch die MSPD und die endgültige Zerschlagung der revolutionären Institutionen in Frankfurt eingeleitet wurde. *Harris* trat 1932 der KPD bei.

Henrich, Konrad Wilhelm Dr. h.c. (*1864–†1928); geb. in Lang-Göns, 1891 Ministerialkalkulator im Finanzministerium, 1898–1917 Staatsschuldbuchführer, 1908–1917 Stadtverordneter in Darmstadt, MdLGH 1911–1918, Mitglied des Staatsrats, MdLVH 1919–1925 (DDP), 1918–1928 hessischer Finanzminister.

Hessen, Ernst Ludwig Großherzog von (*1868–†1937).

Hombergk zu Vach, Dr. Friedrich von (*1857–†1935), 1910–1918 hessischer Minister des Innern.

Jakoby, Johann (*1805–†1877); demokratischer Paulskirchenabgeordnete, der in der Revolution von 1848/49 radikaldemokratische Positionen vertrat, im Alter dann zur Sozialdemokratie überging.

Kaul, Georg (*1873–†1933); geb. in Kosel/Schlesien, Studium in Breslau und Dresden (Theologie, Chemie, Volkswirtschaft), 1898 Journalist und Redakteur, seit 1910 Redakteur des ‚Offenbacher Abendblatts', Stadtverordneter in Offenbach am Main, 1918/19 Vorsitzender des Arbeiter- und Soldatenrats, dann des Landesvolksrats, 1919–1932 MdLVH (MSPD).

Kiel, Alfred Heinrich (*1878–†1954); geb. in Nordhausen/Thürigen, Zigarrenarbeiter, Gauleiter des Tabakarbeiterverbands, Stadtverordneter in Gießen, 1919–1927 MdLVH (USPD), dann Gewerkschaftssekretär in Bremen, nach 1945 Neuaufbau der Gewerkschaften im Kreis Friedberg, Stadtrat in Butzbach.

Knoblauch, Wilhelm Karl Friedrich (*1874–†1939); geb. in Ilversgehofen bei Erfurt Schriftsetzer, 1907–1923 Redakteur des ‚Hessischen Volksfreund' in Darmstadt und Bezirksvorsitzender des Buchdruckerverbandes; 1923–1928 Geschäftsführer bzw. Vorsitzender des Landesverbands Hessen und Hessen-Nassau im Hauptverband deutscher Krankenkassen, 1928–1932 Geschäftsführer des Krankenkassenlandesverbands Bayern in Nürnberg, 1932–1933 desgl. in München. Knoblauch wurde 1. Vorsitzender des Darmstädter Arbeiter- und Soldatenrats, als hessischer Delegierter nahm er am Rätekongreß teil und kam in den Zentralrat der Deutschen Sozialistischen Republik. Er war auch Mitglied des II. Zentralrats und gehörte dessen ständigem Arbeitsausschuß an. Von 1919 bis 1921 war er außerdem Abgeordneter der MSPD im hessischen Landtag. Knoblauchs Tätigkeiten fanden 1933 ein Ende, als ein Rollkommando der SA die Büroräume besetzte und die Geschäftsräume versiegelte. 1934 zog sich Knoblauch nach Wolfratshausen bei München zurück, wo er am 24. November 1939 starb.

Lenhart, Georg (*1869–†1941); geb. in Gernsheim am Rhein, 1893 Kaplan Bensheim, 1894 Lehrer am Lehrerseminar ebd., 1900 Oberlehrer, 1905 Professor am katholischen Lehrerseminar in Bensheim, 1920 Domkapitular und geistlicher Rat in Mainz, 1919–1927 MdLVH (Zentrum).

Löffler, Adolf (*1892–† ?); geb. in Frankfurt am Main, übte den Beruf des Kaufmanns aus und führte als Signalmaat die Gruppe, die am 08. November 1918 von Kiel kommend in Frankfurt am Main eintraf an. Er war 1911 zum aktiven

Militärdienst einberufen worden, fuhr im Krieg Vorpostendienst in der Nordsee und befand sich bei Ausbruch der Revolution bei einer Seefliegerabteilung in Kiel. Nachdem der Soldatenrat das Chaos der ersten Stunden der Revolution geordnet hatte, behielt *Löffler* das Kommando über die Bahnhofswache, das er im Handstreich in der Nacht vom 08./09. November an sich gebracht hatte. Es war ein wichtiger Posten am wichtigsten Knotenpunkt des deutschen Eisenbahnnetzes hinter der zurückgehenden Westfront, was *Löffler* mit dem ihm eigenen Instinkt und Intellekt sofort erkannt hatte.

Loos, Wilhelm (*1885–†1948); geb. in Udenheim/Rheinhessen, 1901–1904 Seminarist Alzey, 1904 Lehrer Darmstadt, 1918 Mitglied des Arbeiter- und Soldatenrats, 1919–1922 Leiter der Reichszentrale für Heimatdienst/Hessen, 1919–1921 MdLVH (DDP), 1922 Rektor in Gießen, 1929–1933 Kreisschulrat in Groß-Gerau, 1945–1948 desgl. in Heppenheim, 1948 Referent im Hessischen Kultusministerium.

Massenbach, Fabian Freiherr von (*1872–†1948).

Moser, Heinrich (*1897–† ?); der Vizewachtmeister der Reserve der Flakartillerie war 21 Jahre alt, Sohn eines Fabrikbesitzers aus Görlitz und Student der Staatswissenschaften. Als Sekundaner versuchte er schon seine Klassenkameraden von der Wahrheit des Sozialismus zu überzeugen. Im Feld hat er Kant, Schopenhauer, Hegel, Goethe, Darwin und Haeckel im Tornister. Er befand sich am 08. November 1918 eigentlich nur auf der Durchreise während seiner Fahrt von Freiburg nach Berlin, als er in Frankfurt Station machte und beschloß, seinen Marschbefehl zu verweigern. Er setzte sich, unterstützt von Matrosen, in der Nacht zum 09. November an die Spitze des Soldatenrats, wurde jedoch nach zwei Tagen wieder abgesetzt und reiste anschließend nach Berlin, wo er zu einem Sekretär in *Friedrich Eberts* Umgebung aufstieg.

Müller-Franken, Hermann (*1876–†1931); kaufmännische Lehre und Handlungsgehilfe in Frankfurt am Main und Breslau, 1899–1906 Tätigkeit als Redakteur bei der sozialdemokratischen ‚Görlitzer Volkszeitung', ab 1906 Vorstandsmitglied der SPD, 1916–1918, 1919–1931 MdR, 1918 führendes Mitglied des Zentralrats der Arbeiter- und Soldatenräte, 1919–1927 SPD-Parteivorsitzender, SPD-Fraktionsvorsitzender in Nationalversammlung und Reichstag, 1919–1920 Reichsaußenminister, 1920 und 1928–1930 Reichskanzler.

Neumann, Hermann (*1882–†1933); gelernter Drucker, MSPD-Parteisekretär in Offenbach, 1919 Präsident des hessischen Landesernährungsamtes, 1920–1933 der hessischen Landesversicherungsanstalt, 1919–1924 MdLVH (MSPD).

Noske, Gustav (*1868–†1946); 1883 SPD-Beitritt, 1892 Leiter eines SPD-Kreisvereins in Brandenburg, Redakteur der ‚Brandenburger Zeitung', 1897 der ‚Tribüne' in Königsberg, 1902 Chefredakteur der ‚Chemnitzer Volksstimme', 1906–1918 MdR, 1919–1920 Mitglied der Nationalversammlung, 1919–1920 Reichswehrminister, nach dem Kapp-Putsch 1920–1933 Oberpräsident in Hannover, 1933 Entlassung durch die Nationalsozialisten, 1944–1945 in Haft.

Osann, Dr. iur. Arthur (*1862–†1924); geb. in Darmstadt, stud. iur. in Straßburg, Leipzig, Bonn, Gießen und Göttingen, 1890 Rechtsanwalt, 1902 als Rechtsanwalt am OLG zugelassen, 1910 Justizrat, 1905–1907 MdLGH und MdR, 1919–1924 MdLVH, nationalliberal, Deutsche Volkspartei.

Quessel, Ludwig (*1872–†1931); Redakteur des ‚Hessischen Volksfreund' in Darmstadt, 1912–1918 MdR (MSPD), 1919/20 Mitglied der Nationalversammlung, 1920–1930 MdR.

Raab, Georg (*1869–†1932); geb. in Bickenbach, Zigarrenarbeiter in Pfungstadt, 1896 Vorsitzender des Gewerkschaftskartells, 1907 SPD-Parteisekretär in Darmstadt, 1905–1908 MdLGH, 1919–1931 MdLVH (MSPD), 1918–1928 hess. Minister für Arbeit und Wirtschaft.

Reh, Karl Johann Heinrich Dr. iur. h.c. (*1860–†1946); geb. in Darmstadt, stud. iur. Gießen, 1886 Rechtsanwalt und später Justizrat in Alsfeld, 1919–1921 MdLVH (DDP).

Schildbach, Bernhard (*1876–†1944); gelernter Buchbinder, seit 1907 Redakteur der Mainzer ‚Volkszeitung', 1914 Stadtverordneter in Mainz, 1919–1924 MdLVH (MSPD), 1924–1928 Redakteur des ‚Volkswille' in Singen, dann wieder in Mainz.

Sender, Sidonie Zippora – genannt Toni (*1888–†1964); Tochter eines Kaufmanns und Vorstehers der jüdischen Gemeinde in Biebrich am Rhein. Sie wurde sehr streng erzogen und löste sich deshalb früh von ihrem bürgerlich – jüdischen Elternhaus, als sie in Frankfurt am Main die Handelsschule besuchte und berufstätig wurde. 1905 trat sie der Gewerkschaft für Büroangestellte und 1906 der SPD bei. Während eines Aufenthalts in Paris als Fremdsprachensekretärin von 1910 bis zum Beginn des Kriegs 1914 schloß sie sich der französischen sozialistischen Partei an. Nach der Rückkehr nach Deutschland war sie erst in einem Militärkrankenhaus tätig, dann als Angestellte in einem Frankfurter Metallkonzern. Zugleich engagierte sie sich in der Antikriegsbewegung, nahm im März 1915 an der Internationalen Sozialistischen Frauenkonferenz in Bern und am Gründungskongreß der USPD Ostern 1917 in Gotha teil. Auf dem Weg von einer hart erkämpften Kaufmannslehre bis zur Abteilungsleiterin in einer Frankfurter Metallfirma hatte sie nie die ermüdende Parteimaschinerie und Parteiroutine der deutschen Vorkriegssozialdemokratie kennengelernt, sondern war kurz nach Beginn des Kriegs von Robert Dißmann gleich in die konkrete revolutionäre Arbeit, angefangen von der Zusammenfassung der linksstehenden Parteimitglieder bis zur illegalen Verbreitung von Flugblättern, eingeführt worden. Sie gehörte zu den führenden Aktivisten der Novemberrevolution 1918 in Frankfurt am Main und wurde Generalsekretärin des Vorstands des Arbeiterrats. Ihre berufliche Position gab sie Ende 1918 auf und übernahm die Redaktion der USPD-Zeitung ‚Volksrecht', ab 1920 bis 1933 die Redaktionsleitung der Betriebsräte-Zeitung der Metallarbeiter-Gewerkschaft. 1919 bis 1924 war sie USPD-Stadtverordnete in Frankfurt am Main und wurde 1920 in den Reichstag gewählt, dem sie bis 1933 angehörte, zuerst in der USPD-Fraktion, ab 1922 in der MSPD. Sie war Mitglied des Außenpolitischen sowie des Wirtschafts- und des Sozialpolitischen Ausschusses des Reichstags. Sie wurde zur herausragenden Figur unter den weiblichen Mitgliedern des Reichstags. Kurz nach dem Reichstagsbrand am 27. Februar 1933 emigrierte sie in die Tschechoslowakei, später nach Belgien, 1935 in die Vereinigten Staaten. 1941 bis 1944 war sie Direktorin für europäische Arbeitsforschung im *Office of Strategic Services*. Ab 1944 arbeitete sie als Wirtschaftsexpertin bei der UNRRA, von 1949 bis 1956 als Vertreterin des Internationalen Bundes Freier Gewerkschaften beim Wirtschafts- und Sozialrat der Vereinten Nationen.

Sinzheimer, Hugo Dr. iur. (*1875–†1945); Jurist und Politiker, Sohn eines jüdischen Kleiderfabrikanten, studierte Rechtswissen- und Volkswirtschaft in München, Berlin, Freiburg, Magdeburg und Halle, promovierte in Heidelberg und war seit 1903 als Rechtsanwalt und Notar in Frankfurt am Main tätig. Zunächst Mitglied der Nationalsozialen Partei und der Demokratischen Vereinigung, trat er nach 1914 der SPD bei. 1917 bis 1933 Stadtverordneter in Frankfurt am Main und Rechtsberater des Deutschen Metallarbeiterverbands, entwickelte er zudem große Aktivitäten auf dem Gebiet der Volksbildung. 1919 bis 1920 Mitglied der Weimarer Nationalversammlung, dort Mitglied des Verfassungsausschusses. Entgegen den rätedemokratischen Staatsvorstellungen der revolutionären Linken trat er für die konstitutionelle Verankerung der Arbeiterräte im Rahmen einer die Staatsverfassung ergänzenden Wirtschaftsverfassung ein und war maßgeblich an der Redaktion des Art. 165 WRV beteiligt. 1920 gehörte er zu den Mitbegründern der Akademie der Arbeit in Frankfurt am Main, bis 1933 war er auch Honorarprofessor für Arbeitsrecht und Rechtssoziologie an der Johann Wolfgang Goethe-Universität in Frankfurt am Main. Als Schüler Otto von Gierkes betonte er sozialreformerische Ansätze im Arbeitsrecht und vertrat deutschrechtliche Ansätze aus dem Genossenschaftsgedanken. Im März 1933 wurde er in Schutzhaft genommen und emigrierte anschließend in die Niederlande, wo er ab 1934 Lehraufträge an den Universitäten Leiden und Amsterdam wahrnahm. 1937 wurde er mit seiner Familie von den Nationalsozialisten ausgebürgert. Im gleichen Jahr entzog ihm die Universität Heidelberg den Doktortitel. Nach der Okkupation der Niederlande wurde er 1940 verhaftet und blieb bis zum Kriegsende in Konzentrationslager Theresienstadt inhaftiert. Nach seiner Rückkehr in die Niederlande starb er 1945 an den Folgen seiner Haft.

Ulrich, Carl (*1853–†1933); geb. in Braunschweig, Schlosser- und Dreherlehre, arbeitete zunächst als Maschinenbauer, später als Buchdrucker, 1872–1874 auf Wanderschaft, 1875 schloß er sich der Sozialdemokratie Eisenacher Richtung an, 1875 Redakteur der ‚Neuen Offenbacher Tageszeitung', später des ‚Offenbacher Abendblatts', 1885–1918 MdLGH, 1886–1892 Kaufmann, im Freiburger Geheimbundprozeß angeklagt und zu neun Monaten Gefängnis verurteilt, 1896–1918 Stadtverordneter in Offenbach, 1890–1903 und 1907–1918 MdR, 1919–1930 MdR und Mitglied der Nationalversammlung, 1918 Mitglied des hessischen Staatsrats, 1918 Ministerpräsident der provisorischen Regierung, 1919–1928 Staatspräsident, 1919–1931 MdLVH (MSPD).

Urstadt, Kaspar Otto (*1868–†1945); geb. in Alsfeld, stud. phil. Gießen und Berlin, später Lehrerseminar Friedberg, ab 1899 Gymnasiallehrer in Gießen, ab 1911 Stadtverordneter und MdLGH, 1918/19 Direktor der Ministerialabteilung für das Bildungswesen, 1920 Gymnasialdirektor, 1921–1932 Präsident bzw. Ministerialdirektor des Landesamts für das Bildungswesen, ab 1931 des hess. Kultusministeriums, 1919–1925 MdLVH (MSPD).

Vetters, Friedrich (*1861–†1932); geb. in Zschieren bei Dresden, gelernter Schreiner, Gewerkschafter und ab 1900 Redakteur der ‚Mitteldeutschen Sonntagszeitung', ab 1906 bei der ‚Oberhessischen Volkszeitung' in Gießen, seit 1910 Stadtverordneter, 1919–1921 MdLVH (MSPD).

Wendel, Hermann Max Ludwig (*1884–†1936); Redakteur und Schriftsteller.

Wolff, Dr. med. Arthur (* ?–† ?); Zahnarzt in Darmstadt, 1918/19 Mitglied des Landesvolksrats (zuerst MSPD dann USPD).

Wolff, Theodor (*1868–†1943); Journalist, Sohn eines jüdischen Textilgroßhändlers, Mitbegründer der DDP. Seit 1894 Korrespondent des ‚Berliner Tageblatts' in Paris, übernahm er auf Wunsch seines Cousins Rudolf Mosse 1906 die Chefredaktion. Bald nach Beginn des Ersten Weltkriegs, als die öffentliche Meinung noch ganz überwiegend auf einen „Siegfrieden" setzte, wandte er sich gegen Annexionen im Westen und trat später beharrlich für einen Ausgleich mit Frankreich ein. Sein Kommentarkürzel ‚T.W.' stand für linksliberalen Journalismus und entschied die Konkurrenz mit der ‚Vossischen Zeitung' zugunsten des ‚Berliner Tageblatts', das auch im Ausland als maßgebliche demokratische Zeitung gelesen wurde. 1933 emigrierte er nach Frankreich und lebte in Nizza, wo er im Mai 1943 von der italienischen Besatzungspolizei festgenommen und an die Gestapo ausgeliefert wurde. Nach einer qualvollen Odyssee durch Gefängnisse und Konzentrationslager starb er schließlich im Berliner Jüdischen Krankenhaus.

Zetkin, Clara (*1857–†1933); Politikerin, älteste Tochter des Dorfschullehrers Eisner, übersiedelte 1873 mit ihren Eltern und Geschwistern nach Leipzig. Sie absolvierte das Lehrerinnenseminar und kam durch neue Freunde zum Sozialismus. Einer der Freunde war der russische Emigrant Ossip Zetkin, dem sie 1882 in die Schweiz folgte, dann nach Paris, wo sie ihn heiratete. Sie war Mitarbeiterin des ‚Sozialdemokrat' und Teilnehmerin an der Gründung der II. Internationale. 1891 kehrte sie, verwitwet, nach Deutschland zurück, wurde Herausgeberin der SPD-Frauenzeitung ‚Die Gleichheit' und spielte als Sekretärin des Frauensekretariats der Internationale eine bedeutende Rolle. 1915 organisierte sie in Bern die internationale sozialistische Frauenkonferenz gegen den Krieg. In Opposition zur Kriegspolitik der SPD war sie eine Mitbegründerin des Spartakusbundes und der USPD, die sie im württembergischen Landtag vertrat. Nach ihrem Übertritt zur KPD wurde sie Mitglied im ZK und 1920 in den Reichstag gewählt, wo sie gegen eine Verständigung mit den Entente-Regierungen und für eine Interessengemeinschaft Deutschlands mit der Sowjetunion plädierte. Nach heftigen Richtungskämpfen innerhalb der KPD zog sie sich zurück und lebte zeitweise in Moskau. Sie verband mit Lenin und seiner Familie eine persönliche Freundschaft. Nach dem Ausbleiben der von ihr erwarteten Weltrevolution bejahte sie Stalins ‚Sozialismus in einem Land'. Ende 1932 eröffnete sie als Alterspräsidentin den Reichstag, der mehrheitlich von der NSDAP besetzt war. Ihr Appell zum gemeinsamen Kampf aller Demokraten gegen die akute Gefahr, ihre scharfen Worte gegen die Nationalsozialisten deckten sich jedoch nicht meht mit der Komintern-Politik. Zur Zeit der Machtübernahme Hitlers war sie in Moskau, wo sie bald starb.

Abbildungsnachweis

Abb. 1: Großherzog Ernst Ludwig von Hessen, aus: Bergsträsser, Ludwig; Carl Ulrich. Erinnerungen, Offenbach am Main 1953, S. 128/129

Abb. 2: Eduard David, aus: Bergsträsser, Ludwig; Carl Ulrich. Erinnerungen, Offenbach am Main 1953, S. 160/161

Abb. 3: Carl von Ewald, aus: Bergsträsser, Ludwig; Carl Ulrich. Erinnerungen, Offenbach am Main 1953, S. 80/81

Abb. 4: Hessen vor der Revolution 1918, aus: Lilge, Herbert; Hessen in Geschichte und Gegenwart, Franz Steiner Verlag, Wiesbaden 1980, S. 13

Abb. 5: Matrosen des Frankfurter Marinesicherungsdiensts, aus: Neuland, Franz; Die Matrosen von Frankfurt. Ein Kapitel Novemberrevolution 1918/19, Frankfurt am Main 1991, S. 35

Abb. 6: „Preungesheimer Freiheitspolonaise", Karikatur von Lino Salini, aus: Neuland, Franz; Die Matrosen von Frankfurt. Ein Kapitel Novemberrevolution 1918/19, Frankfurt am Main 1991, S. 11

Abb. 7: Toni Sender, aus: Neuland, Franz; Die Matrosen von Frankfurt. Ein Kapitel Novemberrevolution 1918/19, Frankfurt am Main 1991, S. 59

Abb. 8: Der „Frankfurter Matrosenrat", zeitgenössische Bildmontage, aus: Neuland, Franz; Die Matrosen von Frankfurt. Ein Kapitel Novemberrevolution 1918/19, Frankfurt am Main 1991, S. 27

Abb. 9: Karikaturen von Lino Salini, aus: Neuland, Franz; Die Matrosen von Frankfurt. Ein Kapitel Novemberrevolution 1918/19, Frankfurt am Main 1991, S. 13

Abb. 10: „Frankfurter Köpfe aus den Revolutionstagen", aus: Neuland, Franz; Die Matrosen von Frankfurt. Ein Kapitel Novemberrevolution 1918/19, Frankfurt am Main 1991, S. 30

Abb. 11: Der Volkstaat Hessen und das französische Besatzungsgebiet, gezeichnet im Hessischen Landesamt für geschichtliche Landeskunde Marburg für: Franz, Eckhart G./Köhler, Manfred (Hrsg.); Parlament im Kampf um die Demokratie. Der Landtag des Volksstaats Hessen 1919–1933, Hessische Historische Kommission Darmstadt, Darmstadt 1991, S. 17

Abb. 12: Friedrich von Hombergk zu Vach, aus: Bergsträsser, Ludwig; Carl Ulrich. Erinnerungen, Offenbach am Main 1953, S. 80/81

Abb. 13: Johann Becker, aus: Bergsträsser, Ludwig; Carl Ulrich. Erinnerungen, Offenbach am Main 1953, S. 80/81

Abb. 14: Demonstration in Darmstadt im November 1918, aus: Schulz, Uwe (Hrsg.); Die Geschichte Hessens, Stuttgart 1983, S. 224/225

Abb. 15: Ludwig Quessel, aus: Bergsträsser, Ludwig; Carl Ulrich. Erinnerungen, Offenbach am Main 1953, S. 160/161

Abb. 16: Arthur Osann, aus: Franz, Eckhart G./Köhler, Manfred (Hrsg.); Parlament im Kampf um die Demokratie. Der Landtag des Volksstaats Hessen 1919–1933, Darmstadt 1991, S. 145

Abb. 17: Carl Ulrich, aus: Bergsträsser, Ludwig; Carl Ulrich. Erinnerungen, Offenbach am Main 1953, S. 112/113

Abb. 18: Georg Kaul, aus: Bergsträsser, Ludwig; Carl Ulrich. Erinnerungen, Offenbach am Main 1953, S. 64/65

Abb. 19: Bernhard Adelung, aus: Bergsträsser, Ludwig; Carl Ulrich. Erinnerungen, Offenbach am Main 1953, S. 176/177

Abb. 20: Hessischer Landesvolksrat im Dezember 1918, aus: Schulz, Uwe (Hrsg.); Die Geschichte Hessens, Stuttgart 1983, S. 224/225

Abb. 21: Otto von Brentano, aus: Bergsträsser, Ludwig; Carl Ulrich. Erinnerungen, Offenbach am Main 1953, S. 96/97

Abb. 22: Georg Raab, aus: Franz, Eckhart G./Köhler, Manfred (Hrsg.); Parlament im Kampf um die Demokratie. Der Landtag des Volksstaats Hessen 1919–1933, Darmstadt 1991, S. 97

Abb. 23: Konrad Henrich, aus: Franz, Eckhart G./Köhler, Manfred (Hrsg.); Parlament im Kampf um die Demokratie. Der Landtag des Volksstaats Hessen 1919–1933, Darmstadt 1991, S. 97

Abb. 24: Alfred Kiel, aus: Franz, Eckhart G./Köhler, Manfred (Hrsg.); Parlament im Kampf um die Demokratie. Der Landtag des Volksstaats Hessen 1919–1933, Darmstadt 1991, S. 145

Abb. 25: Leonhard Eißnert, aus: Bergsträsser, Ludwig; Carl Ulrich. Erinnerungen, Offenbach am Main 1953, S. 192/193

Abb. 26: Heinrich Reh, aus: Franz, Eckhart G./Köhler, Manfred (Hrsg.); Parlament im Kampf um die Demokratie. Der Landtag des Volksstaats Hessen 1919–1933, Darmstadt 1991, S. 145

Abb. 27: Wappen des Volksstaats Hessen von 1920, aus: Heinemeyer, Walter (Hrsg.); Das Werden Hessens, Marburg 1986, S. 825

Dok. 1: Die Hessische Verfassung vom 12. Dezember 1919 nach der amtlichen Handausgabe von 1921, herausgegeben von der Landesabteilung Hessen der Reichszentrale für Heimatdienst

Dok. 2: Volksstimme vom 09. November 1918, Sonderdruck der Union-Druckerei und Verlagsanstalt GmbH, Frankfurt am Main, zum 125jährigen Bestehen der Sozialdemokratischen Partei Deutschlands

Dok. 3: Aufruf „An die Soldaten!" des Frankfurter Soldatenrats, aus: Neuland, Franz; Die Matrosen von Frankfurt. Ein Kapitel Novemberrevolution 1918/19, Frankfurt am Main 1991, S. 28

Dok. 4: Aufruf an die Bevölkerung von Mainz vom 10. November 1918, aus: Adelung, Bernhard; Sein und Werden. Vom Buchdrucker in Bremen zum Staatspräsidenten in Hessen, 1. Aufl., Offenbach am Main 1952, S. 181

Dok. 5: Aufruf des Arbeiter- und Soldatenrats Friedberg (Hessen), aus: Stadtarchiv Friedberg

Dok. 6: Aufruf „An die Landwirte in Hessen!", aus: Stadtarchiv Friedberg

Dok. 7: Vom Großherzoglichen Ministerium des Innern gefertigte Abschriften der Mitteilung des Reichskanzlers vom 23. März 1918 sowie der Mitteilung des Kriegsministeriums vom 11. März 1918, in Abschrift dem Oberbürgermeister der Stadt Worms am 27. März 1918 zur Kenntnisnahme und Berichterstattung übersandt, aus: Stadtarchiv Worms

Dok. 8: Rechnung der Wormser Zeitung vom 18. November 1918 an die Wormser Stadtverwaltung für die im Auftrag des Arbeiter- und Soldatenrates aufgenommen Inserate, aus: Stadtarchiv Worms

Dok. 9: Erklärung des Bürgerwehrrates der Stadt Worms vom 27. November 1918, aus: Stadtarchiv Worms

Dok. 10: Beschlußvorlage des Oberbürgermeisters der Stadt Worms vom 03. Dezember 1918, aus: Stadtarchiv Worms

Dok. 11: Schreiben des Innenministers Dr. Fulda vom 10. Dezember 1918 an die Kreisämter und die Oberbürgermeister der Städte Darmstadt, Mainz, Offenbach, Worms und Giessen, aus: Stadtarchiv Worms

Dok. 12: Verfügung aus der Stadt Worms vom 20. März 1919 bezüglich der Kosten des Arbeiter- und Soldatenrats, aus: Stadtarchiv Worms

Dok. 13: Bericht der Direktion der städtischen Gas- und Wasserwerke an den Oberbürgermeister der Stadt Worms vom 19. April 1919 über die Benutzung des Wasserwerkskraftwagens durch den Arbeiter- und Soldatenrat, aus: Stadtarchiv Worms

Dok. 14: Mitteilung der Stadt Worms vom 27. Juni 1919 über die Kosten der Arbeiter- und Soldatenräte sowie Schreiben des Hessischen Ministeriums des Innern vom 10. Juli 1919 bezüglich der Kosten der Arbeiter- und Soldatenräte an die Kreisämter, aus: Stadtarchiv Worms

Dok. 15: Volksstimme vom 08. November 1919, aus: Stadtarchiv Friedberg

Literaturverzeichnis

Abendroth, Wolfgang; Sozialgeschichte der europäischen Arbeiterbewegung, Frankfurt am Main 1975.

– Das Unpolitische als Wesensmerkmal der deutschen Universität, in: Nationalismus und die deutsche Universität: Universitätstage 1966. Veröffentlichung der Freien Universität Berlin, Berlin 1966.

Ackermann, Hans; Die Bevölkerung nach Haupt- und Nebenberufen in den Kreisen und Provinzen des Großherzogtums Hessen nach der Berufszählung vom 12. Juni 1907.

Adelung, Bernhard; Sein und Werden. Vom Buchdrucker in Bremen zum Staatspräsidenten in Hessen. Bearbeitet von Friedrich, Karl, 1. Aufl., Offenbach am Main 1952.

Adler, Georg; Wie die Revolution begann, in: Schleswig-Holsteinische Volkszeitung vom 05. November 1919.

Altmaier, Jakob; Frankfurter Revolutionstage, Frankfurt 1919.

Anschütz, Gerhard; Die Verfassung des Deutschen Reichs vom 11. August 1919, Aalen 1987.

Apitzsch, Friedrich; Die deutsche Tagespresse unter dem Einfluß des Sozialistengesetzes, Gräfenhainichen 1928, zugl.: Leipzig, Diss., 1928.

Benöhr, Hans-Peter; Hugo Sinzheimer (1875–1945), in: Distelkamp, Bernhard/Stolleis, Michael; Juristen an der Universität Frankfurt am Main, Baden-Baden 1989, S. 67 ff.

Bergsträsser, Ludwig (Hrsg.); Carl Ulrich. Erinnerungen des ersten hessischen Staatspräsidenten, Offenbach am Main 1953.

Best, Heinrich; Mandat ohne Macht. Strukturprobleme des deutschen Parlamentarismus 1867–1933, in: Politik und Milieu. Wahl- und Elitenforschung im historischen und interkulturellen Vergleich, St. Katharinen 1989, S. 175 ff.

Bock, Hans Manfred; Geschichte des ‚linken Radikalismus' in Deutschland. Ein Versuch, Frankfurt am Main 1976.

Bracher, Karl Dietrich; Die Auflösung der Weimarer Republik. Eine Studie zum Problem des Machtverfalls in der Demokratie, Düsseldorf 1984.

Bracher, Karl Dietrich/*Funke,* Manfred/*Jacobsen,* Hans-Adolf (Hrsg); Die Weimarer Republik 1918–1933. Politik, Wirtschaft, Gesellschaft, 2. Aufl., Bonn 1988.

Brunner, Otto/*Conze,* Werner/*Koselleck,* Reinhart; Geschichtliche Grundbegriffe. Historisches Lexikon zur politisch-sozialen Sprache in Deutschland, Stuttgart 1972, zitiert: Brunner; Grundbegriffe.

Carr, Edward Hallett; Was ist Geschichte?, Stuttgart 1963.

Cnyrim, Gunter; Die politische Tagespresse von Hessen-Nassau und Hessen, Worms 1934.

Conze, Werner; Die Weimarer Republik 1918–1933, in: Rassow, Peter (Hrsg.); Deutsche Geschichte im Überblick, Stuttgart 1973.

Däumig, Ernst; Der Rätegedanke und seine Verwirklichung, in: Unabhängiges sozialdemokratisches Jahrbuch für Politik und proletarische Kultur. Die Revolution, 1920, S. 84 ff.

David, Eduard in Verbindung mit Matthias, Erich; Das Kriegstagebuch des Abgeordneten Eduard David 1914 bis 1918, bearbeitet von Miller, Susanne, Düsseldorf 1966.

Demandt, Karl E.; Geschichte des Landes Hessen, 2. Aufl., Kassel und Basel 1972.

Deist, Wilhelm; Die Politik der Seekriegsleitung und die Rebellion der Flotte Ende Oktober 1918, in: Vierteljahreshefte für Zeitgeschichte 14 (1966), S. 341 ff.

Diederichs, Otto; Die staatspolitische und staatsrechtliche Entwicklung des Landes Braunschweig nach der Revolution von 1918, Braunschweig 1930, zugl.: Jena, Diss., 1930.

Dittmann, Wilhelm; Erinnerungen, bearbeitet und eingeleitet von Rohjan, Jürgen, 3 Bände, Quellen und Studien zur Sozialgeschichte Band 14, Frankfurt am Main u.a. 1995.

Drüner, Hans; Im Schatten des Weltkrieges. Zehn Jahre Frankfurter Geschichte von 1914–1924, Frankfurt am Main 1934.

Ebert, Friedrich; Schriften, Aufzeichnungen, Reden: mit unveröffentlichten Reden aus dem Nachlaß, herausgegeben von Ebert, Friedrich jun., Bd. 2, Dresden 1926.

Einhorn, Marion; Zur Rolle der Räte im November und Dezember 1918, in: Zeitschrift für Geschichtswissenschaft 4 (1956), S. 545 ff.

Elben, Wolfgang; Das Problem der Kontinuität in der deutschen Revolution. Die Politik der Staatssekretäre und der militärischen Führung vom November 1918 bis Februar 1919, herausgegeben von der Kommission für Geschichte des Parlamentarismus und der politischen Parteien, Düsseldorf 1965.

Epstein, Klaus; Der Interfraktionelle Ausschuß und das Problem der Parlamentarisierung 1917–1918, in: HZ 191 (1960), S. 562 ff.

Erdmann, Karl-Dietrich; Die Geschichte der Weimarer Republik als Problem der Wissenschaft, in: Vierteljahreshefte für Zeitgeschichte, Heft 3 1955, S. 1 ff.

– Die Zeit der Weltkriege; in: Gebhardt (Hrsg.); Handbuch der deutschen Geschichte, Bd. 4, 8. Aufl., Stuttgart 1959.

– Rätestaat und parlamentarische Demokratie. Neuere Forschungen zur Novemberrevolution 1918 in Deutschland, Kopenhagen 1979.

Eschenburg, Theodor; Die improvisierte Demokratie. Ein Beitrag zur Geschichte der Weimarer Republik, in: ders.; Die improvisierte Demokratie. Gesammelte Aufsätze zur Weimarer Republik, München 1963, zitiert: Eschenburg; Demokratie.

Faulenbach, Bernd: Die Ideologie des deutschen Weges. Die deutsche Geschichte in der Historiographie zwischen Kaiserreich und Nationalsozialismus, München 1980.

Feldman; Gerald D.; Armee, Industrie und Arbeiterschaft in Deutschland 1914 bis 1918, Bonn 1965; Army, Industry and Labour in Germany 1914–1918, Princeton/New Jersey 1966.

Feldman, Gerald D./*Kolb,* Eberhard/*Rürup,* Reinhard; Die Massenbewegung der Arbeiterschaft in Deutschland am Ende des Ersten Weltkrieges (1917–1920), in: Politische Vierteljahresschrift Heft 13 1972, S. 96 ff.

Fischer, Heinrich; Der Saalbau zu Hanau. Ein bedeutsamer Abschnitt aus der Geschichte der Hanauer Arbeiterbewegung, Hanau 1966.

Fischer-Baling, Eugen; Der Untersuchungsausschuß für die Schuldfragen des ersten Weltkrieges, in: Festschrift für Ludwig Bergsträsser. Aus Geschichte und Politik, herausgegeben von Herrmann, Alfred im Auftrag der Kommission für die Geschichte des Parlamentarismus und der politischen Parteien, Düsseldorf 1954.

Fogel, Heidi; Eine Stadt zwischen Demokratie und Diktatur. Dokumentation zur Geschichte Langens von 1918–1945, Langen 1983.

Foßhag, Adam; Ortschronik (Königstädten) über den I. Weltkrieg, o.O. und o.J., maschinenschriftlich.

Fraenkel, Ernst; Rätemythos und soziale Selbstbestimmung, in: Aus Politik und Zeitgeschichte, Beilage Nr. 14/1971 vom 3.4.1971 zur Wochenzeitung ‚Das Parlament', S. 3 ff.

Franz, Eckhart G.; Die Stadt der Künstlerkolonie (1890–1918), in: ders. (Gesamtredaktion); Darmstadts Geschichte. Fürstenresidenz und Bürgerstadt im Wandel der Jahrhunderte, Darmstadt 1980, S. 391 ff.

– Turbulenzen in Politik und Wirtschaft (1918–1932), in: ders. (Gesamtredaktion); Darmstadts Geschichte. Fürstenresidenz und Bürgerstadt im Wandel der Jahrhunderte, Darmstadt 1980 S. 424 ff.

– Großherzoglich Hessisch ... 1806–1918, in: Schultz, Uwe (Hrsg.); Die Geschichte Hessens, Stuttgart 1983, S. 182 ff.

– Der Staat der Großherzöge von Hessen und bei Rhein 1806–1918, in: Heinemeyer, Walter (Hrsg.); Das Werden Hessens, Marburg 1986, S. 481 ff.

– (Hrsg.); Friede durch geistige Erneuerung. Zum 50. Todestag Großherzogs Ernst Ludwigs am 09. Oktober 1987. Fritz von Unruh und Großherzog Ernst Ludwig, Darmstadt 1987.

– „Alle Staatsgewalt im Volksstaat Hessen geht vom Volke aus", in: Eichel, Hans/Möller, Klaus Peter (Hrsg.); 50 Jahre Verfassung des Landes Hessen. Eine Festschrift, Wiesbaden 1997.

Franz, Eckhart G./*Köhler,* Manfred (Hrsg.); Parlament im Kampf um die Demokratie. Der Landtag des Volksstaats Hessen 1919–1933, Arbeiten der Hessischen Historischen Kommission Darmstadt, Neue Folge, Vorgeschichte und Geschichte des Parlamentarismus in Hessen, Bd. 6, Darmstadt 1991.

Franz, Eckhart G./*Murk,* Karl (Hrsg.); Verfassungen in Hessen 1807–1946. Verfassungstexte der Staaten des 19. Jahrhunderts, des Volksstaats und des heutigen Bundeslandes Hessen, Hessische Historische Kommission, Darmstadt 1998.

Fries-Thiessenhusen, Karen: Politische Kommentare deutscher Historiker 1918/19 zu Niederlage und Staatsumsturz, in: Kolb, Eberhard (Hrsg.): Vom Kaiserreich zur Republik, Köln 1972, S. 349 ff.

Geiss, Imanuel; Zur Vorgeschichte des Dritten Reichs, in: ders.; Studien über Geschichte und Geschichtswissenschaft, Frankfurt am Main 1972.

– Die Fischer-Kontroverse. Ein kritischer Beitrag zum Verhältnis zwischen Historiographie und Politik in der Bundesrepublik, in: ders.; Studien über Geschichte und Geschichtswissenschaft, Frankfurt am Main 1972, S. 80 ff.

Gmelin, Hans; Verfassungsentwicklung und Gesetzgebung von Hessen 1913–1919, in: Jahrbuch des öffentlichen Rechts der Gegenwart, Bd. IX, Tübingen 1920, S. 204 ff.

Gohlke, Martin; Die Räte in der Revolution von 1918/19 in Magdeburg, Diss. Universität Oldenburg, 1999.

Grebing, Helga; Zur Aktualität von regionaler Forschung zur Geschichte der demokratischen Bewegung in Ostdeutschland, in: dies./Mommsen, Hans/Rudolph, K. (Hrsg.); Demokratie und Emanzipation zwischen Saale und Elbe, Beiträge zur Geschichte der sozialdemokratischen Arbeiterbewegung bis 1933, Veröffentlichungen des Instituts zur Erforschung der Europäischen Arbeiterbewegung, Schriftenreihe A, Essen 1993, S. 341 ff.

– Konservative Republik oder soziale Demokratie?, in: Kolb, Eberhard (Hrsg.); Vom Kaiserreich zur Weimarer Republik, Köln 1972.

Groener, Wilhelm; Lebenserinnerung. Jugend – Generalstab – Weltkrieg, herausgegeben von Hiller von Gaertringen, Friedrich Freiherr, Deutsche Geschichtsquellen des 19. und 20 Jahrhunderts, Band 41, Göttingen 1957, zitiert: Groener; Lebenserinnerungen.

Groh, Dieter; Der Umsturz von 1918 im Erlebnis der Zeitgenossen, in: Schoeps, Hans-Joachim (Hrsg.); Zeitgeist im Wandel, Bd. II: Zeitgeist der Weimarer Republik, Stuttgart 1968.

Grzesinski, Albert; Inside Germany, New York 1939.

Guth, Ekkehart P.; Der Loyalitätskonflikt des deutschen Offizierskorps in der Revolution 1918–20, Frankfurt am Main 1983, zitiert: Guth; Loyalitätskonflikt.

Haenisch, Konrad; Die Deutsche Sozialdemokratie in und nach dem Weltkriege, Berlin 1916.

Haffner, Sebastian; Die verratene Revolution, München 1969.

Harris, Leopold; Die Neubildung der Arbeiter- und Soldaten-Räte. Ein dringendes Gebot der Stunde, Frankfurt, Januar 1919.

Heffter, Heinrich; Die deutsche Selbstverwaltung im 19. Jahrhundert, Stuttgart 1950.

Henke, Heinrich; Das Schicksal deutscher zeitgeschichtlicher Quellen in Kriegs- und Nachkriegszeiten, in: Vierteljahresschrift für Zeitgeschichte 30/1982, S. 557 ff.

Hessen und bei Rhein, Ernst Ludwig von; Erinnertes. Aufzeichnungen des letzten Großherzogs. Mit einem biographischen Essay von Mann, Golo, herausgegeben von Franz, Eckhart G., Darmstadt 1983, zitiert: Franz (Hrsg.); Erinnertes. Aufzeichnungen des letzten Großherzogs Ernst Ludwig von Hessen und bei Rhein, mit einem biographischen Essay von Golo Mann.

Heuss, Theodor; Kriegssozialismus, Stuttgart 1915.

Huber, Ernst Rudolf (Hrsg.); Dokumente zur deutschen Verfassungsgeschichte seit 1789. Bd. 1: Deutsche Verfassungsdokumente 1803–1850, Stuttgart 1978; Bd. 2: Deutsche Verfassungsdokumente 1851–1900, 3. Aufl., Stuttgart 1986; Bd. 3: Dokumente der Novemberrevolution und der Weimarer Republik 1918–1933, Stuttgart 1966, zitiert: Huber; Dok. I, II, III.

– Deutsche Verfassungsgeschichte seit 1789, Bd. 5: Weltkrieg, Revolution und Reichserneuerung 1914–1919, Stuttgart 1978, zitiert: Huber; DVG 5.

Hürten, Heinz; Soldatenräte in der deutschen Novemberrevolution von 1918, in: Historisches Jahrbuch 90 (1970), S. 299 ff.

Hürter, Johannes; Groener, Wilhelm. Reichswehrminister am Ende der Weimarer Republik (1928–1932), München 1993, zugl.: Mainz, Univ. Diss., 1992.

Huhn, Willy; Der Sieg der Konterrevolution im Januar 1919, in: Pro und contra, 2. Jg. 1951, Nr. 2, S. 23 ff.

Hultsch; Aus den Hanauer Revolutionstagen 1918. Ein lokaler Rückblick, in: Hanauer Zeitung. Unabhängige Nationale Tageszeitung für den Maingau vom 17. November 1918, S. 2 f.

Hummel, Ute; Entwicklungen und Folgen der Revolution 1918/19 in Darmstadt und im Landkreis Groß-Gerau, unveröffentlichte wissenschaftliche Hausarbeit zur Erweiterungsprüfung für das Lehramt an Grund-, Haupt- und Realschulen, maschinenschriftlich, 1971.

Iggers; Georg G.; Deutsche Geschichtswissenschaft. Eine Kritik der traditionellen Geschichtsauffassung von Herder bis zur Gegenwart, München 1971.

Jäkel, Herbert; Das Rätewesen in Alsfeld. Zur Geschichte der „Revolution“ im November 1918, in: Mitteilungen des Geschichts- und Museumsvereins Alsfeld, 11. Reihe, Oktober 1969, Nr. 12, S. 173 ff.

Janßen, Karl-Heinz; Die ungewollte Revolution, in: Fünfzig Jahre Deutsche Republik. Entstehung – Scheitern – Neubeginn, Frankfurt am Main 1969, S. 34 ff.

– Der Untergang der Monarchie in Deutschland, in: Rößler, Hellmuth (Hrsg.); Weltwende 1917. Monarchie, Weltrevolution, Demokratie, Göttingen u.a. 1965, S. 90 ff.

Jeserich, Kurt G. A./*Pohl,* Hans/*Unruh,* Georg-Christoph (Hrsg.); Deutsche Verwaltungsgeschichte, Bd. 4: Das Reich als Republik und in der Zeit des Nationalsozialismus, Stuttgart 1985, zitiert: Autor; DVerwG 4.

Jesse, Eckhard/*Köhler,* Henning; Die deutsche Revolution 1918/19 im Wandel der historischen Forschung. Forschungsüberblick und Kritik an der „herrschenden Lehre", in: Aus Politik und Zeitgeschichte, Beilage zur Zeitschrift ‚Das Parlament' 45/1978.

Kamnitzer, Heinz/*Hammach,* Klaus; Aus Dokumenten zur Vorgeschichte der deutschen Novemberrevolution, in: Zeitschrift für Geschichtswissenschaft, Berlin, 1. Jg. 1953, S. 789 ff.

Kautsky, Karl; Der Weg zur Macht. Politische Betrachtungen über das Hineinwachsen in die Revolution, Berlin 1920.

– Die Diktatur des Proletariats. Die proletarische Revolution und der Renegat Kautsky/W. I. Lenin, herausgegeben von Mende, Hans-Jürgen, Berlin 1990.

Kittel, Erich; Novemberumsturz 1918. Bemerkungen zu einer vergleichenden Revolutionsgeschichte der deutschen Länder, in: Renkhoff, Otto (Hrsg.); Blätter für deutsche Landesgeschichte, 104. Jahrgang 1968.

Kliche, Josef; Vier Monate Revolution in Wilhelmshaven, Rüstringen 1919.

Kluge, Ulrich; Die deutsche Revolution 1918/19. Staat, Politik und Gesellschaft zwischen Weltkrieg und Kapp-Putsch, Frankfurt am Main 1985, zitiert: Kluge; Revolution.

– Soldatenräte und Revolution. Studien zur Militärpolitik in Deutschland 1918/19, Göttingen 1975.

– Militärrevolte und Staatsumsturz. Ausbreitung und Konsolidierung der Räteorganisationen im rheinisch-westfälischen Industriegebiet, in: Rürup, Reinhard (Hrsg.); Arbeiter- und Soldatenräte im rheinisch-westfälischen Industriegebiet. Studien zur Geschichte der Revolution 1918/19, Wuppertal 1975, S. 39 ff.

Kluke, Paul; Die deutsche Novemberrevolution 1918 im Rückblick, in: Manegold, Karl-Heinz (Hrsg.); Wissenschaft, Wirtschaft und Technik. Studien zur Geschichte. Wilhelm Treue zum 60. Geburtstag, München 1969, S. 69 ff.

Knöpp, Friedrich; Carl von Ewald, in: Neue Deutsche Biographie, Vierter Band, herausgegeben von der Historischen Kommission bei der Bayerischen Akademie der Wissenschaften, Berlin 1959, S. 694 f.

– Großherzogtum – Volksstaat – Land Hessen, in: Hessen. Der Regierungsbezirk Darmstadt, Trautheim bei Darmstadt, Mainz 1964.

– Der Volksstaat Hessen 1918–1933, in: Schultz, Uwe (Hrsg.); Die Geschichte Hessens, Stuttgart 1983, S. 217 ff.

– Der Volksstaat Hessen. 1918–1945, in: Heinemeyer, Walter (Hrsg.); Das Werden Hessens, Marburg 1986, S. 697 ff.

Köhler, Manfred; „Im Sinne der allgemeinen Gerechtigkeit". Die Verfassung des Volksstaates Hessen von 1919, in: Heidenreich, Bernd/Böhme, Klaus (Hrsg.); Hessen. Verfassung und Politik, Schriften zur politischen Landeskunde Hessens, Bd. 4, Stuttgart u.a. 1997, S. 223 ff.

Köppe, Hans; Kriegswirtschaft und Sozialismus, Marburg 1915.

Kolb, Eberhard; Die Arbeiterräte in der deutschen Innenpolitik 1918–1920, Bd. 23 der Beiträge zur Geschichte des Parlamentarismus und der politischen Parteien, Düsseldorf 1962.

– (Hrsg.); Vom Kaiserreich zur Weimarer Republik, Köln 1972, zitiert: Kolb; Kaiserreich.

– Internationale Rahmenbedingungen einer demokratischen Neuordnung in Deutschland 1918/19, in: Albertin, Lothar/Link, Werner (Hrsg.); Politische Parteien auf dem Weg zur parlamentarischen Demokratie in Deutschland, Entwicklungslinien bis zur Gegenwart. Erich Matthias zum 60. Geburtstag gewidmet, Düsseldorf 1981.

– 1918/19: Die steckengebliebene Revolution, in: Stern, Carola; Winkler, Heinrich August (Hrsg.); Wendepunkte deutscher Geschichte 1848–1945, Frankfurt am Main 1984.

– Die Weimarer Republik, Oldenbourg Grundriß der Geschichte Band 6, 3. Aufl., München 1993.

– Rätewirklichkeit und Räte-Ideologie in der deutschen Revolution von 1918/19, in: Neubauer, Helmut; Deutschland und die Russische Revolution, Stuttgart u. a. 1968, S. 94 ff. sowie in: Kolb, Eberhard (Hrsg.); Vom Kaiserreich zur Weimarer Republik, Köln 1972, S. 165 ff.

Kolb, Eberhard/*Rürup,* Reinhard (Hrsg.); Der Zentralrat der deutschen Sozialistischen Republik 19.12.1918–8.4.1919. Vom ersten zum zweiten Rätekongress. Quellen zur Geschichte der Rätebewegung in Deutschland, Bd. I, Leiden 1968.

Koselleck, Reinhart; Standortbindung und Zeitlichkeit. Ein Beitrag zur historiographischen Erschließung der geschichtlichen Welt, in: ders.; Vergangene Zukunft. Zur Semantik geschichtlicher Zeiten, Frankfurt am Main 1984, S. 176 ff.

Kotowski, Georg; Die deutsche Novemberrevolution. Warum der 9. November 1918 nicht zum Staatsfeiertag erklärt wurde, in: Aus Politik und Zeitgeschichte, Beilage zur Zeitschrift ‚Das Parlament', 49/1960.

Kowalski, Werner; Die konterrevolutionäre Haltung der Entente zur deutschen Novemberrevolution, in: Wissenschaftliche Zeitschrift der Martin Luther-Universität Halle-Wittenberg, 8. Jg. 1958, S. 61 ff.

Krause, Hartfrid; Revolution und Konterrevolution 1918/19 am Beispiel Hanau, Kronberg Ts. 1974, zugl. Diss. Darmstadt 1972.

Kubo, Keiji; Hugo Sinzheimer – Vater des deutschen Arbeitsrechts. Eine Biographie. Herausgegeben von Hanau, Peter (übersetzt von Marutschke, Monika), Köln 1995.

Kuckuk, Peter; Bremen in der Deutschen Revolution 1918–1919. Revolution, Räterepublik, Restauration, 1. Aufl., Bremen 1986.

Kuczynski, Jürgen; Der Ausbruch des Ersten Weltkriegs und die deutsche Sozialdemokratie. Chronik und Analyse, Ost-Berlin 1957.

Kühnl, Reinhard (Hrsg.); Geschichte und Ideologie. Kritische Analysen bundesdeutscher Schulbücher, Hamburg 1973.

Kukowski, Martin (Bearb.); Hessisches Staatsarchiv Darmstadt. Überlieferung aus dem ehemaligen Großherzogtum und dem Volksstaat Hessen (Inventar zur Geschichte der deutschen Arbeiterbewegung in den staatlichen Archiven der Bundesrepublik Deutschland. Begonnen von Walter Momper. Herausgegeben im Auftrag der Historischen Kommission zu Berlin von Heinz Boberach. Reihe B. Überlieferungen der Flächenstaaten, Band 3, München 1998, zitiert: Kukowski; Überlieferung aus dem ehemaligen Großherzogtum und dem Volksstaat Hessen.

Kuttner, Erich; Die deutsche Revolution, Berlin 1918.

Langer, Ingrid; Zwölf vergessene Frauen. Die weiblichen Abgeordneten im Parlament des Volksstaates Hessen. Ihre politische Arbeit – ihr Alltag – ihr Leben, 1. Aufl., Frankfurt am Main 1989.

Laqueur, Walter; Weimar. Die Kultur der Republik, Frankfurt am Main 1976.

Lederer, Moritz (Hrsg.): Der Revolutionär, Nendeln/Liechtenstein, Nachdruck 1977.

Lehnert, Detlef; Sozialdemokratie und Novemberrevolution. Die Neuordnungsdebatte 1918/19 in der politischen Publizistik von SPD und USPD, Frankfurt am Main 1983.

Lenin, Vladimir I.; Staat und Revolution. Die Lehre des Marxismus vom Staat und die Aufgaben des Proletariats in der Revolution, 27. Aufl., Berlin 1989.

Lilge, Herbert; Hessen in Geschichte und Gegenwart, Wiesbaden 1980.

Lion, Carl Arthur; Das Landtagswahlrecht im Großherzogtum Hessen. Ein historischer Rückblick am 3. November 1911, Würzburg 1912.

Lösche, Peter; Der Bolschewismus im Urteil der deutschen Sozialdemokratie 1903–1920, Veröffentlichungen der Historischen Kommission des Friedrich Meinecke-Instituts der Freien Universität Berlin 29, Berlin 1967.

Lucas, Erhard; Frankfurt unter der Herrschaft des Arbeiter- und Soldatenrates, Frankfurt 1969.

Ludendorff, Erich; Meine Kriegserinnerungen 1914–1918, Berlin 1919.

Ludwig, Prinz von Hessen und bei Rhein. 1908–1968. Erinnerungen eines Darmstädters, Darmstadt 1968.

Matthias, Erich; Die Rückwirkung der russischen Oktoberrevolution auf die deutsche Arbeiterbewegung, in: Deutschland und die Russische Revolution, herausgegeben von Neubauer, Helmut, Stuttgart 1968, S. 69 ff.

Matthias, Erich/*Conze,* Werner (Hrsg.); Die Regierung der Volksbeauftragten 1918/19. Quellen zur Geschichte des Parlamentarismus und der politischen Parteien, Reihe 1, Bd. 6, Halbband I und II, bearbeitet von Miller, Susanne/Potthoff, Heinrich, Düsseldorf 1969.

Matthias, Erich/*Link,* Werner (Hrsg.); Mit dem Gesicht nach Deutschland. Eine Dokumentation über die sozialdemokratische Emigration aus dem Nachlaß F. Stampfers und anderen Zeugnissen, Düsseldorf 1968.

Matthias, Erich/*Morsey,* Rudolf (Hrsg.); Der Interfraktionelle Ausschuß 1917/18. Quellen zur Geschichte des Parlamentarismus und der politischen Parteien,

1. Reihe: Von der konstitutionellen Monarchie zur parlamentarischen Republik, herausgegeben von Conze, Werner und Matthias, Erich, Düsseldorf 1959.

– (Bearbeiter); Die Regierung des Prinzen Max von Baden. Quellen zur Geschichte des Parlamentarismus und der politischen Parteien, 1. Reihe, Bd. 2, Düsseldorf 1962, zitiert: Matthias/Morsey; Regierung des Prinzen Max.

Matthias, Erich/*Pikart,* Eberhard (bearb. in Verbindung mit dem Internationaal Instituut voor Sociale Geschiedenis Amsterdam); Die Reichstagsfraktion der deutschen Sozialdemokratie 1898 bis 1918, Quellen zur Geschichte des Parlamentarismus und der politischen Parteien: Reihe 1. Von der konstitutionellen Monarchie zur parlamentarischen Republik; Bd. 3, Düsseldorf 1966.

Metzmacher, Helmut; Novemberumsturz und Arbeiter- und Soldatenräte 1918/19 im Rheinland, (Teildr.), Bonn 1965, aus: Annalen des Historischen Vereins für den Niederrhein (AHVN) Jg. 168/169, S. 135 ff., unter dem Titel: Der Novemberumsturz 1918 in der Rheinprovinz, Bonn, Phil. F., Diss. v. 28. Juli 1965.

Meyer, Thomas/*Klär,* Karl-Heinz/*Miller,* Susanne/*Novy,* Klaus/*Timmermann,* Heinz (Hrsg.); Lexikon des Sozialismus, Köln 1986.

Miller, Susanne; Burgfrieden und Klassenkampf. Die deutsche Sozialdemokratie im Ersten Weltkrieg, Düsseldorf 1974.

Mitchell, Allan; Revolution in Bayern 1918/19. Die Eisner Regierung und die Räterepublik, München 1967 (Orginalausgabe: Revolution in Bavaria 1918/19. The Eisner Regime and the Soviet Republic, Princeton 1965).

Mitscherlich, Alexander; Die Unwirtlichkeit unserer Städte. Anstiftung zum Unfrieden, Frankfurt am Main 1980.

Mommsen, Wolfgang J.; Die deutsche Revolution 1918–1920. Politische Revolution und soziale Protestbewegung, in: Geschichte und Gesellschaft 4/1978.

Mueller, N. N.; Der Ausbruch der November-Revolution 1918 in Darmstadt, Bericht vom 18. 2. 1948, in: Unterlagen über „Die Umwälzungen in Hessen im November 1918 mit Darmstädter und auswärtigen Zeitungen 1918/19", 2. Faszikel, Stadtarchiv Darmstadt.

Müller, Karl-Heinz; Preußischer Adler und Hessischer Löwe, Hundert Jahre Wiesbadener Regierung 1866–1966. Dokumente der Zeit aus den Akten, Wiesbaden 1966.

Müller, Richard; Der Bürgerkrieg in Deutschland. Geschichte der deutschen Revolution, Bd. 3, Berlin 1974.

Müller-Franken, Hermann; Die Novemberrevolution. Erinnerungen, Berlin 1928.

Neue Deutsche Biographie; herausgegeben von der Hist. Kommission bei der Bayerischen Akademie der Wissenschaften, München 1953–1977, zitiert: NDB-Band.

Neuland, Franz; Die Matrosen von Frankfurt. Ein Kapitel Novemberrevolution 1918/19, Frankfurt am Main 1991.

Neumann, Paul; Hamburg unter der Regierung des Arbeiter- und Soldatenrats. Tätigkeitsbericht erstattet im Auftrage der Exekutive des Arbeiterrats Groß-Hamburgs von Paul Neumann, Hamburg 1919.

Noske, Gustav; Von Kiel bis Kapp. Zur Geschichte der deutschen Revolution, Berlin 1920.

Oertzen, Peter v.; Betriebsräte in der deutschen Novemberrevolution. Eine politikwissenschaftliche Untersuchung über Ideengehalt und Struktur der betrieblichen und wirtschaftlichen Arbeiterräte in der deutschen Revolution 1918/19, Düsseldorf 1963.

Paul, Hans-Holger (Bearbeiter); Inventar zu den Nachlässen der deutschen Arbeiterbewegung für die zehn westdeutschen Länder und West-Berlin. Im Auftrag des Archivs der sozialen Demokratie der Friedrich-Ebert-Stiftung, München 1993.

Payer, Friedrich; Von Bethmann-Hollweg bis Ebert, Erinnerungen und Bilder, Frankfurt am Main 1923.

Popp, Lothar/*Artelt,* Karl; Ursprung und Entwicklung der November-Revolution 1918: Wie die deutsche Republik entstand, Kiel 1918.

Przewieslik, Michael; Die Machtfrage in der November-Revolution 1918. Die Auseinandersetzung über Rolle und Funktion der Bürokratie, des Militärs und der Wirtschaft, Berlin 1989.

Puchta, Gerhard; Der Arbeiter- und Soldatenrat Leipzig vom November 1918 bis vor dem II. Rätekongreß Anfang April 1919, in: Wissenschaftliche Zeitschrift der Universität Leipzig, Gesellschafts- und sprachwiss. Reihe VII. Jg. (1957/58), S. 363 ff.

Rausch, Bernhard; Am Springquell der Revolution, in: Zur Geschichte der Kieler Arbeiterbewegung, Sonderveröffentlichung der Gesellschaft für Kieler Stadtgeschichte 15, Kiel 1983.

Ritter, Gerhard A./*Miller,* Susanne (Hrsg.); Die Deutsche Revolution 1918–1919. Dokumente, 2. Aufl., Frankfurt am Main 1983.

Rosenberg, Arthur; Entstehung der Weimarer Republik, Frankfurt am Main 1973.

– Geschichte der Weimarer Republik, Frankfurt am Main 1975.

Rückert, Joachim; Juristische Zeitgeschichte, in: Stolleis, Michael (Hrsg.); Juristische Zeitgeschichte – Ein neues Fach?, Baden-Baden 1993, S. 23 ff.

Rürup, Reinhard; Rätebewegung und Revolution in Deutschland 1918/19, in: Neue Politische Literatur 12 (1967), S. 303 ff.

– Probleme der Revolution in Deutschland 1918/19, Wiesbaden 1968.

– Demokratische Revolution und „dritter Weg“. Die deutsche Revolution von 1918/19 in der neueren wissenschaftlichen Diskussion, in: Geschichte und Gesellschaft 9/1983, S. 278 ff.

Ruppel, Hans Georg/*Gross,* Birgit; Hessische Abgeordnete 1820–1933. Biographische Nachweise für die Landstände des Großherzogtums Hessen (2. Kammer) und den Landtag des Volksstaates Hessen (Darmstädter Archivschriften 5), Darmstadt 1980.

Sauer, Wolfgang; Das Bündnis Ebert-Groener: Eine Studie über Notwendigkeit und Grenzen der militärischen Macht, Dissertation FU Berlin, o. O., 1957.

Schäfer, Heinrich; Tagebuchblätter eines rheinischen Sozialisten, Bonn, 1919.

Scheer, Reinhard; Deutschlands Hochseeflotte im Weltkrieg: Persönliche Erinnerungen, Berlin 1920.

Scheidemann, Philipp; Der Zusammenbruch, Berlin 1921.

– Memoiren eines Sozialdemokraten, Bd. II, Dresden 1928.

Schieck, Hans; Die Behandlung der Sozialisierungsfrage in den Monaten nach dem Staatsumsturz, in: Kolb, Eberhard (Hrsg.); Vom Kaiserreich zur Weimarer Republik, Köln 1972, S. 138 ff.

Schlander, Otto; Zwischen Monarchie und Diktatur. Offenbach 1918–1933, Offenbacher Geschichtsblätter Nr. 38, Hrsg.: Offenbacher Geschichtsverein, Offenbach 1992.

Schleier, Hans; Zur Diskussion des Revolutionsbegriffes in der deutschen bürgerlichen Geschichtsschreibung während der Weimarer Republik, in: Zeitschrift für Geschichtswissenschaft 13/1965, S. 152 ff.

Schmidt, Giselher; Effizienz und Flexibilität politisch-sozialer Systeme. Die deutsche und englische Politik 1918/19, in: Vierteljahreshefte für Zeitgeschichte 25/1977, S. 168 ff.

Schneider, Dieter/*Neuland,* Franz; Zwischen Römer und Revolution. Hundert Jahre Sozialdemokraten in Frankfurt am Main, Frankfurt 1969.

Schnellbacher, Friedrich; Hanau in der Revolution vom 7. November 1918 bis 7. November 1919, Hanau 1920.

Schreiner, Albert (Red.); Revolutionäre Ereignisse und Probleme in Deutschland während der Periode der Großen Sozialistischen Oktoberrevolution 1917/1918: Beiträge zum 40. Jahrestag der Großen Sozialistischen Oktoberrevolution, herausgegeben vom Institut für Geschichte an der Deutschen Akademie der Wissenschaft zu Berlin unter der Redaktion von Albert Schreiner, Schriften des Instituts für Geschichte: Reihe 1; Bd. 6, Berlin 1957.

Schulze, Rainer; Industrieregion im Umbruch. Historische Voraussetzungen und Verlaufsmuster des regionalen Strukturwandels im euorpäischen Vergleich, Essen 1993.

Schulz, Gerhard; Deutschland seit dem Ersten Weltkrieg (1918–1945), Göttingen 1976.

Schulz, Volker; Region und Regionalismus, Essen 1994.

Schwarz, Max; Mitglieder des Reichstags. Biographisches Handbuch des Reichstags, Hannover 1965.

Seelbach, Ulrich; Die Rätebewegung im Kreis Giessen 1918/19, in: Mitteilungen des Oberhessischen Geschichtsvereins, herausgegeben von: Knauß, Erwin und Krüger, Herbert, Neue Folge, 60. Band, Giessen 1975, S. 41 ff.

Sender, Toni; The Autobiography of a German Rebel, New York 1939.

Sontheimer, Kurt; Antidemokratisches Denken in der Weimarer Republik. Die politischen Ideen des deutschen Nationalismus zwischen 1918 und 1933, München 1962.

Steiger, Heinhard; Hans Gmelin (1878–1941)/Jurist, in: Gundel, Hans Georg/Moraw, Peter/Press, Volker (Hrsg.); Gießener Gelehrte in der ersten Hälfte des 20. Jahrhunderts, Erster Teil, Veröffentlichungen der Historischen Kommission für Hessen 35. Band, Marburg 1982, S. 309 ff.

Stieniczka, Norbert; Die Vermögensauseinandersetzung des Volksstaates Hessen und seiner Rechtsnachfolger mit der ehemals großherzoglichen Familie 1918–1953, Archiv für hessische Geschichte und Altertumskunde, Neue Folge 56. Band 1998, S. 255 ff.

Stolleis Michael; Die Entstehung des Landes Hessen und seiner Verfassung, in: Meyer, Hans/Stolleis, Michael; Hessisches Staats- und Verwaltungsrecht, 2. Aufl., Frankfurt am Main 1986, S. 1 ff.

– Revolution, in: Erler, Adalbert/Kaufmann, Ekkehard (Hrsg.); Handwörterbuch zur Deutschen Rechtsgeschichte, Bd. IV, Berlin 1990, Sp. 961 ff.

– Juristische Zeitgeschichte, in: Stolleis, Michael (Hrsg.); Juristische Zeitgeschichte - Ein neues Fach?, Baden-Baden 1993, S. 7 ff.

– Geschichte des öffentlichen Rechts in Deutschland, Bd. 3: Staats- und Verwaltungsrechtswissenschaft in Republik und Diktatur 1914–1945, München 1999.

Storck, Karl; Staatspräsident Ulrich. Aus seinem Leben und Wirken, Darmstadt 1928.

Struck, Wolf-Heino; Die Revolution von 1918/19 im Erleben des Rhein-Main-Gebietes, in: Hessisches Jahrbuch für Landesgeschichte, 19. Band, Marburg 1969, S. 368 ff.

Tormin, Walter; Zwischen Rätediktatur und sozialer Demokratie. Die Geschichte der Rätebewegung in der deutschen Revolution 1918/19, Düsseldorf 1954.

Troeltsch, Ernst; Aristokratie; in: Kunstwart, 01.01.1919.

– Spektator-Briefe. Aufsätze über die deutsche Revolution und die Weltpolitik 1918/22, Tübingen 1924.

Viefhaus, Marianne; „... zusammen (...) können (wir) alles erreichen – selbst den ‚langen Ludwig' auf den Kopf stellen". Studenten und Politik an der THD zwischen 1918 und 1933, in: Hessen in der Geschichte: Festschrift für Eckhart G. Franz zum 65. Geburtstag. Hessische Historische Kommission Darmstadt, herausgegeben in Zusammenarbeit mit Alois Gerlich, Wolf-Arno Kropat, Thilo Ramm, Jürgen Rainer Wolf und Fritz Wolff von Christof Dipper, Darmstadt 1996, S. 556 ff., zitiert: Viefhaus; FS für Franz.

Viénot, Pierre; Ungewisses Deutschland. Zur Krise seiner bürgerlichen Kultur. Neu herausgegeben, eingeleitet und kommentiert von Bock, Hans Manfred, Bonn 1999.

Waas, Christian (Hrsg.); Die Chroniken von Friedberg in der Wetterau, III. Band, Friedberg (Hessen) 1963.

Wallwitz, Alice Gräfin (Hrsg.); Panorama neunzehnhundertachtzehn. Ein Jahr im Spiegel der Presse, München 1968.

Weber, Max; Der Beruf der Politik, in: ders.; Soziologie, Weltgeschichtliche Analysen, Politik, Stuttgart 1956.

Wehler, Hans-Ulrich; Das Deutsche Kaiserreich 1871–1918, Göttingen 1983.

– Die Gegenwart als Geschichte, München 1995.

Weisz, Christoph; Die Revolution von 1918 im historischen und politischen Denken Münchener Historiker der Weimarer Zeit, in: Bosl, Karl (Hrsg.); Bayern im Umbruch. Die Revolution von 1918, ihre Voraussetzungen, ihr Verlauf und ihre Folgen, München 1969.

Wiesenthal, Georg; Die Darmstädter Adreßbücher von 1819–1960, in: Geistiges und künstlerisches Darmstadt, o. J., S. 71 ff.

Willoweit, Dietmar; Ist eine Verfassungsgeschichte der Weimarer Republik als Rechtsgeschichte möglich?, in: ZNR 12 (1990), S. 186 ff.

Winkler, Heinrich August; Die Sozialdemokratie und die Revolution von 1918/19. Ein Rückblick nach 60 Jahren, Bonn 1979.

– Weimar 1918–1933. Die Geschichte der ersten deutschen Demokratie, München 1993.

Wolter-Brandecker, Renate; Stiefkinder einer Revolution. Arbeiterleben in Frankfurt am Main 1918–1923, 1. Aufl., Frankfurt am Main 1989.

Zeisler, Kurt; Aufstand in der deutschen Flotte: Die revolutionäre Matrosenbewegung im Herbst 1918, Berlin 1956.

Zeitgenössische Zeitungen

Darmstädter Täglicher Anzeiger 1918, 1919.

Darmstädter Tagblatt 1918, 1919.

Darmstädter Zeitung 1918, 1919.

Hessischer Volksfreund 1918, 1919.

Frankfurter Nachrichten 1918, 1924.

Frankfurter Zeitung 1917, 1918.

Gießener Anzeiger 1918, 1919.

Groß-Gerauer Kreisblatt 1918.

Hanauer Zeitung 1918.

Hessischer Volksfreund 1918, 1919.

Kleine Presse 1918.

Main-Spitze 1918.

Mainzer Volkszeitung 1928.

Oberhessischer Anzeiger und Friedberger Zeitung 1919.

Oberhessische Zeitung 1918.

Offenbacher Abendblatt 1918, 1928.

Offenbacher Zeitung 1918, 1919.

Rheinische Volkszeitung 1918.

Volksstimme 1918.

Vorwärts 1918.

Wiesbadener Tagblatt 1918.

Wiesbadener Zeitung 1918.

Wormser Zeitung 1918.

Sachverzeichnis

Abdankung 15, 40, 43, 44, 80, 97, 104, 156, 220
Abrüstung 36
Adelung, Bernhard 110–112, 129–131, 167, 257
Alsfeld 17, 19, 107, 138, 139, 257, 262, 263
Alzey 128, 131
Amerikanisierung 197
Antisemitismus 27
Arbeiter- und Soldatenrat 19, 52, 53, 69, 72, 73, 76, 93, 101, 106, 109, 112, 114, 117, 133, 136, 146, 165, 214, 220
Arbeiter- und Soldatenräte 16, 19, 24, 45, 48, 50–52, 54, 55, 106, 115–117, 120, 121, 124, 128, 131–134, 136, 140, 146, 147, 149, 150, 153, 154, 156, 158, 163, 164, 166, 171, 207, 214, 215, 261
Arbeiter-Aktionsausschuß 104–106, 125
Arbeiterausschüsse 58
Arbeiterklasse 40, 76, 202
Arbeiterwehren 53
Arbeitslosigkeit 27, 102, 164
Arnsberg 56

Bad Vilbel 57
Baden, Max von 38, 40
Bauern- und Bürgerräte 19, 137
Bauern- und Landarbeiterräte 121, 122, 132, 150, 156, 166, 213
Bauern- und Soldatenräte 166
Bauernbund 27, 45, 81, 141, 151, 172, 258
Bebel, August 40
Becker, Johann Baptist 87, 257
Belagerungszustand 29, 57, 165
Bergsträsser, Ludwig 257
Berlin 15, 22, 30, 45, 51, 80, 104, 119, 122, 138, 154, 158, 159, 163, 215, 258, 259, 261, 263
Bernard, Georg 68
Bindewald, Werner 139
Bingen 113, 128, 129
Bolschewismus 41, 98, 205, 206, 209
Bornemann, Karl Heinrich 168, 257
Braunschweig 51
Bremen 51, 110
Brentano di Tremezzo, Otto von 102, 144, 165, 176, 257
Bücking, Georg 138, 139
Bürger- und Bauernausschuß 107, 119, 153
Bürgerwehr 71, 112, 113, 120, 121, 126, 135
Burgfrieden 29, 32, 38
Bürokratie 17, 33, 50, 54, 55, 202, 205

Carr, E. H. 195
Christliche Volkspartei 150

Darmstadt 17, 19, 39, 78–81, 87, 89, 90–96, 100, 105, 107, 110, 118, 120, 131, 132, 136, 151, 153–155, 162, 163, 165, 220, 257–262, 264
David, Eduard 258
DDP 175
Delp, Heinrich 89–94, 98, 105, 121, 220, 258
Demobilisierung 112, 118, 128
Deutsche Volkspartei 151, 152, 261
Deutsches Reich 16
Diegel, Otto 139
Diktatur des Proletariats 24, 42, 74, 76, 122, 138, 203, 210

Dingeldey, Eduard 170, 172, 173, 184, 186, 258
Dißmann, Robert 65, 68, 262
Dolchstoßlegende 55, 199, 200, 218
Dorsch, Wilhelm 172, 185, 186, 258
Dreiklassenwahlrecht 74
Düsseldorf 51

Ebert, Friedrich 37, 139, 159, 197, 218, 261
Eißnert, Leonhard 104, 171, 259
Elsäßer, Hieronymus 92, 93, 98, 121, 220
Enteignungsrecht 190
Ententemächte 55
Erdmann, Karl-Dietrich 203–205, 217
Ernst Ludwig von Hessen und bei Rhein 17, 25, 78, 80, 88, 90, 97, 98, 101, 167, 220, 260
Erste Kammer 25, 39, 41, 44, 84, 87, 88, 113, 138
Ewald, Carl von 36, 38, 86, 102, 259

Fideikommisse 39, 45, 87, 88, 101, 138
Fortschrittliche Volkspartei 27, 74, 81, 150
Fortschrittspartei 27, 35, 36, 59, 80, 85, 88
Fraktion 27, 30, 35, 44, 61, 99, 101, 185, 215
Fraktionslose 81
Frankfurt am Main 16, 25, 28, 29, 31, 42, 43, 56–69, 119, 121, 132, 164, 213, 259–263
Französische Revolution 20
Frauen 45, 84, 119, 120, 123, 138
Frauendelegierte 119
Frauenkonferenz 262, 264
Frauenrat 118
Frauensekretariat 264
Frauenverbände 153
Frauenversammlung 123
Frauenwahlrecht 39, 45, 88, 138, 148, 151, 177, 188
Frauenzeitung 264
Friedberg 17, 19, 109, 118, 128, 257, 260, 263
Friedenspolitik 28–30, 34, 36, 41, 43, 49, 55, 58, 74, 76, 104, 201, 218, 264
Fulda 56, 57
Fulda, Heinrich 102, 144, 176, 259

Gall, Freiherr von 56
Gegenrevolution 132, 142
Generalkommando 52, 56, 58–62, 66, 69, 71, 75, 89, 121
Gesetz 27, 32, 34, 44, 57, 81, 84, 86, 89, 101, 102, 104, 121, 138, 140, 143, 146, 148–150, 169, 174, 177–182, 187–191, 218
Gesetzgebung 18, 39, 146, 168–171, 174, 178–180, 186, 187, 189, 191, 221
Gewerkschaften 28, 31–33, 50, 58, 92, 112, 153, 173, 215, 260, 262–263
Gewerkschaftsführer 58, 104
Gießen 17, 57, 106, 108, 118, 127, 137, 142, 151, 154, 158, 166, 258–263
Ginnheim 60
Ginsheim 141
Gmelin, Hans 177-179, 222, 259
Göbner, Franz 73
Goddelau 132
Griesheim 79, 88, 91–94, 105, 220
Grönke, Wilhelm 66, 259
Groß-Gerau 79, 118, 131, 132, 261
Großherzogtum Hessen 17, 25, 27, 29, 35, 36, 44, 48, 56, 57, 78, 87, 88, 213, 216, 258
Grundbesitz 26, 36, 45, 85, 141, 190
Gutleutkaserne 59, 60, 63

Haese, Otto 73
Hamburg 43, 51, 110
Hanau 16, 74–76, 89, 103, 213, 215
Hannover 43, 59
Hardenberg, Kuno Graf von 90, 92, 94, 259

Harris, Leopold 69, 259
Henrich, Konrad 102, 144, 168, 170, 176, 260
Hessen-Nassau 56, 260
Hessische Rätebewegung 18, 23
Hessische Republik 99, 119
Hessische Verfassung 178, 222
Hessische Volkspartei 151–153
Hessischer Volksfreund 19, 95, 97, 129, 151, 214, 220, 260, 262
Hindenburg, Paul von 37, 39, 218
Hochschule 26, 78, 257
Hohenzollern 41–43, 63
Hombergk zu Vach, Friedrich von 87, 260

Interfraktioneller Ausschuß 34
Isenburg, Leopold zu 41

Jakoby, Johann 183, 260

Kaiserfrage 40, 43
Kammerfraktion 116
Kapitulation 51
Kassel 31
Kaul, Georg 102–105, 126, 134, 170, 260
Kautsky, Karl 40, 41, 201
Kiel 22, 48–50, 220, 260
Kiel, Alfred 171, 185, 186, 260
Kirche 26, 101, 129, 169, 178
Klassenkampf 24, 52, 75, 202, 208, 216
Klingspor, Adolf 142
Knoblauch, Wilhelm 80, 90, 93–95, 98, 155, 220, 260
Köln 48, 51, 71, 72
Kommissionsentwurf 177–179, 185
Kommunisten 82, 164, 165
Königsstädten 197
Konterrevolution 54, 76, 154
Kopernikus, Nikolaus 20
KPD 165, 260, 264
Kreditbewilligungen 32, 118, 181
Kriegsernährungsamt 33
Kriegsrohstoffabteilung 33
Kriegsschuldfrage 199
Krug, Johannes 139

Landesausschuß 158, 160
Landesverfassung 182, 183, 193
Landesversammlung 39, 43, 101, 144, 148, 164
Landesvolksrat 19, 125, 148–150, 154, 155, 161, 165, 221, 260, 264
Landständegesetz 84
Landtag 18, 19, 25, 35, 36, 39, 45, 81, 84, 85, 88, 89, 98, 110, 113, 116, 138, 161, 167, 178–181, 185, 186, 188, 260, 264
Landtagsfraktion 98, 100
Landtagspräsident 257, 258
Landtagswahlen 81, 152
Landtagswahlrecht 45, 85
Lebensmittelversorgung 27, 28, 56, 71, 125, 127, 129, 132, 136, 137, 151
Leipzig 51, 138
Lenhart, Georg 183, 260
Lenin, Wladimir Iljitsch 33, 34, 259, 264
Liebknecht, Karl 29
Listenwahlrecht 185
Löffler, Adolf 64, 67, 260
Loos, Wilhelm 98, 116, 121, 153, 160, 163, 261
Lorbacher, Daniel 176, 221
Ludendorff, Erich 37, 39
Luxemburg, Rosa 29

Magdeburg 51
Mainz 17, 110–114, 118, 128–132, 257, 259, 260, 262
Marx, Karl 41
Marxismus 29
Massenbach, Fabian Freiherr von 92, 261
Mehrheitswahlrecht 26
Mehrstimmenwahlrecht 35

Meuterei 91, 220
Mommsen, Wilhelm 197, 211
Mörfelden 133
Moser, Heinrich 65–69, 261
MSPD 19, 22, 24, 31, 41, 43–45, 50, 52, 53–55, 60–63, 66–68, 72–75, 80, 82, 83, 87, 88, 104, 106, 108, 116, 117, 120, 133, 144-147, 150, 157, 159, 162, 165, 167, 168, 170, 173, 175, 183, 185–187, 215–217
Müller, Hermann 200
Müller-Franken, Hermann 261
München 48, 51, 69, 110, 149

Nationalliberale 27, 82, 99, 144, 150
Nationalversammlung 52–54, 117, 119, 122, 140, 148–150, 152, 153, 197, 198, 207, 215, 218, 221, 258, 261, 262
Neumann, Hermann 41, 102, 104, 134, 145, 165, 261
Nierstein 129
Noske, Gustav 167, 261
Notgeld 126
Notstandsarbeiten 102
Notverfassung 168
Novemberumsturz 54

Oberhessen 25, 57, 107, 137, 167
Oberste Heeresleitung (OHL) 22, 37, 39, 40, 55
Offenbach 17, 19, 102, 106, 134, 257, 259–261, 263
Offenbacher Abendblatt 102, 105
Oktoberreformen 53
Oktoberrevolution 20
Oncken, Hermann 201
Osann, Arthur 99, 261

Parlamentarisierung 34, 36, 39
Parteiausschuß 36
Parteien 81
Pluralwahlrecht 45
Preungesheim 60
Preußen 38, 56, 86, 115, 259
Proletariat 23, 29, 34, 40, 42, 76, 79, 210
Provisorische Regierung 17, 116, 143, 146, 147, 149, 157, 174, 209, 221
Provisorische Verfassung 17, 168, 171, 174–176

Quessel, Ludwig 97, 116, 119, 262

Raab, Georg 102, 145, 262
Rat der Volksbeauftragten 54, 173, 218, 220
Rätebewegung 17, 24, 153, 204, 206–209, 211, 212, 215
Rätekongreß 54, 163, 207, 260
Räteorganisation 55, 206
Räterepublik 53, 73
Rätesystem 23, 24, 52, 147, 172, 173, 185, 207, 215
Rechtsprechung 146
Referendum 169, 173
Reformgesetz 26
Regierungsentwurf 174, 222
Regierungspräsident 28, 71, 73
Reh, Heinrich 138, 139, 183, 186, 262
Reichsbund der Kriegsverletzten 159
Reichskanzler 38, 261
Reichstagsabgeordnete 29, 42, 59, 67, 72, 74, 97, 138
Reichstagsfraktion 36, 37, 44
Reichstagsparteien 29, 38
Reichsverfassung 168, 178, 182, 183, 185, 222
Renaissance 20, 21
Republik 18, 19, 39–42, 51, 54, 63, 73, 74, 76, 80, 95, 98, 99, 101, 104, 113, 114, 119, 122, 124, 133, 144, 155, 159, 161, 167, 169–172, 174, 178, 183, 197, 203–206, 211, 217, 218, 220
Republik Hessen 80. 98, 122, 124, 155, 160, 161, 167, 169, 220, 221
Revolution 20, 23, 24, 27, 31, 33, 34, 41–43, 49–52, 54, 55, 78–80, 82, 88,

89, 91, 94, 110, 118, 143, 146, 147, 153, 154, 157, 170, 171, 173, 175, 183, 195, 197, 199–202, 204–207, 209, 211, 213, 217
Revolutionsregierung 15, 147, 206, 208–211, 213, 217
Revolutionstribunal 118–120
Rheinhessen 25, 27, 112, 129, 154, 156, 220, 261
Rhein-Main-Gebiet 16, 28, 29, 56–58, 78, 213
Rosenberg, Arthur 204, 206
Ruhegehalt 189
Rumpenheim 57
Rußland 30, 33, 36, 58
Rüsselsheim 133

SAG 30
Scheidemann, Philipp 37, 43, 159, 220, 221
Schildbach, Bernhard 173, 262
Schnellbacher, Friedrich 74, 76
Seekriegsleitung 42
Sender, Toni 64, 262
Sinzheimer, Hugo 66, 263
Soldatenräte 15, 220
Sozialdemokratie 27, 29, 33, 41, 42, 46, 112, 201, 202, 258, 260, 262, 263
Sozialdemokratische Landtagsfraktion 100, 220
Sozialdemokratische Partei 30, 36, 46
Sozialismus 33, 40, 117, 171, 172, 202, 261, 264
Sozialistengesetz 27
Spartakisten 150, 152, 162, 165
Spartakusbund 51, 52, 74, 204
Staatsministerium 102, 120, 124, 150, 157, 158, 160, 161, 169, 187, 221
Staatsrat 45, 88, 89, 96–99
Staatsschuldenverwaltung 191
Staatsverfassung 25, 168, 263
Stadtverordnetenfraktion 105
Starkenburg 25, 220, 257
Stuttgarter Entwurf 222

Troeltsch, Ernst 195

Ulrich, Carl 35, 44, 80, 85, 96–102, 104, 116–118, 132, 143, 144, 146–149, 156–158, 167, 168, 172, 173, 176, 182, 184, 215, 220, 263
Unterernährung 28
Urstadt, Kaspar Otto 102, 144, 145, 263
USPD 17, 24, 30, 31, 41, 50, 52, 60–65, 67–69, 72–76, 82, 89, 106, 152, 153, 159, 160, 162, 165, 171, 173, 185, 186, 204, 213

Verarmung 27
Verfassung 17, 18, 21, 25, 38, 39, 41–44, 48, 78, 85, 89, 122, 147, 148, 167, 172–176, 178, 180–186, 188, 189, 259
Verfassungsänderung 179, 180
Verfassungsausschuß 35, 38, 179, 222
Verfassungsberatung 176, 218
Verfassungsdebatte 222, 259
Verfassungsentwurf 180, 185, 186
Verfassungsgebende Volkskammer 148, 221
Verfassungsorgane 218
Verfassungsrecht 168, 177, 178
Verfassungs-Urkunde 25
Verhältniswahlrecht 36, 38, 45, 85–88, 101, 113, 138, 149, 173, 189
Verordnung 17, 39, 87, 116, 121, 147, 148, 174, 178, 180, 185
Versorgungslage 28
Vetters, Friedrich 108, 183, 185, 263
Völkerbund 36, 197
Volksabstimmung 172, 174, 178–180
Volksbegehren 174, 178–180, 182
Volksbewegung 24, 52
Volksentscheidung 182
Volksinitiative 169
Volkskammer 17, 80, 82, 88, 101, 102, 148–150, 152, 156, 160, 161, 167, 169–171, 174–176, 178, 184, 185, 187, 188, 190, 215, 221, 222

Volksstimme 43, 62, 65, 261
Volkswehr 165
Vollzugsausschuß 65, 68, 73
Vorwärts 34, 41

Waffenstillstand 37, 40, 42, 127, 143, 220
Wahlalter 185
Wahlbezirk 26
Wahlkampf 150, 151
Wahlordnung 188
Wahlpflicht 45, 148
Wahlrecht 22, 26, 35, 38, 41, 45, 80, 82, 84–88, 90, 138, 140, 144, 148, 169, 180, 185, 188
Wahlrechtsänderung 84
Wahlrechtskommission 86
Wahlrechtsreform 39, 84, 214
Wahlrechtsvorlage 30
Walldorf 133
Weber, Max 37, 193
Weimarer Nationalversammlung 148, 150, 198, 221, 263
Weimarer Republik 19, 194, 195, 197–201, 202, 204, 206, 217, 218
Weimarer Verfassung 25, 184, 185
Weltfriede 34, 76
Weltrevolution 34, 264
Wendel, Hermann Max Ludwig 67, 98, 264
Westfalen 56
Wetzlar 56
Wiesbaden 16, 28, 56, 70–74, 89, 130, 213
Wilhelm II. 42, 85, 220
Wilhelmshaven 48, 51, 220, 259
Wilson, Thomas Woodrow 30, 40
Wohlfahrtsausschuß 59–62, 120
Wolff, Arthur 119–121, 123, 156, 157, 159, 160, 162, 215, 216, 264
Wolff, Theodor 194, 264
Worms 17, 19, 114, 128, 130, 140, 258

XVIII. Armeekorps 16, 56–59, 69, 71, 78, 89, 117, 132, 164, 213

Zarentum 33
Zensur 29
Zensuswahlrecht 84
Zetkin, Klara 29, 264
Zweite Kammer 19, 25, 36, 38, 41, 44, 45, 54, 81, 84, 85, 89, 96, 98, 101, 138, 184

Printed by Libri Plureos GmbH
in Hamburg, Germany